HISTOIRE

DE

L'AUTRICHE

Coulommiers. — Typog. ALBERT PONSOT et P. BRODARD.

HISTOIRE

DE

L'AUTRICHE

DEPUIS LA MORT DE MARIE-THÉRÈSE

JUSQU'A NOS JOURS

PAR

LOUIS ASSELINE

PARIS

LIBRAIRIE GERMER BAILLIÈRE ET Cie

PROVISOIREMENT, PLACE DE L'ODÉON, 8

La librairie sera transférée *108, Boulevard Saint-Germain,*
le 1er Octobre 1877.

1877

Tous droits réservés.

TABLE DES MATIÈRES

Introduction... IX
Index bibliographique.. XXI

LIVRE Ier. — DE LA MORT DE MARIE-THÉRÈSE A LA RENONCIATION DE FRANÇOIS DE LORRAINE-HABSBOURG A LA COURONNE IMPÉRIALE D'ALLEMAGNE. (L'AUTRICHE ALLEMANDE. — LUTTES CONTRE LA RÉVOLUTION ET L'EMPIRE. — 1780-1804.)... 1

CHAPITRE Ier. Règne de Joseph II. L'unité administrative. — Réformes religieuses. — Réformes sociales, économiques, militaires et judiciaires. — Résistance des nationalités. — Exposé de l'histoire et de la constitution des Hongrois. — Les Roumains. Révolte des Pays Bas. — Démêlés avec la Prusse. — Guerre avec la Turquie. — Mort de Joseph II......... 1

CHAPITRE II. Léopold II. Abandon du système de Joseph. Traité avec la Prusse et paix avec la Porte. Soumission des Pays Bas. — Pacification de la Hongrie. Les Serbes. — Transylvanie... 31

CHAPITRE III. — Entrée en lutte avec la Révolution française. Pilnitz. Mort de Léopold. — François. Alliance avec la Prusse. — Campagnes de 1792 et de 1793. Affaires de Pologne; deuxième partage. Thugut. Campagne de 1794. Paix de Bâle entre la France et la Prusse............ 41

CHAPITRE IV. — Troisième partage de la Pologne. Conspiration de Martinovics en Hongrie. — Campagnes de 1795-1797. — Préliminaires de Léoben. Traité de Campo-Formio. — Congrès de Rastadt. — Campagne de 1799. Alliance austro-russe : Zurich. Marengo et Hohenlinden. — Paix de Lunéville. Finances autrichiennes. Diète hongroise de 1802. Réorganisation de l'Allemagne. Empire héréditaire d'Autriche.. 61

LIVRE II. — DE LA FONDATION DE L'EMPIRE D'AUTRICHE A LA RÉVOLUTION DE 1848. (SUITE DES LUTTES CONTRE L'EMPIRE. — CONGRÈS DE VIENNE. ABSOLUTISME, 1804-1848) 81

CHAPITRE Ier. — Empire français et royaume d'Italie. — Nouvelle coalition. — Campagne de 1805. — Capitulation d'Ulm. — Prise de Vienne. — Austerlitz. Paix de Presbourg. — Diète hongroise de 1805. — Napoléon et les Hongrois. — Confédération du Rhin. — Prévisions de Gentz. Ministère Stadion. — Diète hongroise de 1807 et 1808. — Entrevue d'Erfurt.... 81

CHAPITRE II. Campagne de 1809. — Eckmühl. — Deuxième prise de Vienne. Essling. — Bataille de Raab. — Wagram. — Paix de Vienne. Insurrection du Tyrol. — Mariage de Marie Louise. — Finances. — Banqueroute de 1811. — Diète hongroise de 1811 1812. — Médiation de l'Autriche. Bataille de Leipzig. — Campagne de France. — Traité de Paris... 91

CHAPITRE III. Congrès de Vienne. La Pologne. — Distribution de territoires. — Nouvelle constitution allemande. Waterloo. — Metternich et la réaction en Autriche. — La société. — Le peuple. — Les nationalités. — L'Église. — Finances. — La Lombardo Vénétie. — La Hongrie. — La Sainte-Alliance. Réveil de l'Allemagne. — Résolutions de Carlsbad. — Congrès de Troppau, de Laybach et de Vérone. — Le Spielberg. La police. — Affaires turques.................... 101

CHAPITRE IV. — La révolution de 1830. — Insurrection des Romagnes. — Insurrection de Pologne. — Agitation en Allemagne. — Résolution de Vienne. Hongrie : Diète de 1825 et renaissance. — Diète de 1832. — Mort de François. Ferdinand Ier. — Les Bandiera. — Pie IX. Affaires turques de 1840. — Événements de Gallicie. — Cracovie. 133

LIVRE III. — DE LA RÉVOLUTION DE 1848 A LA GUERRE D'ITALIE EN 1859 (LUTTE DES NATIONALITÉS. DESPOTISME DE BACH ET DE SCHWARZENBERG. GUERRE DE CRIMÉE. GUERRE D'ITALIE.)... 155

CHAPITRE Ier. 1848. — Situation de l'empire : Hongrie, Croatie, Slavonie, Dalmatie ; Serbes ; confins militaires ; Transylvanie ;

Gallicie ; Bohême. — Révolutions en Allemagne. — Journées de mars. — Fuite de Metternich. — Constitution du 25 avril. — Ferdinand à Inspruck. — Journées de mai............ 155

CHAPITRE II. — Hongrie. — Diète de 1847. — Kossuth. — Ministère Batthyani. — Lois hongroises de 1848. — Insurrection serbe. — Jellacic. — Insurrection des Roumains. — Bombardement de Prague. — Pologne. — Italie : défaites de Charles-Albert.. 182

CHAPITRE III. — Débats de la diète hongroise. — Jellacic entre en Hongrie. — Bataille de Pakozd. — Vienne : massacre du ministre Latour. — Ferdinand à Olmütz. — Bombardement de Vienne. — Bataille de Schwechat. — Windisgraëtz. — Abdication de Ferdinand : François-Joseph. — Prise de Buda-Pesth. — Le gouvernement hongrois à Débreczen. — Bataille de Godolloe. — Bem en Transylvanie. — Constitution du 4 mars 1849. — Déclaration d'indépendance de la Hongrie. — Intervention russe. — Capitulation de Vilagos. — Supplices d'Arad. — Novare. — Venise... 203

CHAPITRE IV. — Ministère Schwarzenberg. — Bach. — Réaction. — Parlement de Francfort. — Archiduc Jean. — Parlement d'Erfurth. — Conférences d'Olmütz. — Dix ans d'absolutisme. — Voïévodine serbe. — Finances. — Abolition de la Constitution du 4 mars. — Concordat de 1855. — Zollverein. — Guerre de Crimée. — Congrès de Paris. — Guerre d'Italie. — Solferino. — Villafranca... 235

LIVRE IV. — DE LA GUERRE D'ITALIE A NOS JOURS. — (TENTATIVES CONSTITUTIONNELLES. — GUERRE CONTRE LA PRUSSE. — LE DUALISME AUSTRO-HONGROIS, 1859-1876.)........... 263

CHAPITRE Ier. — Hésitations constitutionnelles. — Conseil de l'empire. — Constitution du 20 octobre 1860. — Constitution du 26 février 1861. — Déak. — Diète hongroise de 1861 et son adresse. — M. de Schmerling. — Tchèques, M. de Reichberg. — Affaires d'Allemagne. — Congrès de Francfort. — Affaires du Slesvig Holstein. — Paix de Vienne. — Affaires de Pologne. 263

CHAPITRE II. — Préliminaires de Sadowa. — Conférences de Gastein et convention. — Ministère Belcredi. — La diète de Francfort vote l'exécution fédérale contre la Prusse. — Sadowa. — Italie : Custozza et Lissa. — Traité de Prague......... 288

CHAPITRE III. — Le dualisme. — M. de Beust. — Exposé de la Constitution de décembre et du mécanisme dualiste. — Constitution de la Cisleithanie. — Constitution de la Transleithanie. — Lois confessionnelles. — Finances............. 306

CHAPITRE IV. Politique extérieure. Fête des tireurs allemands. — Mouvements des nationalités : Bohême ; Croatie Gallicie ; Roumains. Révolte du Cattaro. — Serbes. — Ministère Potocki. Guerre franco allemande. Ministère Hohenwart. — Entrevues d'Ilsch, de Gastein et de Saltzbourg. — Chute de M. de Beust : M. Andrassy. — Réforme électorale de 1873. Conclusion.................................... 326

INTRODUCTION

Avant d'entrer dans l'histoire de l'Autriche depuis la mort de Marie-Thérèse, il est indispensable d'avoir une notion très-exacte et très-nette de la formation territoriale et de l'ethnographie de cet empire compliqué. On ne comprendrait rien à la série des faits, si préalablement on ne se rendait pas compte du milieu spécial où ils se sont produits.

L'empire d'Autriche s'est formé de matériaux disparates, juxtaposés, sans qu'aient pu les fusionner les divers systèmes de centralisation essayés ensemble ou séparément par les hommes d'état de cet empire : centralisation par la bureaucratie — par le despotisme politique — par le despotisme religieux — par la germanisation — par le militarisme. Le plus récent système, à l'essai duquel nous assistons et qu'on appelle le *Dualisme*, paraît déjà voué aux mêmes échecs. Certes, elle était ingénieuse, l'idée de couper l'empire en deux pour essayer dans chaque moitié ce qui n'avait pu réussir dans l'ensemble! Il était séduisant de se dire entre Allemands et Magyars : Puisqu'après tant de luttes, nous n'avons pu nous absorber l'un dans l'autre, centralisons chacun dans notre sphère, moi Allemand en deçà de la *Leitha,* en germanisant les Tchèques de la Bohême et de la Moravie, les Polonais et les Ruthènes de la Gallicie, les Slovaques de la Moravie et de la Silésie, les Serbo Croates de la Dalmatie, les Slovènes de la Carinthie, de la Styrie et de la Carniole, les Italiens du Tyrol et des bords de l'Adriatique ; vous, Magyar, au-delà de la Leitha, en magyarisant les Serbo-Croates de la Croatie, de la Slavonie, des confins militaires et de la Voiévodine, les Roumains de la Transylvanie et des comitats du Sud, les Slovaques des comitats du Nord.

Mais on a vainement dédoublé le foyer centralisateur : Pesth se heurte aux mêmes difficultés que Vienne, et ne résout pas plus la question croate, la question serbe, la question roumaine, que Vienne ne triomphe de la question tchèque, de la question polonaise, de la question ruthène. C'est que dans cet empire lentement formé par les Habsbourg, chaque race a conservé son type, sa langue, son individualité et que cette mosaïque ethnographique n'a jamais constitué un peuple autrichien, comme il y a un peuple français ou un peuple anglais. De plus chacune d'elles a été réunie à l'empire à des titres divers : conquête, achat, mariages, héritages, libre consentement. Or là bas les traditions historiques jouent un rôle prépondérant : le droit public s'y appuie beaucoup plus sur les titres, les parchemins, les contrats poudreux, que sur le droit naturel et sur l'intérêt général. Les royaumes et les provinces revendiquent leur autonomie au nom de pactes originaires librement consentis et qu'ils considèrent comme ayant toujours force de loi. Figurons-nous la Bretagne réclamant une existence à part, invoquant les stipulations du contrat de mariage d'Anne et de Charles VIII, prétendant que ce contrat lui assure une administration particulière et l'usage officiel de la langue armoricaine, et argumentant de la suite de siècles où elle a constitué une individualité historique douée d'une destinée propre et d'une vitalité continue. Faisons le même effort d'imagination pour la Provence, pour le Béarn, pour la Flandre. Représentons-nous ces provinces cherchant infatigablement dans leurs parlements spéciaux, dans leur littérature, dans leurs traditions locales, dans la poussière de leurs archives et dans les plus lointains souvenirs de leur nationalité, des points de résistance contre le pouvoir central, réfractaires aux Louis XI, aux Richelieu et aux Louis XIV, n'ayant jamais vu creuser entre leur passé et leur présent le grand fossé d'un 89, et nous aurons une idée approchante de ce qui se passe dans l'Autriche. Là est toute la clé de son histoire intérieure.

Étudions d'abord la formation territoriale.

L'Ens, affluent du Danube, séparait au IXe siècle la Bavière germanique du royaume des Huns ou Avares. Charlemagne conquit ce royaume en plusieurs campagnes (791-797) et il confia à des comtes ou margraves le gouvernement de la zone militaire qu'il avait créée de ce côté pour la protection de ses domaines et qui reçut le nom de *Marchia Austriaca* (marche orientale). Ces margraves sous Louis-le-Gros parvinrent à rendre leur charge héréditaire dans leur famille, la famille de

Bamberg ou Babenberg. Ils reçurent des empereurs l'investiture des conquêtes qu'ils faisaient sur les Hongrois, tribus ouralo-altaïques ou de race jaune mélangée d'éléments turcs dont les rapides cavaliers, conduits par Arpad, avaient envahi la vallée du Danube. Peu à peu, ils arrondirent ces provinces qui ont seules droit au nom d'*Autriche* (Haute Autriche, Linz ; et Basse-Autriche, Vienne) et formèrent de l'ancienne marche aux limites indécises un fief compact et homogène. En 1156, Frédéric Barberousse leur conféra le titre de duc, héréditaire à perpétuité.

Alors, autour de ce noyau des pays de l'Ens et de la Salza, commença ce travail d'annexion de proche en proche d'où est sortie l'Autriche moderne. En 1192, les ducs autrichiens se virent léguer la Styrie (Graetz) par son possesseur mort sans enfants. Au commencement du xiiie siècle, ils achetèrent la Carniole (Laybach) 1650 marcs d'argent. Quand, à l'extinction de la maison de Bamberg (1246), ces possessions passèrent à Ottokar, roi de Bohême et beau-frère du dernier des Bamberg, elles étaient déjà très-respectables.

En 1273, un petit gentilhomme d'Argovie, Rodolphe de Habsbourg, fut élu empereur d'Allemagne. En 1278, il défit et tua à la bataille de Marckfeld le puissant Ottokar, et en 1282 la diète d'Augsbourg délégua à ses deux fils la possession de l'Autriche, de la Styrie et de la Carniole. La maison de Habsbourg était fondée, et ses ducs, empereurs ou non, reprirent le travail d'annexion des Bamberg.

En 1335, ils reçoivent par investiture impériale la Carinthie (Klagenfurth), à la mort de son dernier duc.

Marguerite à la grande bouche (*Maulstach*) leur lègue le Tyrol, auquel par des acquisitions successives ils parviennent à donner ses limites naturelles de l'Italie, de la Suisse et de la Bavière. Ils réunissent les comtés de Goritz et de Gradisca. Vers 1375, les habitants de Trieste se donnent à eux librement pour échapper à la domination de Venise.

Bientôt s'ouvre pour la maison d'Autriche cette ère des grands mariages qui soudainement lui valut une si énorme extension et que résuma le distique railleur de Mathias Corvin tant de fois cité : « *Bella gerant alii...* »

Le 20 août 1477, l'errant Maximilien, fils de Frédéric III, épouse Marguerite, héritière de Charles-le-Téméraire. Leur fils Philippe le Beau épouse à son tour Jeanne-la Folle, héritière d'Aragon et de Castille, dont il a Charles-Quint et Ferdinand. En 1522, Charles-Quint cède à son frère Ferdinand toutes les possessions allemandes de la maison d'Autriche, et la même année Ferdinand épouse Anne Jagellon, sœur et unique héritière de Louis, roi de Bohême et de Hongrie. Ce splendide héritage ne tarde pas à s'ouvrir : Louis succombe sous les coups des Turcs à la fameuse bataille de Mohacz (1526) et son beau-frère Ferdinand reçoit la Bohême avec ses dépendances (Moravie, les deux Lusaces) et la Hongrie avec ses *partes annexæ* (la Croatie, la Slavonie, et les droits éventuels à la Dalmatie conquise par les Vénitiens).

En 1699 la Transylvanie, indépendante sous ses princes depuis 1526, est réunie à l'empire, cédée, après la défaite de Zentha, par Michel II Abaffi.

La paix de Passarowitz donne en 1718 à l'Autriche le

Banat de Temeswar, cession confirmée en 1739 par le traité de Belgrade. Plus tard les Turcs cèdent encore, par le traité de Kaïnadgi, en 1777, la Bukovine.

En 1772, le grand crime du premier partage de la Pologne livre à l'Autriche la Gallicie orientale, et le troisième partage (1795) la Gallicie occidentale. Enfin, profitant toujours et quand même, les Habsbourg acquièrent au traité de Čampo-Formio (1797) l'Istrie, la Dalmatie vénitienne et les Bouches du Cattaro ; à celui de Lunéville (1801) les évêchés de Trente et de Brixen. En 1846, ils s'annexent purement et simplement la ville libre de Cracovie et son territoire.

Nous n'avons mentionné, dans ce rapide et peut-être aride tableau de la formation territoriale de l'Autriche, que les pays qui, au moment où nous écrivons, font partie intégrante de la monarchie. Mais bien d'autres pays ont tour à tour été réunis, séparés, reconquis, puis définitivement enlevés à la domination des Habsbourg : les Pays-bas (Belgique actuelle) qu'ils ont possédés de 1774 à 1790 ; le royaume Lombard Vénitien qu'ils ont perdu en 1859 et en 1866 ; les domaines héréditaires dans le Brisgau (Fribourg et Vieux-Brisach), cédés au grand duché de Bade.

Quelles sont les races en contact sur cet immense territoire qui s'étend du lac de Constance jusqu'au fond du croissant des majestueux Karpathes et depuis l'Adriatique jusqu'à la Vistule ? Voici les résultats des plus récentes statistiques. L'exactitude est en pareille matière de la plus haute importance, car c'est le nombre qu'invoquaient les Allemands pour germaniser l'Autriche et c'est le nombre encore qu'invoquent les Slaves pour réclamer un autre rôle dans l'empire. Les chiffres sont contestés avec fureur. On se bat à coups de statistiques. Un spirituel écrivain a pu dire qu'il faudrait là-bas *un ministère d'ethnographie*.

Quatre grandes races surtout habitent l'Autriche; en voici la répartition d'après le recensement de 1869 : la race *allemande* avec neuf millions 155,800 individus; la race *slave* avec seize millions 145,100 ; la race *hongroise* ou magyare avec cinq millions 553,000 et la race *latine* avec trois millions 493,600. Les autres races ne présentent qu'un petit nombre d'individus : Tsiganes, Arméniens, Grecs, Albanais, etc., et ne forment d'ailleurs nulle part des agglomérations. Il est bon de noter cependant que la race sémitique est représentée par douze cent soixante seize mille juifs.

Les provinces entièrement allemandes sont la Haute Autriche et le duché de Saltzbourg (100 0/0 d'Allemands) et la Basse-Autriche (97 0/0). Les Allemands dominent dans la Styrie (63 0/0), la Carinthie (72 0/0), le Tyrol et le Vorarlberg (60 0/0); en Silésie ils forment la moitié de la population (50 0/0). En Bohême, les Allemands ne comptent plus que pour 37 0/0 et en Moravie pour 25 0/0. Dans la Hongrie, ils forment un groupe de 1,320,000 individus, 12 1/2 0/0 de la population totale, et dans la Transylvanie un autre groupe de 230,000, 10 1/2 0/0 de la population. Ils sont en infime minorité dans les autres provinces. Au total, dans l'ensemble de la Cisleithanie qu'ils gouvernent, où ils ont l'hégémonie politique, administrative et financière, ils représentent 36 0/0 de la population.

Les Hongrois ou Magyars, seuls de leur race en Europe avec les Turcs, forment dans la Hongrie un groupe de quatre millions 700,000 individus, ou 45 0/0 de la population totale, et dans la Transylvanie, sous le nom de Szeklers ou Sicules, un autre groupe de 530,000 individus, ou 26 0/0 de la population de la principauté. Au total, dans la Transleithanie qui leur est livrée politiquement et administrativement, comme la Cisleithanie l'est aux Allemands, les Magyars représentent 35 0/0 de la population.

Devant ces deux races placées à la tête de chacune des branches du Dualisme inventé ou tout au moins consacré par M. de Beust, se dresse la race slave, plus nombreuse à elle seule que les Allemands et les Hongrois réunis.

Il faut distinguer les Slaves du Nord et les Slaves du Sud ou *Yougo-Slaves*, séparés les uns des autres par les pays hongrois et par les pays allemands.

Les Slaves du Nord, au nombre de plus de douze millions, comprennent les Tchèques de la Bohême, de la Moravie et de la Silésie, les Slovaques des comitats du nord de la Hongrie, les Polonais de la Gallicie, les Ruthènes ou Petits-Russes de la Gallicie et de la Bukovine. Les Tchèques, Moraves et Slovaques représentent en Bohême 66 0/0 et en Moravie 71 0/0 de la population. Les Slovaques entrent pour 17 0/0 dans la population de la Hongrie. Les Polonais représentent 43 0/0 en Gallicie, 29 0/0 en Silésie, mais ils ont pour rivaux numériques en Gallicie les *Ruthènes* qui représentent 45 0/0 et qui s'élèvent dans la Bukovine à 52 0/0. Au total, l'élément slave septentrional est de près de 55 0/0 dans la Cisleithanie.

Les Yougo-Slaves, au nombre de quatre millions 250,000, comprennent : le groupe *serbo-croate* qui habite la Croatie, la Slavonie, la Dalmatie, le Banat et les anciens confins militaires, et le groupe *slovène* ou winde dans la Styrie, la Carinthie, la Carniole et l'Istrie. Les Serbo-Croates s'élèvent jusqu'à 88 0/0 en Dalmatie, 94 0/0 en Croatie-Slavonie, 81 0/0 dans les anciens confins militaires, 26 0/0 dans les provinces de Trieste et de Goritz : les Slovènes à 90 0/0 en Carniole, 59 0/0 à Trieste-Goritz, 36 0/0 en Styrie, 28 0/0 en Carinthie. Au total, les Yougo-Slaves représentent 30 0/0 de la population de la Transleithanie, en retranchant les Slovènes et les Serbo-Croates qui font partie de la Cisleithanie (Carniole, Trieste-Goritz, Styrie, Carinthie et Dalmatie surtout dont ils ne cessent de réclamer l'annexion à la Croatie) et en ajoutant le contingent des confins militaires dernièrement abolis et répartis entre diverses provinces.

La race latine, représentée par les *Roumains* et par les *Italiens*, existe surtout dans la Transleithanie. Les Roumains, qui proviennent, croit-on, d'un mélange de Daces et de colons romains, forment 57 0/0 de la population de la Transylvanie et 12 0/0 de celle de la Hongrie. En Cisleithanie, on les trouve à l'état de groupement dans la Bukovine (43 0/0 de la population), et dans les ex-confins militaires (13 0/0). Ils ont été longtemps opprimés, à peine tolérés, bien que de leur sein soient sortis Jean Hunyade et Mathias Corvin et récemment encore ils ne figuraient pas même, malgré leur nombre, parmi les trois nations de Transylvanie ; aussi leurs revendications sont-elles énergiques.

Les Italiens sont surtout répandus dans Trieste-Goritz (37 0/0) et dans le Tyrol (42 0/0). Ils forment un peu plus que le dixième de la population de la Dalmatie. Il y a à Trieste un parti *italianissime* qui voudrait l'annexion du grand port de l'Adriatique à l'Italie; il y a aussi des aspirations séparatistes très-remuantes et très-énergiques dans le Tyrol.

On peut dire, en résumé, que sur les 35 à 36 millions d'habitants que l'Austro-Hongrie nourrit sur les 624,073 kil. carrés, il y a 46 0/0 de Slaves, 26 0/0 d'Allemands, 15 0/0 de Magyars, 10 0/0 de Latins et 3 0/0 de tribus diverses, surtout de Juifs.

Ce tableau seul donne une première idée de la complexité des questions qui s'agitent en Autriche. Toutes ces nationalités juxtaposées luttent contre le pouvoir central, mais de plus elles luttent entre elles jusque dans l'étroite enceinte d'une province. Dans la Gallicie, Polonais et Ruthènes se détestent; dans la Transylvanie, les Roumains se débattent sous le pied des Magyars, des Szeklers et des Saxons. On connaît les revendications des Croates et des Serbes contre les Magyars : elles ont sauvé le despotisme autrichien en 1849.

Ce qui ajoute encore à ces difficultés, c'est qu'aux frontières mêmes de l'Autriche, existent des points d'attraction qui agissent sur ses différentes nationalités. Le *Pangermanisme* sollicite ses Allemands et le *Panslavisme* ses Tchèques, ses Croates, ses Serbes et ses Ruthènes. Enfin la principauté indépendante de Serbie est regardée par quelques-uns, même après ses récents malheurs, comme une sorte de Piémont danubien, destiné à unir les Yougo-Slaves sinon dans un ensemble monarchique, au moins dans une libre fédération.

On peut comprendre maintenant l'histoire intérieure de l'Autriche : elle se résume dans les tentatives pour unifier ces matériaux disparates et pour faire un État, dans le sens moderne du mot, de cette mosaïque de nationalités diverses et rivales, de ce groupement artificiel et factice, dont les éléments sont sans cesse sollicités par une force centrifuge et dont l'avenir fatal est la dislocation : réformes centralisatrices à outrance de Joseph II, immobilisme bureaucratique et policier de Metternich, absolutisme militaire, administratif et religieux des Schwarzenberg et des Bach, parlementarisme de M. de Schmerling, fédéralisme timide du comte Belcredi, dualisme de M. de Beust. Elle relève surtout de l'application de la maxime : Diviser pour régner, si persévéramment pratiquée par les Habsbourgs, habiles à entretenir et à exploiter les haines réciproques des divers peuples de leur empire, qu'une coordination et une union d'efforts auraient depuis longtemps conduits à leur but.

Quant à l'histoire extérieure de l'Autriche, elle se résume en deux points : d'une part, lutte contre la Prusse qui veut l'exclure matériellement et moralement du monde germanique et contre la Russie qui veut absorber ses éléments slaves, et avec laquelle, par le partage de la Pologne, elle a l'imprudence de se mettre directement en contact ; de l'autre, — et cette portion de son histoire a heureusement pris fin de nos jours, — lutte européenne contre la Révolution sous toutes ses formes, pour que le retentissement des secousses du dehors et la vibration des idées nouvelles ne mettent pas en péril l'équilibre si laborieusement établi entre les matériaux hétérogènes de l'empire ; l'immobilisme européen devait garantir l'immobilisme intérieur.

Sadowa a fermé à l'Autriche le monde germanique et a placé le centre d'intérêts de l'empire sur le Danube. Elle s'est difficilement résignée à cette situation prévue par Gentz dès 1804 et la voici, en 1876, devant le double péril du renouvellement du pacte dualiste et de la question d'Orient.

Ceci dit, nous pouvons entrer avec quelques fils conducteurs dans cette histoire touffue et sans unité, qui à vrai dire se compose de vingt histoires différentes et où nous avons dû, pour être clair, beaucoup abréger et distribuer par grandes masses nos innombrables matériaux.

INDEX BIBLIOGRAPHIQUE

Nous n'avons pas voulu citer au bas de chaque page nos sources et les nombreux documents qui nous ont servi. Mais, sans mentionner les sources allemandes et austro magyares, nous croyons remplir un devoir de loyauté et de reconnaissance en indiquant ici les principaux ouvrages français.

Citons d'abord les deux excellents volumes trop peu connus de M. Alfred Michiels : *Histoire de la politique autrichienne depuis Marie-Thérèse* (2ᵉ édition, Dentu, 1861, 1 vol.); *Histoire secrète du gouvernement autrichien* (3ᵉ édition, Dentu, 1861, 1 vol.).

Marcel de Serres : *Voyage en Autriche*, 4 vol. 1814.

A. de Gerando : *La Transylvanie et ses habitants*, 2ᵉ éd. 1850, 2 vol. — *De l'esprit public en Hongrie depuis la Révolution française*. — *Essai historique sur l'origine des Hongrois*, (1 vol.)

H. de Sybel : *Histoire de l'Europe pendant la Révolution française* (3 vol. in-8°, Germer Baillière, 1869-1876).

E. Sayous : *Histoire des Hongrois et de leur littérature politique de 1790 à 1815*. (1 vol., Germer Baillère, 1872). Puisé aux sources.

Saint-René Tallandier : *Bohême et Hongrie*, xvᵉ siècle, — xixᵉ siècle. 1 vol. 1869.

Garnier-Pagès : *Histoire de la révolution de 1848*, in-8°.

Louis Léger : *Le monde slave; voyages et littérature*. 1 vol. 1873. — *La Bohême historique*. 1 vol. 1867.

Daniel Lévy : *L'Autriche-Hongrie : ses institutions et ses nationalités*. 1 vol. 1871.

Anonyme : *Les Serbes de Hongrie, leur histoire, leurs pri-*

viléges, leur église, leur état politique et social. 1 vol. 1873.
Œuvre de première main, de la science la plus accomplie.

Iranyi et Chassin. *Histoire politique de la révolution de Hongrie*, 1 vol. 1859.

Félix Martin : *Guerre de Hongrie en 1848 et 1849*, 1 vol. 1850.

Recueil des traités, conventions et actes diplomatiques, concernant l'Autriche et l'Italie, 1703-1859, 1 vol. 1859.

Smolka : *Autriche et Russie*, avec une préface de M. Henri Martin. 1 vol. 1869.

Comte de Mülinen : *Les finances de l'Autriche.* 1 vol. 1875.

De Laveleye : *La Prusse et l'Autriche après Sadowa*, 1 vol. 1869.

Léonard Chodzko : *Les massacres de Gallicie et Cracovie, confisquée par l'Autriche en 1846*, 1 vol. 1861.

Anonyme : *Le Pays Yougo Slave (Croatie-Serbie), son état physique et politique, sa fonction dans l'économie générale de l'Europe*, 1 vol. 1874.

Auguste Himly : *Histoire de la formation territoriale des états de l'Europe centrale.* 2 vol. in-8°. 1876.

J'indiquerai en outre : la collection de la *Revue des Deux-Mondes* et notamment les articles de MM. H. Desprez, E. de Langsdorf, Klaczko, G. Perrot, Sayous, V. Cherbuliez, Alexandre Thomas, Cyprien Robert, Albert Dumont, Bamberg, André Cochut, etc., les collections du *Journal des Débats*, du *Mémorial diplomatique*, de *l'Officiel*, de la *Réforme économique*, de l'*Annuaire encyclopédique* (très informé sur l'Austro-Hongrie), de l'*Annuaire Lesur*, de l'*Annuaire des Deux Mondes*, de l'*Almanach de Gotha*, du *Tour du monde* (articles de MM. Duruy, G. Perrot, Yriarte, etc.), de la *Correspondance Slave*, etc., etc.

HISTOIRE
DE L'AUTRICHE

LIVRE Ier

DE LA MORT DE MARIE-THÉRÈSE A LA RENONCIATION DE FRANÇOIS DE LORRAINE-HABSBOURG A LA COURONNE IMPÉRIALE D'ALLEMAGNE. (L'AUTRICHE ALLEMANDE. LUTTES CONTRE LA RÉVOLUTION ET L'EMPIRE. — 1780-1804.)

CHAPITRE Ier

Règne de Joseph II. L'unité administrative. Réformes religieuses. Réformes sociales, économiques, militaires et judiciaires. Résistance des nationalités. — Exposé de l'histoire et de la constitution des Hongrois. — Les Roumains. Révolte des Pays-Bas. Démêlés avec la Prusse. — Guerre avec la Turquie. Mort de Joseph II.

Marie-Thérèse mourut le 29 novembre 1780, laissant pour successeur son fils Joseph II, déjà empereur d'Allemagne depuis 1765. Le cercueil de la virile et dévote souveraine fut insulté comme celui de Louis XIV : on ui jeta des pierres; un régiment de grenadiers dut l'escorter jusqu'à son dernier asile. Elle laissait l'Autriche intérieurement et extérieurement dans une situation difficile.

A l'extérieur, la Prusse grandissait prospère sous Frédéric II qui devait survivre six ans à Marie-Thérèse. Cette Prusse, qu'il avait prise avec 2186 milles carrés et 2,240,000 habitants, Frédéric la léguait à son successeur étendue à 3452 milles carrés, peuplée de 5,430,000 habitants et dans un irréprochable ordre financier. La monarchie des Hohenzollern avait déjà conscience de sa mission : se mettre à la tête du monde germanique en rejetant l'Autriche hors de l'Allemagne : c'était l'unique préoccupation de ses souverains et de ses hommes d'Etat vis à vis d'une rivale qui, depuis Charles-Quint, était devenue surtout hispano latine et la représentante de l'idée catholique contre la Réforme.

L'alliance française, cette chimère réalisée à l'étonnement du monde, grâce à la déplorable politique des ministres et des maîtresses de Louis XV, allait cesser d'être avantageuse, car la France devait devenir aussi fatalement l'ennemie de l'Autriche, au nom des idées révolutionnaires, que la Prusse au nom du germanisme et de la réforme. Vainement Marie-Thérèse avait placé sa fille Marie Antoinette sur le trône de France et son autre fille Marie Caroline sur le trône des Deux-Siciles : ces alliances avaient mêlé sans résultats politiques le sang des Bourbons à celui des Habsbourg Lorraine.

L'acquisition d'une partie de la Pologne, dans l'odieux partage de 1772, mettait l'Autriche en contact direct avec la Russie, aussi désireuse de la chasser du monde slave que la Prusse de la bannir du monde allemand.

En Italie, les Habsbourg avaient travaillé pour leur part à l'agrandissement du petit royaume de Sardaigne qui plus tard devait être l'occasion de leur expulsion de la péninsule. A la paix d'Aix-la-Chapelle en 1748, Marie-Thérèse céda le haut Novarrais et Vigevano à

Charles-Emmanuel III, celui-là même qui disait en parlant de l'Italie qu'il voulait manger l'artichaut feuille à feuille.

A l'intérieur, l'Autriche offrait le spectacle de plusieurs états féodaux plus ou moins pénétrés dans leurs institutions particulières de l'esprit du moyen-âge et où la lutte des religions compliquait celle des nationalités. Sans doute la Pragmatique Sanction de Charles VI, édictée en 1713, et dont le but était d'établir l'union indissoluble de tous les états de la monarchie, avait été successivement adoptée par les diverses diètes de l'empire, mais cette union n'existait que sur le papier. Les Hongrois, par la convention de Szathmar (1711), avaient consenti à ce que la couronne de Saint Etienne fût désormais héréditaire dans la maison de Habsbourg, mais ils avaient stipulé que cette royauté ne serait reconnue et ne produirait d'effets légaux qu'autant que le Habsbourg de Vienne se serait fait couronner à Pesth avec l'antique cérémonial et aurait prêté serment à la constitution autonome du royaume. Si la Bohême, épuisée et morne depuis le gigantesque égorgement que Ferdinand II lui avait fait subir, ne protestait plus, elle était désaffectionnée et ne demandait que l'occasion de manifester son hostilité traditionnelle. Les Pays Bas autrichiens (la Belgique moderne) étaient prêts à se soulever. Les autres états étaient invinciblement attachés à leurs chartes locales, même à celles qui consacraient les plus odieux abus du passé, servage, corvées, exemptions d'impôt, inégalités sociales, etc.

L'héritier de cette situation difficile, Joseph II, était alors âgé de trente neuf ans. Il apportait sur le trône catholico-féodal des Habsbourg des idées toutes modernes et un système politique bâti de toutes pièces au nom d'un idéal d'unité puisé dans la raison pure. Son principal éducateur, le ministre Bartenstein, l'avait familiarisé avec les idées du xviii° siècle, surtout dans leur sens anti-papal, mais sans le pousser plus loin que ce qu'on appelle actuellement le vieux catholicisme. Le cerveau du nouvel empereur offrait quelque peu l'image de son empire : des matériaux juxtaposés, mais non fondus en un harmonieux ensemble.

En 1765, à la mort de son père, il avait été élu empereur d'Allemagne, titre devenu à peu près nominal, car le Saint-Empire romain, comme le disait Voltaire, n'était plus depuis longtemps ni saint, ni empire, ni romain. L'antique machine constitutionnelle impériale, rajustée tant bien que mal par le traité de Westphalie, fonctionnait à peine et les Habsbourg n'avaient jamais vu dans ce titre qu'un moyen de servir leurs propres intérêts et non de travailler à l'unité allemande. Mieux valait l'énorme fortune que Joseph recevait de son père François de Lorraine, empereur spéculateur, agioteur et banquier, qui se consolait dans le négoce d'être simple prince époux. Réduit lui-même par son impérieuse mère au rôle de prince fils, il occupa ses loisirs à des voyages et à des études militaires. Du 18 avril au 30 mai 1777, il exécuta son célèbre voyage en France, qui acheva de l'affermir dans sa volonté de faire de l'Autriche un état moderne, laïque et fortement centralisé.

Dès son avénement, il se mit à l'œuvre, sans tenir compte de l'énorme complexité d'intérêts, de traditions et de tempéraments ethnographiques à laquelle il allait se heurter. Semblable à ces philosophes du XVIIIe siècle qui construisaient de toutes pièces dans leur cabinet un plan gouvernemental destiné à être indifféremment adapté à l'équateur ou au pôle, il voulut, dans le court espace d'un règne, mener à bien une besogne à laquelle il fallait plus d'un siècle ; il ne réussit qu'à montrer l'impuissance pour le bien du despotisme même le mieux intentionné. On a eu raison de remarquer que son programme était presque entièrement celui réalisé dix ans plus tard par notre assemblée constituante, mais un individu ne peut faire ce que fait un peuple librement représenté : même dans une Autriche débarrassée du dominant problème des nationalités et des droits historiques, il eût été inhabile à accomplir comme roi ce que la Révolution accomplit en France par la souveraineté populaire. Quand il répondait à une marquise de Versailles qui lui demandait s'il sympathisait avec les insurgés républicains d'Amérique : « Mon métier à moi, madame, est d'être royaliste », il faisait prévoir la stérilité de ses réformes. Nous verrons qu'en plus d'une occasion, il imita ce monarque oriental qui voulait que ses sujets fussent heureux sous peine de mort.

Il commença par refuser de se faire couronner et de prêter serment aux constitutions locales : puis il établit brusquement l'unité administrative en divisant tout l'empire en treize départements : 1° Gallicie, 2° Bohême, 3° Moravie et Silésie, 4° Basse Autriche, 5° Autriche centrale, Styrie et Illyrie, 6° Tyrol, 7° Autriche antérieure (Souabe), 8° Transylvanie, 9° Hongrie et Banat, 10° Croatie, 11° Lombardie, 12° Pays-Bas, 13° Goritz, Gradisca et Trieste. Chaque département fut divisé en cercles administrés par un gouverneur. Il décréta une foule de mesures pour faire planer au dessus de ces divisions l'unité de langage, l'unité militaire, l'unité financière et économique, le tout avec la prédominance germanique.

En même temps et avec une ardeur plus grande encore, Joseph entreprit ce qu'il regardait comme sa tâche principale, la réforme ecclésiastique. Il se plaçait à un double point de vue, l'un légitime : soustraire la société civile à l'action du clergé ; l'autre absurde et qui fut aussi une des fautes de la révolution française : réformer le clergé par l'état et légiférer en matière religieuse.

Depuis Ferdinand II qui disait : « Plutôt un désert qu'un pays peuplé d'hérétiques », l'Autriche était devenue un véritable état théocratique. L'expulsion des Jésuites obtenue par Kaunitz en 1773 n'avait que bien faiblement modifié cette situation. Une nuée de prêtres couvrait le pays : au sommet les riches prélats, ceux de Gran, d'Olmütz, de Prague, de Saint Florentin, etc., dont les revenus variaient de cent cinquante mille francs à un million et qui affichaient le luxe le plus scandaleux et les mœurs les plus faciles ; à la base une multitude d'ecclésiastiques sans cures et sans bénéfices, vivant de messes et de leçons au cachet et prêts à toutes les complaisances pour un écu. 2463 couvents, possesseurs de biens immenses, entretenaient plus de soixante dix mille moines et religieuses. Cet innombrable clergé tant séculier que régulier exerçait à peu près sans partage la direction intellectuelle et morale du peuple. Il le plongeait énergiquement dans la léthargie de l'ignorance et de la superstition, l'enrôlait dans les confréries infiniment multipliées, le maintenait, par la censure, au régime des petits livres mystiques et béats, lui vendait des indulgences et le conduisait aux pélerinages tels que celui de Mariazell qui mettait en mouvement des foules énormes. Les petites pratiques, les enlaçantes dévotions si savamment inventées et organisées par les Jésuites, remplissaient les vides de cette existence désintéressée des choses de la politique, de l'esprit et de l'art. Le commerce des agnus Dei, des chapelets, des billets de saint Luc était le seul prospère au milieu des langueurs de l'industrie et de l'agriculture, sans oublier celui de la location au mois ou à la semaine des figures de cire et des reliques pour l'adoration à domicile. On exigeait des professeurs, avant qu'ils ne montassent en chaire, un serment de croyance à l'immaculée-conception.

Joseph se mit vigoureusement à l'œuvre contre ce qu'il appelait dans ses lettres la domination des Fakirs et des Ulémas et pour enlever « à la tribu de Lévi le monopole de l'intelligence humaine ». Les réformes se pressent : interdiction aux jeunes Autrichiens d'aller étudier à Rome ; interdiction aux congrégations autri chiennes de reconnaître l'autorité de supérieurs étrangers; suppression de celles de ces congrégations dont l'existence n'était pas justifiée par des services rendus à l'enseignement, à l'assistance ou à la prédication : vente de leurs biens meubles et immeubles, pour créer une caisse ecclésiastique destinée à servir des pensions aux religieux et religieuses sécularisés, à fonder des séminaires et à construire des églises rurales.

Mais ce fut surtout contre l'ultramontanisme que Joseph prit ses précautions : il défendit aux ecclésiastiques de correspondre directement avec le Saint-Siége. Il leur interdit de recevoir des bulles et expéditions de la cour de Rome sans l'autorisation, le *placet* du gouvernement. Enfin il déclara que l'état seul avait le droit de nommer aux dignités ecclésiastiques et de conférer des bénéfices. Cet ensemble de réformes fut couronné par le fameux édit de tolérance du 13 octobre 1781, qui rendait la liberté du culte aux luthériens, aux calvinistes et aux Grecs et qui les admettait, ainsi que les Juifs, à tous les emplois publics.

La vieille Autriche de Ferdinand II, l'Autriche du fanatisme espagnol et du religiosisme jésuite croulait de toutes parts. Ces coups formidables lui avaient été portés en moins de deux années (1780 1782). Il n'était bruit en Europe que du terrible réformateur, d'autant plus impatient qu'il avait plus à abattre. La cour de Rome réclamait éperdument. Kaunitz lui répondait que du moment que l'empereur respectait la doctrine et ne pénétrait pas dans le sanctuaire, Rome n'avait pas à se mêler de mesures relevant exclusivement de la souveraineté laïque.

Pie VI, se fiant à son surnom d'*Il Persuasore* (le Persuadeur), prit tout à coup la résolution d'aller à Vienne convertir Joseph par son éloquence. Il arriva le 22 mars. Joseph le logea au Burg impérial pour mieux l'isoler et le surveiller. Aidé du malicieux Kaunitz, *il ministro eretico*, comme on l'appelait dans la correspondance papale, il fit subir au pontife, avec une implacable douceur, toute une série de décourageantes mystifications. Pie VI finit par se le tenir pour dit. Il partit le 24 avril, sans avoir rien obtenu et endetté du million d'écus que lui avait coûté son inutile voyage. Mais les témoignages d'idolâtrie fanatique prodigués par les foules à sa personne lui avaient prouvé que le souverain était plus avancé que ses peuples et que, le souverain disparu, les peuples lui reviendraient. N'importe ! Joseph devait laisser des souvenirs féconds que nous avons vu de nos jours se réveiller en Autriche où cette fois ils trouvent le peuple tout préparé. Le joséphisme est invoqué dans la monarchie des Habsbourg comme le sont chez nous les principes de 89.

Si avancé qu'il fût, Joseph n'avait aucune idée des limites de la puissance publique vis-à-vis des croyances individuelles. Il se mit à régler le culte, à fixer l'heure et le nombre des messes, à prescrire dans les séminaires l'enseignement des doctrines de Febronius. Il ne tarda pas, d'ailleurs, à montrer par un acte déplorable combien un cerveau moulé dans l'absolutisme est incapable de comprendre la liberté et à quel point le tyran austro-espagnol demeurait entier sous le philosophe humanitaire. En Bohême vivaient des paysans purement déistes qu'on appelait *abrahamites* et qui pratiquaient paisiblement une sorte de religion à la vicaire savoyard. Joseph n'entendait pas qu'on se passât de religion positive. Quoi ! il soumettait gracieusement au choix de ses heureux sujets cinq ou six cultes divers : catholicisme, calvinisme, luthéranisme, judaïsme, hellénisme et ces croquants s'obstinaient à ne pas choisir ! tout déiste reconnu fut condamné à recevoir vingt-cinq coups de bâton. Les abrahamites, que ces arguments n'avaient pas convaincus, furent transportés, hommes ou femmes, dans les confins militaires et leurs biens transférés à leurs parents orthodoxes. Tolérance et bastonnade, philanthropie et confiscation, Joseph mêlait le tout tant bien que mal, et prouvait qu'il était bien de la lignée mystificatrice de ces rois philosophes du xviiie siècle sur lesquels s'attendrissaient si naïvement les encyclopédistes.

En 1783, en plein décembre, irrité de ce que le pape refusait de confirmer la nomination d'un archevêque de Milan favorable aux nouvelles idées, il partit pour Rome sans avis préalable et, dans d'orageuses entrevues, traita la question en tête à tête avec Pie VI, stupéfait de son arrivée. Il ne cacha pas au cardinal de Bernis son intention d'instituer une église nationale entièrement soustraite à la suprématie du Saint-Siége et effraya tellement le pape que celui-ci lui abandonna le droit d'investiture. La revanche de Canossa était complète.

Joseph fut mieux inspiré dans ses réformes sociales et économiques. L'Autriche, ou mieux les divers états qui composaient l'agglomération autrichienne, étaient soumis au plus strict régime féodal. Le servage régnait d'un bout à l'autre de l'empire, aussi bien sous la botte du magnat magyare que sous le fouet du hobereau allemand. Le serf ne pouvait ni quitter le sol, ni contracter mariage, ni apprendre un métier sans la permission du seigneur. La corvée et même le service domestique lui prenaient son temps presque entier sans rétribution et l'empêchaient de recueillir les ressources nécessaires non seulement au paiement des impôts et des tailles qui l'écrasaient, mais encore aux besoins les plus élémentaires de sa misérable existence. Courbé sous le bâton et l'outrage, il se plongeait dans un abrutissement dont il ne se réveillait que par quelque sanglante jacquerie promptement réprimée. Dès 1781, Joseph abolit le servage dans la Bohême, la Moravie et la Silésie. Il en fit autant en 1782 dans la Carinthie, la Carniole et le Brisgau et en 1785 dans la Hongrie. Il régla rigoureusement le nombre et la durée des jours de corvée et l'étendue des prestations. Il permit aux serfs de quitter le domaine natal en payant une redevance fixe au seigneur. Plus tard, par un ensemble de mesures importantes, il rendit la propriété accessible à tous.

La noblesse autrichienne était célèbre par sa morgue et par son faste. Morgue et faste de parvenus pour beaucoup de ces gentilhommes qui auraient été bien embarrassés de faire remonter leur noblesse au-delà de la guerre de Trente ans ! A cette époque en effet, les Habsbourg espagnols avaient investi des titres et des biens des familles protestantes égorgées les aventuriers de tous pays accourus sous les bannières de la foi. C'est alors qu'on avait vu l'empereur baronifier le valet de chambre Locatelli et comtifier le palefrenier Luxenstein. Aux aînés les domaines, aux cadets les hautes fonctions ecclésiastiques si fructueuses, à tous ce luxe effréné et cette facilité de mœurs qui donnaient dès lors à Vienne sa réputation de ville de plaisirs. Joseph essaya vainement d'établir des relations mondaines entre cette aristocratie hautaine et la bourgeoisie méprisée. N'ayant pu y réussir, il prodigua les titres de noblesse à qui voulait les acheter. Il fit aussi des prélats et des évêques non blasonnés.

Mais la réforme économique la plus difficile, la plus utile et qui ne devait malheureusement pas lui survivre, fut celle de l'établissement du cadastre pour arriver à une exacte et égale assiette de l'impôt. Commencée en 1785, poursuivie au milieu des plus énergiques résistances de la féodalité, cette grande opération fut achevée en 1789, non sans être entachée de ce caractère hâtif et abstrait de la plupart des œuvres du rapide réformateur. Elle débrouilla du moins ce chaos fiscal de redevances locales, de taxes féodales, de priviléges et de modes de perception qui variaient dans chaque partie de la monarchie. Le paysan paya régulièrement 12 0/0 à l'état et 18 0/0 au propriétaire du sol.

L'esprit despotique de Joseph se révéla du reste dans quelques uns de ses procédés économiques. Pour faire naître le commerce et l'industrie dans ses états endormis depuis si longtemps sous la théocratie, il ne trouva rien de mieux que de défendre l'importation de tous les produits étrangers, depuis les tissus, les vins et les porcelaines jusqu'aux bijoux et aux missels. Les produits déjà importés furent saisis et vendus aux enchères publiques dans le cloître Saint-Laurent de Vienne : ceux introduits en fraude furent brûlés ou jetés dans le Danube. Ce protectionnisme grandiose, dans les souvenirs duquel Napoléon a peut-être puisé plus tard l'idée et les procédés du blocus continental, amena la création de nombreuses fabriques, car il fallait produire sous peine de ne pouvoir ni se meubler, ni se vêtir, ni se parer, ni boire. Mais on ne nous dit pas si les consommateurs s'en trouvèrent bien au point de vue de la vie à bon marché. Non apparemment, car Joseph dut prendre des mesures contre les producteurs ou intermédiaires qui vendaient trop cher. Tout boucher convaincu de vendre au-dessus de la taxe ou de fournir de mauvaise viande, fut prévenu qu'il recevrait cinquante coups de bâton, vingt-cinq de plus que les déistes. Le bâton était décidément la *suprema ratio* du César bien intentionné.

Le bien et le mal se côtoyaient sans cesse dans l'œuvre de Joseph. C'était une vue économique aussi légitime qu'excellente de rendre l'Escaut à la navigation commerciale. Les Hollandais avaient fait confirmer au traité d'Utrech — qui donnait la Belgique à l'Autriche — l'inique article du traité de Westphalie en vertu duquel la navigation maritime était interdite sur l'Escaut : les marchands d'Amsterdam ne voulaient pas de la concurrence du port d'Anvers. Joseph essaya de rendre ce magnifique débouché à ses sujets belges. Il commença par annuler le traité dit des Barrières (de 1715) qui donnait aux Hollandais le droit de tenir garnison aux frais de l'Autriche dans les places fortes belges du côté de la France, Namur, Charleroi, Ypres, etc.; il démantela ces places (1781) et exigea le rappel des troupes hollandaises, puis il entama la négociation de l'ouverture de l'Escaut. Les Hollandais refusèrent, canonnèrent les deux vaisseaux qui d'Anvers voulurent descendre l'Escaut jusqu'à l'Océan, firent appel à l'Europe et surtout à la jalouse Angleterre et inondèrent les environs de leurs forts à la frontière belge. On crut un instant à une guerre européenne. Louis XVI intervint auprès de son beau-frère. Joseph céda (1784) et reçut pour prix de son renoncement dix millions de florins, quelques forts à la frontière hollandaise et le droit de commercer avec les Indes orientales. L'année d'avant, il avait conclu avec la Porte un traité de navigation qui permettait au pavillon autrichien de descendre le Danube jusqu'à la mer Noire.

Il faut louer aussi ses réformes dans l'organisation de l'assistance publique, dans l'ordre judiciaire. Il supprima le crime de sorcellerie, permit la recherche de la paternité, établit le mariage civil, interdit la poursuite d'office de l'adultère instituée par Marie-Thérèse, impitoyable en cette matière et dont les « commissions de chasteté » ont été célèbres. Mais toujours le même, déjà pape en religion, il voulut être grand juge en justice : s'érigeant en suprême magistrat d'appel, il révisait en personne les sentences, adoucissait ou aggravait les peines. L'État et l'Église, c'était lui ; et la justice, c'était lui encore.

Secondé par Lascy, mauvais général, mais grand administrateur, Joseph, du vivant même de sa mère, qui avait abandonné ce département à son activité, réforma l'armée, véritable horde où régnait un désordre effroyable et qui conservait les habitudes d'indiscipline, de pillage et de férocité des bandes de Wallenstein. Règlements pour la cavalerie et pour l'infanterie, numérotage des régiments, monopole des poudres, fonderies de canons, écoles de génie, de chirurgie et d'art vétérinaire, camps de manœuvres, inspections générales, fabriques d'État pour les équipements militaires, invalides, ce fut tout un ensemble de mesures vraiment remarquables d'où sortit une armée régulière. Il échoua dans ses tentatives pour substituer la conscription à l'enrôlement volontaire. Le bâtonneur des déistes et des bouchers maintint naturellement la bastonnade, mais, avec moins de logique, l'apôtre de l'égalité sociale réserva exclusivement à la noblesse l'achat des grades dont il confirma la vénalité.

Dans sa tentative de réforme unitaire, centralisatrice et laïque, Joseph devait se heurter à deux forces prépondérantes en Autriche : celle de l'ultramontanisme et celle des nationalités. Les résistances de ces deux forces sont, à vrai dire, l'histoire de son règne, aidées qu'elles furent d'ailleurs par sa politique extérieure également malheureuse contre l'Allemagne et contre les Turcs.

Le signal de la résistance partit de la Hongrie. Comme, dans le cours de cette histoire, nous rencontrerons constamment la lutte du royaume de saint Etienne contre le centralisme autrichien, les revendications des Magyars au nom de la continuité de leur droit historique, il est bon de jeter une fois pour toutes un rapide regard sur le passé de la Hongrie, d'exposer cette antique constitution si indomptablement invoquée à toutes les phases de l'existence nationale, et de nous rendre compte avec précision des liens qui unissent le royaume apostolique à la monarchie des Habsbourg.

Les Magyars sont un petit peuple ouralo-altaïque ou de race jaune, parent des Finnois, des Turcs et des nomades tartars, descendu de l'Altaï, probablement au courant du VIIe siècle. Fixés d'abord sur les bords septentrionaux du Palus Mœotides, ils franchirent les Karpathes et envahirent la Transylvanie, l'ancienne Dacie, où ils trouvèrent une tribu isolée de leur race, celle des Sicules ou Szeklers descendants des Huns d'Attila. Au IXe siècle, ils envahirent, sous la conduite d'Arpad, ces immenses plaines du Danube et de la Theiss auxquelles ils donnèrent par excellence le nom de Magyarie, *Ma-*

gyarostag. Elles dépendaient de l'empire de Grande-Moravie fondé par le slave Swatoplack. Les débris de la race vaincue, refoulés vers le nord, y devinrent les aïeux de ces Slovaques qui ont donné Kossuth à la Hongrie. Après un siècle de brigandages et de razzias en Allemagne et en Italie, les Magyars, vers l'an mille, furent initiés à la civilisation occidentale et au catholicisme par leur roi qui prit le nom d'Étienne : son père Geisa avait failli, sous les inspirations de Byzance, convertir ses sujets à l'hellénisme. Il serait intéressant d'examiner comment les destinées de l'Europe auraient été modifiées, si les Magyars, rattachés au monde oriental, eussent retrouvé dans d'autres conditions, leurs frères d'origine, les Turcs de l'Islam. Etienne reçut de Sylvestre II le titre d'apostolique que porte encore François-Joseph en l'an de grâce 1877 et la fameuse couronne, palladium de la Hongrie. Canonisé, il devint le patron de ses états, auxquels il avait réuni la Transylvanie. Béla Ier organisa les comitats, cette base et ce boulevard des libertés hongroises (1061-1063).

Kalman (1095-1114) réunit à ses états la Croatie, la Slavonie et la Dalmatie et fut couronné à Zara en Dalmatie. Comment se fit cette réunion ? fût-ce par conquête ou par libre consentement des Slaves croates ? Ceux ci réservèrent-ils leur autonomie et n'acceptèrent ils qu'un simple lien fédéral ? les Magyars sont ils fondés à considérer les trois états yougo slaves comme annexés à la couronne de saint Étienne, *partes annexæ*, ou bien comme royaumes simplement associés par union personnelle, *socia regna*? Ces questions, ardemment discutées de nos jours, ont donné lieu à une foule d'ouvrages et de brochures, car les rapports des Croates et des Magyars en dépendent. Il semble bien qu'il y eut simple association et que l'indépendance de la Croatie fut stipulée.

En 1142, Geisa II repeupla les parties désertes de la Transylvanie avec des colons saxons auxquels il assura les plus grands avantages et dont les descendants forment avec les Szeklers et les Magyars les trois nations de Transylvanie.

En 1222 les magnats magyars arrachèrent à leur roi André II la fameuse bulle d'or, qui ne faisait que confirmer les droits et usages traditionnels du pays, mais qui, rédigée en trente-et-un articles à la diète de 1231, donnait à la Hongrie, en plein XIIIe siècle, une constitution que plus d'un état moderne pourrait lui envier. L'article 31 consacrait le droit à l'insurrection : « Si nous ou nos successeurs voulions violer les dispositions de cette constitution, les évêques et les nobles de ce pays, tous individuellement, auront à jamais la libre faculté de résister à nous et à nos successeurs, sans pouvoir être accusés d'infidélité. »

La dynastie des Arpad s'étant éteinte avec André III, la couronne de saint Étienne passa à des princes étrangers successivement élus par la diète. Le plus célèbre fut l'Angevin de Naples, Louis Ier dit Louis-le-Grand, qui fit de la Hongrie le premier état de l'Europe et l'étendit de l'Adriatique à la Mer Noire et des Balkans aux Karpathes : il confirma la bulle d'or et l'augmenta de 25 articles. Cette prospérité, après les luttes légendaires du Roumain Hunyadi et de Mathias Corvin contre les Turcs, déclina sous Wladislas qui réunissait les trois couronnes de Bohême, de Pologne et de Hongrie, et s'abîma dans le désastre de Mohácz (29 août 1526), où trouvèrent la mort, le roi Louis II, sept prélats, cinq cents magnats et trente mille guerriers. La Hongrie fut ravagée et le sultan Soliman rentra dans ses états en chassant devant lui, sur le vert tapis de la *putza* hongroise, deux cent mille captifs.

Ferdinand d'Autriche, frère de Charles Quint, recueillit le magnifique héritage de la Bohême et de la Hongrie, du chef de sa femme Anne Jagellon, sœur de Louis II. Il fut élu par la diète de Presbourg, tandis qu'une partie des Magyars proclamait roi Zapolya, voïvode de Transylvanie. Ferdinand dut prêter le serment suivant : « Nous Ferdinand, par la grâce de Dieu, roi de Hongrie, etc., jurons par le Dieu vivant, par sa très sainte mère la vierge Marie et tous les saints, que nous maintiendrons dans leurs immunités et libertés, droits, lois, priviléges et antiques, bonnes et approuvées coutumes, les églises de Dieu, les seigneurs, prélats, barons, magnats, nobles, villes libres et tous les habitants ; que nous observerons les décrets du sérénissime roi André, que nous n'aliénerons ni ne diminuerons, mais autant que nous pourrons, augmenterons et étendrons les frontières de notre royaume de Hongrie et celles qui lui appartiennent à quelque titre ou droit que ce soit ; que nous ferons tout ce que généralement nous pourrons avec justice faire pour le bien public, l'honneur et l'avantage de tous les états et de notre royaume de Hongrie tout entier. Qu'ainsi Dieu nous vienne en aide et tous les saints ! »

Tous les rois de Hongrie jusqu'à nos jours ont dû prêter ce serment. De plus, depuis 1622, outre le serment verbal, ils durent signer au préalable un *diplôme d'inauguration* où ils promettaient : « 1° Qu'ils maintiendraient en pleine vigueur les droits, lois et franchises du royaume ; 2° que la décision des affaires publiques appartiendrait uniquement à la diète ; que les nationaux, à l'exclusion de tous étrangers, pourraient seuls prendre part au gouvernement du pays et obtenir des commandements dans l'armée hongroise ; 3° que nul citoyen hongrois ne pourrait être traduit devant d'autres tribunaux que les tribunaux nationaux et jamais ne serait tenu de comparaître devant une cour siégeant en dehors des limites du royaume ; 4° que l'intégrité du territoire serait inviolablement sauvegardée ; 5° que jamais une armée étrangère ne franchirait les frontières hongroises ; que jamais aucune guerre ne serait déclarée ni aucune paix signée contre l'assentiment de la diète. »

Telles sont les bases historiques de l'union avec l'Autriche. Les Magyars n'ont cessé de les invoquer, de même que les Habsbourg, malgré serments et diplômes, n'ont cessé de les violer : dès le début de l'union, ils manifestèrent leur intention de faire peser sur le splendide héritage ramassé dans une corbeille de noces le double despotisme civil et religieux. Les Magyars résistèrent et de là ces grandes insurrections nationales d'Étienne Bocskoi, de Gabriel Bethlen, de Georges Rakoczy, de Tekely, de Frantz Rákóczy, dans le détail desquelles nous ne saurions entrer et qui aboutirent aux traités de Vienne en 1606, de Nikolsbourg en 1622, de Presbourg en 1629, de Linz en 1645, consacrant tous l'autonomie hongroise. Le sanglant Léopold Ier dévasta la Hongrie, décapita les plus illustres patriotes, livra le pays aux jésuites et aux bourreaux et déclara à la diète de 1671 qu'il possédait le royaume de saint Étienne par droit de conquête. Emeric Tékély se souleva en vain et, suivant l'habitude des princes Magyars, s'allia aux Ottomans : le polonais Sobieski sauva Vienne (1683) ; Bude, depuis 145 ans au pouvoir des Turcs, tomba aux mains des impériaux. Léopold, redoublant de férocité, lança sur les malheureux Magyars le sinistre Caraffa, d'exécrable mémoire, et les deux jésuites Péritzkof et Kellio. Alors eurent lieu les *assises sanglantes* d'Epéries où, pendant neuf mois, trente exécuteurs fonctionnèrent quotidiennement, brûlant, rouant, empalant, étranglant des charretées de victimes.

En 1689, on signa une transaction qui rendait aux Hongrois leurs libertés, mais qui déclarait la couronne héréditaire dans la maison de Habsbourg. La diète, terrorisée, accorda en même temps l'indigénat aux jésuites. En 1711, après la révolte de Franz Rákóczy, l'auteur de la fameuse marche qui est la marseillaise des Hongrois, fut signée la convention de *Szatmar :* elle consacra l'autonomie du royaume et l'antique constitution en maintenant l'hérédité au profit des Habsbourg dans la descendance mâle. Mais en 1723, la diète de Presbourg accepta la *pragmatique sanction* par laquelle Charles VI avait, en 1713, assuré la succession de ses états héréditaires à sa descendance féminine. La diète stipula que le roi ne gouvernerait en Hongrie que selon les lois propres du pays, établies déjà ou à établir ; qu'à son avènement, il se ferait couronner selon les formes, en vertu de l'axiome : *non est rex nisi coronatus* ; qu'il prêterait le serment et signerait le diplôme d'inauguration et enfin, qu'en cas d'extinction de la postérité de Léopold Ier et de Joseph Ier, la nation rentrerait en jouissance de son droit d'élire un nouveau souverain. Marie Thérèse, dès son avènement (1740), confirma toutes les libertés hongroises, se fit solennellement couronner et, menacée par la coalition européenne, appela à son secours, dans la diète de Presbourg de 1741, les Magyars qui poussèrent alors le cri historique de : « *Moriamur pro rege nostro Mariâ-Theresâ* », c'est-à-dire pour la petite-fille du sanglant Léopold. Sauvée par eux, Marie Thérèse ne convoqua qu'une seule fois en dix-huit ans la diète hongroise, mais elle dota le royaume de nombreuses institutions utiles et y abolit l'inquisition.

Après avoir vu comment et à quelles conditions la Hongrie a été placée sous le sceptre des Habsbourg, ce qui nous donne la clef de ses revendications ultérieures, voyons quelle était dans ses principaux traits cette constitution bien-aimée, si vaillamment défendue par les Magyars.

Le fondement de l'État en Hongrie était et est encore le *comitat*, prétendu établi par Charlemagne, mais régularisé par Béla à la fin du XIe siècle. Chacune de ces antiques circonscriptions est une petite république dans l'État, la cellule foyer d'une vie spéciale merveilleusement intense et dont l'ensemble fait l'existence générale. Tous les trois mois, les nobles du comitat, les délégués des petites villes, les ministres des cultes, les personnes exerçant une profession libérale, se réunissaient en assemblée dite *congrégation*. Dans ce parlement communal, dans ces états au petit pied, on discutait toutes les affaires du comitat. On élisait pour trois ans les fonctionnaires de tout ordre : juge suprême et juges ordinaires qui ne pouvaient, au civil comme au criminel, prononcer qu'avec l'assistance de jurés ; notaire suprême et sous-notaires chargés des détails de l'administration ; receveurs généraux et caissiers qui percevaient et dépensaient les revenus, etc. Le représentant du pouvoir central, le comte suprême nommé par le roi (*Obergespan* en allemand et *Foïspan* en magyar), était réduit au rôle de témoin sans autorité légale. On siégeait à la congrégation en costume national, le sabre au côté et quelquefois hors du fourreau ; mais la session terminée, les haines s'oubliaient en de pantagruéliques banquets, où les vins renommés du pays coulaient à flots et où la langue magyare succédait au latin, langue des discussions. On sent combien ces assemblées étaient d'excellentes écoles pratiques de la vie politique. C'est là que se formait ce singulier type magyar, fougueux comme un cavalier d'Attila et subtil comme un légiste de Byzance, en appelant avec une égale passion aux sabres frais émoulus et aux parchemins poussiéreux, orgueilleux de sa patrie au point de mépriser le reste de l'humanité, poussant à l'extrême les magnificences et les égoïsmes du patriotisme, enivré de la liberté jusqu'au délire, mais ne la voulant que pour sa race et ne se souciant nullement de cette puissance d'expansion qui fait des progrès d'un peuple le patrimoine de tous les autres. On dirait que, pour faire un magnat hongrois, on a pris la moitié d'un lord anglais et la moitié d'un émir oriental.

Les comitats et les villes royales, petites républiques aussi avec leurs magistrats élus, envoyaient des députés à la diète ou du moins à la chambre basse de la diète, car la chambre haute, vraie chambre des lords, se com-

posait de tous les membres du haut clergé, archevêques
et évêques, et des membres de la haute noblesse : barons, comtes et grands seigneurs terriens. Les députés
recevaient de leurs colléges électoraux un mandat impé
ratif, révocable même au cours de la session. Le Palatin
de Hongrie, fonctionnaire électif dont les attributions
étaient considérables, présidait la chambre haute ; le
Personnal, la chambre basse. La diète devait se réunir
tous les trois ans ; seule, elle avait qualité pour voter
les lois, les impôts, les levées de troupes, la paix ou la
guerre. Une foule de mesures, recueillies au xvie siècle
par Verboczy dans son *jus tripartitum*, limitaient l'autorité royale. Infâme, parjure et dégradé était déclaré le
noble qui donnait au souverain la moindre somme sans
l'assentiment de la diète. L'*habeas corpus* était de droit.
Le roi était responsable en justice des méfaits de ses
agents.

C'est à cette constitution, jurée par son grand-père et
par sa mère, que s'attaqua Joseph, au nom de la centralisation politique et administrative. Non-seulement
il refusa de se faire couronner roi de Hongrie, mais il
fit enlever de Presbourg le 13 avril 1784 et conduire à
Vienne le grand talisman des Magyars, la couronne de
saint Étienne. Les comitats furent administrés par des
préfets impériaux : la diète fut suspendue et la dignité
de grand Palatin laissée vacante. Les Magyars furieux
se virent imposer tour à tour la conscription, le cadastre,
l'égalité des impôts et, chose plus intolérable encore,
l'emploi exclusif de la langue allemande. Si Joseph avait
eu un sentiment quelconque de la liberté, il eût appliqué
le parlementarisme hongrois à tout l'empire et fait
sanctionner ses réformes par les diètes elles mêmes.
Mais il était incapable de s'élever à cet idéal : il n'admettait pas d'autre point de départ que son initiative
personnelle, souveraine dispensatrice du bien comme
du mal.

Certes, par bien des côtés, les réformes de Joseph

étaient légitimes ; l'abolition du servage et l'égalité de l'impôt étaient de véritables bienfaits. Dans cette brillante constitution des Magyars que nous avons sommairement exposée, nous remarquerons, en effet, qu'il n'est fait nulle part mention du paysan, du serf attaché à la glèbe. Ces institutions libérales sont le patrimoine de la classe aristocratique et, à un bien moindre degré, de la classe moyenne et bourgeoise : elles ne sont pas faites pour le rural courbé sous le bâton du châtelain qui l'épuise de corvées, de redevances, et lui laisse le poids des impôts. Or Joseph s'occupait de ce misérable, inaperçu entre les sillons, et les Hongrois étaient aussi choqués de ses tentatives de ce côté que du côté de leur autonomie politique : au nom du droit historique, ils repoussaient le droit rationnel et la réforme sociale.

La question des nationalités, que nous traiterons plus amplement quand nous arriverons à la grande explosion de 1848, a en effet une double face qui fait hésiter la philosophie de l'histoire. Si, d'un côté, elle s'appuie sur l'indépendance d'un peuple ou d'un groupe historique et naturel, sur la conscience de l'individualité et le sentiment de l'autonomie, la protestation vivante chez les fils contre le joug imposé aux aïeux par la conquête, sur l'hérédité juridique et intellectuelle manifestée par l'unité de langage et par les coutumes traditionnelles, d'un autre côté, elle s'inspire trop souvent de l'esprit de routine amoureux des formes antiques tant civiles que religieuses, dans lesquelles il voit comme un préservatif tutélaire ; de la répugnance à la solidarité humaine ; de l'égoïsme plus détestable encore dans un peuple que dans un individu ; de l'aveugle attachement au passé se manifestant par la défense farouche des abus et des priviléges qu'on croit légitimes parce qu'ils sont séculaires. Les mouvements des nationalités ayant leur racine dans ce passé, se croient obligés à conclure avec lui une sorte d'alliance offensive et défensive. Joseph se heurta à la fois à ce qu'il y a d'acceptable et à ce qu'il y a de déplorable dans le principe des nationalités.

Les comitats, la noblesse, les paysans eux-mêmes réfractaires à la conscription, résistèrent avec acharnement : les malheurs de la guerre contre les Turcs, — nous les raconterons plus loin, fournirent de nouveaux éléments à cette résistance devenue tellement menaçante, que Joseph, empêché d'ailleurs d'autre part, dut céder. Le 28 janvier 1790, l'année même de sa mort, il publia sa fameuse : *revocatio ordinum quæ sensu communi legibus adversari videntur*. Toutes choses étaient remises dans le royaume de Saint-Etienne en l'état où il les avait trouvées à son avénement ; la couronne palladium fut réintégrée à Bude au milieu de fêtes magnifiques. L'esprit de nationalité, en communion avec l'esprit du passé, avait triomphé du réformateur, mais, du passé aussi, le réformateur avait retenu l'absolutisme qui avait rendu stériles tous ses efforts.

La révolte des Roumains de la Transylvanie, dont les Magyars firent remonter la responsabilité directe aux innovations de Joseph, ne doit pas être omise : elle nous permettra d'ailleurs d'étudier dans ses origines cette question roumaine qui est une des plus importantes de l'Autriche moderne.

Ce sont les Roumains qui représentent principalement dans l'agglomération autrichienne la race latine. Au nombre de deux millions 596 mille, ils sont répandus dans la Transylvanie, dans la Bukowine, dans la Hongrie et dans les confins militaires, mais ils sont surtout nombreux en Transylvanie où leurs douze cent mille individus représentent près de 60 0/0 de la population de la principauté. Comme leurs frères, les Moldo-Valaques, ils descendent probablement du métissage des colons romains transportés en Dacie par Trajan avec les populations indigènes ; ils avaient déjà vu s'établir sur les revers des Karpathes et dans la vallée de l'Olto (Aluta) une tribu hunnique, les Sicules ou Szeklers, quand la grande invasion des Magyars au xe siècle les submergea tout à fait. Les rois hongrois, une fois convertis au catholicisme, furent encore plus oppresseurs vis-à-vis des Roumains, qui appartenaient à l'église d'Orient. Au XIIe siècle, ils appelèrent des colons saxons qu'ils établirent sur les *fundi regii* ou domaines royaux, partie au midi de la principauté sur l'Olto inférieur, partie au nord entre le Theiss et le Szamos. Les cinq cent mille Szeklers et Magyars et les deux cent mille Saxons s'unirent pour tenir les douze cent mille Roumains dans la plus effroyable oppression sociale et religieuse. S'intitulant les *trois nations* de Transylvanie, car la nation vaincue ne comptait pas, formant par leurs territoires une chaîne continue qui isolait les opprimés de leurs frères de la Moldo-Valachie et de la Bukowine, ils déclarèrent que les Roumains n'avaient aucun droit politique, qu'ils étaient simplement tolérés (*admissi, tolerati*); qu'ils étaient à jamais privés du port d'armes, de l'accès des écoles, du droit d'avoir des vêtements de couleur : leurs prêtres, traités de brigands, furent assujettis à garder les troupeaux de buffles et les meutes des magnats. Les Roumains protestèrent plusieurs fois par de violentes insurrections contre ce sauvage asservissement; en 1437, par exemple, et en 1612, secourus quelquefois par les Roumains-Danubiens. Un héros, Michel le brave, parut devoir un instant les affranchir. Radu, woïvode de Valachie, occupa même la cité saxonne d'Hermanstadt (le *Sibiu* des Roumains); mais ils retombèrent sous le joug, et en 1613, les Saxons signèrent le fameux pacte d'union contre les ennemis extérieurs et indigènes : on rédigea un recueil intitulé : *approbatæ et compilatæ constitutiones Transylvaniæ* qui consacrait le servage de la race latine et qui, de nos jours, a encore force de loi devant les tribunaux magyars ! c'était un véritable code de tyrannie et de mépris pour les vaincus.

En 1700, en échange de promesses illusoires, l'empereur Léopold Ier obtint la conversion de deux cent mille Roumains au catholicisme, sous le nom de *grecs unis*, mais unis ou non unis, les Roumains continuèrent à être opprimés, à se voir refuser l'accès de tous les emplois, et leur évêque, Micoul, qui insistait pour que leur nationalité fût reconnue, dut quitter le pays (1732).

Joseph II, suivant son habitude, parcourut le pays et promit aux paysans de leur faire justice. Une de ses lettres à Catherine de Russie, publiée par M. d'Arneth, et datée du 13 novembre 1782, montre même que les deux souverains avaient conçu le plan singulier de réunir tous les Roumains de leurs états respectifs en un royaume de Dacie. Mais Joseph étreignait mal à force d'embrasser ; les nobles des trois nations seules représentées à la diète transylvaine, se vengèrent de ses innovations en redoublant de tyrannie vis à-vis des paysans roumains. Ceux-ci se soulevèrent sous la conduite d'un ancien soldat nommé Horjah. Le pope Krischan et un autre chef, Klotsa, se joignirent à lui, et bientôt quinze mille révoltés parcoururent la principauté, en massacrant les nobles, et en incendiant les châteaux. Joseph fit marcher des troupes contre eux : Horjah et Klotsa, abandonnés et livrés aux capitaines impériaux, furent exécutés le 3 janvier 1785, et cent cinquante de leurs compagnons empalés à l'orientale autour de leur gibet. Le pope Krischan se suicida. Magyars, Saxons et Szeklers accusèrent les idées nouvelles de cette Jacquerie, sans se dire que les masses qu'ils traitaient comme des brutes, des brutes aussi ne pouvaient qu'avoir le sauvage réveil.

La résistance religieuse trouva sa plus vive expression dans les Pays Bas autrichiens (Belgique actuelle). Ces belles provinces, ruinées par le traité de Westphalie et par la fermeture de l'Escaut, s'étaient courbées sous la plus absolue domination cléricale. Le fameux cardinal de Frankenberg, archevêque de Malines et primat de Belgique, creature des jésuites abolis en droit, mais existant en fait sous d'autres noms, avait livré l'université de Louvain aux fils de Loyola. On devine quel effet les réformes ecclésiastiques de Joseph produisirent dans un pareil milieu. Les Pays-Bas étaient gouvernés par Marie-Christine, sœur de Joseph, et par son mari Albert, duc de Saxe-Teschen, fils d'Auguste III, roi de Pologne : ils voyaient eux-mêmes d'un mauvais œil les innovations de leur frère et beau-frère : ce fut à eux que Frankenberg, assisté du nonce Zondandari et du jésuite Xavier Feller, adressa sa protestation contre les séminaires généraux institués par Joseph (1786). En même temps éclatait une guerre de pamphlets dans lesquels la question nationale était habilement mêlée à la question religieuse, et les étudiants de Louvain se mettaient en pleine révolte. Joseph fit avancer des troupes, chassa le nonce, emprisonna quelques évêques et appliqua avec rigueur ses réformes administratives, judiciaires et financières.

Les populations wallones, moins ignorantes, comprirent combien ces réformes pouvaient relever leur malheureux pays tenu dans le fanatisme, dans l'ignorance et dans la torpeur ; mais les Flamands résistèrent, réunirent les états de Brabant (avril 1787) et invoquèrent leur charte nationale dite de *Joyeuse entrée*, avec tous les priviléges et abus gothiques qu'elle consacrait. Des troubles, des émeutes éclataient dans toutes les villes : toutes les chaires retentissaient d'appels aux armes ; des bataillons de moines armés paradaient dans les rues, et la foule massacra plus d'un de ceux qui rirent à l'aspect de ces nouveaux ligueurs.

Christine et Albert ne montraient qu'indécision et faiblesse. Ils furent rappelés, mais pour être remplacés par des successeurs plus faibles et plus indécis encore, Murray, Trautsmanndorf, D'Alton. Gand, Bruges, Ostende, chassèrent leurs garnisons. Le 10 décembre 1789, les prêtres, du haut de la chaire de Sainte Gudule, soulevèrent Bruxelles que les stupides Trautsmanndorf et D'Alton — qui avaient plus de forces qu'il n'en fallait pour étouffer l'insurrection — évacuèrent sans trop savoir comment, se mettant en pleine retraite sur la Meuse. D'Alton s'empoisonna. Le 13 décembre, les États de Flandres, de Brabant et du marquisat d'Anvers proclamèrent l'indépendance de la Belgique. Le 7 janvier 1790, l'assemblée générale, réunie à Bruxelles sous la présidence du cardinal de Frankenberg, abolit la législation de Joseph et rendit le pouvoir absolu au clergé. C'est le cléricalisme qui avait accompli la révolution belge au nom du passé et des principes du plus complet obscurantisme, et en considérant cette fois l'insurrection comme le plus saint des devoirs. Là encore, Joseph avait complétement échoué.

Joseph devait être aussi malheureux dans sa politique extérieure que dans sa politique intérieure.

Il avait conçu un double plan : asseoir son influence en Allemagne par quelque chose de plus solide que le vain titre d'empereur, c'est-à-dire par l'acquisition de la Bavière et s'étendre à l'Orient aux dépens de la Turquie.

L'acquisition de la Bavière eût été un avantage énorme et qui, établissant la prépondérance de l'Autriche dans l'empire, eût dès l'origine coupé court au dualisme austro prussien. Déjà en 1777, quand, à la mort de l'électeur de Bavière, Maximilien Joseph, ses états passèrent à l'électeur palatin Charles-Théodore, Joseph avait essayé de conquérir la Bavière, mais la paix de Teschen (1779) avait mis fin à ses projets. En 1784, il tenta d'obtenir par des négociations ce qu'il n'avait pu obtenir par la force. Il offrit à Charles-Théodore, en échange de la Bavière, les Pays-Bas autrichiens avec le titre de roi de Bourgogne ou d'Austrasie et trois millions de florins. Charles Théodore se serait peut-être laissé aller, mais le duc de Deux-Ponts, héritier de la Bavière, protesta avec énergie, en appela à la France et à la Russie garantes de la paix de Teschen et surtout au grand Frédéric, qui aurait tout hasardé plutôt que de souffrir cet agrandissement matériel et moral de l'Autriche. Le 23 juillet 1785, Frédéric conclut à Berlin une ligue avec la Saxe et le Hanovre qui fut appelée confédération des princes (*Fürstenbund*) et à laquelle accédèrent l'électeur de Mayence et son coadjuteur Dalberg, l'électeur de Trèves, le landgrave de Hesse-Cassel, les margraves d'Anspach et de Bade, les ducs de Deux-Ponts, de Brunswick, de Meklembourg, de Saxe-Weimar et de Saxe-Gotha, le prince d'Anhalt-Dessau, l'évêque d'Osnabrück. Cet acte, un des derniers de la vie du grand Frédéric (il mourut en 1786), posait nettement la Prusse devant l'Autriche : Sadowa était en germe dans le *Fürstenbund*.

Frédéric avait laissé dans le ministre Hertzberg un ardent représentant de sa politique anti-autrichienne, qui essaya successivement de s'allier contre Joseph avec la Russie et même avec la France où Vergennes fit la sourde oreille, mais qui réussit avec Pitt : on trouve la trace des manœuvres du prussien Lucchesini et de l'anglais Hailes dans les troubles de la Hongrie et des Pays-Bas. Plus tard un comité de Hongrois mécontents fonctionnait librement à Berlin.

En présence de ces difficultés, on se demande par suite de quelle aberration Joseph se jeta dans une guerre contre les Turcs qui devait compromettre toutes ses réformes et lui coûter la vie. La Russie était parvenue à se faire déclarer la guerre par la Turquie (1787); Joseph n'avait nul besoin de devenir l'instrument des convoitises de Catherine. A la suite de l'entrevue qu'il eut avec elle en Crimée, il la voyait déjà s'emparant de Constantinople et voulait, en cas d'une crise aussi décisive, s'assurer la possession des principautés danubiennes : il aurait dû attendre au moins que les choses se dessinassent et ne pas se jeter avec une inconcevable étourderie dans une guerre contre les Ottomans. Mais le touche-à-tout impérial — dont parfois Frédéric riait si fort à Berlin — déclara la guerre au sultan le 9 février 1788 et partit à la tête d'une superbe armée de 250,000 hommes.

Après l'avoir éparpillée sur un espace de 150 lieues, Joseph qui croyait qu'un souverain était de droit un grand capitaine, mal secondé par Lascy, vint s'établir à Semlin, envahit Belgrade et déclara qu'il attendrait là l'armée turque pour l'anéantir d'un seul coup. Mais l'armée autrichienne, campée sur un sol marécageux, se vit enlever douze mille hommes par la dyssenterie. Joseph lui-même fut atteint et contracta le germe de la maladie qui devait l'emporter. Le 7 août, l'armée turque passa le Danube près d'Orsowa et les Autrichiens, affaiblis, désorganisés, se mirent en retraite, le 20 septembre, sur Karansebes. Dix mille hommes périrent encore dans cette retraite qui ressembla à une déroute. En novembre, on prit les quartiers d'hiver, tandis que les Turcs ravageaient le Banat. Le bilan de la campagne se résumait en 36,000 hommes morts de maladie et 12,000 tués ou prisonniers.

Joseph ne perdait pas encore ses illusions. En janvier 1789, il écrivait au prince Charles de Nassau une lettre contenant des plans dignes de Pichrochole. Cependant déjà très-malade, il se décida à laisser la conduite de la guerre au vieux maréchal Loudon qui mena rapidement la campagne et, le 8 octobre, s'empara de Belgrade. Mais le 31 janvier 1790, la Prusse s'allia avec la Porte ; les ratifications du traité devaient être échangées dans les cinq mois : on peut dire que la question d'Orient, c'est-à-dire la question de savoir ce que deviendrait la Turquie dans l'Europe moderne, était complétement posée. La Suède et la Diète polonaise se rangèrent cette dernière malgré les efforts de Stanislas Poniatowski — du côté de la Prusse, qui faisait entrevoir à la Pologne la restitution de la Gallicie, en cachant qu'elle réclamait Dantzig et Thorn.

Mais Joseph était mourant. Son œuvre craquait de

toutes parts. Les Pays Bas étaient perdus, la Hongrie menaçante, le Tyrol soulevé contre la conscription. La guerre de Turquie avait obligé à établir de lourdes taxes spéciales sous le poids desquelles grondait le mécontentement des peuples. Il céda de toutes parts, aux Tyroliens comme aux Hongrois. Il rétablit même le conseil des ministres aboli par l'impérieuse Marie-Thérèse et le composa du vieux Kaunitz, de Starhenberg, de Lascy, de Rotemberg, de Spielmann et de Collenbach. Le 17 février, sa nièce favorite, Elisabeth de Wurtemberg, mourut en couches. Ce fut le dernier coup. Le 20 février 1790, Joseph rendit le dernier soupir, laissant pour mettre sur sa tombe cette épitaphe : « Ici repose un prince dont les intentions étaient pures, mais qui eut le malheur de voir échouer tous ses projets. » La statue que son neveu François lui éleva en 1807 à Vienne porte cette autre inscription : « *Josepho secundo qui saluti publicæ vixit non diu, sed totus.* »

L'histoire doit-elle s'associer sans réserve à ces hommages? Il est difficile de répondre affirmativement. Le despotisme, pour être paternel, n'en est pas moins le despotisme, et c'est au profit de ce despotisme que travaillait exclusivement Joseph, si personnel et si ennemi de toute initiative qui n'était pas la sienne. Sa lutte même contre le pouvoir religieux ne se faisait qu'au nom d'une sorte de pontificat civil non moins oppressif que l'autre. Nous avons appris à nous méfier des Louis XI et des Richelieu centralisateurs et organisateurs de pouvoirs forts : Joseph était un Richelieu frotté de vague humanitarisme sous lequel le Habsbourg se retrouvait facilement. De là la stérilité de son œuvre à laquelle ne présida jamais que la maxime « *farà da se* ». Il prouva une fois de plus — et ce ne fut malheureusement pas la dernière fois que le monde vit ce genre de preuve — combien le césarisme bienfaiteur et dispensateur unique des libertés et des prospérités est impuissant à rien fonder, soit qu'il inscrive franchement sur son drapeau

2.

la maxime : tout *pour* le peuple et *sans* le peuple, soit qu'il y mette la correction hypocrite : tout *pour* le peuple et *par* le peuple.

Joseph n'avait pas d'enfants. Son frère Léopold, grand-duc de Toscane depuis 1765 et marié à Marie-Ludovique, fille de Charles III d'Espagne, était appelé à recueillir sa succession. Il avait alors 43 ans. Son administration de la Toscane l'avait rendu célèbre : il s'y était montré aussi réformateur que Joseph et d'après les mêmes principes de despotisme paternel. Il faut lire dans Dupaty ce tableau idyllique où Salente et la Bétique se confondent dans le même lyrisme. Le code criminel, inspiré par Beccaria, était un chef-d'œuvre. La législation religieuse avait réformé à peu près ce clergé sur lequel les mémoires de l'évêque Scipion Ricci nous ont laissé de si singuliers détails. Léopold n'avait que deux défauts : l'habitude d'envoyer aux galères ceux qui ne voulaient pas subir le joug des doctrines jansénistes et un goût excessif pour les femmes. Mais la laide et maladive grande-duchesse n'en voulait pas pour si peu à son mari et en était quitte pour faire porter son métier à tapisserie chez la maîtresse régnante.

CHAPITRE II

Léopold II. — Abandon du système de Joseph. Traité avec la Prusse et paix avec la Porte. Soumission des Pays Bas. Pacification de la Hongrie. — Les Serbes. — Transylvanie.

Rude était la tâche de Léopold : à l'extérieur, il avait à rompre la menaçante coalition de la Prusse, de la Pologne, de la Suède et des puissances maritimes et à mener à bien la guerre avec la Turquie. Frère de Marie Antoinette, il savait qu'il allait se heurter à la révolution française. A l'intérieur, il lui fallait pacifier les nationalités soulevées par la tentative unificatrice de Joseph et reconquérir les Pays-Bas. Mais le réformateur de la Toscane n'allait-il pas tenir à honneur de suivre les mêmes principes que son frère? le législateur humanitaire des bords de l'Arno ne voudrait-il pas développer encore le Joséphisme en matière ecclésiastique et administrative? on le croyait, mais on fut vite détrompé. A peine arrivé à Vienne, Léopold souffla sur les réformes fraternelles comme sur un château de cartes. Non-seulement les priviléges nationaux furent rétablis et les diètes autorisées à se réunir, mais les nouveaux systèmes d'impôts furent abolis, les abus restaurés, l'enseignement rendu au clergé et toutes choses remises en état. Léopold reprit dans tous les sens la politique traditionnelle des Habsbourg et ce fut à croire qu'il n'avait fait que jouer au réformateur dans sa petite Toscane.

Un de ses premiers actes fut de se faire, au refus de la Prusse, exécuteur d'un arrêt de la Chambre de justice de l'empire envers les Liégeois légitimement soulevés contre leur prince évêque. Les troupes autrichiennes les remirent sous le joug. Puis il se retourna du côté de la Prusse vis à-vis de laquelle sa conduite fut un chef-d'œuvre d'habileté. La guerre paraissait imminente : Frédéric Guillaume II, successeur du grand Frédéric, avait porté son quartier général en Silésie, à Reichenbach. Tout en augmentant ses troupes en Bohême et en Moravie, Léopold proposa de négocier. Le 26 juin, ses plénipotentiaires, le prince de Reuss et le référendaire Spielmann se rencontrèrent avec le grand chancelier prussien Hertzberg à Reichenbach, où ne tardèrent pas à arriver les plénipotentiaires de l'Angleterre et de la Hollande. Le plan de Hertzberg craquait déjà de toutes parts. La Pologne, mise en éveil, ne voulait pas céder à la Prusse Thorn et Dantzig, c'est-à-dire le commerce de la Baltique en échange de la Gallicie autrichienne éventuellement promise. L'Angleterre et la Hollande ne voulaient pas entendre parler de diminution territoriale de la Turquie qui aurait facilité à la Russie la conquête de Constantinople. L'étourdi et mystique roi de Prusse était fatigué de ces complications et ne songeait plus qu'à se faire le Don Quichotte de l'absolutisme européen contre la révolution française. Léopold eut l'agréable surprise de le voir se précipiter de lui-même au-devant de la paix que dès lors l'Autriche, par une ruse diplomatique aussi simple que sûre, parut beaucoup moins désirer. Le naïf Prussien envoya même à Vienne son favori, le colonel-alchimiste Bischofswerder, qui s'entendit parfaitement avec Léopold, grand alchimiste lui-même devant le Seigneur. Le résultat fut que l'Autriche parut se laisser arracher une paix qu'elle souhaitait passionnément. Hertzberg eut beau dire : les négociations passèrent, pour ainsi dire, par-dessus sa tête, et le 15 août 1790 fut signé le traité de Reichenbach. Léopold s'engageait : 1° à traiter le plus tôt possible avec le sultan sur les bases du *statu quo ante bellum ;* 2° à ne plus aider la Russie dans sa guerre contre la Porte. De son côté, Frédéric-Guillaume promettait de voter pour Léopold dans la prochaine élection du roi des Romains et de l'aider, de concert avec les puissances maritimes, à soumettre les Pays-Bas. La Prusse était mystifiée, mais Frédéric-Guillaume avait les chemins ouverts... jusqu'à Valmy.

Le 10 septembre suivant, un armistice avec la Porte fut signé à Giurgewo, laissant Léopold libre de se retourner contre les Pays-Bas. Les choses allaient mal dans les provinces insurgées et cléricaux et libéraux en étaient venus aux mains, après toute une guerre préalable de mandements et de pamphlets. Les chefs des libéraux, l'avocat Vonek, le comte de Lamarck, correspondant de Mirabeau, et Walkiers, furent obligés de se réfugier à Namur, après deux jours d'émeute pendant lesquels la foule fanatisée saccagea leurs hôtels. L'armée du congrès, commandée par le Prussien Schœnfeld, marcha contre eux, et les bandes libérales, sous les ordres de Van der Mersch, se rendirent sans coup férir. On n'écouta heureusement pas le jésuite Xavier Feller qui, dans son journal historique (notamment numéro du 15 juin 1790), demandait avec une incroyable verve de férocité la tête des prisonniers libéraux. Les troupes autrichiennes vinrent mettre d'accord les deux partis qui avaient montré une égale ineptie. Commandées par le général Bender et par le comte Georges de Metternich — père du fameux chancelier — elles battirent Schoenfeld. Le congrès ne nomma pas moins ce dernier dictateur en lui adjoignant l'abbé de Tongerloo et demanda le secours de la Prusse et de l'Angleterre qui venaient justement de signer le traité de Reichenbach, et de la France qui refusa. Le clergé alors prêcha la levée en masse, promettant la victoire au nom du ciel. Bender battit ces bandes, les culbuta dans la Meuse et s'empara le 24 novembre de Namur, le 2 décembre de Bruxelles. Les Pays-Bas furent remis légalement sous l'autorité de Léopold qui proclama une large amnistie et laissa aux Belges tous leurs droits et priviléges.

Le même mois s'ouvrit le congrès de Sistowa en Bulgarie. Les plénipotentiaires autrichiens, le comte de Herbert et le prince Esterhazy-Galantha, agirent dans le sens de la temporisation : le 10 février 1791 on suspendit même les négociations pendant deux mois. La paix fut enfin signée le 4 août. L'Autriche abandonnait à la Porte toutes ses conquêtes, y compris Belgrade, sauf le territoire de la vieille Orsowa et les villes de Zettin et de Dresnick.

Léopold s'était donc de tous côtés fort habilement dégagé de la politique de Joseph. Il ne fut pas moins adroit à l'intérieur où il parut céder aux nationalités, mais bien plus en apparence qu'en réalité.

Joseph avait laissé la Hongrie en une effervescence que n'avait pas calmée le retour de la couronne de Saint-Étienne. Plus d'un magnat s'était mis en correspondance directe avec Berlin, comme le prouvèrent plus tard leurs lettres livrées à Léopold, assure-t-on, par le Prussien Bischofswerder. Les assemblées de comitats se réunissaient spontanément de toutes parts et donnaient le signal d'un véritable réveil national. Les motions les plus incendiaires étaient adoptées : changement de dynastie par la libre élection, les tentatives de Joseph ayant rompu la convention de Szathmar, convocation de la diète, etc. On réagissait, avec cette haine de l'égalité qui caractérise l'aristocratique nation des magyars, contre les mesures de Joseph et même de Marie-Thérèse en faveur des paysans. N'était-ce pas la Providence elle-même qui avait établi la distinction entre les nobles et les serfs ? il fallait rétablir dans toute sa rigueur l'antique servage, un des éléments indispensables des vieilles libertés hongroises. Bâtonner le paysan qui manquait à la corvée ou aux redevances, et ne supporter soi-même aucune charge publique, n'était-ce pas conforme aux plus respectables traditions ? Hommes et femmes, rejetant la poudre et les falbalas de la cour de Vienne, revenaient au martial costume magyar. On revenait aussi à la langue dans laquelle les poètes chantaient : « La vieille liberté est le premier trésor de cette noble nation ! » Il y avait bien dans les grandes villes un parti démocratique dont l'esprit s'était ouvert au souffle de 89, mais il n'avait pas d'influence dans le pays.

Léopold avait convoqué la diète pour le mois de juin, promettant de jurer la constitution, mais affirmant son droit héréditaire en dehors du consentement de la diète. Cette convocation ne suffisait pas aux Magyars qui craignaient que leur assemblée ne subît des pressions et qui trouvaient que les Belges vaincus étaient mieux traités que les Hongrois fidèles. Pour les calmer, il fallut promettre une session préparatoire à Bude et achever de détruire le Joséphisme en rendant au clergé l'enseignement et la juridiction. Le mouvement national devenait de plus en plus un mouvement réactionnaire. La diète s'ouvrit le 10 juin. La Chambre haute, comprenant 225 princes, comtes et barons et trente huit prélats, était présidée par le comte Charles Zichy. Le *personnal* Joseph Urményi présidait la chambre basse où l'on voyait trente-cinq abbés élus par les chapitres, soixante-dix neuf bourgeois des villes libres royales et cent deux députés des comitats, noblesse rurale également dévouée à la patrie et au passé, et à laquelle il aurait été inutile de proposer une nuit du 4 août. Joseph fit les frais de cette première séance : le cardinal Batthyani foudroya l'impie réformateur. Il fut convenu que les procès-verbaux seraient rédigés en latin et en magyar, ce qui excita des transports d'enthousiasme. Léopold laissa ces effervescences se produire en toute liberté. Il était occupé aux négociations qui devaient d'abord conjurer l'orage extérieur. Libre de ce côté et n'ayant plus le même intérêt à ménager cette indispensable mine d'or et de soldats qu'on appelait la Hongrie, il déploya vis-à-vis des magyars exaltés un mélange de fermeté et de patience merveilleux : ces légistes sabreurs avaient trouvé leur maître sous le double rapport de la toge et des armes, *toga et arma*. Ils voulurent envoyer un ambassadeur hongrois à Constantinople : Léopold leur déclara qu'il ne souffrirait aucune immixtion en matière de relations étrangères. Ils voulurent que l'armée restât magyare, commandée par des officiers magyars en langue magyare et cantonnée en temps de paix sur le territoire national : les deux auteurs de la motion, Festetics et Laczkovics, furent arrêtés, et Léopold fit comprendre à la diète qu'il y aurait danger pour elle à insister. Ils voulurent que Léopold consentît à prêter, non pas seulement le vieux serment habituel, mais un nouveau serment beaucoup plus explicite, consacrant des droits spéciaux et annulant en fait les conséquences de la Pragmatique Sanction : Léopold refusa, tout en protestant de son respect pour les antiques priviléges et de la sincérité de ses intentions, et insinua que devant tant de défiances, il renoncerait à se faire couronner. La diète céda ; le couronnement eut lieu le 15 novembre 1790, mais Léopold eut soin d'amener avec lui les cuirassiers de sa garde.

La fête se passa à Presbourg avec ce débordement d'enthousiasme monarchique dont les Hongrois et les Anglais semblent avoir seuls en Europe conservé la recette. Toutes ces archéologies d'étiquette et de costume furent saluées des plus retentissants *eljen*, le hurrah magyar. Léopold permit qu'on rétablît la dignité de Palatin, et la diète, chevaleresquement, la conféra au jeune archiduc Alexandre, fils de Léopold. On vota un considérable présent de joyeux avénement.

La diète renouvela les lois tutélaires dérivant de la

bulle d'or : convocation de la diète tous les trois ans, couronnement du roi dans les six mois de l'avénement ; diète revêtue de la plénitude du pouvoir législatif et ayant seule qualité pour voter les impôts et les levées d'hommes ; conseillers magyars pour les affaires hongroises ; intégrité du royaume, etc.

Le débat sur la liberté religieuse fut très-important et très-beau ; la petite noblesse était presque toute entière calviniste, beaucoup de villes aussi, comme Debreczin, la capitale du protestantisme. Le clergé, par l'organe des Batthiany, des Boronkay, fit une vive opposition. Le projet en 17 articles n'en fut pas moins voté. Il établissait la liberté relative du culte évangélique, lui permettait de fonder, entretenir et administrer des écoles et des hôpitaux. Mais, à côté, que de restrictions ! ses livres étaient soumis à la censure et ne devaient contenir aucune attaque contre la foi catholique. La propagande était sévèrement défendue et les cas de conversion réservés à l'examen de l'autorité royale. Les ménages mixtes étaient maintenus sous la juridiction du clergé catholique. Les Evangéliques devaient observer extérieurement les fêtes catholiques « pour la paix de la société » : on les dispensait seulement de contribuer à la construction des églises catholiques. Voilà ce que certains historiens hongrois nous donnent comme un monument du libéralisme de la diète et de Léopold en matière religieuse !

De façon non moins insuffisante et bâtarde furent résolues les graves questions relatives aux paysans et aux bourgeois. Léopold proposa d'accorder aux serfs de la glèbe la liberté personnelle, le droit de déplacement et la suppression des punitions corporelles. Ce fut un *tolle* assourdissant de la part des députés des comitats. Ne plus battre les paysans, c'était ruiner la propriété foncière ! leur permettre de se déplacer, c'était la ruiner encore ! On maintint la bastonnade, mais on permit le changement de séjour, tous les ans, à la Saint-Michel.

On décida même, dans un accès de générosité, que les paysans ne supporteraient plus les frais de cette diète qui les maintenait bâtonnables à merci. Quant à la bourgeoisie des villes, la noblesse la redoutait extrême ment, car ces médecins, professeurs, avocats et marchands, s'étaient laissé pénétrer par l'esprit égalitaire du xviiie siècle. Dès le début de la diète, elle proposa brutalement l'inaptitude aux emplois publics de quiconque n'était pas né noble et magyar : Léopold s'y opposa malgré les clameurs de quatre comitats menaçant de se retirer si l'admissibilité était votée. La question fut ajournée. Un moyen de multiplier la bourgeoisie, c'é tait de multiplier les villes libres et royales. La diète demanda que désormais on la consultât et reconnut comme villes libres, en échange de cette concession, les villes de Temeswar et de Carlsbourg.

Diverses nationalités, opprimées par les Magyars, profitèrent de la tenue de la diète pour adresser des réclamations à Léopold. Les guerres contre les Turcs avaient rendu à peu près déserte la portion du territoire hongrois située entre la Theiss, le Danube et le Maros : Léopold Ier invita en 1690 les Serbes de la Turquie à venir occuper cette contrée marécageuse, mais d'une opulente fertilité. Son appel fut entendu et trente-six mille familles Serbes, conduites par le patriarche Crnozevic, se fixèrent dans ces marches abandonnées. D'autres vinrent les rejoindre en 1691 et en 1693. Un diplôme impérial créa le banat de Temès et la voïvodie de Serbie, en garantissant aux colons slaves le respect de leurs croyances et une existence séparée. Les jésuites les per sécutèrent pour les rallier au rite grec uni, mais ils de meurèrent invinciblement attachés à l'église orientale. En 1733 le collége de Carlowitz (Karlovci) fut fondé et devint le foyer de leur nationalité et de leur religion. Industrieux et actifs, ils prospérèrent et s'accrurent ra pidement : Joseph II envoya même à Catherine le directeur des écoles serbes, Jankovic, pour l'aider à établir l'enseignement primaire en Russie. En 1790, ils s'adressèrent à Léopold qui, malgré les Magyars, les autorisa à tenir un congrès national sous la présidence du baron Chmedfeld, gouverneur de Pétrovaradin. Les réunions préparatoires de ce congrès furent très-orageuses et la haine serbe pour les Magyars s'y manifesta dans les termes les plus violents. Le congrès demanda un territoire séparé. La diète de Presbourg s'y opposa vivement, alléguant que les Serbes n'avaient été reçus qu'à titre d'hôtes. Léopold proposa que les Serbes fussent au moins admis aux mêmes droits que les Magyars et que leur église fût officiellement reconnue; le diplôme de 1791 consacra cette transaction. Nous verrons que la question serbe est une des plus graves de l'Autriche contemporaine.

On eut aussi à s'occuper de la Transylvanie, en hongrois *Erdely* ou pays des forêts. Nous avons vu que cette contrée était habitée par trois nations : les Magyars, les Sicules ou Szeklers et les Saxons, et que ces trois nations avaient seules une existence politique, malgré leur infériorité numérique, au détriment de la masse de la population roumaine. La Transylvanie, conquise par les Hongrois en 1004, avait fait partie de la couronne de Saint-Etienne jusqu'en 1535 où elle devint indépendante sous le rival de Ferdinand, le woïvode Jean Zapolya. Léopold Ier la reconquit en 1687, et la Porte, par la paix de Carlowitz en 1699, reconnut la souveraineté de la maison d'Autriche sur ce pays qui garda néanmoins sa dynastie nationale jusqu'en 1713, où la mort du dernier prince, Michel Abaffi, permit son incorporation. Marie-Thérèse l'érigea en 1765 en grande principauté. Les comitats magyars formaient les sept onzièmes du territoire, les comitats szeklers et saxons se partageant à peu près par moitié les quatre autres onzièmes. Ces trois fractions formaient seules la diète de Transylvanie. Les comitats y envoyaient chacun deux députés. Le calvinisme, le luthéranisme, le catholicisme et le socinianisme ou unitarisme, ces quatre religions reconnues par la diète de Maros en 1571, avaient des droits égaux et c'était entre douze candidats leur appartenant trois par trois que l'empereur choisissait le gouverneur. Léopold permit la réunion de la diète, malgré les Magyars qui voulaient passionnément la réunion de la principauté à la couronne de Saint-Étienne, vœu qui fut inscrit dans les délibérations de la diète de Presbourg. Les malheureux Roumains adressèrent une supplique à Léopold pour demander la reconnaissance de leurs droits civils et politiques et la suppression de ces termes injurieux : « *Tolerati, admissi, inter status non reputati.* » Léopold se contenta de renvoyer le 18 mai 1791 cette supplique à la diète transylvaine qui la repoussa. La diète hongroise termina sa session le 9 août 1791, laissant instituées de nombreuses commissions de réformes.

CHAPITRE III

Entrée en lutte avec la Révolution française. — Pilnitz. Mort de Léopold. François. Alliance avec la Prusse. Campagnes de 1792 et de 1793. — Affaires de Pologne; deuxième partage. — Thugut. Campagne de 1794. — Paix de Bâle entre la France et la Prusse.

Le 6 octobre 1790, Léopold avait été couronné empereur d'Allemagne à Francfort par l'électeur de Mayence, archichancelier de l'empire. Il était devenu le chef nominal de cette étrange agglomération qui ne comptait pas alors moins de trois cents états souverains, depuis les monarques de Prusse, de Bavière, de Saxe, de Hanovre, de Wurtemberg, jusqu'à ces chevaliers qui régnaient sur quelques kilomètres carrés, sans oublier les principautés ecclésiastiques telles que les électorats de Mayence, de Trèves et de Cologne, les évêchés, les abbayes, les villes libres impériales, les bailliages de l'ordre teutonique, etc., etc. Le despotisme, dispersé dans ces innombrables molécules, n'en était pas moins corrosif en chacune d'elles et quelques-uns de ces principicules trouvaient moyen de déployer dans ces microcosmes une cruauté à la Néron et une luxure à l'Héliogabale. La vieille diète de Ratisbonne, avec ses trois colléges, faisait à peine entendre le grincement de ses rouages compliqués et, de tous méprisée et moquée, ne brassait que petite et banale besogne.

Or ce fut la dignité impériale qui conduisit Léopold à son premier choc avec la révolution française.

Les archevêques de Mayence, de Trèves et de Cologne, les ducs de Wurtemberg et de Deux-Ponts, le landgrave de Hesse-Darmstadt, le margrave de Bade, les évêques de Spire, Bâle et Strasbourg, les princes de Nassau, de Leiningen et de Lœvenstein, l'ordre teutonique, avaient conservé en Alsace, en Franche-Comté et en Lorraine, des priviléges féodaux que la Constituante abolit dans la fameuse nuit du 4 août 1789. Elle offrit une compensation en biens nationaux aux seigneurs allemands qui refusèrent et s'adressèrent à l'empereur. Léopold réclama officiellement le 14 décembre 1790, mais sans résultat, auprès du cabinet de Versailles. La question était des plus graves. L'empereur d'Allemagne alléguait que les terres privilégiées *n'étaient pas tellement soumises à la souveraineté du roi de France* que celui-ci pût en disposer en indemnisant les propriétaires. C'était tout simplement dire qu'on voulait garder des enclaves purement germaniques en pleine province française : comme le remarque Michelet, on ne voulait pas dénouer la question, mais la garder comme un en-cas de guerre.

Pendant ce temps, les émigrés étaient à Coblentz et excitaient les rois à former une ligue internationale contre la Révolution. Le 23 décembre 1790, Louis XVI avait écrit au roi de Prusse, par l'intermédiaire du baron de Breteuil, le fameux billet où il demandait contre son peuple le secours de l'étranger et mettait en avant l'idée d'un congrès européen « appuyé d'une force armée. » Les libelles royalistes représentaient la France comme en proie à des brigands que le seul aspect de la maréchaussée de l'absolutisme ferait rentrer en terre. Le bouillant et mystique Frédéric-Guillaume voulait se mettre en campagne.

Léopold était moins pressé d'agir, plus habitué qu'il

était à promettre qu'à tenir. Il alla, au printemps de 1791, en Italie installer comme grand-duc de Toscane son second fils Ferdinand, qu'il maria avec une fille de sa sœur de Naples, tandis que son fils aîné François épousait l'autre fille. L'Autriche, qui établissait aussi un archiduc à Modène et qui possédait en propre les duchés de Milan et de Mantoue et les principautés de Castiglione et de Solférino, prenait la direction absolue de la péninsule. Aux premiers bruits de la Révolution, tous ces princes avaient renoncé aux réformes qui avaient rendu Léopold célèbre et s'étaient mis en pleine réaction. Léopold reçut à Mantoue Calonne envoyé par le comte d'Artois (fin mai), en présence de lord Elgin, représentant de la Grande-Bretagne, et du prussien Bischoffswerder et consentit à un plan d'exécution contre la France auquel il ne devait prendre, dans l'intérêt de Marie-Antoinette, sa sœur, qu'une part inostensible. Après la fuite de Varennes et l'emprisonnement de la famille royale, il fit un pas de plus et lança le 6 juillet 1791 une lettre-circulaire aux cabinets européens pour les appeler, au nom de la sécurité mutuelle, à envahir la France. Kaunitz et Bischoffswerder préparèrent même dans ce sens un traité qui fut signé à Vienne le 25 juillet et où on décida qu'on interviendrait en France quand Catherine aurait signé la paix avec la Turquie, paix qui fut conclue le 11 août suivant à Jassy et qui coûta à la Porte la province d'Oczakow, avec le Dniester pour limite.

Une démarche plus décisive encore eut lieu le 25 août. Au château de Pilnitz, en Saxe, se rencontrèrent Frédéric-Guillaume escorté du prince royal, du général Hohenlohe-Ingelfingen, de Bischoffswerder et du colonel de Stein, et Léopold suivi de l'archiduc François, du maréchal Lascy, du baron de Spielmann et du comte hongrois Palffy. L'électeur et l'électrice de Saxe donnèrent une fête splendide à leurs hôtes. Le comte d'Artois se présenta, suivi de MM. de Bouillé, de Calonne et de Polignac, et non sans quelque déplaisir de Léopold. Le

27 août fut signée la fameuse déclaration de Pilnitz. La dernière et menaçante phrase : « En attendant, leurs Majestés donneront à leurs troupes les ordres convenables pour qu'elles soient prêtes à se mettre en activité, » avait été ajoutée sur les instances de M. de Calonne, après de longues hésitations de Léopold.

Le fin politique hésitait toujours et s'attirait les sanglantes railleries des émigrés, dont il n'avait cure. Lui et Kaunitz auraient préféré tenir la France enserrée dans une sorte de cordon sanitaire formé par les Pays-Bas, l'empire et l'Italie réactionnaire, la laissant, pour prendre encore une expression à Michelet : « cuire dans son jus jusqu'à se refroidir. » Ils comptaient aussi pour ce résultat sur l'établissement en France d'un vague et attiédissant constitutionalisme à l'anglaise. Brissot voyait et signalait ce plan dans son discours du 20 octobre 1791. Léopold licencia même une partie de ses troupes et le général prussien Hohenlohe — qui le vit à Prague où il était allé se faire couronner roi de Bohême au sortir de Pilnitz — n'obtint de lui que des réponses évasives. Aussi quand Louis XVI accepta la constitution le 13 septembre, Léopold adressa aux cours une note pacifique, dispersa en Belgique des rassemblements d'émigrés, admit le drapeau tricolore et fit respecter la cocarde nationale.

Le 1er octobre 1791, la Législative succéda à la Constituante. Dès le 9 novembre, elle rendit un décret portant la peine de mort contre tous les émigrés qui ne seraient pas rentrés au 1er janvier 1792 et ordonnant la séquestration des biens des princes émigrés : le roi fut invité à prendre des mesures contre les puissances étrangères qui permettaient les rassemblements. Le roi opposa son veto : le 29 novembre, vingt-quatre membres se rendirent auprès de lui pour le requérir de protester auprès des électeurs de Trèves et de Mayence, qui donnaient une si complaisante hospitalité à l'émigration. La protestation fut faite par Vergennes et l'électeur de

Trèves y répondit avec une hauteur insultante. En même temps, Léopold, le 3 décembre, dictait à Kaunitz un acte que la chancellerie fit parvenir à Vergennes : il renouvelait la prétention de faire réintégrer les princes possessionnés en Alsace dans tous leurs droits, sans accepter aucun dédommagement, et déclarait que les troupes autrichiennes garantiraient l'électeur de Trèves. Cette note, communiquée le 24 à l'Assemblée, y souleva des explosions de légitime fureur : vingt millions furent votés pour les préparatifs de la guerre. Le 14 janvier 1792 Gensonné lut son rapport célèbre sur la situation de la France, où il sommait l'empereur de s'expliquer sur ces deux points : s'engage-t il à ne rien entreprendre contre la France, contre sa constitution, la nouvelle forme de son gouvernement et de son indé pendance? S'engage t il à la soutenir, en cas d'attaque, conformément au traité de 1756? Le 17, Guadet prononça le magnifique discours où il jetait le gant à l'Europe; le 25 janvier, fut adopté le décret déclarant que, si l'empereur n'avait pas répondu avant le 1er mars, ce serait la guerre.

Ce fut la guerre. Le 7 février, l'Autriche et la Prusse signèrent à Berlin un traité d'alliance offensive et défensive où elles se garantissaient leurs possessions et s'engageaient à veiller sur la constitution allemande. Cette monstrueuse alliance des deux rivales était accomplie en haine de la liberté. Léopold donna ordre au maréchal Bender, commandant les 55,000 hommes de l'armée des Pays-Bas, de se tenir prêt à marcher, envoya 6,000 hommes dans le Brisgau et fit mettre en marche 30,000 hommes de réserve qu'il avait en Bohême. Kaunitz rédigea et publia un mémoire, dernier produit de sa verve octogénaire où l'ardent ennemi de la Prusse et l'inventeur de l'alliance austro-française, rendait responsables de la guerre les républicains de la Législa tive et les jacobins, « secte pernicieuse et ennemie du repos public. »

Mais Léopold ne devait pas voir commencer cette guerre qu'il avait tant hésité à préparer. L'abus des plaisirs avait ruiné sa santé : tout un harem entourait le voluptueux Habsbourg : l'italienne Dona Livia, la polonaise Prohæska, madame de Wolkenstein et tant d'autres. Pour réparer ses forces, il cuisinait des philtres en collaboration avec le mystique favori de Frédéric-Guillaume le général Bischoffwerder. Par malheur ce grand empereur et ce grand général étaient de piètres apothicaires. Léopold tomba malade le 27 février à la suite de l'ingestion d'un de ces philtres réparateurs et il mourut dans d'affreuses convulsions le 1er mars, le jour même où finissait le délai fixé par la Législative.

Léopold laissait treize enfants : dix garçons et trois filles. Le trône revenait à l'aîné de ses garçons, François, alors âgé de vingt quatre ans, qui devait occuper le trône d'Autriche pendant quarante-trois ans. Joseph avait régné dix ans et Léopold deux ans. Rien ne prouve qu'un règne plus long n'aurait pas fait d'eux ce que fut François : l'incarnation obstinée de la contre révolution. La réputation de libéralisme qu'ils ont laissée n'est peut-être due qu'à la brièveté de leur règne. Tous deux cependant avaient plus de valeur intellectuelle que leur fils et neveu. Il semble que le sang de la maison de Lorraine avait régénéré pour quelque temps ces Habsbourg espagnols, descendant à la fois du fou furieux Charles le-Téméraire et de Jeanne la Folle et qui s'appellent Rodolphe II, Ferdinand III, Léopold Ier. Mais Léopold II avait épousé Marie-Ludovique, fille de Charles III d'Espagne, issue de cette lignée des Bourbons d'outre-mont frappés les uns après les autres d'aliénation, depuis Philippe V jusqu'à ce malheureux Charles IV jouet de Godoy et de Napoléon, et sous cette nouvelle affusion morbide, l'influence lorraine disparut : les frères et sœurs de François étaient presque tous soumis à des crampes nerveuses et à l'épilepsie, notamment l'archiduc Charles le grand capitaine et le plus jeune, l'archiduc Rodolphe, qui mourut en 1831 cardinal-archevêque d'Olmütz. Né à Florence et ainsi allemand croisé d'italien, François, faible et violent, d'un machiavélisme bigot et méfiant et d'une timidité dont il se vengeait par plus de despotisme, n'inspirait qu'une médiocre confiance à son oncle Joseph. Au dedans, la centralisation à outrance, mais avec le secours de l'église, le silence de l'absolutisme et la compression par la force et par la police comme défense contre les idées nouvelles, la bonhomie du despotisme paternel vis-à-vis de ceux qui se soumettaient de corps et d'âme à cet étouffement et le gibet ou le *carcere duro* pour les autres, au dehors la politique la plus égoïste soit de conquêtes pour augmenter les états des Habsbourg, soit d'intervention pour aider, au nom de la sécurité mutuelle, les autres rois à maintenir les peuples et à écraser dans son germe la contagion qui aurait pu atteindre l'Autriche, tel fut le programme que dès son avénement se traça François et auquel il demeura invinciblement fidèle avec la tenace persévérance de la médiocrité.

Son premier soin fut d'augmenter et de perfectionner la police que Joseph II avait créée et que Léopold n'avait pas négligée. Il confia la direction des affaires à son ex-gouverneur, le comte Colloredo, sans disgracier cependant Kaunitz et Cobentzell. Il abolit les Chancelleries de Bohême et d'Autriche, la Chambre des comptes, la Chambre des finances hongroise, les Commissions des affaires ecclésiastiques et de l'instruction publique et remplaça ces diverses institutions par un Conseil sous la présidence du comte Kollowrath. Mais les préoccupations de l'extérieur ne tardèrent pas à l'arracher à ses réformes intérieures. Deux grandes questions dominaient la situation : la question Polonaise et la question Française, beaucoup plus enchevêtrées l'une dans l'autre qu'on ne le suppose communément.

Le 29 mars 1790 les Polonais avaient conclu une alliance défensive avec Frédéric-Guillaume de Prusse, à la suite de l'impolitique alliance de Joseph avec Catherine de Russie. Le 3 mai 1791, ils adoptèrent une nouvelle Constitution destinée à régénérer leur malheureux pays en supprimant la royauté élective et en admettant le tiers-état dans les diètes. Les naïfs Polonais pensaient que la Prusse avait tout intérêt, devant la puissance formidablement croissante de la Russie, à leur assurer l'indépendance et la tranquillité. Mais Frédéric-Guillaume, infiniment plus âpre que chevaleresque, et trop peu intelligent pour comprendre quelle devait être la vraie politique de la Prusse, ne songeait qu'à obtenir de ses alliés Thorn et Danzig. Léopold, bien autrement homme d'État, avait compris combien l'existence d'une Pologne forte et indépendante était nécessaire à la sécurité de l'Autriche et de l'Allemagne et, abandonnant la folle politique russe de Joseph, avait mis en avant une véritable idée de génie : poser la couronne héréditaire de Pologne sur le front de l'électeur de Saxe et opposer ainsi à la fois à la Russie et à la Prusse un vigoureux royaume Polonais-Saxon dont la création eût changé la face de l'Europe. La Russie furieuse déclara dès le 18 mai qu'elle repoussait la nouvelle Constitution, sous prétexte que l'ancienne, garantie par elle, ne devait pas être changée sans son consentement : elle attendit que la conclusion de la paix avec la Porte lui permît d'agir. Cette paix fut conclue à Jassy le 9 janvier 1792.

Léopold était mort le 1er mars, et le 10 le mémoire qui contenait ses idées relatives à la Pologne arrivait à Berlin : royauté de l'électeur de Saxe avec ses frères pour successeurs, armée polonaise réduite à 40,000 hommes et neutralisation absolue du royaume. La Russie faisait au même instant des communications secrètes poussant au partage. Malgré le traité de 1790, Frédéric-Guillaume n'hésita pas, trompant d'une façon infâme et digne d'une éternelle flétrissure la confiance des Polonais, à accueillir ces ouvertures et il le fit signifier à l'Autriche par Bischoffwerder en même temps que le rejet du projet de Léopold. Qu'allait faire François, d'autant plus que, le 20 avril, l'Assemblée législative française avait voté, sur la proposition à contre-cœur de Louis XVI, la guerre contre lui en qualité de roi de Bohême et de Hongrie, à l'unanimité moins sept voix? Allait-il abandonner la politique de Léopold et reprendre celle de Joseph?

Alors se croisèrent de tous côtés les intrigues les plus honteuses et d'une complexité qui les rend difficiles à suivre. Ferait-on la guerre par pur désintéressement, pour sauver le principe monarchique menacé par la révolution? ou bien la Prusse et l'Autriche, pour se dédommager des frais de la guerre, recevraient-elles des territoires d'étendue et de valeur égales? Et si le principe des dédommagements était admis, où la Prusse et l'Autriche se dédommageraient-elles? Cette question était la plus difficile, car le principe des indemnités territoriales fut admis avec empressement par ces chevaliers du droit divin, qui disaient tout bas ce que les Normands de Robert Guiscard avaient la pudeur de dire tout haut : « Nous nous battons pour *gaigner*. »

Les préparatifs de guerre se faisaient lentement pendant ces compétitions d'intérêts. Le duc de Brunswick devait commander en chef les forces prussiennes et le prince de Hohenlohe-Kirchberg les forces autrichiennes. Le plan était arrêté : 42,000 Prussiens pénétrant par Longwy, Montmédy et Verdun, devaient rejoindre sur la Meuse 56,000 Autrichiens arrivés par Maubeuge, Philippeville et Givet. Les émigrés devaient passer le Rhin à Bâle, soutenus par des corps autrichiens massés à Fribourg en Brisgau et à Manheim. Mais les mouvements de ces divers corps s'opéraient avec des retards énormes. François en attendant alla se faire couronner roi de Hongrie le 6 juin. Les Magyars, comme d'habitude, montrèrent un débordant enthousiasme monarchique, avec cette facilité de jet qui les caractérise, et la diète vota hommes et argent pour la guerre contre la révolution française.

Les Magyars, en effet, avaient pris en haine aussi ardemment que l'aristocratie anglaise, la révolution, preuve de plus que leur grand élan de 1790 était purement national et égoïste. Leurs poëtes maudissaient la France en des vers aussi médiocres que violents. Dans les villes seules un parti s'était ému aux bruits de liberté et d'égalité venus de l'occident et s'attirait déjà le nom de jacobin, mais il était en infime minorité. François sut exploiter adroitement cette ardeur réactionnaire : il affecta de respecter la Constitution hongroise et fit même quelques concessions de forme, celle par exemple que tout nouveau souverain devrait se faire couronner dans les six premiers mois. Mais au fond il ne céda rien ni sur la réunion de la Transylvanie ni sur le commandement exclusif par les officiers magyars. Les neuf commissions d'enquêtes consenties par Léopold cessèrent même de fonctionner : l'idolâtrie monarchique des Magyars et leur haine de la révolution leur coûtaient cher. Leur pays n'allait plus être jusqu'en 1815 qu'une usine à soldats et à impôts alimentant les grandes guerres des coalitions.

Après s'être fait couronner roi de Hongrie, François alla à Francfort se faire couronner le 19 juillet empereur d'Allemagne. Le dernier électeur de Mayence, le dernier archevêque-roi du Saint Empire romain, couronna le dernier empereur catholique d'Allemagne et reçut ensuite dans sa ville électorale le congrès des souverains, François, Frédéric-Guillaume, le roi de Naples, plus les électeurs de Trèves et de Cologne et les comtes d'Artois et de Provence. Les convoitises se donnèrent libre cours dans ces conférences. Le Prussien déclara qu'il entendait se dédommager en Pologne, et François, abandonnant décidément la politique de Léopold, manifesta la même intention. Mais la Russie suggéra aux hommes d'Etat autrichiens l'idée de reprendre le vieux plan de Joseph, l'échange des Pays-Bas contre la Bavière. Spielmann et Cobentzel d'une part, Schulenbourg et Haugvitz de l'autre, étaient en présence : les âpres marchandeurs se brouillèrent promptement; les Prussiens demandèrent tant de Pologne (Posen, Gnesen, Kalish, Kujavie, Sieradie jusqu'à la Wartha) que les Autrichiens ne se trouvèrent plus assez de Bavière et demandèrent en supplément la principauté d'Anspach-Bayreuth. Refus indigné des Prussiens et tout fut rompu. Guillaume continuait ses négociations avec Catherine, qui le 19 mai avait fait passer le Dniester à ses troupes avec la connivence des seigneurs polonais réunis à Targowicz en une confédération de traîtres et de vendus. Les patriotes, abandonnés par la Prusse au mépris des traités, prirent vainement les armes, et le 23 juillet la Constitution qui pouvait sauver la Pologne était abolie, et le partage devenu possible.

C'est à Mayence, pendant les conférences, que Mallet du Pan, envoyé de Louis XVI, négociait avec les coalisés et obtenait que les émigrés ne fussent pas réunis en un seul corps, mais adjoints : 8000 à Brunswick, 5000 aux Autrichiens du Brisgau et 5000 aux Autrichiens de Belgique, ce qui valut à Marie Antoinette de la part de l'émigration un torrent d'injures. C'est à Mayence aussi que fut rédigé, par le marquis de Linion, le fameux manifeste dont Brunswick endossa si fort à contre-cœur la responsabilité, et qui, lancé le 25 juillet, souleva la France d'une fièvre de colère et d'enthousiasme.

Les hommes politiques de l'assemblée législative savaient très-bien quel désaccord régnait entre la Prusse et l'Autriche, et ce fut leur politique de l'exploiter. Cette haine des deux nations se manifestait dans toutes les occasions. A Mayence, par exemple, il y eut de longues discussions pour savoir si la petite armée électorale serait commandée par un Prussien ou par un Autrichien et annexée à l'une ou l'autre armée. Brunswick aurait mieux aimé combattre la maison de Lorraine que la France.

Nous ne raconterons pas la campagne de 92. Le 18 août, La Fayette abandonnait son armée, et les Autrichiens l'en récompensaient en l'arrêtant et en l'enfermant à Olmütz avec ses compagnons Bureaux-Pusy, de Latour-Maubourg et Alexandre de Lameth. Longwy avait capitulé le 13 août, Verdun le 2 septembre. La route de Paris était ouverte, mais, le 20 septembre, l'armée prussienne était battue à Valmy, et le soir, Gœthe disait au bivouac : « Aujourd'hui, une ère nouvelle a commencé pour le monde, et vous pourrez dire que vous l'avez vu s'ouvrir. » Dès le lendemain, Dumouriez entamait avec les Prussiens, par l'entremise de l'adjudant-général Manstein, des négociations peu sérieuses de part et d'autre, mais qui inquiétèrent vivement l'Autriche. Le 30 septembre, Custines, se détachant de l'armée du Rhin, prenait Spire, et, le 21 octobre, entrait à Mayence, événement qui produisit une immense impression. Du 21 septembre au 10 octobre, Lille avait résisté avec un superbe héroïsme à l'armée autrichienne d'Albert de Saxe-Teschen qui se mit en retraite. Hohenlohe leva le siége de Thionville et évacua la France malgré les violents reproches de ses alliés de Prusse. « La guerre, disait amèrement des Autrichiens le diplomate prussien Lucchesini, ne semble pas plus les regarder que le Grand-Turc. » Il est vrai que Brunswick avait dit pendant sa retraite : « Chacun chez nous, comme les gens de la noce. » Le 28 octobre, Dumouriez, auquel Danton disait : « Console-nous par des victoires sur l'Autriche de ne pas avoir ici le despote de la Prusse, » avait commencé sa campagne de Belgique qui aboutit le 6 novembre à l'éclatante victoire de Jemmapes, gagnée sur l'armée autrichienne, commandée par Clairfayt et Albert de Saxe Teschen. Deux jours après, il était à Mons, dix jours après à Bruxelles : Namur tombait devant Valence, Anvers devant Labourdonaye, la Belgique entière était conquise. Mais ce fut vainement qu'on appela à la liberté ce pays qui avait reçu profondément l'empreinte de l'absolutisme austro ultramontain. Il repoussa la révolution comme il avait repoussé les réformes de Joseph II. Et cependant on lui apportait ce grand bienfait qui épouvantait l'Angleterre, l'ouverture de l'Escaut et la liberté de la mer! mais il se plaisait aux mains de son clergé fanatique et ignorant, et regrettait l'Autriche des Habsbourgs espagnols.

La campagne de 92 avait été fatale aux coalisés et les laissait réciproquement pleins d'aigreur, en même temps que d'une croissante avidité. François ne voulait plus seulement la Bavière et Anspach-Bayreuth : ce défenseur de l'idée monarchique jetait le masque et voulait se dédommager en France, à même du royaume de celui qu'il prétendait secourir. Il y eut de vives disputes au quartier général du roi de Prusse. Frédéric-Guillaume déclara aux ministres autrichiens Spielmann, Thugut et Mercy, qu'il persistait à se dédommager en Pologne au prorata de ce qu'il fournirait de troupes à la coalition en dehors de son contingent fédéral de 20,000 hommes, et à refuser Anspach Bayreuth, mais qu'il ne s'opposait pas à ce que son impérial frère François se dédommageât en Alsace et en Lorraine. On en était là quand l'Angleterre, menée par Pitt, entra en ligne. La délivrance de l'Escaut, bouché depuis deux cents ans, la renaissance possible d'Anvers dont on a dit que c'était un pistolet visant le cœur de la puissance britannique, la Hollande vassale menacée par les Français, c'en était trop et suffisait, sans l'exécution de Louis XVI, à faire déborder la coupe. Ce fut au nom de la politique des intérêts que Pitt reforma la coalition en vue de la campagne de 1793, tout en proclamant la politique de désintéressement dont l'Autrichien Cobourg était le naïf et sincère partisan. Le 1er février 1793, la France déclara la guerre à la Hollande et à l'Angleterre.

Passons rapidement sur cette campagne de 93 dont les commencements furent si désastreux pour la France.

Elle avait à combattre 45,000 Austro-Sardes sur les Alpes, 70,000 Autrichiens dans les Pays-Bas, 40,000 Anglo Hollandais en Belgique, 112,000 Prussiens et Autrichiens sur le Rhin. On sait comment Custines battit en retraite, évacua Francfort et laissa assiéger Mayence qui succomba après la plus magnifique résistance (du 14 avril au 15 juillet). Dumouriez, acharné à la conquête de la Hollande, avait refusé de le secourir, et lui-même vint se faire battre le 18 mars par Cobourg et Clairfayt à Nerwinde, où l'archiduc Charles fit ses premières armes. Peu après l'intrigant général, accomplissant la trahison qu'il méditait depuis longtemps, conclut une convention avec l'Autrichien Mark, fit arrêter et livrer à l'ennemi les commissaires de la Convention, et, après avoir vainement cherché à entraîner ses troupes, accueilli à coups de fusil par les volontaires, passa à l'ennemi. Les Austro-Prussiens bloquèrent Maubeuge, le Quesnoy, Condé et Valenciennes qui succomba le 1ᵉʳ août.

Tout semblait être perdu pour la France, et tout allait être sauvé tant par le génie des nouveaux généraux de la République que par les divisions des coalisés. Le pauvre Cobourg croyait seul à la politique de désintéressement et s'avisa même de préparer un manifeste où, au nom de François, son maître, il renonçait à toute idée de conquête. On se moqua fort de lui à la conférence d'Anvers, où le duc d'York et lord Aukland représentaient l'Angleterre, Metternich père et Stahrenberg l'Autriche, le prince héréditaire d'Orange et Spiegel la Hollande. Metternich rédigea un autre manifeste que Cobourg publia le 9 avril, et où la politique de conquête était carrément affirmée. D'ailleurs Pitt voulait Dunkerque : York, au lieu de marcher sur Paris avec l'armée autrichienne, York, que Michelet appelle si bien « le général commandité de la boutique et de la banque », alla mettre le siège devant cette place, tandis que Cobourg et son armée assiégeaient, de leur côté, les petites places frontières. Prussiens et Autrichiens agissaient avec la même mollesse sur le Rhin. Le résultat de ces lenteurs et de cette absence de plan et d'unité combinées avec les inspirations de Carnot fut que Houchard battit York à cette bataille de Hondschoote dont l'effet resta immense sur l'opinion publique (8 septembre), et que Jourdan battit les 80,000 hommes de Cobourg à Wattignies (17 octobre), dans une position de laquelle Cobourg avait dit : « S'ils viennent ici, je me fais sans-culottes. » Wurmser, chargé d'effectuer le plan autrichien, de bloquer Landau, forcer les lignes de Wissembourg et soulever l'Alsace, allait trouver Hoche bientôt devant lui (novembre et décembre).

Le secret de toutes ces maladresses, de ces temporisations, de ces marches et contre-marches, de ces défiances mutuelles, était dans les affaires de Pologne.

Dès le 16 décembre 1792, Ostermann, ministre de Catherine, avait entamé, avec le ministre prussien de Goltz, les négociations relatives à la Pologne. Catherine aurait préféré une Pologne vassale, ouverte à ses armées, à une Pologne partagée avec les puissances allemandes, mais la révolution du 3 mai lui avait prouvé que les Polonais ne supporteraient pas cette vassalité. Elle s'arrêta donc à l'idée d'un second partage, mais avec la Prusse seule. Les négociations marchèrent rapidement : on s'entendit provisoirement sur les cessions territoriales, et le 6 janvier 1793, la Prusse publia un manifeste de la plus grossière hypocrisie où, prenant le même prétexte que la vieille autocrate russe, elle se déclarait forcée par les menées des Jacobins en Pologne, à occuper les provinces limitrophes de ses états. En effet, le 14 janvier 1793, le général Mœllendorf occupa toute la portion du territoire polonais qui devait former le lot de Frédéric-Guillaume. Le 22 janvier, le lendemain même de la mort de Louis XVI, fut signé dans le plus profond secret à Berlin, l'acte de partage. Pour prévenir la colère de l'Angleterre quand cet acte serait connu, la Russie abandonna, le 6 février, les priviléges de neutralité armée dont aurait été si fort gênée la marine anglaise dans la guerre maritime qui allait commencer. C'était entre les deux cabinets le sacrifice de la liberté des mers contre le sacrifice de la Pologne, et on signa un traité d'alliance provisoire.

L'Autriche savait mal ce qui se passait en Pologne. L'entrée du corps de Mœllendorf, tout en l'irritant, ne lui avait pas semblé une mesure définitive. L'Angleterre, contraire à cet échange bavarois par lequel on voulait déporter la maison de Wittelsbach dans les Pays-Bas malgré elle, conseillait à François de garder la Belgique agrandie aux dépens de la France et de s'emparer de l'Alsace : l'Autriche hésitait et semblait vouloir tout à la fois dans son robuste appétit et la Bavière et l'Alsace, et une part de Pologne. Mais le 23 mars, les ambassadeurs de Prusse et de Russie communiquèrent le traité de partage de la Pologne. François II, furieux d'avoir été ainsi joué, destitua, dès le 27 mars, Spielmann et Cobentzel, et confia le ministère des affaires étrangères au baron de Thugut.

Cet odieux personnage dont tout le monde a dit du mal, y compris l'archiduc Charles qui l'exécrait et le prince de Schwarzenberg, était fils d'un batelier du Danube. Les jésuites, qui l'avaient élevé, l'avaient lancé dans la carrière diplomatique; il avait rempli des missions à Constantinople, à Varsovie et à Versailles, et avait été sous Joseph, en 1788, gouverneur provisoire de la Moldo-Valachie. Il n'avait ni principes ni croyances. Catherine, en le voyant arriver au pouvoir, avait dit : « Voilà un ministre jacobin qui s'entendra avec ses collègues de Paris. » Mais Thugut se montra le plus fanatique défenseur du trône et de l'autel : il exploita cyniquement les vices de l'humanité au profit de sa politique et, premier ministre de 1794 à 1801, il mérita cet énergique jugement de l'historien hongrois Horwath : « Thugut a brigandé pendant sept ans le gouvernement de l'empire. »

Thugut voulut résoudre par la ruse la plus compliquée la question polonaise et la question des indemnités. Il serait fastidieux de le suivre dans ses trames entrecroisées à Varsovie, à Grodno, lieu de réunion de la diète qui devait homologuer sous le canon des Russes l'acte de partage, à Londres où son ambassadeur Mercy tâchait de conclure une étroite alliance avec l'Angleterre en proposant de renoncer à l'échange bavarois, et à Berlin où il repoussait le traité de Saint-Pétersbourg par lequel la Prusse et la Russie promettaient de faciliter à l'empereur l'échange bavarois s'il reconnaissait le partage de la Pologne. La Prusse furieuse de ces menées déclarait que l'obstination de l'Autriche la dégageait et qu'elle ne fournirait plus que 20,000 hommes à la coalition, couvrait de forteresses ses nouvelles provinces polonaises et restait presque inactive sur le Rhin. La Russie, de son côté, tout en accueillant les lettres de François et les tentatives de Thugut pour revenir à la politique russophile de Joseph, exigeait aussi la reconnaissance du partage de la Pologne, au moins en ce qui la concernait. Les choses en vinrent au point que le roi de Prusse fit reculer son armée, arma en Silésie et partit lui-même pour la Pologne. Jamais bas intérêts ne furent si bassement discutés. Thugut demanda même la province de Novare au roi de Piémont pour prix du concours des troupes autrichiennes à une attaque sur la Savoie et sur Lyon (15 septembre). Mais il échoua partout. La diète de Grodno vota le démembrement de la Pologne au profit de la Prusse et de la Russie et conclut le 16 octobre, la veille de la bataille de Wattignies, un traité qui mettait le reste du malheureux pays dans la dépendance absolue de l'empire russe. Les frontières autrichienne et russe désormais se touchaient.

L'Angleterre parvint à renouer la coalition à force d'or. Frédéric-Guillaume — dont le général, Brunswick, avait donné dès janvier 1794 sa démission, en se basant sur les divisions des alliés, et qui avait émis la prétention de faire payer ses troupes par l'empire — s'engagea par le traité de la Haye du 28 avril à fournir 62,400 hommes moyennant des subsides anglais mensuels. L'autrichien Mack, le futur capituleur d'Ulm, dressa un plan en vertu duquel on devait marcher droit des Pays-Bas sur Paris. Mais la campagne de 1794 devait être aussi désastreuse que celle de 1793. Les Autrichiens du reste en supportèrent le principal fardeau. Clairfayt et le duc d'York battus par Pichegru le 8 mai à Courtrai, le 13 juin à Hooglede, se replièrent successivement sur Anvers, Bréda, Bois le-Duc et au-delà du Wahal, laissant la Hollande ouverte. De son côté Cobourg, avec ses 90,000 hommes commandés sous lui par l'archiduc Charles, Beaulieu, Latour, Kaunitz et Zwasdanowich, perdit la bataille de Fleurus (26 juin) contre Jourdan et ses lieutenants Marceau, Lefèvre, Championnet, Bernadotte, Duhesme. Il battit en retraite, laissant 7,000 morts et 3,000 prisonniers. Jourdan, à la tête de cette immortelle armée de Sambre-et-Meuse, prit successivement Bonn, Cologne, Coblentz et occupa le Luxembourg. Hoche avait fait capituler Worms et Spire. Les Prussiens étaient restés à peu près inactifs, charmés de voir battre les Autrichiens. Aussi sur la rive droite du Rhin, où les deux armées étaient en contact, les duels entre leurs officiers étaient très-fréquents. Le ministre prussien Haugwitz affichait hautement les sentiments de haine de la Prusse pour l'Autriche. Dès ce moment, le projet de faire, malgré les constitutions de l'empire, une paix séparée était arrêté dans l'esprit de Frédéric-Guillaume et de ses conseillers. L'affaire de Pologne était réglée : Danzig et Thorn, objets de si ardentes convoitises, voyaient flotter le drapeau prussien. Il fallait la paix pour prussianiser à loisir les nouvelles acquisitions.

Mais on avait besoin de sauver les apparences. Déjà l'immobilité de l'armée prussienne autour de Mayence faisait crier Anglais et Autrichiens à la trahison. Frédéric-Guillaume eut l'art de faire saisir la diète de la question. L'Autriche alors demanda un délai de six semaines et fit à son tour un traité de subsides avec l'Angleterre, qui lui paya cent millions. Quand, le 5 décembre, trente-sept voix dans la diète se prononcèrent pour la paix par la médiation de la Prusse, l'Autriche humiliée déclara qu'elle ne l'accepterait que sur les bases du traité de Westphalie, ce qui était une manière de la refuser, car on savait bien que la France voulait garder la rive gauche du Rhin. La Prusse, forte de l'assentiment du corps germanique, se décida à agir seule. Le 28 décembre, M. de Goltz ouvrit à Bâle avec Barthélemy des négociations qui aboutirent, le 5 avril 1795, à la paix de Bâle. Frédéric-Guillaume la signa à la fois comme roi de Prusse et comme membre du corps germanique. Il laissait les provinces rhénanes entre les mains de la France jusqu'à la conclusion de la paix générale. Au courant de mai, ce traité fut complété par des articles additionnels établissant une ligne de neutralité et en somme constituant la Prusse arbitre de l'Allemagne du nord.

Il n'avait pas dépendu d'un grand patriote, Merlin de Thionville, que la paix ne se fût faite avec l'Autriche plutôt qu'avec la Prusse. Sa correspondance, publiée par Jean Reynaud, prouve que l'Autriche n'en avait pas été éloignée. Si les Prussiens montraient tant d'empressement à faire une paix séparée, si leur général Mœllendorf, l'envahisseur de la Pologne, faisait jouer la Carmagnole aux musiques de ses régiments, c'est qu'ils voulaient gagner de vitesse l'Autriche. Merlin de Thionville s'emparait à son tour de l'idée de l'échange Bavarois, mais en donnant la Bavière à l'Autriche, il donnait les Pays-Bas à la France. Avec une admirable lucidité, il y voyait l'avantage de satisfaire l'Autriche et en même temps de la mettre en guerre avec la Prusse : « Qu'importe, écrivait-il au comité de salut public, que les lions germains s'entre déchirent, pourvu que la République triomphe ?... Je ne vois pas qu'avec le Rhin pour limite et d'autres petits états qui nous sépareront de l'Autriche, l'empereur François II puisse jamais être redoutable à la France, même avec la Bavière ; et d'ailleurs vous retomberez dessus s'il vous y oblige. Si donc il veut traiter, moyennant que vous le laissiez faire en Bavière, n'hésitez pas à accepter, et répudiant des projets gigantesques pour aller chercher au loin des échanges quand vous en aurez tout près, songez plutôt à quoi tiennent les destinées des empires. » Les conséquences de l'idée de Merlin eussent été énormes : il faisait allusion à ces campagnes d'Italie d'où allait sortir un César ; il y a dans sa dernière phrase comme un accent prophétique. François II était loin d'être rebelle à ces perspectives. Déjà il avait fait pressentir Robespierre par l'ambassadeur toscan Carletti, et il agissait à Bâle par son agent Degelman. L'empressement de la Toscane, gouvernée par un frère de François, à faire la paix avec la France (9 février 1795) montrait bien la possibilité de ces négociations. Mais la vieille haine des conventionnels contre l'Autriche l'emporta. La Prusse avait pour partisans les Sieyès, les Boissy d'Anglas, les Rewbell, les Aubry. Merlin ne fut pas compris, et la paix de Bâle fut signée avec la Prusse. Après la prise de Dusseldorf et de Luxembourg par les Autrichiens, Merlin parla de son plan favori au maréchal Bender, qui l'accueillit avec enthousiasme et qui assura « que, si l'on glissait quelque chose de la Bavière, l'empereur abandonnerait aisément les Électeurs pour se venger de leurs inclinations pour la Prusse. » Cette nouvelle tentative échoua devant le comité de salut public. L'année 1795 finit mal pour la France par la trahison de Pichegru qui, vendu aux émigrés et aux Autrichiens, évacua Manheim, leva le siége de Mayence et laissa à découvert les flancs de l'armée de Sambre-et-Meuse commandée par Jourdan. Mais Moreau remplaçait Pichegru, et Bonaparte descendait des Alpes en Italie.

CHAPITRE IV

Troisième partage de la Pologne. — Conspiration de Martinovics en Hongrie. — Campagnes de 1795-1797. Préliminaires de Léoben. Traité de Campo Formio. Congrès de Rastadt. Campagne de 1799. — Alliance austro-russe : Zurich. Marengo et Hohenlinden. Paix de Lunéville. — Finances autrichiennes. — Diète hongroise de 1802. — Réorganisation de l'Allemagne. — Empire héréditaire d'Autriche.

L'Autriche, tout en combattant la France, n'avait pas oublié son exclusion du second partage de la Pologne. Aussi quand Kosciuszko donna le signal du soulèvement de sa malheureuse patrie le 24 mars 1794, joignit-elle ses troupes aux armées prussienne et russe pour étouffer la formidable insurrection et prendre part à la curée. On sait que Kosciuszko, vaincu, tomba le 10 octobre sur le champ de bataille de Macejovice, mais sans crier le légendaire *Finis Poloniæ*. Après de longues négociations qui faillirent mettre aux mains la Prusse et l'Autriche, le troisième et dernier démembrement de la Pologne eut lieu; le lot de l'Autriche fut magnifique : il comprit la plus grande partie du palatinat de Cracovie, les palatinats entiers de Lublin et de Sandomir et la partie du district de Chelm et des palatinats de Bretz, de Podlachie et de Mazovie située sur la rive gauche du Bug. C'était un territoire de 583 myriamètres carrés et de

1,100,000 habitants ; il forma la Gallicie orientale. On ne dit pas que François II ait versé des larmes comme Marie-Thérèse en 1772.

A l'intérieur, l'Autriche était soumise par Thugut au plus dur régime de la police et de la force. L'espionnage était organisé en grand en même temps que la censure. Quiconque savait penser et parler était traité de jacobin et s'exposait aux plus cruelles persécutions. En Hongrie, on y mettait un peu plus de formes et la police y était plus employée que la force. On affectait de respecter la constitution, mais peu à peu on centralisait à Vienne toutes les affaires. En même temps on soumettait les protestants à mille vexations et on mettait les plus ingénieuses entraves au ministère de leurs pasteurs; on leur refusait l'entrée des corporations, on les vouait de préférence au service militaire, on s'opposait aux conversions. Et cependant ces pasteurs persécutés continuaient à prêcher la guerre contre l'impie Révolution française, et ces protestants bafoués fournissaient avec un sincère enthousiasme sang et or pour permettre à leur roi de combattre les soldats de la liberté !

Pourtant il existait en Hongrie un faible parti démocratique, composé surtout d'hommes appartenant aux professions libérales : professeurs, médecins, avocats, littérateurs. Mal à l'aise au milieu de leur pays épris du passé et si foncièrement aristocratique, ils s'étaient imbus de l'esprit de la Révolution. Voyant la réaction grandir autour d'eux, ils formèrent des sociétés secrètes sans but bien déterminé et plutôt en vue de la propagande que de l'action. Cinq hommes surtout se mirent à la tête du mouvement : le prêtre Ignace Martinovics que Léopold avait envoyé en mission près de Louis XVI et que cette mission avait converti à la révolution, le conseiller royal Hajnòczy, le capitaine destitué Laczkovics, si fier, si ardent et si pénétré des principes égalitaires et laïques du xviiie siècle, le beau Szentmariai qui rappelait Saint-Just et le noble comte Jacob Zsigray qui avait su se mettre au-dessus des préjugés de sa caste. Ils avaient composé une sorte de catéchisme révolutionnaire dont ils répandaient les doctrines parmi un cercle de plus en plus large d'affiliés.

Ils furent trahis par un domestique ou par une servante de Martinovics. Il n'y avait pas de commencement d'exécution, mais François et Thugut saisirent avec un fiévreux empressement ce moyen d'effrayer la Hongrie. Depuis août 1794 jusqu'à février 1795, on se mit à arrêter en masse : chefs, complices, suspects, furent entassés dans la forteresse de Bude. Plus d'un proscrit, désespérant d'échapper aux sbires, se suicida. Parmi les détenus, il y avait des enfants de seize ans et autant de catholiques que de protestants. Quelques membres de grandes-familles, un Illeshazy, un Esterhazy, un Révay se trouvèrent compromis, mais on les écarta du procès pour laisser au prétendu complot son caractère jacobin. Des poètes déjà célèbres, Verseghy, Bacsanyi, Kasinczy, Kisfalady, furent au nombre des prisonniers, ainsi que le jeune Szentjobi qui avait chanté le couronnement de François II.

Contrairement aux lois du royaume de Hongrie, ils furent conduits à Vienne pour être jugés. Mais les Magyars réclamèrent si vivement contre cette violation de leurs priviléges, qu'on leur rendit le jugement des accusés. Le gouvernement autrichien a détruit toutes les pièces de la procédure et fait par tous les moyens le silence autour de l'affaire. On sait seulement que les chefs d'accusation étaient : manœuvres contre la sûreté de l'état, contre les principes de la société et contre les lois divines et humaines et crime de haute trahison d'après un texte de 1498. Le Procureur royal déploya un zèle meurtrier et désigna lui-même les avocats des accusés. Les juges, de nobles Magyars, n'hésitèrent pas, malgré le vague des accusations et les infamies de la procédure, à prononcer la sentence de mort que Thugut attendait d'eux et à livrer la tête de leurs compatriotes.

Le 20 mai 1795, Zsigray, Laczkovics, Szentmariai, Hajnoczy et Martinovics moururent courageusement sur l'échafaud. Le 3 juin suivant, l'avocat OEz et le vieux Szolarcsik subirent le même sort. Treize condamnés à mort eurent leur grâce, mais furent renfermés dans les forteresses, soumis au *carcere duro* dont plus d'un mourut, notamment Szentjobi. A la forteresse de Kufstein, quelques-uns des prisonniers eurent pour compagnon Maret, depuis duc de Bassano, que les Autrichiens avaient arrêté en Piémont au moment où il se rendait à son poste d'ambassadeur de la République auprès du roi de Naples. Le sinistre Spielberg reçut plusieurs de ces malheureux et François put dès lors montrer ces aptitudes de geôlier qu'il développa si brillamment plus tard vis-à-vis des patriotes italiens. Le jeune palatin Alexandre, fils de François, que la camarilla viennoise accusait de favoriser les aspirations magyares, mourut peu après au milieu d'un feu d'artifice. Les modérés, qui avaient cru habile, non-seulement de repousser, mais de condamner les démocrates, ne gagnèrent rien à cette lâche politique. La Hongrie fanatisée ne sut plus que se battre pour ses maîtres.

Ce furent les généraux hongrois Kray et Meszaros qui négocièrent avec Pichegru sa trahison. C'est un autre Hongrois, Alvinczy, plus tard adversaire malheureux de Bonaparte, qui devait à la suite envahir l'Alsace et proclamer Louis XVIII. L'abandon par la Prusse et les désastres de la campagne d'Italie attendrirent la vieille et fétichiste fidélité magyare. Sur les instances de l'archiduc Joseph, la diète fut convoquée à Presbourg le 6 novembre 1796. Le cardinal Batthiany y prêcha en latin la croisade contre la France et l'enthousiasme des députés ne fléchit même pas devant la piètre mine de François II en grand costume hongrois, la plume de héron au bonnet de fourrure et évoquant le souvenir de Marie-Thérèse contre les impies jacobins qui voleraient l'argent et les femmes de ses fidèles magyares. Ils votèrent 50,000 conscrits, 10,000 chevaux, 20,000 bœufs, 2,400,000 mesures de blé et 4 millions de mesures d'avoine. Ils laissèrent expulser sans protestation deux de leurs collègues qui s'avisèrent de parler des droits de la nation. La poésie ne fit plus que chanter les batailles : « Ne va pas trembler, ô ma noble nation, s'écriait le poète Csokonai, que dirait Arpad ? où nous prendrait pour des Slaves ! »

Nous résumerons de la façon la plus brève les campagnes de 1795 à 1797, où l'Autriche, aidée des subsides de l'Angleterre, de quelques princes allemands et de quelques petits souverains italiens, soutint seule la lutte contre la République française, devant la Prusse impassiblement retirée sur la ligne de neutralité. Ces campagnes sont connues de tous dans leurs plus petits détails. L'Autriche, épuisant ses états d'hommes et d'or, lançait armées sur armées dans les vallées du Rhin et du Danube et dans les plaines de l'Italie, ayant pour généraux les Wurmser, les Clairfayt, les Beaulieu, les Alvinczy, les Bellegarde, les Landon, les Quasnodovic, les archiduc Charles, auxquels le conseil aulique de Vienne imposait des plans pédantesques presque toujours funestes. Les succès n'étaient dus qu'à la violation de ces plans par un génie militaire comme celui de l'archiduc Charles, bien vite rappelé d'ailleurs à la soumission. La question en jeu était, d'abord et avant tout, d'écraser la révolution, puis, si on ne le pouvait, d'acquérir des compensations territoriales en échange des Pays-Bas conquis par la France. Toutes ces armées se mouvaient avec une extrême lenteur, selon des stratégies classiques, et trouvaient devant elles des chefs comme Bonaparte, Masséna, Jourdan, Moreau, Lecourbe, etc. Aussi grenadiers hongrois, infanterie des confins, cavaliers magyars et szeklers, régiments tchèques et allemands fondaient dans la fournaise de batailles horriblement meurtrières.

Le désir de paix se serait pourtant manifesté plus tôt,

si la campagne de Clairfayt sur le Rhin en 1795 n'avait ranimé les espérances. L'invasion française avait été repoussée : les deux armées de la République, ramenées au delà du Rhin, tout en conservant les têtes de pont de Neuwied et de Dusseldorf, avaient perdu la ligne du Rhin à la hauteur des Vosges et le 29 octobre Clairfayt avait refoulé le corps de blocus de Mayence. Le résultat fut un armistice sur les bases *uti possidetis*. Clairfayt fit à Vienne une entrée triomphale. Mais en Italie, Schérer avait défait les Autrichiens à la superbe bataille de Loano. L'Autriche, pour satisfaire l'Allemagne lasse de guerre, fit proposer à la France par le Danemark un congrès : la France refusa et offrit de traiter directement. On se prépara aux campagnes de 1796. Laissant Clairfayt jouir de son triomphe, le conseil aulique mit l'archiduc Charles à la tête de ses armées du Rhin. Ce fils de Léopold n'avait alors que vingt-cinq ans et annonçait un génie militaire hors ligne dans un corps souffreteux et secoué par l'épilepsie.

Le Directoire avait pour objectif, dans la campagne de 1796, d'envahir l'Allemagne, de prendre Mayence, d'isoler l'Autriche des princes allemands, de porter le théâtre de la guerre au sein des états héréditaires et de menacer Vienne. Il avait partagé entre Moreau et Jourdan 130,000 fantassins et 15 à 18,000 chevaux : les Autrichiens avaient 115,000 fantassins et une admirable cavalerie de 38,000 hommes. A la fin de juillet les choses avaient pris une mauvaise tournure pour l'Autriche : Moreau avait débouché dans la vallée du Danube et Jourdan, après avoir pris Francfort et Würtzbourg, était arrivé sur la Naab qui se jette dans le Danube. Le conseil aulique avait défendu qu'on parlât à Vienne de ces événements : il organisa des volontaires et Catherine lui garantit la tranquillité de la Gallicie. Ce fut alors que l'archiduc Charles eut une inspiration de génie : sans s'occuper de Moreau qui marchait sur Munich, il s'élança vers Jourdan, le refoula sur le Mein à

Schweinfurth et gagna sur lui la bataille de Würtzbourg (3 septembre 1796). Jourdan, après s'être ainsi avancé jusqu'aux frontières de la Bohême, se mit en retraite sur la Lahn, en perdant Marceau tué par un chasseur tyrolien. Moreau n'avait plus qu'à l'imiter : il opéra, devant toutes les forces autrichiennes, cette merveilleuse retraite qui l'immortalisa, battant même Latour à Biberach et rentra à Strasbourg le 25 octobre. Sans le plan vicieux du Directoire qui avait séparé les deux armées, on serait arrivé à Vienne. La capitale de l'Autriche respira et Charles acquit une réputation immense. Il alla assiéger Kehl.

Mais Bonaparte avait vaincu en Italie. On connaît ce poème du génie de la guerre qui s'appelle la campagne de 1796. Après avoir séparé les Piémontais des Autrichiens à Montenotte et à Millesimo, il passa le Pô à Plaisance, l'Adda à Lodi et s'empara de toute la Lombardie, puis marchant sur le Mincio, il acheva de détruire Beaulieu et son armée à Borghetto. Wurmser, le vieux maréchal de soixante douze ans, le héros de Manheim, vint du Rhin avec 30,000 hommes pour recueillir les débris de Beaulieu. Sacrifiant le blocus de Mantoue, Bonaparte courut à ce nouvel adversaire, l'écrasa à Lonato et à Castiglione et le rejeta dans le Tyrol. Wurmser reçut des renforts : Bonaparte les battit à Rovedero, coupa Wurmser, le terrassa à Bassano et l'enferma dans Mantoue. L'Autriche redoubla d'efforts : elle fit des levées immenses, reconstitua une nouvelle armée, en donna le commandement au Transylvain Alvinczi, membre du conseil aulique, et l'envoya au secours de Wurmser : on eut le droit de croire Bonaparte perdu, mais celui-ci, traversant les marais, gagna le 15 novembre la bataille d'Arcole, un chef-d'œuvre d'inspiration qui dégagea Vérone. Alvinczy se mit en retraite sur Vienne et sur la vallée de la Brenta.

Vienne songea de nouveau à la paix : le Directoire la désirait aussi et désigna Clarke pour se rendre auprès de François, conclure un arrangement et négocier un traité. Clarke était chargé d'offrir à l'Autriche en échange de la Belgique plusieurs compensations à choisir, car on commençait en France à disposer des peuples avec un parfait sans-gêne. Bonaparte voulait la continuation de la guerre; il s'empara de l'esprit du médiocre Clarke pour le rendre contraire aux idées pacifiques. L'Autriche, d'ailleurs, ne se pressait pas, dans l'espoir que l'archiduc prendrait Kehl et qu'on pourrait envoyer à Alvinczi des renforts décisifs. L'entrée de Vienne fut refusée à Clarke qui s'aboucha à Vicence avec le baron de Vincent. On fit de nouvelles levées dans l'inépuisable Hongrie : toutes les troupes, y compris la garnison de Vienne, partirent en poste. Vienne à elle seule fournit un corps de 4000 volontaires qui reçut des drapeaux brodés de la main de l'impératrice. Kehl fut pris e 9 janvier 1797 par Charles. On se croyait sauvé et la delivrance de Mantoue semblait assurée. La bataille de Rivoli dissipa ces illusions : l'armée d'Alvinczy y fut mise en déroute (14 janvier) et deux jours plus tard l'autre armée autrichienne était écrasée à la bataille de la Favorite sous les murs de Mantoue. Le nouvel armement autrichien était anéanti comme s'il avait disparu dans un cataclysme : il avait perdu 10,000 morts et 20,000 prisonniers. Mantoue succomba le 2 février. Le 19 février, Bonaparte signait avec le pape le traité de Tolentino qui donnait à la France les légations et les Romagnes avec Ancône.

La prise de Mantoue permettait à Bonaparte de marcher en avant. Son armée était augmentée de la division Bernadotte envoyée par Moreau et de la divison Delmas envoyée par Hoche. Le conseil aulique lui opposa l'archiduc Charles à qui fut confiée la dernière armée de l'Autriche. Trois routes pouvaient conduire en Autriche : par le Tyrol (col du Brenner), par la Carinthie (col de Tarwis) et par Trieste et la Carniole. L'archiduc Charles défendit cette dernière route. Bonaparte fit marcher Joubert par le Tyrol, Masséna par la Tarwis et la Carinthie, et se dirigea lui-même sur Trieste en passant la Piave et le Tagliamento sur les bords duquel il gagna une sanglante bataille (16 mars). Masséna, de son côté, se battit au Tarwis au milieu des nuages, et Joubert fit des prodiges dans le Tyrol. Le 1er avril les armées françaises étaient réunies et prêtes à descendre dans la vallée de la Mûr. Bonaparte entra à Klagenfurth, capitale de la Carinthie. Vienne trembla : on embarqua sur le Danube les archives et les meubles précieux et on envoya les jeunes archiducs dans la Hongrie. L'archiduc fut encore battu à Neumarkt et à Unzmarkt (3 et 5 avril). Le 7 avril, les Français entrèrent à Léoben, à 25 lieues de Vienne.

Que serait il advenu si, sacrifiant sa capitale, François se fût retiré en Hongrie ? Bonaparte, dans son désir de se passer du concours des armées du Rhin, était bien aventuré. Mais le parti de la paix l'emportait à Vienne ; Thugut lui-même y inclinait. On envoya à Léoben MM. de Bellegarde et de Merfeld pour conclure une suspension d'armes et traiter des préliminaires de paix (13 avril). Ce fut dans ces négociations que Bonaparte eut l'infamie de sacrifier les Etats de Venise : comme compensation à l'Autriche de la Lombardie et de la Belgique, il offrit les provinces vénitiennes entre l'Oglio. le Pô et la mer Adriatique, plus l'Istrie et la Dalmatie. L'Autriche reconnaissait la ligne du Rhin et des Alpes. Venise était réduite aux lagunes ; les préliminaires de Léoben furent signés le 18 avril 1797. Déjà Hoche avait franchi le Rhin à Neuwied et battu les Autrichiens à Heddersdorf. Moreau avait passé le fleuve à Strasbourg et arrivait dans les montagnes Noires. La nouvelle de l'armistice arrêta les deux illustres généraux.

Le 27 mai, après avoir forcé Venise à se rendre, Bonaparte eut sa première entrevue pour le traité de paix définitif avec le marquis de Gallo, envoyé autrichien, et du premier coup offrit à l'Autriche la malheureuse

Venise, Venise dans laquelle il avait établi une nouvelle république qu'il assurait chaque jour de son amitié. Et cependant l'Autriche hésitait encore : Thugut, dévoué à l'Angleterre, traînait les négociations en longueur et proposait un congrès à Berne. On levait en Hongrie 18,000 cavaliers qu'on exerçait dans les plaines du Danube. Le vrai motif, c'est qu'on espérait voir réussir en France les complots royalistes, espérances que déjoua le coup d'État du 18 fructidor (4 septembre 1797). Barras proposa au nom du « Directoire épuré » que le Rhin fût notre limite, que l'on donnât Mantoue à la république Cisalpine et qu'on refusât Venise à la maison d'Autriche. Bonaparte, au contraire, se mit d'accord à Udine avec M. de Gallo sur les points suivants : la ligne de l'Adige à l'empereur, la ville de Venise comprise; la ligne du Mincio et Mantoue à la Cisalpine; à la France la Belgique, Mayence, la ligne du Rhin, Corfou et les îles Ioniennes. Et cependant, dans sa lettre du 19 septembre 1797, Bonaparte avouait « que Venise est la ville la plus digne de la liberté, de toute l'Italie. » L'Autriche envoya à Udine un élève de Kaunitz, M. le comte de Cobentzel. Malgré le Directoire, qui voulait l'Italie libre jusqu'à l'Isonzo et l'exclusion de l'Autriche de la péninsule « puissance vorace, » Bonaparte voulait sacrifier Venise en dépit « des avocats. » Le 17 octobre le traité fut signé et daté de Campo-Formio. François nous cédait la Belgique; il renonçait à la Lombardie en faveur de la république Cisalpine, qui comprenait en outre les provinces de Bergame, Crème, Brescia, Mantoue, Modène, Bologne, Ferrare et les Romagnes. Mais il recevait Venise, l'Istrie, la Dalmatie et tout le territoire vénitien au-delà de l'Adige. Un congrès devait se tenir à Rastadt pour traiter de la paix entre la France et l'Empire Germanique. Serrurier remit Venise aux Autrichiens : le doge Manin s'évanouit en prêtant le serment ; une patricienne s'empoisonna ; Venise devait rester sous le joug autrichien jusqu'en 1866 ! Si l'odieux Bonaparte avait voulu combiner avec les armées du Rhin une campagne de plus, l'Autriche aurait été bannie de l'Italie et aurait reçu la Bavière comme compensation.

Le congrès s'ouvrit à Rastadt en décembre. Bonaparte ne fit qu'y paraître pour échanger avec M. de Cobentzel les ratifications du traité de Campo-Formio et conclure la convention militaire qui nous livrait Mayence et Manheim. La confédération germanique accusa l'Autriche de l'avoir abandonnée et trahie. L'Autriche récrimina de son côté avec amertume : la vérite est que depuis le jour où elle avait pris pour prétexte de la guerre la cause des princes possessionnés en Alsace, elle n'avait fait qu'agir dans son intérêt.

La paix entre l'Autriche et la France était boiteuse : on sentait que ce n'était qu'une trêve ; les deux iniques expéditions de Berthier à Rome et de Brune en Suisse — qui avaient surtout pour but de conquérir des millions en vue de l'expédition d'Égypte — excitèrent à Vienne le plus vif mécontentement. Bernadotte était venu y représenter la Prusse ; il s'avisa un jour d'arborer à son hôtel, contre les usages diplomatiques, le drapeau tricolore avec la devise : Liberté, Egalité, Fraternité. Le peuple assaillit l'hôtel, arracha le drapeau et brisa les vitres ; la cour eut toutes les peines du monde à calmer cette émeute, qui lui prouva que ses sujets n'étaient pas démoralisés par les revers précédents et ne demandaient qu'à recommencer. Elle n'en fit pas moins des excuses et annonça qu'elle enverrait M. de Degelman à Paris pour la représenter ; mais elle se prépara à une nouvelle lutte. L'éloignement de la plus belle armée et des meilleurs généraux qui avaient suivi Bonaparte dans l'expédition d'Egypte lui rendit la confiance. Après Aboukir, elle n'hésita plus et prêta l'oreille aux propositions de l'Angleterre. Les conférences de Selz auxquelles elle consentit et où s'abouchèrent François de Neufchateau et Cobentzel n'étaient qu'un moyen dilatoire. La coalition se renoua et l'Autriche y entra sur la promesse du concours d'une armée russe et d'un subside anglais, avec la Turquie, l'Allemagne et le roi de Naples. La guerre allait éclater depuis le golfe de Tarente jusqu'au Texel (1799).

On a souvent dit : « Entre l'Autriche et la France, la question doit se vider sur le Danube. » Le Directoire confia une armée à Jourdan pour pénétrer en Bavière, une d'observation à Bernadotte sur le Rhin, une à Brune pour défendre la Hollande contre les Anglo-Russes, l'armée de Suisse à Masséna et celle d'Italie à Schérer. La coalition disposait de 225,000 Autrichiens et de 60,000 Russes. Son général était l'étrange Souvarow, et sous lui l'archiduc Charles en Bavière, Holtz le long du Rhin, Bellegarde au Tyrol, Kray sur l'Adige. Le 1er mars 1799, Jourdan passa le Rhin, et le 3 mars Charles le Lech. Jourdan pénétra jusque dans l'angle entre le Danube et le lac de Constance ; Charles l'y battit le 22 mars, le mit en retraite et acheva de l'écraser à la bataille de Stokach (25 mars). Jourdan, au lieu d'aller retrouver en Suisse Masséna, commit la faute de se replier sur le Rhin, mais le conseil aulique, par une faute parallèle, obligea l'archiduc Charles à pousser sur la Suisse. En Italie, Schérer ne fit que des fautes, perdit la bataille de Magnano et abandonna successivement la ligne du Mincio et celle de l'Adda (12 avril).

Le congrès de Rastadt continuait au milieu de la guerre. La cour de Vienne résolut de s'emparer des papiers de nos plénipotentiaires, et, par un exécrable attentat dont les Habsbourgs ne laveront jamais la tache, elle fit assassiner par une compagnie de hussards szeklers les diplomates français Bonnier, Roberjeot et de Bry (ce dernier survécut à ses blessures). L'Allemagne elle-même fut indignée de ce crime si lâche (28 avril).

Moreau, avec une admirable abnégation, prit le commandement à la place de l'inepte Schérer au moment où la ligne de l'Adda était forcée par Mélas et Souvarow. Serrurier perdit la bataille de Cassano, le 28 avril. Moreau fit une retraite superbe sur le Tanaro, puis sur Gênes ; il comptait sur une jonction avec l'armée de Championnet que Mac-Donald ramenait de Naples dans la haute Italie. Mais cette armée fut écrasée dans une bataille de trois jours sur la Trebbia (17 à 19 juin). La bataille de Stokach avait fait perdre l'Allemagne : celle de la Trebbia fit perdre l'Italie. La France était à la veille d'être envahie ; tout fut cependant sauvé, grâce au réveil en France de l'énergie républicaine et aux fautes du conseil aulique de Vienne. La bataille de Novi, où Joubert fut tué (16 août), nous coûta 5000 hommes, mais en coûta 20,000 aux Austro-Russes. Championnet, qui succéda à Joubert, reprit l'offensive. Le conseil aulique avait envoyé Charles sur le Rhin et Souvarow en Suisse, où opérait déjà une autre armée russe commandée par Gortschakoff. Les 25 et 26 septembre, Masséna anéantit à Zurich Gortschakoff, qui perdit 20,000 hommes ; le 30 septembre, il culbuta Souvarow dans la vallée de Muthenthal ; le 7 octobre, l'armée de Condé fut écrasée. Cet ensemble d'opérations qu'on appelle la bataille de Zurich, et qui dura quinze jours, détruisit les forces austro-russes, affranchit la Suisse, délivra nos frontières et réduisit l'archiduc Charles à l'impuissance. La France, en dépit des mensonges de la légende impériale, était sauvée quand Bonaparte revint d'Egypte pour commettre le crime du dix-huit brumaire.

Le premier consul écrivit à François une lettre pour lui demander de mettre fin à la guerre terrible qui désolait le monde depuis huit ans. François refusa (janvier 1800) : il était lié avec la cour d'Angleterre, enchaîné par les subsides de Pitt. Ses succès en Italie, quelque précaires qu'ils fussent, l'enivraient. En vain la Prusse, la Suède, le Danemark et bientôt la Russie elle-même observèrent la neutralité, il voulut continuer la lutte. Ses forces, augmentées des contingents bavarois et wurtembergeois, montaient à près de 300,000 hommes : Mélas en avait 130,000 en Italie. Les Français étaient commandés par Moreau sur le Rhin et par Bonaparte sur les Alpes.

Moreau passa le Rhin le 25 avril 1800, battit le général autrichien Kray à Eingen (3 mai), à Mœskirch (5 mai), à Biberach (7 mai) où les immenses magasins de l'armée autrichienne tombèrent en son pouvoir, à Memmingen (10 mai) et l'enferma dans Ulm. Puis il attendit le résultat des opérations en Italie. Là Masséna avait été enfermé dans Gênes par Mélas, qui avait pris Nice et comptait envahir la Provence défendue par Suchet. Bonaparte arriva, amenant l'armée de réserve qu'il avait formée à Dijon. Il opéra du 15 au 20 mai le fameux passage du Saint Bernard : Lannes s'empara d'Ivrée et de Chiasso. Mélas était stupéfait. Le 2 juin Bonaparte entrait à Milan après avoir battu Laudon et pris à Pavie d'immenses provisions. Malheureusement Gênes s'était rendue le 4 juin à Ott. Celui-ci, quelques jours après, alla se faire écraser par Lannes à Montebello. Le 14 juin Mélas, à la tête de 40,000 hommes, déboucha dans la plaine de Marengo, surprenant Bonaparte. A trois heures et demie les Autrichiens étaient vainqueurs et Mélas annonçait d'Alexandrie sa victoire à Vienne et à toutes les cours de l'Europe. Mais grâce à Desaix qui y périt, cette victoire se changea pour les Autrichiens en une affreuse déroute : ils perdirent 15,000 hommes, dont 6000 tués ou blessés, 40 pièces de canon et 15 drapeaux. Mélas consterné signa une capitulation (convention d'Alexandrie) qui replaçait la France dans la position où elle était lors des préliminaires de Léoben. Le 10 juin Moreau et Lecourbe défirent Kray à Hochstaedt; Munich fut pris le 23 juin. Le 15 juillet Moreau signa avec Kray à Parsdorf une convention analogue à celle d'Alexandrie : l'armée d'Allemagne n'avait rien à envier à celle d'Italie.

L'Autriche cependant ne céda pas encore. Elle avait signé avec l'Angleterre à la fin de juin un nouveau traité par lequel elle s'était engagée à ne pas faire la paix avant six mois, à moins que l'Angleterre n'y participât. Elle envoya pourtant le comte de Saint-Julien à Paris (21 juillet) et celui-ci signa des préliminaires de paix avec Talleyrand, mais François le désavoua, tout en proposant un congrès. Le 20 septembre une prolongation d'armistice de 45 jours fut signée contre la remise aux Français des places d'Ulm, de Philippsbourg et d'Ingolstadt. Le 9 novembre les négociations commencèrent à Lunéville entre le comte de Cobentzell et Joseph Bonaparte. L'Autriche traîna sous la pression de l'Angleterre. Les hostilités recommencèrent. Le jeune archiduc Jean commandait les Autrichiens. Le 3 décembre il perdit contre Moreau la décisive bataille de Hohenlinden entre Mulhdorf et Munich, qui lui coûta 20,000 hommes et son artillerie. Le 20 décembre Moreau était aux portes de Vienne et le valétudinaire archiduc Charles, qui avait remplacé le fatal Jean, signa le 25 décembre l'armistice de Steyer. Mêmes succès en Italie sous la conduite de Macdonald et de Brune ; ils aboutirent le 16 janvier 1801 à l'armistice de Trévise. Cette fois l'Autriche n'avait plus qu'à traiter sans l'Angleterre. La paix fut signée à Lunéville le 9 février 1801. L'Autriche reconnaissait définitivement la cession de la Belgique et des provinces rhénanes à la France. Elle gardait les états vénitiens jusqu'à l'Adige, mais perdait la Lombardie entière. La Toscane passait à la maison de Parme sous le nom de royaume d'Étrurie.

Tel était le résultat des six ans de luttes que l'Autriche, d'abord coalisée avec l'Europe entière, seule ensuite avec l'Angleterre et avec la Russie, avait soutenues au nom de l'absolutisme féodal et religieux contre la révolution française. Si elle n'avait pas été diminuée territorialement, elle s'était épuisée d'hommes et d'or et marchait à grands pas vers la banqueroute de 1811.

Avec son commerce nul et entravé par la multiplicité des lignes de douanes établies entre chacun de ses états, avec son industrie rudimentaire, son agriculture étouffée sous les abus féodaux, elle n'avait aucun moyen de réparer ses pertes et de bonne heure avait eu recours à l'emprunt et au papier-monnaie. Dans son fanatique aveuglement, exploitée par l'Angleterre, pays de la boutique et de la banque, menée par le détestable Thugut agent des jésuites et de l'étranger, elle se ruait dans les catastrophes extérieures sans le moindre souci de sa prospérité intérieure. Jamais dynastie ne fut plus malfaisante et ne mérita mieux le nom d'*ennemie du genre humain* que lui décerna l'ultramontain Joseph de Maistre.

Dès 1794 le gouvernement autrichien a recours à l'emprunt forcé. En 1796, il invente l'emprunt loterie, à 4 0/0 avec lots de 250, 500 et 1000 florins. Sous le nom de taxe de guerre, des emprunts forcés sont réalisés en 1796, 1797, 1798, 1799, ce qui n'empêche pas d'autres emprunts forcés, indépendants de la taxe, en 1798 et deux fois en 1800 (1er et 15 juin). L'année de la paix de Lunéville, en 1801, nouvel emprunt-loterie. De plus il y avait des emprunts spéciaux dans les diverses parties de la monarchie, des emprunts sur les principales places d'Europe : Londres, Amsterdam, Francfort, Leipzig, Rotterdam, Trèves, Ratisbonne, Zurich, Berne, Augsbourg, Naples, Gênes, Livourne, des emprunts à des princes régnants, à de riches particuliers, à des corporations juives. Joignez-y les subsides de l'Angleterre et l'on comprendra combien la lutte insensée contre la révolution française coûta à l'Autriche dont la dette en 1803 était de 792, 700, 600 florins, exigeant annuellement pour le service des intérêts une somme de 23, 500, 000 florins. Aussi suspendait-on de temps en temps sans façon les paiements de ces intérêts, et quand les besoins devenaient trop pressants on se faisait remettre, comme en 1803, les capitaux disponibles et les excédants annuels de recette des congrégations et fondations pieuses, des établissements religieux, d'instruction publique, d'assistance publique, etc. On réduisait les sujets à la misère et on s'emparait des fonds charitables destinés à soulager cette misère.

Et ces sujets fanatisés, abrutis par l'ignorance et par le joug clérical et aristocratique, se prêtaient à tout ce que leur souverain exigeait. Quant au petit nombre qui réfléchissait et qui protestait, Thugut avait pour eux des bourreaux et des prisons. La Hongrie, qui se vante tant de son libéralisme de fraîche date, applaudissait à la lutte de son roi contre la révolution et lui prodiguait sans compter, avec les témoignages redoublés de son idolâtrie monarchique et au bruit des chants de ses poètes, les soldats et les subsides. Son aristocratie fournissait à l'Autriche ses meilleurs généraux : Kray, Alvinczy, Meszaros, Ott, Giulay. Nous avons vu la diète de 1796 donner à François tout ce qu'il lui demanda. Après la campagne de Souabe, la Hongrie se prit d'enthousiasme pour l'archiduc Charles auquel les hussards du colonel Fedak sauvèrent la vie au combat de Tarwis. Après les désastres qui permirent à l'armée française d'arriver jusqu'à Léoben, la Hongrie réunit au camp de Szombathély une armée de 30,000 Magyars et de 10,000 Croates commandée par le prince Eszterhazy, le comte Palffy, les généraux Splényi et Meszaros, sous les ordres du Palatin Joseph, et dont le poète Berzsényi fut le Tyrtée emphatique. Les campagnes de 1792 à 1799 avaient coûté à la fidélité magyare 100,000 hommes et 30 millions de florins. Elle redoubla d'efforts pour les campagnes de 1799 et de 1800 et ce furent les hussards du colonel Barbaczy qui exécutèrent l'effroyable attentat de Rastadt. A la veille de Marengo, le poète magyar Csokonai, l'insulteur des Slaves, chantait que le sang de la famille royale de France criait vengeance au ciel et à Vienne et qu'il fallait que l'aigle invincible de l'Autriche parvînt jusqu'au Louvre, « devenu une caverne de brigands », et « y rétablît les fleurs de lys avec

Louis XVIII, digne successeur de Henri IV et de Louis-le Grand. » Marengo et Hohenlinden répondirent à ces effusions légitimistes.

Thugut, qui, en vertu d'un article secret de la convention de Léoben, avait quitté le pouvoir, le reprit en 1799 et le garda jusqu'en 1800 où il dut disparaître pour faciliter la paix de Lunéville. Lors de cette paix, la Hongrie avait encore ajouté à ses sacrifices antérieurs 100,000 hommes et soixante millions de florins. Aussi François déclara-t-il aux Magyars que la Hongrie ne lui avait jamais été aussi chère.

La chère Hongrie était ruinée. Il y eut trois disettes : en 1794, en 1795, en 1800. L'absurde politique commerciale des Habsbourg forçait les Hongrois, qui auraient pu s'enrichir avec leurs vins dans toute l'Allemagne et en Russie, à n'en trafiquer qu'avec les états héréditaires à des conditions désastreuses. L'excès de misère devint tel qu'après avoir oublié de réclamer la convocation de la diète pour l'année réglementaire 1799, ils la réclamèrent pour l'année 1802 : elle fut convoquée pour le 2 mai. François donna de belles paroles dans son discours, mais quel mécontentement quand on connut les propositions du gouvernement : les troupes hongroises devaient conserver pendant la paix leur effectif complet (ce qui prouvait bien que pour l'opiniâtre camarilla la paix de Lunéville n'était qu'une trêve) et l'impôt serait augmenté d'un million de florins qu'on demandait à une augmentation du prix du sel. De plus il était défendu d'aborder les questions commerciales. Enfin l'empereur proposait que l'armée régulière fût augmentée aux dépens de l'*insurrection* (ainsi qu'on appelait la levée momentanée des nobles) et que la diète, au lieu de voter les levées pour trois ans, la votât pour toujours. Ce dernier point fut invinciblement refusé par la diète, mais elle vota 6000 recrues par an pendant la paix, 12,000 en cas de guerre, avec obligation de servir pendant dix ans. Elle vota aussi l'élévation du prix du sel (6 kreutzers par quintal).

Les nobles de la diète repoussèrent le projet d'une banque nationale et se montrèrent surtout préoccupés de maintenir leurs priviléges en matière d'exemption d'impôts, de droit de chasse et d'exploitation des forêts. La diète réclama l'annexion de la Dalmatie et de la Gallicie qui lui fut refusée : elle acheva de donner la mesure de son libéralisme en rétablissant les ordres monastiques dans leur ancienne situation et en rendant au clergé l'éducation de la jeunesse. Le gouvernement de son côté acheva la ruine du commerce et de l'agriculture hongroise en défendant l'exportation du blé autrement que par mer ou avec la Turquie et en frappant l'exportation de la laine d'un droit tellement énorme qu'il équivalait à une prohibition absolue; et de peur qu'on ne se plaignît trop haut, cette année même de la diète (1802), deux avocats, Zsarnocoy et Mikol, furent décapités à Pesth sous prétexte de haute trahison, devant les magnats indifférents.

La France, en étendant ses frontières jusqu'au Rhin par la paix de Lunéville, acquérait un territoire de douze cents milles carrés et de quatre millions d'habitants, mais il était dit dans le traité que les princes laïques possessionnés sur la rive gauche du Rhin dont s'emparait la France, seraient indemnisés de leurs pertes. Comment ? en prenant les domaines ecclésiastiques, si nombreux dans l'Empire, pour les donner à des laïques, opération qui s'appelle sécularisation. C'était fort habile de la part de la France ; elle devenait l'arbitre des princes allemands qui aspiraient à être indemnisés, elle les mettait dans sa clientèle. Mais en dépouillant l'Autriche de l'influence qu'elle avait comme puissance catholique, elle livrait l'Allemagne au protestantisme et préparait le transfert de la couronne impériale à la Prusse en supprimant dans la diète les votes ecclésiastiques acquis à l'Autriche. L'Autriche sentit le coup et François fit nommer prince-évêque de Munster son frère l'archiduc Antoine-Victor. La Prusse menaça et on crut un instant que la guerre allait éclater entre les deux puissances allemandes. L'Autriche recula, surtout quand Bonaparte eut proposé au czar Alexandre, successeur de Paul assassiné en 1801, de concourir à la nouvelle organisation de l'Allemagne. Elle fut dupe d'ailleurs de sa politique d'attermoiements. Mal soutenus par elle, les princes allemands se tournèrent du côté de Paris et vinrent se vautrer aux pieds de Napoléon pour obtenir de lui leur morceau dans la curée de la patrie allemande. Après bien des luttes, l'Autriche isolée ratifia le 25 février 1803 l'acte ou recès de la diète qui sécularisait le patrimoine du clergé allemand et attaquait l'existence même de l'empire. Elle céda le Brisgau et l'Ortenau au duc de Modène et elle reçut en échange les évêchés de Trente et de Brixen. La Prusse, favorisée par la France, reçut les évêchés de Paderborn et de Hildesheim, Eichsfeld, Erfurth, la ville et une partie de l'évêché de Munster, plusieurs autres villes et abbayes, ce qui accrut sa population de 400,000 âmes. Le territoire de Bade fut presque doublé, le Wurtemberg considérablement arrondi, ainsi que la Bavière. Après de pareils changements, après la suppression des trois électorats ecclésiastiques et la modification qui s'en suivit dans la répartition des voix à la diète, François comprit combien la dignité impériale était désormais précaire, et tout en conservant le titre d'empereur d'Allemagne, il prit le 10 août 1804 celui d'empereur héréditaire d'Autriche sous le nom de François Ier.

LIVRE II

DE LA FONDATION DE L'EMPIRE D'AUTRICHE A LA RÉVOLUTION DE 1848. (SUITE DES LUTTES CONTRE L'EMPIRE. — CONGRÈS DE VIENNE; — ABSOLUTISME, 1804-1848.)

CHAPITRE Ier

Empire Français et royaume d'Italie. — Nouvelle coalition. — Campagne de 1805. — Capitulation d'Ulm. — Prise de Vienne. Austerlitz. Paix de Presbourg. Diète hongroise de 1805. Napoléon et les Hongrois. Confédération du Rhin. Prévisions de Gentz. — Ministère Stadion. — Diète hongroise de 1807 et 1808. — Entrevue d'Erfurth.

La lutte continentale allait recommencer. Comme nous l'avons dit, Paul Ier avait été assassiné au moment où, par la confédération du nord avec la Prusse, la Suède et le Danemark, il menaçait l'Angleterre. Son fils Alexandre n'hérita pas de son amitié pour la France. Le traité de paix entre l'Angleterre et la France fut cependant signé à Amiens le 25 mars 1802, mais personne ne crut à sa durée. La rupture se précipita. Napoléon fit occuper le Hanovre et le royaume de Naples et rassembla à Boulogne une armée pour envahir l'Angleterre. Le 21 mars 1804, l'exécution du duc d'Enghien eut un grand retentissement en Autriche. Enfin l'élévation de Napoléon à l'empire le 18 mai acheva de renouer la coalition sous l'inspiration de la Russie. Si l'Autriche avait hésité à s'y joindre, elle s'y serait décidée à la suite du couronnement de Napoléon à Milan comme roi d'Italie (22 mai 1805). Le traité entre l'Angleterre et la Russie était du 11 avril ; l'Autriche y adhéra le 9 août. Napoléon tenta vainement d'entraîner dans son alliance le roi de Prusse par l'offre du Hanovre et la perspective de la couronne impériale d'Allemagne. Frédéric-Guillaume se décida pour une neutralité bien difficile, car les Russes d'un côté menacèrent de traverser son territoire, et de l'autre Augereau, Marmont et le Bavarois de Wrède traversèrent son margraviat d'Anspach.

Le traité des subsides entre l'Autriche et l'Angleterre portait que l'Autriche recevrait 25 millions pour les préparatifs de la guerre et 100 millions par an pendant toute la durée des hostilités. Le 7 septembre 1805 l'armée autrichienne sous le commandement nominal de l'archiduc Ferdinand et réel de l'incapable Mack, envahit la Bavière dont l'électeur se réfugia à Wurtzbourg : 40,000 hommes sous Jean prirent position dans le Tyrol et 100,000 se dirigèrent vers l'Adige conduits par l'archiduc Charles; 100,000 Russes arrivaient en Moravie. Napoléon, aidé des contingents bavarois, badois et wurtembergeois, manœuvra avec une précision singulière, trompa complétement Mack et parvint à l'entourer avant l'arrivée des renforts russes. Mack se débattit vainement dans ce cercle : Murat défit sa cavalerie à Wertingen, Ney le corps de l'archiduc Ferdinand à Guntzbourg, Dupont 25,000 Autrichiens à Hasslach. Le 13 octobre, l'armée autrichienne toute entière était resserrée sous les murs d'Ulm : Ney anéantissait des régiments entiers à Elchingen, Lannes emportait le pont de la ville ; Marmont complétait le blocus de la rive droite. Mack dut se décider à capituler avec

30,000 hommes, 60 pièces de canon, 40 drapeaux et 3,000 chevaux (15 octobre 1805). Les armes autrichiennes avaient rarement éprouvé pareil revers. Le 15 novembre, les Français entraient à Vienne. François, retiré à Olmütz, envoya le comte Stadion et Giulay offrir un armistice à Napoléon qui refusa et qui marcha au devant des Austro-Russes à Brünn en Moravie. Le 2 décembre eut lieu la bataille d'Austerlitz. Des hauteurs voisines Alexandre et François purent contempler l'effroyable défaite de leurs armées. Deux jours après François vint traiter en personne au bivouac de Napoléon. Une convention, à laquelle adhéra Alexandre, fut signée, et Presbourg désignée pour y traiter de la paix qui fut conclue le 26 décembre 1805. L'Autriche cédait tout le territoire vénitien au royaume d'Italie, le Tyrol et le Burgau à la Bavière, des territoires au Wurtemberg, le Brisgau à Bade. Elle reconnaissait le titre de roi aux ducs de Bavière et de Wurtemberg et le titre de grand-duc au margrave de Bade. Cette foudroyante campagne avait coûté cher à l'Autriche; aussi faillit-elle décourager l'enthousiasme magyar.

Déjà la prise de possession par François du titre d'empereur héréditaire d'Autriche avait vivement alarmé et mécontenté les Hongrois. Avant, il y avait plutôt une maison d'Autriche réunissant diverses possessions et dépositaire de la dignité élective impériale qu'une monarchie autrichienne. La Hongrie se considérait comme royaume indépendant faisant partie, à titre particulier, de ces possessions, mais maintenant elle n'était plus qu'une des provinces d'un empire héréditaire, comme la Styrie ou la haute Autriche. François dut formellement les rassurer à cet égard. A l'ouverture de la campagne de 1805, la diète fut convoquée pour le 13 octobre. Elle n'était pas encore réunie quand on reçut la nouvelle du désastre d'Ulm; elle s'ouvrit le 17 octobre. Les discours du roi, du palatin et du personnal lui firent comprendre qu'il s'agissait beaucoup plus de levées et de subsides que de réformes. On vota froidement la formation, à côté de l'armée régulière, d'un corps de cavaliers nobles et d'un corps de fantassins non nobles, et encore fallut-il que le roi ajoutât à la loi de 1792 quelques articles en faveur de l'usage de la langue magyare dans les actes officiels des comitats. La clôture de la diète eut lieu le 7 novembre.

Quelques jours après, la grande armée française était à Vienne, et l'armée d'Italie, qui avait battu Charles, arrivait sur le Raab, c'est-à-dire aux frontières hongroises. Le mécontentement magyar se traduisit par un acte grave qui eut pour complice le palatin Joseph : celui-ci fit déclarer aux généraux français par le comte Pœlffy la neutralité de la Hongrie. C'était agir en puissance indépendante, faisant la paix et la guerre pour son compte et séparant ses intérêts de ceux du reste de la monarchie. Davoût accepta cette neutralité dans les termes les plus flatteurs pour la Hongrie que Napoléon voulait séduire : il en vint aux pourparlers les plus amicaux avec Pœlffy. Mais l'indignation de cette conduite des Magyars fut si grande dans l'entourage de François que le palatin Joseph désavoua Pœlffy et que Davoût dut se résoudre à occuper Presbourg, qu'il traita d'ailleurs avec les plus grands égards. Quelques jours après eut lieu Austerlitz, mais cet épisode n'en est pas moins extrêmement caractéristique.

Napoléon, dès cette campagne, cherchait à soulever les peuples contre « ce squelette de François II que le mérite de ses ancêtres a placé sur le trône », ainsi qu'il traite irrévérencieusement son beau-père dans sa correspondance. Il recommande à Fouché de faire dire dans les journaux « que l'empereur d'Allemagne vend le sang de ses peuples pour de l'or », il déclare que « les Hongrois se plaignent d'un gouvernement illibéral qui ne fait rien pour leur industrie et se montre constamment jaloux de leurs priviléges et inquiet de leur esprit national. » Napoléon commençait à jouer des peuples contre les rois, comme on en joua contre lui en 1813. Il était du moins bien renseigné pour la Hongrie. Après la paix de Presbourg, les Allemands reprochèrent amèrement aux Hongrois leur attitude, mais en réalité, par suite de l'abandon de l'empire, François justifiait ce que le clairvoyant Gentz écrivait alors à Jean de Muller : « La monarchie autrichienne doit cesser dès ce moment d'être considérée comme puissance d'Allemagne. Il ne suffit pas que la dignité impériale soit détruite de fond en comble, mais ce qui reste de provinces à l'empereur n'a plus rien de commun avec l'Allemagne, ne tient à aucun lien et se trouve complétement isolé. Si après cette révolution épouvantable, l'empereur veut continuer d'exister comme puissance, il n'a plus qu'un parti à prendre : *transférer sa résidence en Hongrie*, y créer une véritable constitution, établir des rapports tout nouveaux entre ce pays, la Bohême, la Gallicie et les débris de ses possessions germaniques, fonder en un mot une nouvelle monarchie qui peut devenir puissante et respectable, mais qui ne ressemblera guère à celle qu'il a gouvernée jusqu'ici. » C'était en 1806 tout le programme de 1866 !

Le 12 juillet 1806, Napoléon signait avec plusieurs membres de l'ancien empire germanique l'acte de la confédération du Rhin. Les confédérés étaient les rois de *Bavière* et de *Wurtemberg*, le grand-duc de *Bade*, le prince primat ex-électeur de *Mayence*, le grand duc de *Berg*, le grand duc de *Hesse-Darmstadt* qui formaient le collége de rois, et les ducs de Nassau-Ussingen-Weilbourg, les princes de Hohenzollern-Hechingen-Sigmaringen, les princes de Salm-Salm, de Salm-Kirbourg, d'Isambourg, d'Aremberg, de Lichstenstein et de Leyen qui formaient le collége des princes. Le 1ᵉʳ août les confédérés signifièrent à la diète de Ratisbonne leur séparation du corps germanique. Le 6 août, François fit publier à Vienne et à Ratisbonne son acte de renonciation à la dignité impériale. C'était la fin de ce saint empire romain qui existait depuis 1006 ans.

Pas plus que la paix de Lunéville, la paix de Presbourg n'était sincère. Si M. de Cobentzel avait quitté le ministère, son esprit était resté dans la cour de Vienne. On n'y voulait à aucun prix de l'alliance française. La campagne de 1806, qui vit les défaites de la Prusse et de la Russie à Iéna, à Auerstaedt, à Friedland, à Eylau, et qui aboutit au traité de Tilsitt, ne fit qu'engager l'Autriche à différer et à profiter de ce délai pour se préparer. François confia la direction de son ministère à un ennemi aussi acharné de la France que Cobentzel, au comte Stadion. L'ambassade française, à Vienne, était alors occupée par un général de la Révolution, Andréossy. Il se plaignait de la guerre de libelles, que la presse viennoise faisait à sa nation : mais Stadion accueillait ces plaintes avec froideur et quand Napoléon forma, en faveur du roi de Saxe, le grand-duché de Varsovie, il refusa d'échanger la Gallicie contre la Silésie prussienne; il assista impassible à la formation du royaume de Westphalie en faveur de Jérôme et à l'accession à la confédération du Rhin du nouveau roi de Saxe et d'une multitude de princes allemands (15 décembre 1806). L'Autriche préparait une nouvelle organisation militaire pour laquelle elle avait besoin de la diète hongroise. Après bien des hésitations, après avoir appelé en conseil les principaux Magnats à Vienne, François convoqua la diète pour le 8 février 1807, le jour même de la bataille d'Eylau; la séance d'ouverture n'eut lieu que le 9 avril.

La diète était animée, cette fois, d'un véritable esprit d'opposition. Des jeunes gens pleins d'ardeur, Joseph Vay, Lonyay, Prényi et surtout Paul Nagy, avaient été élus. Les propositions royales étaient impudentes : on demandait des levées régulières fixées une fois pour toutes, et un impôt extraordinaire pour parer aux nouvelles dépenses militaires (*si vis pacem, para bellum*). Les réformes se bornaient à un article sur les progrès du commerce et sur les améliorations financières. La chambre basse rédigea un projet de loi directement contraire à celui du gouvernement et qui demandait une foule de progrès ; Nagy se montra grand orateur. Le gouvernement se décida à permettre l'exportation des grains et restitua aux Magyars la gestion de leurs mines : les Magnats, de leur côté, étaient dévoués aux volontés impériales. Aussi vota-t-on comme emprunt extraordinaire le 6me du revenu de tous les droits féodaux et de tous les immeubles seigneuriaux, le 6me du revenu des commerçants, artistes, industriels et fermiers, le 100me de la valeur de tous les biens meubles. Quant aux troupes, l'archiduc Charles avait introduit dans les autres provinces de la monarchie la conscription et le système de la landwehr et de la landsturm. Il demanda à la diète la même régularité dans les levées ; la diète tenait à l'ancien système : un contingent voté par elle et réparti entre les comitats et les villes; les Magnats étaient disposés, eux, à tout accorder. La lutte parlementaire devint très-vive. Sur ces entrefaites, Napoléon faisait communiquer par M. de Champagny la lettre suivante à M. de Metternich, ambassadeur d'Autriche à Paris : « Vous avertissez partout de se tenir prêt à marcher pour la défense de la patrie : quel ennemi vous menace? Vous mettez toute la population sous les armes : vos princes parcourent les champs comme des chevaliers errants... l'Empereur veut encore ignorer vos armements. Faites qu'on licencie cette garde nationale qu'on lève chez vous ; laissez en repos vos cultivateurs, vos soldats ; ménagez votre argent et ne menacez personne. »

Nagy fut appelé à Vienne pour entendre le verbe royal (*ad audiendum verbum regium*). François lui parla, le pria, le menaça. Le Magyar en tête-à-tête avec son roi, redevient un fidèle vassal; Nagy obéit à cette tradition et se tut désormais. Singulier procédé parlementaire et qui ne pouvait réussir que dans un pays d'idolâtrie monarchique comme la Magyarie. La diète vota douze mille conscrits par an pour trois ans, avec l'ancien mode de recrutement, et deux cent mille florins pour favoriser les engagements volontaires, et comme elle avait donné tout ce qu'on attendait d'elle, on ne parla plus de réformes, et on l'engagea sans façon à se séparer. Furieuse d'être si impudemment dupée, elle protesta dans un vigoureux mémoire où étaient consignés les *gravamina* ou griefs de la Hongrie. Nagy parla en faveur de la plèbe, ce qui le fit accuser de folie par ses aristocratiques collègues, et de la langue nationale, ce qui le fit acclamer. La diète se sépara le 15 décembre 1807.

On sait quels soins occupèrent Napoléon dans les premiers mois de 1808 : il prépara l'invasion de l'Espagne et l'abdication du vieux Charles IV à Bayonne (avril). Ce crime abominable et cette faute gigantesque soulevèrent l'Europe entière contre l'insatiable César. Les peuples indignés se joignirent aux rois. L'effet fut surtout terrible en Autriche et en Hongrie, et François put dire à son ministre des finances Zichy : « les peuples pèsent aujourd'hui d'un grand poids dans la balance, » et il s'empressa d'exploiter l'ardeur desdits peuples contre l'ennemi commun, au nom de l'exemple espagnol (*der Spanier Beispiel*). Les préparatifs, les levées se firent dans le Tyrol, en Bohême, dans les Autriches avec des allures de croisade révolutionnaire qui effrayèrent presque Stadion. La Hongrie, que nous venons de voir irritée et défiante en 1807, subit la contagion avec la rapidité d'une traînée de poudre. « Le mouvement que vous avez inspiré est tel, put dire en août 1808 Napoléon à Metternich, que la guerre aura lieu malgré vous et malgré moi. » On répandit même le bruit que Napoléon destinait la couronne de Hongrie à son frère Lucien Bonaparte. On déchaîna la presse, et Gentz et Schlegel redoublèrent d'écrits enflammés. Aussi François, exploitant cette effervescence, n'hésita pas, cette fois, à convoquer la diète (28 août 1808) sous prétexte de couronner sa troisième épouse, Marie-Louise, fille du duc de Modène, alors âgée de vingt et un ans. On eut soin que Nagy, *ingrata persona*, ne fût pas élu député, et on séduisit les autres chefs de l'opposition par des titres ou des emplois, ce qui est fréquent dans les annales magyares. On vota d'enthousiasme toutes les mesures militaires demandées, et on fonda une école militaire à laquelle on donna galamment le nom de *Ludoviceum* en l'honneur de la jeune impératrice : 32,000 conscrits furent accordés, et l'*insurrection* de la noblesse admise, ainsi que la perspective de la levée en masse : le souvenir des déceptions et des colères de 1807 était bien loin. Nous verrons souvent ces brusques revirements chez les Magyars. Ils croyaient au moins alors qu'ils allaient combattre pour la liberté, et imiter ce peuple espagnol qui avait tout fait par lui-même. Stadion pouvait se réjouir en Autriche de concert avec Stein en Prusse : du Rhin à la Theiss, c'était un soulèvement national, car la haine de la tyrannie française avait révélé à l'Allemagne le besoin de l'unité et faisait presque une nation des états juxtaposés des Habsbourgs.

En septembre eut lieu la fastueuse entrevue d'Erfurth entre Alexandre et Napoléon : Metternich sollicita vainement d'y être admis, et François y envoya le baron de Vincent avec une lettre de compliments. Alexandre, en échange de la Moldavie et de la Valachie que lui cédait Napoléon, promit de se déclarer contre l'Autriche dans le cas où cette puissance se mettrait en guerre avec la France. Napoléon répondit le 14 octobre à la lettre de François par une lettre de conseils menaçants, qui n'empêcha pas celui-ci de presser ses armements. Quand il quitta l'Espagne, le 18 janvier 1809, il se répandit de nouveau en menaces contre l'Autriche : « Est-ce que les eaux du Danube auraient acquis la propriété de celles du Léthé? » et adressa aux princes de la confédération du Rhin la circulaire la plus violente contre elle. Il est certain que Napoléon ne négligeait rien pour forcer l'Autriche à lui déclarer la guerre, mais il est certain aussi que, depuis Presbourg, l'Autriche la désirait : on peut renvoyer les deux parties manche à manche et leur partager équitablement la responsabilité.

CHAPITRE II

Campagne de 1809. — Eckmühl. — Deuxième prise de Vienne. — Essling. — Bataille de Raab. — Wagram. — Paix de Vienne. Insurrection du Tyrol. — Mariage de Marie-Louise. — Finances. — Banqueroute de 1811. — Diète hongroise de 1811-1812. — Médiation de l'Autriche. — Bataille de Leipzig. — Campagne de France. — Traité de Paris.

Le czar Alexandre résolut de rester simple spectateur de la lutte qui se préparait et résista également aux sollicitations de l'envoyé français Caulaincourt et de l'envoyé autrichien Schwarzenberg ; il promit seulement à Napoléon de concentrer un corps sur les frontières de la Gallicie. En saignant à blanc la France et en employant les contingents allemands des princes de la confédération, Napoléon put mettre en ligne 424,000 hommes dont 100,000 hommes à Eugène en Italie, 40,000 à Lefèvre en Bavière; 50,000 à Bernadotte en Saxe et en Pologne, chargé d'observer la Bohême; 60,000 à Davoût aux environs de Würtzbourg; 50,000 à Masséna sous le nom d'armée d'observation du Rhin, le reste sous Augereau, Lannes, Jérôme. L'Autriche avait 450,000 hommes, dont la plus grande partie en milices : sa principale armée était en Bohême aux ordres de l'archiduc Charles.

L'Autriche aurait dû attaquer la France dès le 20 mars

1809 et être en quelques marches à Ratisbonne au milieu de nos corps dispersés. L'archiduc Charles perdit un temps précieux et ne passa l'Inn que le 20 avril, tandis que le Tyrol tout entier s'insurgeait contre les garnisons bavaroises : il passa l'Isar le 16 avril. Alors se livra la bataille des cinq jours dont les épisodes s'appellent Thann, Abensberg, Landshut, Eckmühl, Ratisbonne, chef-d'œuvre de stratégie qui rejeta l'armée autrichienne, avec des pertes énormes, sur les deux rives du Danube. Gagnant de vitesse Charles, qui avait passé par la Bohême pour venir couvrir Vienne, l'armée française arriva le 10 mai devant cette capitale où l'archiduc Maximilien tenta de résister et y entra le lendemain. En même temps le prince Eugène rabattait l'archiduc Jean de l'Italie sur la Hongrie après l'avoir battu à Caldiero, Lefèvre écrasait les insurgés du Tyrol et prenait Insprück, Poniatowski reprenait Varsovie à l'archiduc Ferdinand.

Le palatin Joseph avait convoqué l'insurrection des nobles à Raab (Gyor) et l'impératrice s'était réfugiée à Bude. De Schœnbrunn, Napoléon adressa le 15 mai aux Hongrois une proclamation, qui indique une merveilleuse connaissance de leur histoire, de leurs revendications, de leur caractère et de leurs rancunes. On ne s'en étonnera pas quand on saura qu'elle avait pour auteur Bacsânyi, un des condamnés de la conspiration de Martinovics, qui avait été enfermé à Kufstein avec Maret, depuis duc de Bassano. Celui-ci le retrouva à Vienne et lui fit rédiger la proclamation du 15 mai. Elle fut sans effet. Les Hongrois prirent une grande part à ces deux terribles journées d'Aspern-Essling où Napoléon tenta vainement de s'établir sur la rive gauche du Danube, où Charles se montra grand général et où 50,000 hommes furent sacrifiés, de part et d'autre, sans grands résultats. L'insurrection que la France avait provoquée en Gallicie avait rapproché les Russes des Autrichiens, mais l'insurrection allemande se dépensa en tentatives stériles et le roi de Prusse, malgré les instances de François, n'osa pas se déclarer. L'Autriche ne pouvait encore compter que sur elle-même. Napoléon employa une vingtaine de jours à concentrer toutes ses troupes sur le Danube et à rendre l'île de Lobau inexpugnable : dans l'intervalle, le 14 juin, l'archiduc Jean livra à l'armée du prince Eugène la bataille de Raab ; la cavalerie noble de Hongrie, l'*insurrection* mal armée et mal exercée, eut beau y étaler ses panaches, ses dolmans et ses broderies et essayer la vieille charge de Hunyade, elle fut mise en pleine déroute, achevée par les cavaliers de Montbrun. La bataille de Raab est encore la source de récriminations contre les Autrichiens dans les historiens magyars. Jean dut se mettre en retraite sur l'imprenable Komorn. Au même moment Marmont battait à plusieurs reprises le ban de Croatie Giulay. Presbourg fut en partie brûlé par Davoût.

Dans la nuit du 4 au 5 juillet, toute l'armée française passa, sur six ponts préparés depuis longtemps, le Danube et se trouva sur la rive gauche. Le 6 juillet se livra la bataille de Wagram, sous les yeux des habitants de Vienne établis sur tous les édifices. Elle était gagnée à deux heures : l'armée de l'archiduc Charles avait près de 25,000 hommes hors de combat. L'archiduc aurait pu reprendre sa revanche à Znaïm : son indécision et sa lenteur habituelle l'en empêchèrent ; un armistice fut signé le 11 juillet.

L'Autriche n'était pas encore découragée : son armée solide et compacte s'appuyait à la Bohême et derrière les Français, les corps de Giulay et de Chàsteler s'étendaient de Leoben à Trieste : le Tyrol était en pleine insurrection ; enfin elle comptait sur l'expédition de Wellington en Espagne et sur l'expédition britannique en Hollande. On engagea des négociations à Altenbourg, mais il n'y eut que des escarmouches diplomatiques jusqu'à l'issue des deux expéditions. Alexandre avait recommandé à Napoléon de ne pas toucher à la question polonaise et celui-ci cependant voulait augmenter le duché de Varsovie, si désagréable aux Russes, d'une partie de la Gallicie. L'Autriche, par ses plénipotentiaires Metternich et Nugent, l'y poussait de tout son cœur, sachant que ce serait à brève échéance une guerre entre la Russie et la France. Il fallut en finir quand Wellington eut échoué en Espagne et que les Anglais eurent manqué leur coup à Walcheren. Napoléon aussi, après la tentative de meurtre de Frédéric Staabs à Schœnbrunn, se montra pressé. La paix, dite paix de Vienne, fut signée le 14 octobre 1809 : l'armée française évacua Vienne en en faisant sauter les historiques remparts. L'Autriche céda au roi de Saxe, pour être réunis au grand-duché de Varsovie, toute la Gallicie occidentale, un arrondissement autour de Cracovie et le cercle de Zamocs dans la Gallicie orientale. Elle céda aussi un peu plus de deux millions d'âmes sur la frontière italienne ; Napoléon prit la Carniole, en Carinthie le cercle de Villach ; en Croatie, la rive droite de la Save jusqu'à la Bosnie et la Dalmatie pour en former les provinces illyriennes que gouverna Marmont de novembre 1809 à avril 1810 ; sur la frontière de Bavière, il céda Linz et garda Saltzbourg, le tout représentant 1,500,000 âmes. Ajoutons une contribution de guerre de 85 millions et une réduction de l'armée autrichienne. L'insurrection tyrolienne fut écrasée et l'héroïque André Hofer alla mourir fusillé le 25 février 1810 dans les fossés de Mantoue.

Pendant les négociations, le séduisant Narbonne, nommé gouverneur de Raab, avait essayé d'amener les Hongrois à demander leur complète indépendance nationale : mais il semble prouvé qu'il a exagéré son action sur les Magyars. Les historiens hongrois et autrichiens réfutent cette assertion : les Magyars d'ailleurs furent désespérés de voir, à la suite de la paix de Vienne, réunir à l'empire français les provinces de l'Adriatique dépendant de la couronne de Saint-Etienne.

L'Autriche se remit à trembler quand elle sut qu'après son divorce avec Joséphine, Napoléon faisait demander la main d'une sœur d'Alexandre : c'était la consolidation de l'alliance franco-russe, c'est-à-dire ce qui pouvait arriver de plus fatal à l'Autriche. Elle fit offrir au nouveau César la main d'une de ses archiduchesses. Le contrat fut signé par le prince Schwarzenberg, le 7 février 1810 : le 16 mars, Marie-Louise fut remise à Braunau à la reine de Naples. Le mariage eut lieu le 3 avril sous une impression d'enthousiasme qui se résumait en ces mots : « le mariage, c'est la paix. »

L'année 1810 fut pour l'Autriche une année de recueillement : la ruine financière apparaissait menaçante, inévitable. La dette était de 658,200,000 florins dont 314 millions portant intérêt à 5 0/0, 49 à 4 1/2 0/0, 282 à 4 0/0, 40 à 3 1/2 0/0, 1 à 3 0/0. Le papier-monnaie était tombé au douzième de sa valeur. Le ministre des finances, comte Wallis, essaya vainement un nouvel emprunt et un nouveau papier. Il fallut arriver à la banqueroute, car ce fut bien une banqueroute qu'édicta la patente du 20 février 1811 : elle réduisait les intérêts de la dette consolidée de moitié et la valeur du papier des quatre cinquièmes. Encore ce papier ne devait avoir cours que jusqu'au 1er février 1812. Ce fut un cri d'indignation et de douleur d'un bout à l'autre de la monarchie, mais surtout en Hongrie où le comitat de Pesth déclara que de pareilles mesures devaient être sanctionnées par la diète. Le chancelier de Hongrie, Kohary, répondit par l'ordre d'accepter la patente dans les huit jours. François écrivit à ses fidèles Hongrois une lettre sur « leur insolence » en les menaçant des plus « grandes violences » : les comitats cédèrent et des commissaires royaux vinrent arracher les pages de leurs registres de délibérations. Mais on convoqua la diète pour le 29 août 1811. Si on veut savoir quelle idée, en cette année de grâce, se faisait de son pouvoir le sérénissime empereur François, beau-père du grand Napoléon, on n'a qu'à lire la lettre suivante par lui adressée à la diète : « on n'a pas montré l'empressement qui convient à des sujets... on espère sans aucun fondement changer notre volonté; nous demeurons inébranlables dans les décisions que vient de prendre notre gouvernement d'origine divine ». On avait eu la royauté de droit divin : on avait maintenant la banqueroute de droit divin.

Les exigences financières du gouvernement présentées à la diète étaient énormes. L'opposition devint menaçante et le palatin Joseph eut à jouer le rôle le plus difficile entre les deux parties. Il fut même obligé d'aller six semaines à Vienne, pour calmer la cour qui ne parlait que de mesures violentes. L'Autriche, qui songeait toujours à la guerre, demandait que l'impôt pour l'entretien de l'armée fût augmenté de douze millions de florins : le papier n'était reçu dans les caisses de l'état que pour le cinquième de sa valeur. Les débats furent très-ardents : en avril 1812 une lettre royale porta, contre les droits de la diète seule compétente pour voter cette mesure, le prix du quintal de sel de cinq florins à neuf, contribution monstrueuse. Un orateur trop énergique, le comte Dessewffy fut exclu de la chambre haute. Enfin la diète fut congédiée en mai 1812. Sa résistance et ses protestations avaient été belles au milieu de l'universelle soumission, mais la Hongrie ne récoltait-elle pas ce qu'avaient semé son idolâtrie monarchique et sa haine de la Révolution? La coalition de 1813 à 1815 allait lui demander de bien autres sacrifices.

La guerre entre la France et la Russie devenait inévitable : l'ukase de décembre 1811, qui rouvrait les portes de Russie aux produits coloniaux de l'Angleterre et violait ainsi le blocus continental accepté à Tilsitt, en fut le signal. L'Autriche, qui ne pouvait refuser à Napoléon de l'aider dans sa campagne contre la Russie, mit à sa disposition un corps d'armée par le traité du 14 mars 1812 qui prévoyait l'éventualité du rétablissement du royaume de Pologne : 30,000 hommes sous Schwarzenberg se joignirent à la grande armée, dont une partie en contingents hongrois. Napoléon passa par Dresde, où François et sa femme vinrent le saluer. Le 24 et le 25 juin 1812, le Niémen fut franchi ; on sait comment se termina cette campagne désastreuse : la grande armée fut anéantie et ses débris ramenés en Allemagne par le prince Eugène en février 1813. L'Autriche était décidée dès ce moment à se joindre, comme le faisait la Prusse, à la Russie, et à en finir avec Napoléon. François cependant envoya à Paris son aide de camp, le comte de Bubna, mais Napoléon tout le premier ne se trompa pas à cette démarche. Il fit partir M. de Narbonne pour Vienne, et celui-ci n'eut pas de peine à pénétrer les secrets de la politique de Metternich, devenu ministre dirigeant. La quadruple alliance était signée. Se voyant découvert, Metternich prit provisoirement le rôle de médiateur armé. Napoléon n'hésita pas à faire entrevoir à M. de Bubna l'indépendance du royaume d'Italie, de la Toscane, des Etats Romains, de la Hollande au-delà du Rhin et des villes hanséatiques. Le 13 avril arriva à Paris le prince de Schwarzenberg : Napoléon affecta de ne lui parler que comme au commandant du contingent autrichien. Le 16 avril Napoléon était en Allemagne et indiquait à la nouvelle armée qu'il avait levée la direction par Bautzen sur Leipzig, dans le but de s'emparer de Dresde, de se rapprocher de la Bohême et de porter le théâtre de la guerre dans la Silésie. Le 2 mai, il battit l'armée prusso russe à Lutzen et entra à Dresde. François lui envoya le baron de Bubna porteur d'une lettre où il disait : « Le médiateur est l'ami de Votre Majesté... il s'agit d'asseoir sur des bases inébranlables la dynastie que vous avez fondée et dont l'existence s'est confondue avec la mienne. » Il proposait un congrès dont Napoléon accepta l'idée. François avait envoyé en même temps le comte Stadion auprès d'Alexandre. Le 21 mai, nouvelle victoire de Napoléon à

Bautzen, mais le lendemain, en réponse à une démarche faite le 18, le czar répondit qu'il ne pouvait recevoir de propositions que par l'intermédiaire du médiateur, c'est-à-dire de l'Autriche. Néanmoins les coalisés offrirent un armistice par l'entremise du comte Stadion : il fut accepté pour durer du 12 juillet au 9 août; auparavant, l'armée polonaise de Poniatowski avait été autorisée à traverser sans armes les provinces autrichiennes pour rejoindre Napoléon en Lusace. Le 27 juin Metternich vit Napoléon à Dresde : l'Autriche demandait la moitié de l'Italie, l'Illyrie, le retour du pape à Rome, la Pologne saxonne, l'abandon de la Hollande, de l'Espagne, la renonciation au protectorat de la confédération du Rhin et de la médiation helvétique. Napoléon s'emporta et eut avec Metternich la fameuse scène où il lui demanda combien l'Angleterre lui avait donné pour lui faire la guerre. Le 30 juin, la convention admettant la médiation autrichienne fut signée et Prague désignée pour le siège du congrès; de savantes et infinies lenteurs prolongèrent les négociations, pendant lesquelles la Russie, la Suède, la Prusse et l'Autriche parfirent la quadruple alliance; l'armistice et le congrès n'avaient eu pour but que de permettre à l'Autriche de compléter ses armements. Quand tout fut prêt, Metternich déclara froidement le congrès dissous, et M. de Narbonne apporta le 15 août à Dresde la déclaration de guerre de l'Autriche, qui se proclamait « réunie de principes aux puissances, avant même que les traités eussent consacré leur union. »

Les alliés avaient 500,000 hommes. Schwarzenberg commandait l'armée de Bohême, dite la Grande Armée, Blücher l'armée de Silésie et Bernadotte l'armée du Nord. Avec son armée d'Italie sous les ordres de Hiller, l'Autriche avait 130,000 hommes sous les armes. Le 26 août les alliés perdirent la bataille de Dresde, où fut tué leur collaborateur Moreau : Schwarzenberg se mit en retraite sur Tœplitz; mais à Kulm Vandamme subit une défaite complète, et à Tœplitz même, le 3 octobre fut signé le traité entre les alliés, qui rendait à l'Autriche le *statu quo* de 1803. Le 8 octobre, la Bavière abandonna l'alliance française pour l'alliance autrichienne et son armée se joignant aux alliés découvrit toute la frontière française depuis Huningue jusqu'à Mayence. Le 15 octobre commença devant Leipzig la formidable bataille appelée la bataille des nations. Le soir même du 16, Napoléon envoya vainement vers son beau-père le général Meerweldt, l'ancien négociateur de Campo-Formio fait prisonnier. Le 17, l'armée française était entourée de toutes parts ; le 18 vit cette lutte terrible au milieu de laquelle l'armée saxonne passa dans les rangs des alliés ; la retraite commença. Le 19, Poniatowski et des milliers de soldats franco-polonais se noyèrent dans l'Elster. Le 30 octobre, Napoléon passa sur le ventre de l'armée austro bavaroise postée à Hanau. Les souverains alliés se réunirent à Francfort, et de là appelèrent les peuples aux armes et à la liberté dans un langage digne de la Convention ; en même temps ils trompaient Napoléon par de fallacieuses négociations qui n'avaient d'autre but que de leur rendre l'invasion de la France plus facile et de décider l'oligarchie bernoise à laisser violer la neutralité de la Suisse : le 21 décembre, Schwarzemberg entra en France par le pont de Bâle. Le 11 janvier 1814, le roi de Naples, Murat, signa un traité avec l'Autriche, fermant la route de Vienne à l'armée franco-italienne.

Nous ne suivrons pas les alliés dans la campagne de France ; on en connaît les péripéties et cette bataille de Nangis du 17 février où Schwarzenberg fut mis en déroute, tandis que la paix se traitait au congrès de Châtillon. Le prince de Lichstenstein vint le 23 proposer un armistice. Mais dans l'intervalle Blücher conçut le plan de marcher seul sur Paris. Le 19 mars, les alliés rompirent le congrès de Châtillon. Le 23, Schwarzenberg et Blücher faisaient leur jonction dans les plaines de Châlons et marchaient sur Paris, qui capitula le 29 : le czar, le roi de Prusse et Schwarzenberg y entrèrent le 31 mars. Le généralissime autrichien déclara le premier « que l'existence de Napoléon en France était incompatible avec le repos de l'Europe et qu'on devait se fixer au retour de l'ancienne dynastie. » Le 11 avril, Napoléon abdiqua à Fontainebleau. Le 15, François arriva à Paris et fit partir le 16 pour Vienne Marie-Louise et le duc de Reichstadt. Le traité de Paris décida que la France serait réduite aux limites du 1er octobre 1792, que l'empire d'Allemagne ou saint empire romain serait aboli et qu'un congrès réuni à Vienne dans deux mois etablirait les conditions de la paix générale, distribuerait les territoires et réorganiserait une confédération germanique. Après vingt deux ans de luttes, des torrents de sang versé et la banqueroute, la vieille Autriche des Habsbourgs allait se retrouver réinstallée dans son absolutisme monarchique et clérical et augmentée de provinces nouvelles.

CHAPITRE III

Congrès de Vienne. — La Pologne. — Distribution de territoires. Nouvelle constitution allemande. Waterloo. Metternich et la réaction en Autriche. — La société. — Le peuple. Les nationalités. — L'Église. — Finances. — La Lombardo Vénétie. — La Hongrie. La Sainte Alliance — Réveil de l'Allemagne. — Résolutions de Carlsbad. — Congrès de Troppau, de Laybach et de Vérone. — Le Spielberg. — La police. — Affaires turques.

C'est vers la mi-septembre 1814 que les princes et les diplomates commencèrent à arriver à Vienne. Bientôt quatre cent cinquante personnages plus ou moins accrédités furent réunis pour prendre part à ces grandes assises européennes d'où l'on se flattait de voir sortir un nouvel ordre de choses. A côté des souverains de Russie, de Prusse, d'Autriche, de Bavière, de Wurtemberg, de Danemark, etc., à côté des diplomates représentant les grandes puissances : Metternich, Hardenberg, Castlereagh, Nesselrode, Talleyrand, Munster, Stein, se pressaient les principicules allemands, les représentants des villes et de certains corps constitués, tous ceux qui espéraient qu'on remettrait l'Europe dans la situation d'avant quatre-vingt-neuf. La cour impériale prodiguait à ses hôtes la plus splendide hospitalité et dépensait trente millions de florins, elle qui avait fait banqueroute trois ans auparavant et qui était impuissante à pensionner ses cinquante mille invalides. La joyeuse Vienne suivait l'impulsion : ce n'étaient que bals masqués, tableaux vivants, ballets, comédies, courses en traîneaux. La noblesse semi-orientale de l'empire rivalisait de faste avec l'aristocratie accourue de l'occident. Le journal l'*Observateur* ne pouvait suffire au récit des divertissements et des bombances. C'était entre une nuit de plaisirs et une après-midi de galas que se faisait le trafic des peuples et que se heurtaient les intérêts les plus férocement égoïstes.

Le congrès avait un double objet : la refonte territoriale de l'Europe et la constitution allemande, auquel correspondirent deux comités : le comité des affaires allemandes et celui des affaires européennes. La constitution de ce dernier souleva de longs débats. On convint que les quatre grandes puissances alliées : Russie, Autriche, Angleterre et Prusse, traiteraient les questions relatives à la distribution des territoires et qu'elles s'adjoindraient la France, l'Espagne, le Portugal et la Suède pour les autres questions européennes. La proclamation de Châtillon fournissait aux travaux du congrès un excellent programme : « Les nations, y avait-on dit, respecteraient leur indépendance réciproque. On n'élèverait pas d'édifices politiques sur les débris d'états auparavant indépendants. Le but de la guerre et de la paix était d'assurer les droits, la liberté et l'indépendance de toutes les nations. » On étudia en effet ce programme, mais pour le suivre à rebours. On se mit à fabriquer des états de toutes pièces, au gré des convoitises les plus éhontées, que tempérait seulement la jalousie des autres larrons. Talleyrand lui-même en fut écœuré et put écrire dans un de ses mémoires « qu'au congrès, on professait le principe que tout était légitime pour le plus fort; que les peuples ne pouvaient pas avoir de droits différents de ceux de leurs souverains et qu'il était permis de traiter les sujets comme les bestiaux d'une ferme. » Stein qualifia les résultats du congrès de : « farce » et en plein parlement anglais Whitbread s'écria qu'on avait découvert à Vienne : « un nouveau système de brigandage. » Toute l'histoire philosophique et politique du congrès de Vienne est résumée dans ces phrases caractéristiques des trois hommes d'état.

L'Autriche — dont nous avons à nous occuper spécialement — avait d'immenses intérêts engagés dans ces débats : 1° reformer son territoire ; 2° assurer sa prépondérance en Allemagne ; 3° examiner les revendications de la Prusse et de la Russie au point de vue de sa propre sécurité.

Le premier point ne souleva pas de difficultés. Metternich — le vrai président et *leader* du congrès — obtint pour son maître tout ce qu'il désirait. L'Autriche reçut cette magnifique portion de l'Italie dont elle forma le royaume Lombardo-Vénitien ; l'Illyrie et la Dalmatie, c'est à-dire tout le littoral de la mer Adriatique ; la Valteline, enlevée à la Suisse et qui, avec les vallées de Chiavenna et de Bornico, lui donnait les clés de l'Italie. La Bavière lui restitua le Tyrol, le Vorarlberg, les districts de l'Inn et de l'Hausruck et la partie méridionale du territoire de Saltzbourg. Elle aurait bien voulu conserver à titre définitif les légations romaines de Ferrare, de Bologne et de Ravennes, qu'elle occupait par droit de conquête : ces apôtres de la contre-révolution et de l'ultramontanisme n'auraient pas hésité à diminuer le patrimoine de Saint-Pierre des territoires à leur convenance et, merveilles de la politique des intérêts, Metternich en 1815 méditait ce que réalisa Cavour en 1860. Mais la négociation échoua et l'Autriche dut se contenter du droit de tenir garnison à Ferrare et à Comacchio. En somme, après tant de désastres, elle se relevait plus riche que jamais : son empereur l'avait reçue en 1792 avec 11,525 milles carrés et 23 millions d'habitants : on la lui rendait en 1815 avec 12,153 milles carrés et 28 millions d'habitants. *Felix Austria !*

Les lignes collatérales de la maison de Habsbourg établies en Italie se ressentirent aussi de la bienveillance du congrès. La Toscane, augmentée de Piombino et plus tard de l'île d'Elbe, fut rendue à l'archiduc Ferdinand. François d'Este reprit son duché de Modène accru des fiefs impériaux de Lunigiana. L'ex-impératrice Marie-Louise reçut Parme. La république de Gênes, dont l'existence aurait pu rappeler aux Vénitiens qu'il y avait eu une république de Venise, fut livrée au roi de Sardaigne, malgré les ardentes protestations de ses habitants. Plus tard, grâce à la prise d'armes prématurée et folle de Murat le sabreur qu'on voulait d'abord conserver, Ferdinand IV récupéra Naples. L'Italie entière se trouva donc ou directement sous la domination de l'Autriche ou sous son influence, grâce à ce chœur de dynasties vassales qui s'inspiraient des mêmes traditions politiques.

La question des revendications de la Prusse et de la Russie était beaucoup plus compliquée. La Prusse voulait ses compensations en Saxe et la Russie en Pologne. Alexandre parlait de rétablir un royaume de Pologne annexé à la Russie comme la Hongrie, par exemple, l'était à l'Autriche. C'était implicitement réclamer le grandduché de Varsovie et poser les bases d'une reconstitution complète de la Pologne sous le protectorat russe. L'Autriche aurait plutôt admis, comme pis aller, l'idée mise en avant par Castlereagh d'une Pologne complétement indépendante que d'une Pologne vassale des Czars, « qui aurait étendu la puissance moscovite jusqu'à la Wartha et à l'Oder. » Elle sentit pleinement alors que, dans les partages de la Pologne, le danger pour elle avait été égal à l'iniquité. Le 2 novembre 1814, Metternich adressait à Hardenberg un mémoire où on lit[1] :

---

1. Correspondance relating to the negociations of the years 1814 and 1815 respecting Poland, presented to the House of lords by command of her majesty, 1863.

« Animée des principes les plus libéraux et les plus conformes à l'établissement d'un système d'équilibre en Europe, et opposée depuis 1772 à tous les projets de partage de la Pologne, l'Autriche est prête à consentir au rétablissement de ce royaume, libre et indépendant de toute influence étrangère, sur l'échelle de sa dimension avant le premier partage, en réservant aux puissances voisines le règlement des frontières respectives sur le principe d'une mutuelle convenance..... Admettant le peu de probabilité que pareil projet puisse être pris en considération par la Cour de Russie, l'Autriche accéderait également au rétablissement de la Pologne libre et indépendante dans les dimensions de l'année 1791... ». La Prusse appuyait les prétentions de la Russie : Hardenberg affectait de croire aux intentions libérales d'Alexandre vis-à-vis de la Pologne et essayait de convertir Castlereagh et Metternich. Ceux-ci demeuraient inflexibles dans leur opposition aux projets du Czar qui, furieux, menaça de dissoudre le congrès, se brouilla avec « le scribe » Metternich, échangea avec lui des démentis en pleine séance et déclara à François qu'il ne voulait plus avoir aucun rapport avec ce ministre de la coalition.

La question des compensations prussiennes n'était pas moins difficile. La Prusse demandait la Saxe. Or l'Autriche ne voulait pas plus d'une Saxe prussienne que d'une Pologne russe. Elle ne consentait qu'à un partage dont elle restreignit les proportions jusqu'à un cinquième. L'Allemagne fut inondée d'un déluge de brochures pour ou contre la confiscation de la Saxe. Les choses s'envenimèrent au point que Hardenberg laissa entendre assez clairement que la Prusse et la Russie en appelleraient au sort des armes. On arma de tous côtés, même en France : le grand parlement européen de la pacification et de la restauration menaça d'aboutir à une nouvelle conflagration générale. Metternich alla même — après la proclamation du grand-duc Constantin qui appelait les Polonais aux armes — jusque-la : conclure le 3 janvier 1815 avec l'Angleterre et la France un traité contre la Prusse et la Russie, auquel accédèrent successivement la Bavière, les Pays-Bas, le Hanovre et la Sardaigne. Il mit à l'étude un plan d'opérations militaires.

La Russie et la Prusse cédèrent. L'on se mit d'accord, par un nouveau partage, sur l'affaire polonaise. La Prusse reçut le grand-duché de Posen, tel qu'il est encore constitué aujourd'hui, avec Thorn dont on avait d'abord voulu faire une ville libre. L'Autriche reprit les parties du territoire polonais qu'elle avait perdues en 1809 et rétablit sa province de Gallicie dans les limites actuelles. La Russie eut le reste du grand-duché de Varsovie. Cracovie et son territoire furent érigés en république indépendante sous la protection des trois puissances du Nord. Quant à la Saxe, elle fut partagée. Le roi de Saxe garda son titre et un peu plus de la moitié de ses états. Le reste (373 milles carrés et 855,000 habitants) fut donné à la Prusse dont les souverains ajoutèrent à leurs titres ceux de duc de Saxe, Landgrave de Thuringe, Margrave des Deux-Lusaces et comte de Henneberg.

Les questions de la Pologne et de la Saxe résolues, le reste alla rapidement. La Prusse reçut ses dédommagements sur les deux rives du Rhin, en échange de la Frise orientale cédée au Hanovre, des principautés d'Anspach et de Bayreuth cédées à la Bavière et du Lauenbourg cédé au Danemark.

A ne considérer que les apparences et les résultats immédiats, l'Autriche pouvait s'applaudir des succès de ses diplomates et la Prusse maudire l'inhabileté des siens. La Prusse s'étalait sur une ligne immense en longueur, de défense difficile et coupée au milieu par le Hanovre inféodé à l'Angleterre. Ses possessions rhénanes mettaient sous son sceptre évangélique des populations catholiques dévouées aux traditions ultramontaines. La Bavière, agrandie à ses dépens des principautés franconiennes, lui demeurait aussi hostile que la Saxe par elle dépouillée. Oui, mais, comme le remarque si bien Gervinus, cette Prusse morcelée dépouillait tout caractère slave pour devenir exclusivement allemande. Ses longues bandes territoriales, si défectueusement taillées sur le tapis vert du congrès, pénétraient de toutes parts, donnant et recevant, comme veines et artères, dans le pur corps germanique. Elle se posait dès lors dans son rôle d'unifier l'Allemagne. L'Autriche, au contraire, cédant ses possessions de Souabe à la Bavière et à Bade, se retirait vers l'orient magyar et slave et perdait son caractère allemand : toute cette noblesse ecclésiastique et séculière du Rhin, qui inclinait bien plus vers elle que vers la Prusse protestante, ne pouvait plus graviter dans son orbite. On peut dire sans paradoxe que le prodigieux développement de l'hégémonie de la Prusse était en germe dans la défaite de ses diplomates au congrès de Vienne.

L'enfantement de la nouvelle constitution allemande ne fut pas moins pénible. C'est au résultat de cet enfantement que Stein, l'ardent unitaire, a infligé spécialement la qualification de « farce ». Le 14 octobre 1814, les cinq cabinets royaux — Autriche, Prusse, Bavière, Wurtemberg et Hanovre — formèrent un cabinet spécial pour les affaires allemandes. Il y avait cinq partis à prendre : l'unité sous la direction d'une seule puissance : Prusse ou Autriche — le dualisme, avec les deux puissances sagement équilibrées — la pentarchie ou comité des cinq royaumes — le pouvoir égal de tous les états — une simple confédération sans puissance dominante. L'Autriche était prête à accepter ou une fédération fortement centralisée à la tête de laquelle elle serait expressément et directement placée, ou une fédération assez flottante et assez lâche pour que son influence pût y dominer sans obstacle. La Prusse s'opposait naturellement au premier projet, et quand le Russe Capodistrias publia un mémoire où il proposait l'empire pour l'Autriche, Humbold répliqua par un autre mémoire où il démontrait que la Prusse ne se soumettrait jamais à un pouvoir impérial *réel*. Les rois de Wurtemberg et de Bavière, de leur côté, déclarèrent qu'ils n'entendaient pas qu'on s'immisçât dans la constitution intérieure de leurs états par une surveillance fédérale. Selon eux, la confédération ne devait avoir qu'un effet extérieur et se réduire à une alliance contre l'étranger.

Il est difficile de prévoir combien de temps auraient duré ces conflits, dont on peut voir dans les protocoles du congrès les fastidieux détails, si le retour de Napoléon de l'île d'Elbe, connu à Vienne le 7 mars 1816, n'avait fait comprendre qu'il fallait en finir tant bien que mal. En onze séances, du 23 mai au 10 juin, la nouvelle constitution (elle devait régir l'Allemagne jusqu'en 1866) fut votée. L'Autriche triomphait par l'adoption de ce système encore plus terne, plus inefficace, plus nul que la défunte constitution du saint empire. Il consacrait l'immobilisme, ne tenait aucune des promesses faites aux peuples pour les soulever contre l'ennemi commun, et ne donnait aucun gage à l'unité allemande.

C'était plutôt une ligue dont tous les membres avaient respectivement des droits égaux, qu'une confédération proprement dite. Son caractère était surtout défensif. Chacun s'engageait à défendre contre toute attaque extérieure soit l'ensemble de l'Allemagne, soit chacun des états confédérés, en renonçant au droit d'ouvrir avec l'ennemi des négociations particulières et de conclure paix ou armistice séparés. Les possessions respectives comprises dans la confédération étaient mutuellement garanties. Les confédérés s'engageaient de plus à ne se faire jamais la guerre entre eux. Pour maintenir ce pacte d'alliance et administrer les intérêts communs de la confédération, une diète permanente devait siéger à Francfort sous la présidence perpétuelle de l'Autriche.

La diète avait deux espèces d'assemblées : les assemblées générales ou *Plenum* et les petites assemblées ou *Engere rath*. Dans le *Plenum*, on comptait 69 voix : l'Autriche, la Prusse, la Bavière, le Wurtemberg, le Hanovre et la Saxe en ayant chacun 4; la Hesse électorale, la Hesse-Darmstadt, Bade, le Holstein et le Luxembourg chacun 3 ; Brunswick, Meklembourg-Schwerin et Nassau chacun 2 ; le reste des états chacun une. Dans l'*Engere-rath*, on ne comptait plus que 17 voix : l'Autriche, la Prusse, la Bavière, le Wurtemberg, le Hanovre, la Saxe, Bade, la Hesse électorale, Hesse-Darmstadt, Holstein, Luxembourg en avaient chacun une; les autres états en avaient une par *curie* composée de deux, de quatre ou de six états. Le *Plenum* ne se réunissait que quand il s'agissait de modifier l'acte constitutif de la confédération ou d'y faire des additions, de prendre des résolutions relatives à l'acte primordial, aux institutions organiques de la diète, de déclarer la guerre, de confirmer la paix, d'admettre un nouveau membre dans la confédération, etc. Il n'y avait dans le *Plenum* ni discussions ni délibérations : on votait à la majorité minimum des deux tiers des voix. Dans l'*Engere-rath*, on délibérait sur toutes les questions à la simple majorité, et on élaborait celles qui devaient être soumises au *Plenum*. Chaque état avait le droit d'initiative, et les propositions émanées de cette initiative devaient être mises en délibération dans un délai fixé. La diète, malgré sa permanence, pouvait s'ajourner à une époque qui ne devait jamais dépasser quatre mois. Les puissances étrangères pouvaient entretenir auprès d'elle des envoyés spéciaux.

Toute institution commune était écartée. Au lieu de ce suprême tribunal fédéral, signe visible de l'unité de la « patrie allemande, » les confédérés s'engageaient simplement à soumettre leurs différends à la diète, qui essaierait de les concilier. La médiation ayant échoué, les parties contendantes choisiraient la cour suprême de justice de l'un des états membres de la confédération, laquelle jugerait les contestations pendantes comme tribunal d'*Austrègues*, suivant le droit allemand. L'arrêt rendu, l'*Engere-rath* déciderait s'il fallait contraindre par la force la partie condamnée à l'exécuter.

Il en fut de même de ces espérances constitutionnelles qu'on avait fait briller aux yeux des peuples les années précédentes. Les alliés avaient joué de la corde libérale au point que Napoléon put faire mettre au *Moniteur* qu'il allait « affranchir l'Allemagne de la démagogie dont l'ennemi avait embrassé la cause. » La question fut posée dans le comité des cinq puissances formé le 14 octobre 1814. Si la Prusse et surtout le Hanovre montrèrent d'assez bonnes dispositions constitutionnelles, les plénipotentiaires du dur et sensuel tyran du Wurtemberg et du débonnaire et débauché souverain de la Bavière dominé par son ministre Montgelas, opposèrent un veto absolu. Tous ces efforts aboutirent à l'article 13 du pacte fédéral : « Dans tous les états allemands il y aura une constitution d'états territoriaux (*Landstag*). » Les souverains restent maîtres de les accorder ou de les refuser du haut de leur droit divin. Ainsi que le remarquait un publiciste allemand, l'Allemagne victorieuse obtenait moins de droits nationaux que la France vaincue. On passa sous silence la législation sur la presse, le minimum des droits individuels, l'unité de rapports avec le saint-siége.

Le 9 juin 1815 fut signé l'acte dit *final* ou acte général contenant le résultat de tous les travaux accomplis par le congrès. Une commission territoriale, composée de plénipotentiaires anglais, autrichiens, prussiens et russes, resta en permanence pour régler toutes les difficultés de détails relatifs aux territoires et ne termina sa tâche que par le *Récès* du 20 juillet 1819. L'Autriche était entrée dans la confédération pour une superficie de 2,017 myriamètres carrés avec une population de 11,200,000 habitants. Ses rapports avec la

Bavière furent régularisés par un traité du 14 avril 1816.

L'Autriche prit résolument la tête de cette grande réaction absolutiste et religieuse qui sembla ramener l'Europe dans le plein moyen-âge. Metternich — qui fut nommé en 1821 chancelier de l'empire — se fit l'homme de ce système de contre-révolution à l'extérieur et d'oppression à l'intérieur, en donnant une certaine satisfaction aux besoins matériels et en accordant paternellement les douceurs et les bénéfices de l'engrais à ceux qui se dépouillaient de toute virilité. Plus homme de police qu'homme d'état, plus roué que supérieur, d'une facilité de conception et de coup d'œil qu'augmentait encore sa longue expérience, mais incapable de s'élever à des vues générales, Metternich n'avait qu'une doctrine, celle du *statu quo* acharné, de la conservation à outrance. Il s'y était butté avec l'obstination d'un esprit étroit que n'illumine aucune idée d'avenir et qui ne dépasse jamais l'horizon des résultats immédiats. Faire durer le plus longtemps possible l'édifice aux matériaux disparates construit par la bande de monarques et de diplomates du congrès ; veiller à son équilibre toujours menacé en éloignant les turbulents de l'extérieur à coups de canon et les turbulents de l'intérieur à coups de supplices et de police ; mettre au nombre de ces turbulents à proscrire tous ceux qui pensaient, tous ceux qui avaient un droit, même le plus légitime, à revendiquer ; faire des intérêts les plus bas, des abus les plus vieillis et des formes les plus surannées les gardiens de la tremblante pyramide ; la placer, soustraite à tout souffle et à toute vibration, dans la nuit et dans le silence, tel fut tout le système de Metternich. Il exigeait plus de ruse que de génie et plus de poigne que d'intelligence. Ce ministre au bois dormant savait bien qu'il y aurait un réveil, mais son ambition se bornait à ce que le déluge vînt après lui. En l'attendant, il se permettait vie joyeuse et facile.

Cupide et prodigue, le chancelier dépensait les gigantesques subsides qu'il touchait de toutes mains, de la Russie, de l'Angleterre, de la France, et voyait ses lettres de change perdre vingt-quatre pour cent sur la place de Vienne. Il occupait de ses exploits la chronique scandaleuse de la bonne ville, peu facile cependant à émouvoir en pareille matière. Le conseiller russe Mérian l'appelait « de la poussière vernie ».

D'ailleurs tout-puissant en matière de politique extérieure, il était soumis, quant à l'intérieur, à la direction de son impérial maître. Ce féroce bonhomme, qui parcourait sans efforts toute la gamme de la faiblesse à la cruauté, tenait à gouverner lui-même ; sa bête noire était le constitutionalisme. Le mot seul de charte ou de constitution le mettait dans un état épileptique. Aussi, timide et hésitant dans le cours ordinaire de la vie, devenait-il implacable dans la répression des mouvements politiques menaçant même de loin son pouvoir de droit divin. Alors il étudiait en personne, pour les perfectionner, les plans des cachots du Spielberg et cet épouvantable règlement du *carcere duro* qui imposait la famine aux prisonniers. Il est vrai que le bigot souverain ajoutait : « C'est dans l'intérêt de leur amélioration, pour le remède de leur âme. » Il craignait ses frères, le Palatin Joseph, le grand capitaine Charles et surtout cet archiduc Jean, le vaincu de Hohenlinden, auquel il défendit de mettre les pieds dans le Tyrol. Il brisait ses favoris avec une parfaite indifférence, tel que le docteur Stifft, et se montrait peu sensible au sort de ceux qui mouraient pour lui, tel qu'André Hofer.

Les peuples autrichiens favorisaient d'ailleurs, par leur indolence, le système du despotisme paternel ; aucun esprit général ne planait sur cette marqueterie d'états. Chacun dans sa petite province — surtout dans les états héréditaires — vivait naïvement sous la tutelle acceptée de l'administration et de l'église. L'immense mouvement de la Révolution n'avait même pas effleuré ces esprits brisés au joug. Metternich prétendait que Joseph avait *inoculé* la révolution à l'Autriche : ces sujets modèles ne sortaient de leur routine bourgeoisement idyllique que pour se faire tuer avec une résignation moutonnière sur les champs de bataille de l'Europe. La fureur de réaction, datée de 1815, les trouva parfaitement préparés, et la centralisation, sublimée et quintessenciée par une prodigieuse bureaucratie, ne rencontra aucune résistance.

Une réglementation minutieuse, sans cesse perfectionnée à Vienne dans les colléges auliques de chaque département ministériel, prévoyait tous les cas. Si par hasard se présentait une affaire imprévue, les fonctionnaires, privés de toute initiative, devaient demander à Vienne de nouvelles instructions. Tout aboutissait à l'empereur qui, ne pouvant tout examiner ni tout résoudre, remettait les dossiers à des conseillers arbitrairement choisis, si bien qu'on avait le despotisme sans l'unité. Les employés, mal payés à cause de leur nombre, routiniers, insolents, vénaux et incapables, pesaient sur les administrés de tout le poids d'une écrasante hiérarchie. On publiait, à l'usage de ces administrés, de petits manuels de servitude où l'on développait le thème que l'empereur était maître absolu de la vie et des biens de ses sujets.

Les diètes provinciales subsistaient, sauf à Goritz, en Istrie et en Dalmatie. On les avait successivement rétablies, en 1816, dans le Tyrol et dans le Vorarlberg, en 1817 en Gallicie, en 1818 dans la Carniole, en 1828 dans le cercle de Saltzbourg. Mais, sur bien des points, elles ne subsistaient qu'en principe. La diète hongroise reste quatorze ans sans être convoquée (1811-1825). On avait distribué aux soldats magyars des médailles fabriquées avec le bronze des canons pris sur l'ennemi et portant pour légende : *Europa libertati asserta*. Ces fanatiques instruments du despotisme en comprirent vite le mensonge. Les Etats de Transylvanie ne furent pas réunis pendant vingt-trois ans (1811 1834). Là où les diètes étaient convoquées, elles n'avaient qu'à enregistrer les mesures relatives à la levée des recrues et à la perception des impôts, ou à s'occuper de la police rurale. La noblesse et le clergé possédaient seuls des terres donnant des voix à la diète. Ainsi, en 1819, dans la Styrie, les propriétaires roturiers de quatre-vingts terres seigneuriales demandèrent vainement le droit de représentation. On s'opposait, autant que possible, à ce que les villes fussent représentées : il n'y en avait aucune en Silésie, une seule en Gallicie, quatre en Bohême; les sept villes de Moravie n'avaient qu'une voix collective. Les diètes avaient bien le droit de pétition, mais on les engageait vivement à ne pas en user, et on témoignait toute l'irritation impériale aux états de Styrie et de Carniole qui avaient osé pétitionner en 1817 et en 1818.

La noblesse n'avait aucun privilége administratif, constitutionnel ou politique. Très-nombreuse, elle possédait presque tout le sol et presque tout le numéraire; elle occupait toutes les hautes fonctions civiles et militaires. Ses fils, pleins de morgue, avaient leurs bancs séparés dans les universités. De mœurs faciles, elle se livrait volontiers au jeu et aux femmes. Dans la molle Taïti viennoise, le nombre des naissances illégitimes égalait presque celui des naissances légitimes. « Notre existence, disait un noble, est un sommeil comme celui des animaux hivernants. » La noblesse n'en conservait pas moins ses vassaux corvéables et ses justices patrimoniales, contre lesquelles ne luttaient pas toujours avec succès les bailliages des cercles.

Cet étouffant despotisme ne voulait rien laisser en dehors de lui : tout en s'alliant avec l'église, il la surveillait et la contenait. En échange des priviléges qu'il lui accordait, il fallait qu'elle aussi se fît instrument de règne : on voulait changer les évêques en fonctionnaires. En Italie, le pape, de par la maxime ultramontaine : tout ou rien, n'était pas éloigné de considérer François comme le successeur de Joseph. On arriva même en 1816 à une rupture complète et ce ne fut que le 30 septembre 1817 que le Saint-Père consentit à donner l'investiture aux évêques vénitiens ; il y eut même, en 1818, d'aigres propos échangés dans une audience entre l'empereur et le nonce. Malgré un voyage de François à Rome en 1819, un décret de la chancellerie aulique mit en surveillance les biens du clergé et les legs. Ce fut même vainement que, de 1833 à 1834, on essaya de conclure un concordat. Mais la religion était ardemment protégée. En 1814, les couvents avaient été rétablis dans tout le Tyrol : en 1816, on avait accordé d'énormes réductions d'impôts aux Piaristes, aux Capucins et aux Franciscains : les pèlerinages se multipliaient (il y en avait cent soixante-dix dans le seul Tyrol). Les livres étaient rigoureusement censurés au point de vue de l'orthodoxie. La cour prenait une large part aux cérémonies religieuses. Les jésuites étaient favorisés.

Mais on était surtout agréable à l'église par les persécutions contre les dissidents et par l'organisation de l'instruction publique. Les protestants étaient soumis à d'intolérables petites vexations qui les frappaient dans chaque acte de leur vie. On mettait des présidents catholiques à la tête de leurs consistoires. On les obligeait à payer un droit d'étole au curé, à publier leurs bans dans les églises catholiques, à admettre les curés au chevet des moribonds. Ils ne pouvaient, sans avoir obtenu une dispense, acheter terres ou maisons, obtenir droit de maîtrise ou de bourgeoisie, être investis de fonctions civiles. S'ils voulaient entrer à l'Académie militaire de Wienerisch-Neustadt, ils devaient abjurer.. Les conversions du catholicisme au protestantisme étaient au contraire rendues impossibles. Dans le Tyrol, en 1834, les habitants de Zillerthal s'étaient convertis au protestantisme ; le gouvernement leur donna le choix de rentrer au giron de l'église ou d'émigrer en Transylvanie : quatre cents s'échappèrent et se réfugièrent en Prusse.

C'est principalement en matière d'instruction publique qu'on s'était arrangé de façon qu'à tous les degrés l'enseignement restât absolument catholique et absolutiste. La commission aulique des études prodiguait les règlements les plus minutieux où tout était prévu, jusqu'à l'attitude des enfants à la garde-robe (lois scolaires du 30 octobre 1812). Les professeurs devaient se confesser et pratiquer : l'avancement dépendait du certificat de religion délivré par le catéchiste. On contrôlait leurs lectures personnelles, ils ne pouvaient prendre que certains livres dans les bibliothèques universitaires (règlement du 8 juillet 1821). Le clergé surveillait souverainement les écoles, les gymnases et les universités. Les couvents et les collégiales avaient pleine liberté de fonder des maisons d'éducation. Les sciences étaient bannies, l'histoire et la géographie réduites au minimum. Il ne fallait pas qu'un si bel état de choses fût troublé par des souffles pestilentiels qui pouvaient venir de l'étranger. Des décrets de 1817, 1819, 1830, enlevèrent successivement aux étudiants des diverses provinces, la possibilité de fréquenter les universités étrangères. On était obligé de demander à la police l'autorisation, révocable tous les six ans, d'avoir des professeurs privés, et ceux ci s'engageaient à ne se servir que des livres autorisés. On n'admettait pas, dans les gymnases, d'élèves étrangers âgés de plus de dix ans.

La censure complétait cette muraille de Chine et achevait ce blocus intellectuel. Tout ouvrage indigène ou étranger était ou interdit ou mutilé. Les libraires étaient soumis à de fréquentes descentes de police. La littérature et la philosophie agonisaient. On avait, il est vrai, conquis Schlegel, devenu réactionnaire forcené et prédicant d'absolutisme politique et religieux. Gentz, Adam Muller, l'autre Schlegel, ces émules des Bonald, des De Maistre et des Burke, furent attirés à Vienne. Pilat d'Augsbourg alla y rédiger l'*Observateur autrichien* (*Œsterr Beobachter*), organe du système. On ne permettait pleinement que l'exercice de la musique instrumentale.

La situation matérielle était-elle bonne au moins? Loin de là. Nous avons raconté la célèbre quasi-banqueroute de 1811 à laquelle avait présidé le ministre Wallis. Nous avons vu que la commission chargée d'émettre le nouveau papier qui devait remplacer les 160 millions de vieux papier, s'était engagée par serment à ne pas émettre pour plus de 212 millions de florins de ce nouveau papier, le tout en attendant le rétablissement de la circulation métallique. Or, non-seulement la circulation métallique ne fut pas rétablie, mais les 212 millions furent promptement portés à 466. Pour retirer ce papier-monnaie, on se livra à une suite de compensations, de combinaisons avec service d'intérêts énormes (notamment patente du 1er avril 1818), qui pesèrent de plus en plus lourdement sur les finances. Ces retraits s'opéraient à l'aide d'emprunts avec primes, loteries, etc., qui atteignaient à la fin du règne de François le chiffre de 567 millions et demi de florins. En 1816, on fonda la banque de Vienne qu'on dota de priviléges considérables. Ses commencements furent pénibles et sur ses 100,000 actions de 500 florins, 56,621 seulement trouvèrent d'abord preneur. Mais elle ne tarda pas à se développer, si bien qu'en 1840 ses actions valaient 1885 florins. Elle favorisait encore plus l'agiotage que le commerce et l'industrie ; aussi Vienne devient déjà à cette époque la capitale des boursiers, l'Eldorado des spéculateurs. Les loteries d'état, la mise en loterie de nombreuses propriétés foncières stimulaient encore cette ardeur spéculatrice. Gervinus met avec raison à Vienne le point de départ de cette aristocratie d'argent, de cette internationale banquière qui administre comme un domaine l'ensemble de la dette publique européenne et qu'on a vue s'intéresser d'autant plus à l'intégrité de l'Autriche que l'Autriche fournit à ce domaine le plus gros contingent.

Les travaux publics furent passablement favorisés. On ouvrit des canaux en Hongrie et en Lombardie. En 1818 on régularisa le cours du Dniester. En 1821 on abolit les péages et priviléges sur l'Elbe. On construisit les routes célèbres de Stelvio et du Splügen. Mais le commerce et l'industrie étaient paralysés par les lignes de douanes entre les provinces de la monarchie : elles ne furent abolies qu'en 1826 et 1827. La patente sur les douanes de 1810 si rigoureuse ne fut réformée qu'en 1836 : le système prohibitif était appliqué à outrance. Trieste était le seul port qui fît un commerce un peu actif, car Venise n'était pas utilisée, même pour la marine de guerre. En 1833 fut fondée à Trieste par un particulier du Bas-Rhin cette grande société qui reçut le nom de *Lloyd autrichien :* destinée d'abord à procurer aux compagnies d'assurances maritimes les renseignements intéressant le commerce et la navigation à l'aide d'agents entretenus dans tous les ports, elle ouvrit avec toutes les échelles du Levant des lignes de bateaux à vapeur dont la première, celle de Constantinople, fut inaugurée en 1837. Mais on ne fit rien pour mobiliser la propriété foncière. La corvée ou *Robot* était maintenue, sauf une réforme partielle en 1819 dans la Transylvanie. Aussi l'agriculture restait-elle stationnaire. Il y avait moins de bestiaux en 1837 qu'en 1805. Malgré le cadastre qui fut terminé vers la fin du règne de François, la contribution foncière restait énorme. Les marais envahirent la Hongrie.

L'armée, aristocratiquement commandée, offrait le plus parfait spécimen de l'application de l'axiome des Habsbourgs : diviser pour régner. Les régiments hongrois gardaient l'Italie, les régiments italiens la Gallicie, les Polonais l'Autriche, les Autrichiens la Hongrie. Elle devenait ainsi un instrument perfectionné de compression intérieure.

Tel fut l'ensemble du gouvernement autrichien sous les règnes de François Ier et de Ferdinand son successeur. Il pesa surtout sur les deux provinces où l'esprit national était le plus énergique : le royaume Lombard-Vénitien et la Hongrie.

Avant la Révolution, l'Autriche n'avait en Italie que le Milanais séparé de ses états héréditaires par les évêchés libres de Trente et de Brixen et par la république de Venise et la Valteline. Les traités de Vienne lui avaient donné ce magnifique royaume Lombard-Vénitien avec ses cinq millions d'habitants et ses quatre-vingt millions de revenu : entourée de principautés vassales, tenant garnison à Ferrare, à Plaisance et à Comacchio, elle était la maîtresse de la péninsule. Nous avons dit comment était tombé le royaume d'Italie. Dès janvier 1815, la police autrichienne découvrait un complot formé pour la résurrection de ce royaume par le colonel Gasparinetti, les généraux Leschi, Bellotti et Demeister, le professeur Rasori, etc. : il valut à ses auteurs une condamnation à cinq ans de *carcere duro*. Ce fut comme le signal de la réaction à outrance. L'archiduc Antoine, nommé vice-roi et qui montra quelques velléités d'indépendance, fut remplacé par l'archiduc Reinier. Celui-ci resta docile pendant sa vice-royauté de trente ans, ne songeant, comme le disait François lui-même, qu'à faire de l'argent. Toutes les institutions françaises furent abolies. La parole du comte Lasansky : « Il faut germaniser l'Italie » fut suivie à la lettre. On rétablit les cours spéciales. Le clergé et les moines furent réintégrés dans leurs biens et privilèges, la franc-maçonnerie supprimée, la noblesse remise en honneur, la conscription établie, la taxe personnelle exigée avec une impitoyable rigueur; rien ne manqua au programme. Mais ce fut surtout la police qu'on poussa pour ainsi dire à l'état aigu. Un immense réseau d'espionnage enlaça non-seulement les indigènes, mais encore les étrangers, même les ambassadeurs et les consuls. A Milan, Strassoldo succédait au comte Franz de Saurau soupçonné de libéralisme. On découvrit ou on inventa la ligue Guelfe contre les Teutons, Gaulois et Hyperboréens (1817), les complots de Carbonari, etc. Tous les mouchards se surveillaient mutuellement : le grand policier, le Tyrolien Torresani, était surveillé par Brambilla qu'espionnait Malavasi. Sous eux tracassaient, dénonçaient les Pachta, les Bolza, les Villata, les Ragazzi. La lecture de l'ordonnance de 1826, code des hommes de police, plonge dans la stupéfaction. Les merveilleux tableaux de Beyle dans la *Chartreuse de Parme* sont au-dessous de la réalité. Les nobles lombards, qui avaient favorisé la chute de la domination napoléonienne, réclamèrent vainement : eux-mêmes, les Confalioneri, les Porro, les Arrivabene, étaient promis aux cachots du Spielberg. Contre la *Bibliothèque italienne*, revue austro-milanaise, Silvio Pellico fonda le *Conciliateur* (1818), où il eut pour collaborateurs Roma gnosi, Confalonieri, Leopardi, et qui fut interdit au bout d'une année.

Même système et même compression en Hongrie. Là aussi la police que dirigeait de Vienne Seldnitzky comprimait tout mouvement. Les fonctionnaires électifs des comitats étaient de plus en plus remplacés par des fonctionnaires à la nomination du gouvernement : on choisissait pour comte suprême ou grand *Ispan* l'homme le plus dévoué au pouvoir central. Plus de diètes ! l'empereur répond en 1820 aux réclamations du comitat de Pesth « que le monde entier, pris de folie, cherche des constitutions imaginaires (*totus mundus stultizat et imaginarias quærit constitutiones*). » Les commissaires royaux enrôlaient les hommes et levaient les impôts au mépris de la constitution. Mais déjà grandissaient les Széchenyi, les Deak, les Nagy, les Wesselenyi dont les efforts et l'éloquence allaient amener la renaissance hongroise.

Pour maintenir ses provinces dans ce stabilisme absolu, dans cette stagnation suprême, l'Autriche avait besoin qu'il en fût de même au dehors. Nous allons la voir se développer dans ce rôle de gendarme de l'ordre européen, tant en Allemagne et en Italie où le contact était plus direct, que dans le reste de l'Europe.

Le 26 septembre 1815, Alexandre, François et Frédéric-Guillaume signèrent la Sainte-Alliance, pacte dont ils avaient discuté, arrêté et rédigé en personne les articles, sous l'inspiration d'Alexandre, inspiré lui-même par la mystique madame de Krüdner. Le texte complet en fut publié pour la première fois le 2 février 1816 dans le journal de Francfort. Cet attendrissant programme avait surtout pour but de faire prévaloir les principes du droit divin et du pouvoir absolu à l'aide d'une assurance mutuelle entre souverains. S'ils s'envisageaient « comme délégués par la Providence pour gouverner trois branches d'une même famille », c'était principalement pour maintenir ces trois branches dans l'unité d'une même oppression. On appliqua d'abord ces principes à l'Allemagne toute frémissante encore du grand réveil de 1813.

La Diète germanique, malgré sa constitution vicieuse, aurait pu donner de l'unité à ces revendications des peuples déçus dans leurs espérances de réforme et de vie nationale. Metternich y mit bon ordre. Dès le 5 novembre 1816, jour de sa première réunion sous la présidence du représentant autrichien, comte de Buol-Schauenstein (auquel succéda, en 1823, le baron de Munch-Billinghausen), Metternich s'attacha à rendre inutile le nouvel organe et à le diviser dans son action. Avec un art infatigable, il y étouffa les affaires communes sous le poids des affaires particulières. La Diète n'osa voter que la confédération serait représentée par des ambassadeurs. Elle renonça à instituer un tribunal fédéral permanent, ne put aboutir à faire une loi sur la presse et renvoya les pétitionnaires qui s'adressaient à elle à leurs gouvernements respectifs. Ses délibérations étaient entravées par la disposition qui voulait qu'il y eût unanimité sur les questions graves :

on déclarait le 20 décembre 1819 que cette unanimité ne se produisant pas, « il fallait attendre le moment favorable ». Les séances secrètes se multipliaient et depuis 1820 les vacances devinrent de plus en plus fréquentes. Metternich avait réussi à fausser et à stériliser l'institution.

L'Allemagne, se voyant encore trompée de ce côté, parut vouloir agir par elle-même. Le 18 octobre 1817, cinq cents étudiants d'Iéna, de Halle et de Leipsig et quelques professeurs se réunirent à la Wartbourg, le vieux château où Luther s'était battu avec le diable trois cents ans avant. Ils s'y grisèrent de discours innocents, brûlèrent quelques écrits réactionnaires et firent flotter le drapeau national rouge, noir et or. Metternich épouvanté envoya Zichy faire une enquête à Weimar et à Iéna sur ces saturnales. La révolution allait-elle renaître en deçà du Rhin ? Déjà Nassau et Saxe Weimar avaient eu la faiblesse de donner une constitution à leurs sujets. La Prusse, dès le 22 mai 1815, avait promis une charte et des états provinciaux. Il n'était que temps d'éteindre l'incendie. Metternich, qui avait rallié à sa politique le grand chancelier Hardenberg, ne cessa, avec son concours, de présenter à Frédéric Guillaume III les plus effrayants tableaux de la démocratie débordante. Alexandre de Russie, venant à la rescousse, fit écrire par un de ses jeunes diplomates, Stourdza, un mémoire « sur l'état actuel de l'Allemagne » où les mêmes dangers étaient signalés. Gentz, au signal du ministre autrichien, brandit sa plume alarmée et alarmiste contre la manie constitutionnelle des gouvernements du sud. Un événement inattendu précipita les choses. Le 23 mars 1819, l'étudiant Karl Sand assassina à Manheim l'espion russe Kotzebue. Le 1er juillet suivant, un jeune pharmacien, Karl Loehning, tenta d'assassiner à Schwalbach Von Ibell, le coryphée de la réaction dans le Nassau. Les gouvernements furent pris de terreur et crurent à l'existence d'une Sainte Wehme au sein des sociétés secrètes. Dans une entrevue à Tœplitz avec le roi de Prusse et Hardenberg, Metternich acheva de ramener le successeur du grand Frédéric dans le système autrichien. La Prusse, centre d'attraction du protestantisme, espoir des patriotes allemands, manquait une fois de plus l'occasion de se poser devant sa rivale et d'ébranler à son profit le dualisme.

En août 1819, François et Frédéric Guillaume, assistés de plusieurs adhérents à la sainte alliance et de leurs ministres, se réunirent à Carlsbad en Bohême. On prépara en secret les mesures anti-révolutionnaires destinées à être proposées à la diète pour être converties en lois fédérales et qui, selon l'heureuse expression d'un historien allemand, donnaient pour ainsi dire une formule autrichienne à toute la vie publique de l'Allemagne. Les gouvernements devaient s'engager à surveiller les étudiants pour qu'ils ne formassent pas de sociétés secrètes et les professeurs pour qu'ils ne propageassent pas de dangereuses doctrines. Les journaux et écrits périodiques et les ouvrages de moins de vingt feuilles d'impression étaient astreints à la censure préalable pendant cinq ans. La diète était autorisée à faire saisir et à supprimer d'office tout écrit estimé capable de troubler la paix publique en Allemagne. Enfin on instituait une commission centrale d'enquête composée des représentants de l'Autriche, de la Prusse, de la Bavière, du Hanovre, de Bade, de Hesse-Darmstadt et de Nassau, chargée de rechercher et de poursuivre tous les affiliés aux sociétés secrètes. On n'a eu qu'en 1844 le texte complet de ces résolutions et on put y admirer une sorte de post-face où l'absolutisme formulait toute une homélie contre l'esprit d'innovation et de recherche. Les résolutions furent aussitôt transformées en lois féodales par la diète. Un chargé de pouvoirs, surveillant de la doctrine et de la conduite, fut établi auprès de chaque université. La commission d'enquête, vraie inquisition d'état, s'établit à Mayence. Stein et Niebuhr protestèrent. Le ministre prussien Humbold qui tenta de s'opposer fut éloigné par l'influence autrichienne. Mais cette influence ne put empêcher le petit Wurtemberg de faire sa constitution (22 septembre 1819), à l'imitation de la Bavière (26 mai 1818) et du grand-duché de Bade (22 août 1818), voie où ne tarda pas à le suivre la Hesse Darmstadt (1820). L'*acte final* du congrès de Vienne, promulgué par la diète le 15 mai 1820, compléta dignement les résolutions de Carlsbad. Les articles 57 et 58 déclarèrent que les constitutions ne pouvaient porter atteinte aux pouvoirs de la souveraineté qui « restent réunis dans le chef suprême du gouvernement » et que la publicité des débats des chambres devait être bornée de façon à ne pas mettre en péril la tranquillité de l'Allemagne. Les articles 15 et 16 reconnaissaient le droit d'intervention dans le cas de révolte intérieure menaçant la sécurité des autres états : ces dispositions supprimaient l'indépendance des petits états et donnaient la police de l'Allemagne à l'Autriche et à la Prusse.

On avait éteint l'incendie dans le monde germanique, mais il se réveillait plus intense dans le monde latin. L'Amérique espagnole se soulevait contre la domination de la métropole. Le 1er janvier 1820, Riego avait proclamé dans l'île de Léon la constitution des Cortès et donné le signal de la révolution d'Espagne. Cette révolution elle même avait suscité au mois de juillet suivant la révolution de Naples dont Guillaume Pepé se faisait le chef militaire. Le roi de Naples et son fils, le duc de Calabre, vicaire-général, prêtèrent serment à une constitution à l'espagnole et convoquèrent un parlement. Le Lombard Vénitien frémissant, travaillé par la charbonnerie, se tourna vers le Piémont où un membre de la famille royale, le prince de Savoie-Carignan (qui fut plus tard Charles Albert), paraissait rallié aux idées nouvelles. Les principautés danubiennes s'agitaient. Un vent de démagogie semblait souffler de Valparaiso à Bucharest et, chose grave qui effrayait plus que les autres la sainte alliance, l'élément militaire entrait en scène et appuyait les révolutions de ses baïonnettes : il fallut aviser au plus vite.

Dès le 4 février 1820, le Czar proclama le principe d'intervention au nom de la garantie mutuelle des souverains, principe qui fut encore plus énergiquement posé dans une dépêche du 3 mars adressée au comte de Lieven. Metternich déploya une furieuse activité : il concentra des troupes dans la Lombardie, lança la police sur toutes les pistes et fit arrêter par fournées nombre de patriotes, Munari, Oroboni, Villa, Maroncelli, et, le 13 octobre, Silvio Pellico. Le Czar proposa un congrès de princes qui s'ouvrit à Troppau en Silésie, malgré les protestations du ministre anglais Castlereagh contre le nouveau Pilnitz. Un protocole fut dressé le 19 novembre et une circulaire au nom de l'Autriche, de la Russie et de la Prusse, adressée le 8 décembre à toutes les puissances. La sainte alliance y était renouvelée sous le nom de : « centre de l'union des états européens », et le principe d'intervention établi « contre la rébellion et *la crise des sujets.* » On annonçait en même temps que le congrès serait transféré à Laybach en Carniole pour permettre au roi de Naples de s'y présenter. Les petits états allemands tremblèrent et la Bavière, le Wurtemberg et Bade songèrent un instant à un contre-congrès à Würzbourg. Tout en refusant de prendre part aux délibérations de Laybach comme à celles de Troppau, Castlereagh n'en laissait pas moins, par sa note du 19 janvier 1821, à l'extrême indignation des whigs, carte blanche à la coalition. Le congrès s'ouvrit à Laybach le 26 janvier. Le premier acte du roi de Naples fut d'y violer joyeusement son serment constitutionnel et d'adresser à ses sujets une sommation de rentrer dans le devoir. Le 5 février, le général Frimont franchit le Pô à la tête de quarante mille Autrichiens, précédé d'un manifeste annonçant que, s'il le fallait, l'empereur de Russie joindrait ses guerriers à ceux de son frère d'Autriche.

A cette nouvelle, l'insurrection, depuis longtemps préparée, éclata dans le Piémont, à Alexandrie, à Asti, à Pignerol, dirigée par les comtes Palma, Lisio et Santa-Rosa et avec la connivence hésitante du prince de Carignan, dont la sœur avait épousé le vice-roi Reinier. Turin tomba aux mains des révoltés qui sommèrent le roi Victor-Emmanuel d'accepter la constitution. Celui-ci aima mieux abdiquer en faveur de son frère Charles-Félix dévoué aux Autrichiens. Le prince de Carignan prit la régence, proclama la constitution et institua une junte. Mais arrivèrent de Naples des nouvelles déplorables. Le Parlement n'avait rien su faire et Pepé avait vu son armée s'enfuir à Rieti au premier choc de l'avant-garde autrichienne (7 mars 1821). L'armée de Carascosa n'eut pas meilleure attitude et les Autrichiens marchèrent librement sur Naples où le Parlement se dispersa après une vaine protestation et où ils entrèrent le 23 mars. « Si la nouvelle de cette défaite sans luttes se confirme, s'écria Thomas Moore, le macaroni a perdu toute vertu ! » Le prince de Carignan se démit de la régence dès le 21 mars et se sauva dans le camp autrichien. Les deux révolutions n'avaient su se prêter aucun appui mutuel. L'armée austro-piémontaise commandée par Latour et par Bubna défit à Novare le 9 avril l'armée constitutionnelle, à ce même Novare où le même prince de Carignan, devenu le roi Charles-Albert, devait, vingt sept ans plus tard, perdre sa couronne sous le choc des armes autrichiennes. Le 18 avril Turin ouvrit ses portes. En vertu d'une convention du 24 juillet 1821, 12,000 Autrichiens occupèrent le Piémont et 42,000 autres les Deux-Siciles. « Voilà ce que c'est qu'une révolution qu'on prend à temps, » dit triomphalement Metternich au Czar. Les puissances réunies à Laybach décourageaient en même temps la révolution grecque d'Ypsilanti dans les principautés danubiennes, et celui-ci, réfugié en Transylvanie, était jeté par l'Autriche dans une dure captivité de six ans et demi qu'il subit à Moungacz et à Theresienstadt. Le 12 mai, le congrès de Laybach se sépara après avoir publié une hautaine déclaration due à la plume de Pozzo di Borgo.

Le succès encourage. Troppau et Laybach avaient si bien réussi qu'on songea à un nouveau congrès. Metternich désirait même que l'institution de ces congrès devînt régulière et que la Sainte-Alliance tînt périodiquement ces assises de l'absolutisme, dont les armées du Nord feraient exécuter les décrets dans toute l'Europe. A la suite de conférences préparatoires tenues à Vienne par les ministres, Vérone fut désigné comme lieu de réunion du congrès qui s'ouvrit en octobre 1822. Le Czar, l'empereur d'Autriche, le roi de Prusse, les rois des Deux-Siciles et de Sardaigne, les petits princes italiens y assistèrent, ainsi que Metternich, Wellington, Nesselrode, Hardenberg, Bernstorf, Pozzo di Borgo ; la France y était représentée par le duc de Montmorency et par le vicomte de Châteaubriand. Le baron de Rothschild y jouait, du haut de ses millions, un rôle important. Metternich conduisait tout et Gentz tenait la plume. On devait d'abord s'occuper des affaires italiennes, mais celles d'Espagne prirent la place principale. Metternich s'efforça d'éviter une action séparée de la France dans ces affaires et tenta de substituer l'offensive européenne à celle des armées de Louis XVIII. Mais il céda et la France eut l'honneur d'être autorisée à se faire le gendarme de la Sainte-Alliance contre la révolution espagnole. Le grand chancelier de l'empire des Habsbourgs rayonnait : non-seulement François, mais le Czar et Frédéric-Guillaume subissaient son influence : il avait pu renverser Humbold à Berlin et Kapodistrias à Saint-Pétersbourg et il espérait renverser Canning à Londres. Il entassait mémoires sur mémoires pour formuler la théorie de plus en plus complète du droit divin et de la politique d'intervention. Il signalait à l'indignation des souverains du congrès les constitutions « démocratiques et quasi révolutionnaires » accordées par les gouvernements de l'Allemagne du Sud, notamment par le Wurtemberg. Ce fut même à son instigation qu'à Mittenwald le Czar adressa de violents reproches sur ses concessions au roi de Wurtemberg, qui répondit par une dépêche si insultante pour la Sainte-Alliance (janvier 1823) qu'il fut question de le mettre au ban de l'empire. Metternich — et par conséquent l'Autriche — se montrait ainsi l'âme de la réaction universelle et se voyait sur le point d'imposer à l'Allemagne et à l'Europe entière le régime de force et de silence qu'elle imposait elle-même à ses sujets. La Prusse protestante, la Prusse espoir des patriotes, désertant son rôle, gravitait humblement dans l'orbite de la grande puissance catholico-latine.

Le congrès de Vérone décida le 2 décembre 1822 l'évacuation du Piémont par les Autrichiens. Le 13 décembre, il recommanda aux princes italiens par une note « de travailler à la formation d'esprits tranquilles. » L'effectif du corps d'occupation de Naples fut réduit. Le congrès s'occupa accessoirement du litige entre la Russie et la Turquie et fit présenter au sultan par l'ambassadeur anglais lord Strangfort un ultimatum où était réclamée l'exécution exacte du traité de Bucharest en 1812. Mais il refusa de recevoir les députés des Grecs insurgés débarqués à Ancône.

Cette série de congrès, après avoir comprimé les mouvements constitutionnels des deux péninsules, donna naturellement le signal de ces réactions sanglantes familières aux conservateurs, quand leur première peur est calmée et pendant lesquelles ils se livrent patiemment et froidement à une suite de quatre-vingt-treize perfectionnés. Sous les inspirations de l'Autriche, le sang coula à flots dans le Piémont où tous les chefs du mouvement dont on put s'emparer portèrent leur tête sur l'échafaud. La défection du prince de Carignan n'empêcha pas Metternich de chercher, dans des négociations qui n'ont jamais été bien élucidées, à lui enlever son droit de succession. A Naples, la répression dirigée par ce bourreau qui a nom Canosa, prit des proportions insensées. Seize mille individus furent en quelques jours jetés dans les prisons. Un an après, en 1822, on pendait et on exécutait encore, car il est à remarquer que les rancunes du despotisme durent volontiers. L'Autriche elle-même fut obligée de faire des représentations à Ferdinand.

Elle avait d'ailleurs pour son compte institué à Milan une commission chargée de rechercher les rapports qui avaient existé entre les conspirateurs piémontais et les conspirateurs lombards. Les patriotes arrêtés furent livrés à un tribunal extraordinaire siégeant à Venise et qui, neuf et dix mois après les événements, les condamna à mort, peine qui fut commuée en *carcere duro* à perpétuité ou à temps (Confalioneri à perpétuité, Maroncelli à vingt ans, Silvio Pellico à quinze, etc.). Le Spielberg, la sinistre forteresse voisine de Brünn en Moravie, reçut ces fils de l'Italie, après une exposition publique subie à Venise. Le livre de Pellico, ce livre dont on admirerait la résignation si elle n'allait pas si souvent jusqu'à la lâcheté, a appris au monde quel traitement ils y subirent. Couchés sur la planche, les fers aux pieds, subissant trois perquisitions par jour, ne se promenant qu'une heure entre deux soldats le fusil à l'épaule, ils souffraient les tourments de la faim et de l'isolement absolu, privés de toutes nouvelles du monde extérieur. L'un d'eux, Villa, mourut littéralement de faim. Oroboni le suivit de près. Maroncelli dut subir l'amputation d'une jambe. L'empereur François se faisait rendre un compte minutieux de l'existence des prisonniers, contrôlait les rapports sur des plans de chaque cachot et tenait la main aux rigueurs ingénieuses et multipliées, ce qui n'empêche pas une foule d'historiens d'assurer que c'était un excellent homme, un père non-seulement pour sa famille, mais pour ses fortunés sujets.

La police fut encore perfectionnée et multiplia ses espions et ses sbires sur toute la surface de la Lombardo-Vénétie. Chacun apprit à se méfier de son voisin ; les hommes influents reçurent défense de voyager. La bureaucratie devint plus tracassière et accomplit ce miracle de se surpasser elle même. Les princes italiens méritèrent les félicitations de l'Autriche en se surpassant aussi eux-mêmes. La palme appartint au pape Léon XII qui, flanqué des cardinaux Pallotta et Rivarola, pendit, guillotina, fusilla et envoya aux galères ses sujets avec une grandiose prodigalité. Ainsi, à Faenza, en un an à peine, son Éminence Rivarola condamna cinq cent huit personnes, dont deux prêtres et trente huit militaires.

Metternich, mis en goût et qui avait obtenu de la diète la prolongation des lois fédérales et la restriction de la publicité des débats parlementaires, fit en mars 1825 un voyage à Paris auquel on donna pour objet une demande de suppression de la tribune française. Un des plus éclatants orateurs de cette tribune, le général Foy, se fit même l'écho de ces craintes mal réfutées par le président du Conseil. Metternich voulait aussi obtenir l'adhésion de la France à l'idée d'un nouveau congrès à Milan où l'on examinerait les affaires d'Italie, de Grèce et des colonies espagnoles. Il échoua. Pour s'en consoler, François fit la même année, avec toute sa famille, un solennel voyage en Italie. Il fut reçu le 9 mai à Milan par les princes italiens, et séjourna à Venise du 26 juillet au 11 août, mais la Lombardo-Vénétie ne retira aucun bénéfice de sa présence.

Avant d'aborder les affaires de Hongrie, nous continuerons de suivre dans ses diverses manifestations la politique extérieure de l'Autriche, tant dans les affaires d'Orient que dans celles d'Allemagne, d'Italie et de l'Europe occidentale.

Malgré son intimité avec la Russie, l'Autriche avait un intérêt trop direct aux affaires turques pour ne pas suivre avec vigilance les relations de la Russie et de la Porte. Par le traité de Bucharest du 28 mai 1812, la Porte avait cédé à la Russie toute la portion de la Moldavie au-delà du Pruth et la Bessarabie. L'insurrection grecque d'Ypsilanti en Moldavie, bien que vivement désavouée par le Czar, n'en fut pas moins crue inspirée par la Russie, et le soulèvement général de la Grèce en 1821 attribué pour une bonne part à la même influence. La Russie avait en effet tout intérêt à affaiblir la Turquie pour hâter son morcellement et s'ouvrir cette Méditerranée tant convoitée. Les inquiétudes de l'Autriche étaient vivement éveillées. Aussi, quand une nouvelle guerre menaça d'éclater entre les Turcs et les Russes, elle s'empressa d'interposer ses bons offices. Alexandre et François traitèrent la question ensemble à l'entrevue de Czernovich (octobre 1823) et MM. de Nesselrode et de Metternich eurent de longues conférences à Lemberg. Les Turcs consentirent à évacuer la Moldo-Valachie, Alexandre sacrifia les Grecs, et l'Autriche put s'applaudir du succès de ses efforts. Les deux ennemis se réconcilièrent même trop au gré de la diplomatie autrichienne, car la convention d'Akjerman signée entre la Porte et la Russie le 6 octobre 1826 donnait de grands avantages à la Russie : on lui concédait la libre navigation de la mer Noire. La Moldo-Valachie et la Servie, réorganisées, étaient placées sous son influence. A Alexandre mort en 1825, avait succédé Nicolas, beaucoup moins maniable et sur lequel Metternich n'avait aucune action. Le nouveau czar favorisa l'insurrection grecque et parvint à rallier à lui la France où les sympathies philhellènes étaient si vives et, chose plus difficile, l'Angleterre qui était partagée entre son désir de protéger la Grèce et celui de ne pas trop affaiblir la Turquie. Metternich n'en montra que plus d'aversion pour la cause des Grecs. Il fut surpris par le traité du 6 juillet 1827 entre la Russie, l'Angleterre et la France, qui stipulait l'indépendance de la Grèce et qui eut pour corollaire cette bataille de Navarin où la flotte ottomane succomba. Ce fut bien pire quand la Russie, l'année suivante, se fondant sur ce que la Porte n'exécutait pas les conditions de la convention d'Akjerman, fit passer le Pruth à son armée. La guerre aboutit à la paix signée le 14 septembre 1829 à Andrinople. Cette paix donnait les embouchures du Danube à la Russie, régularisait avantageusement ses frontières et lui permettait le libre commerce de la mer Noire et de la Méditerranée. La Serbie, la Moldavie, la Valachie reçurent des constitutions indépendantes garanties et protégées par la Russie. L'indépendance de la Grèce fut reconnue. Désormais la Russie allait avoir le rôle prépondérant dans la question d'Orient ouverte en toute sa grandeur ; les flots du panslavisme battaient les frontières de l'Autriche. Aussi, malgré le savoir-faire de Metternich, l'alliance si intime des cours du Nord ne subsista plus qu'avec des intermittences et seulement quand un grand intérêt commun les réunissait.

CHAPITRE IV

La révolution de 1830. — Insurrection des Romagnes. — Insurrection de Pologne. — Agitation en Allemagne. — Résolutions de Vienne. — Hongrie : Diète de 1825 et renaissance. Diète de 1832. — Mort de François. — Ferdinand I*er*. — Les Bandiera. — Pie IX. — Affaires turques de 1840. — Événements de Gallicie. — Cracovie.

La révolution de 1830, qui amenait à sa suite celles de Belgique et de Pologne, sans exercer d'influence dans l'intérieur même de l'Autriche, lui inspira des craintes violentes pour l'Italie et pour la Gallicie. Des 360,000 hommes de son armée, elle en envoya 80,000 en Italie et 40,000 aux frontières de la Pologne russe.

Charles-Albert était monté sur le trône de Piémont, Ferdinand II sur celui de Naples; Grégoire XVI occupait le Saint-Siége. L'insurrection italienne, pleine d'espoir dans le concours du gouvernement français, éclata le 3 février 1831 à Modène, le 4 à Bologne et dans les Légations, le 10 à Parme que Marie-Louise dut abandonner, le 17 à Ancône. L'Ombrie suivit le mouvement. Le 4 mars, les députés de toutes les villes soulevées se réunirent à Bologne et proclamèrent le *Statut constitutionnel provisoire* des provinces unies italiennes. Mais ce trop sage gouvernement révolutionnaire, craignant de donner un prétexte d'invasion aux Autrichiens, comme si les Autrichiens ne devaient pas envahir quand même, défendit la propagande en Lombardie-Vénétie. En même temps Louis-Philippe, uniquement préoccupé d'entrer dans ce qu'on appelait le concert européen, faisait disperser les rassemblements de réfugiés qui menaçaient la Savoie et empêchait Pepe de s'embarquer pour Naples. Les Autrichiens avaient le champ libre : du 1er au 3 mars, ils passèrent le Pô sous le commandement de Frimont et les Modénais, écrasés le 5 à Novi, furent livrés à l'effroyable réaction de leur duc. Le 10 mars ils entrèrent à Bologne et battirent à Rimini l'arrière-garde de l'armée du gouvernement, dont les membres s'étaient réfugiés à Ancône. Ceux ci signèrent avec le cardinal Benvenuti une capitulation que les Autrichiens s'empressèrent de violer, et au mépris de laquelle ils capturèrent le bâtiment l'*Isola* qui portait les réfugiés d'Ancône : on les jeta sous les plombs de Venise. Le gouvernement pontifical se livra à une telle fureur de vengeance que les cinq puissances, sur l'initiative de la France, lui adressèrent un Memorandum. Il fit des promesses, mais après le départ en juillet des troupes autrichiennes, il redoubla et força de nouveau à se soulever ses malheureux sujets qu'il massacra à Césène, à Forli et à Ravenne (1832). Les Autrichiens en prirent occasion de réoccuper Bologne (28 janvier). Le gouvernement français leur riposta en prenant et en occupant Ancône (22 février) qu'il garda jusqu'en 1838.

Le seul résultat de l'insurrection des Romagnes fut un redoublement d'oppression pour les malheureux Lombards-Vénitiens. On remplit de troupes leur pays ainsi que le Tyrol. On défendit la représentation des pièces les plus innocentes. On interdit aux paysans le port des faulx, faucilles et serpes. François rétablit une disposition proscrite par Marie-Thérèse et par Joseph, à savoir que la preuve par simple indice suffisait à former preuve légale et à justifier la peine de mort. Les conspirateurs italiens, abandonnant alors le stérile libéralisme constitutionnel des carbonari, ne virent plus de salut que dans la République. Mazzini fonda à Marseille en 1832, aidé de quelques réfugiés, le journal la *Jeune Italie*, qui prêchait l'unité républicaine de l'Italie avec la confuse devise : Dieu et le Peuple. Le journal était doublé de deux sociétés secrètes : la *Jeune Italie* et la *Jeune Europe*. En 1834 le moment parut favorable à Mazzini pour un soulèvement général. L'année précédente, la féroce répression des complots tramés par les fils du général Roussaroll et par le chevalier Ricci, qui avait fait couler des flots de sang à Naples, en Piémont, à Modène et de nouveau peuplé le Spielberg, avait laissé les esprits exaspérés. Mazzini et Ramorino partirent de Genève pour essayer de soulever la Savoie et le Piémont. A Annemasse, ils n'avaient pu réunir encore que huit cents hommes. Ramorino s'enfuit, la petite bande fut écrasée, et Mazzini parvint à regagner, au milieu de mille périls, la Suisse, qu'il fut obligé de quitter pour l'Angleterre sur les réclamations de l'Autriche. Le Piémont gravitait alors complétement dans l'orbite des Habsbourg. En janvier 1831, l'héritier présomptif d'Autriche avait épousé Marie-Anne, sœur du roi de Sardaigne Charles-Félix.

L'insurrection de Pologne éclata à Varsovie le 29 novembre 1830. On sait comment l'aristocratie, qui prit d'abord la direction des affaires dans la personne des Czartoryski, des Lubecki et des Chlopicki, fit perdre un temps irréparable en négociations avec Nicolas dont le seul effet fut de permettre à la Russie, d'abord surprise, de s'armer. On sait aussi comment, malgré des miracles de bravoure et d'enthousiasme, les divisions des partis, les brusques changements de commandement, l'esprit de caste amenèrent la défaite de l'insurrection, et le 8 septembre 1831 la capitulation de Varsovie, où les Russes « firent régner l'ordre ». L'Autriche, pendant toute la durée de l'insurrection, affecta de garder une exacte neutralité. Elle établit aux frontières galliciennes un cordon militaire pour empêcher toute exportation de munitions et d'armes. Quand, le 17 avril, Dwernicki, cerné par le Russe Rudiger, se réfugia en Gallicie dans l'espoir qu'on lui permettrait de rentrer en Pologne avec ses troupes, l'Autriche fit désarmer sa division, l'envoya prisonnière de guerre en Hongrie et l'interna lui-même à Laybach : mais elle permit à une division russe, qui se trouva dans le même cas, de rentrer en Pologne. Après la victoire, cette prétendue neutralité s'accusa de moins en moins. L'Autriche souffrit que Nicolas portât un des premiers coups aux traités de Vienne en abolissant la constitution qu'ils garantissaient à la Pologne, et sans plus protester contre les impitoyables vengeances de Nicolas que contre les mesures qui russifiaient le malheureux pays, elle consentit à l'occupation de la ville de Cracovie par Rudiger et prit part, avec la Prusse, aux négociations qui modifièrent la constitution de l'humble république. Les trois souverains du Nord signèrent même en 1833 un traité par lequel ils s'engageaient à se livrer réciproquement ceux de leurs sujets accusés de haute trahison, de lèse-majesté, de révolte à main armée ou de complot contre la sûreté du trône et de l'État.

Les révolutions secondaires déchaînées par le mouvement de 1830 étaient donc écrasées en Italie et en Pologne. L'Autriche veilla à ce qu'il n'y eût même pas un commencement d'incendie en Allemagne. La fermentation des esprits y était extrême. L'association connue sous le nom de *Burschenschaft* et les *Burschenschaften* locales semblaient préparer un mouvement et travaillaient vigoureusement les universités, à l'exception de la sage université de Vienne qui ne se réveilla qu'en 1848, mais qui fut alors si énergique. Les réfugiés polonais sillonnaient le pays; des insurrections avaient éclaté dans la Saxe, le Brunswick et le Hanovre. Certains gouvernements, la Bavière en observant fidèlement le régime constitutionnel, Bade en abolissant la censure, semblaient attiser indirectement le feu. L'Autriche commença par inspirer à la diète le décret du 21 octobre 1830 qui était assez modéré dans la forme : puis quand elle fut convaincue que la royauté de juillet maintenait la France au régime de la paix à tout prix, quand les armées russes eurent définitivement écrasé la révolution polonaise, alors elle fit rendre par la diète les décrets les plus réactionnaires. Le 27 octobre 1831, la diète déclara qu'elle ne souffrirait pas qu'on lui remît des adresses relatives aux intérêts généraux de l'Allemagne, comme étant une atteinte aux droits des souverains. L'année suivante, elle supprima les deux journaux bavarois, la *Tribune allemande* du docteur Wirth et le *Messager de l'ouest* de Siebenpfeiffer. Les deux journalistes furent acquittés et l'un d'eux, le 27 mai 1832, convoqua autour du vieux château de Hambach une assemblée de libéraux et de patriotes allemands qui excita le plus fiévreux enthousiasme. Metternich, épouvanté et aidé d'ailleurs de la Prusse, proposa à la diète et fit voter par elle les fameux décrets du 28 juin 1832, que complétèrent ceux du 5 et 19 juillet. On renouvela les décrets relatifs aux universités : les gouvernements furent invités à surveiller les suspects, indigènes ou étrangers, à se signaler réciproquement les associations, etc.

La sensation fut inexprimable en Europe et ces mesures odieuses flétries en pleine chambre des communes anglaises. Les libéraux exaspérés virent cependant les gouvernements accueillir ces décrets malgré les protestations des chambres basses de chaque état constitutionnel. Quelques-uns des plus exaltés, aidés de quelques réfugiés polonais et de quelques paysans, organisèrent le 3 avril 1833 contre la diète la ridicule échauffourée de Francfort qui ne dura pas une heure en tout et que quelques compagnies de ligne réprimèrent si facilement. La réaction appela pompeusement cette émeute l'*attentat* de Francfort. Des dix-huit cent soixante-sept individus poursuivis par la diète, la plupart ne furent jugés qu'en novembre 1836 et condamnés à une prison perpétuelle. L'Autriche en profita pour appesantir son système sur l'Allemagne. Le 12 janvier 1834 s'ouvrit à Vienne d'accord avec la Prusse une sorte de congrès ministériel, dont les résolutions furent enregistrées par la diète. On établit un tribunal arbitral (*Bundesschiedsgericht*) de première instance destiné à juger les différends entre les gouvernements et leurs chambres, disposition où l'on reconnaît l'ingéniosité de Metternich, car les princes constitutionnels étaient ainsi placés sous la juridiction des deux grandes puissances absolutistes. Les autorités académiques furent privées de leur ancienne juridiction en matière de police. La diète prit d'autres mesures complétant cet ensemble en 1835 et en 1836. Ainsi elle défendit aux ouvriers allemands de voyager dans les états où étaient tolérées des associations politiques. Elle imposa le compte-rendu officiel pour les débats parlementaires; elle déclara que toutes les tentatives contre l'existence, l'intégrité ou la sûreté de la confédération seraient punies, dans chacun des états, comme si elles étaient dirigées contre lui-même et qu'on se livrerait réciproquement les criminels politiques. L'Allemagne voulait l'unité : on lui donnait l'unité de la répression.

Mais la quiétude du gouvernement autrichien, assise sur tant de triomphes de la force et de la diplomatie, était troublée par l'état des esprits en Hongrie. Toutes les autres parties de l'empire restaient calmes et comme endormies sous le régime de compression et de silence de Metternich; les secousses extérieures n'y avaient eu aucune répercussion; mais il n'en était pas de même en Hongrie. La sévère et hautaine allocution que François avait adressée en 1820 à la députation du comitat de Pesth, n'avait pas été prise pour parole d'évangile. Le vivace esprit public des Magyars protestait contre les

actes de la chancellerie hongroise de Vienne et de la
lieutenance royale de Pesth qui faisaient litière des
vieilles libertés et agissaient partout par commissaires
royaux. Il était soutenu d'ailleurs par les sympathies
non dissimulées de l'archiduc Joseph, palatin de Hongrie depuis 1796. François comprit que dans l'état général de l'Europe, il fallait donner quelques satisfactions à ces Magyars qui avaient prodigué sans compter
leur sang et leur or pendant les guerres de l'empire.
Il se décida à convoquer la diète pour le 11 septembre 1825. Il désirait d'ailleurs faire couronner reine de
Hongrie sa quatrième femme Charlotte de Bavière. Cette
cérémonie eut lieu le 25 avec la pompe accoutumée.
L'assemblée offrait une remarquable réunion d'hommes
de haute intelligence et de brillantes facultés oratoires,
Széchenyi, Wesseleny à la chambre haute; Paul Nagy,
Thomas de Ragaly, Jean de Balogh, Étienne de Borsitzky
à la chambre basse, et parmi eux un avocat de vingt-trois ans, élu par le comitat de Zala, François Déak. Les
députés présentèrent la liste de leurs griefs, *gravamina*,
qui consistaient en ces divers points que depuis dix ans
on avait perçu les impôts et opéré les levées sans le
consentement de la diète ; qu'au lieu de convoquer
périodiquement la diète, on avait déclaré que cette convocation dépendait uniquement des circonstances du
temps et des besoins du gouvernement ; que les commissaires royaux s'étaient livrés à d'innombrables abus
de pouvoirs dont on énumérait les principaux. Ils demandèrent la convocation de la diète tous les trois ans,
la publicité des débats et l'exécution des articles 10, 12
et 19 de la diète de 1791. François fit une réponse très-hautaine et très-dure à ces réclamations et repartit
pour Vienne en laissant la diète fort irritée. Le palatin
offrit sa médiation et obtint de l'empereur un rescrit
plus modéré. La diète, après d'orageux débats où se
signalèrent les orateurs que nous avons nommés, adopta
le 20 janvier 1826 une adresse où elle maintenait toutes

ses prétentions. Le rescrit impérial du 9 avril admit une partie des demandes, mais rejeta les plus essentielles : il maintint surtout le latin comme langue officielle et la censure royale pour les débats législatifs. Il y eut d'ailleurs dissentiment entre la chambre haute et la chambre basse sur la question de savoir si les biens-fonds de paysans possédés par des nobles devaient être soumis à l'impôt. Les magnats en effet tenaient à leurs priviléges et le peuple lui-même n'était pas éloigné de voir dans ces institutions féodales et dans ces criants priviléges le palladium de ses vieilles libertés. En somme, quand la diète fut close le 18 août 1827, elle avait obtenu gain de cause relativement à la reconnaissance absolue de son droit exclusif de voter les impôts et les recrues, les levées de florins et les levées de soldats.

Cette diète de 1825 avait surtout eu pour résultat un prodigieux réveil de l'esprit national. Les élections des comitats s'étaient faites au milieu d'un ardent enthousiasme. Paul Nagy plaida avec véhémence la cause de la langue nationale : il proposa la fondation d'une académie magyare et fit à la générosité des magnats un appel qui fut entendu. Le comte Stéphan Széchenyi, un jeune noble qui avait longtemps séjourné en Angleterre en y étudiant le régime économique et industriel, souscrivit pour soixante mille florins : le grand Magyar, comme on l'appela plus tard, donna aussi le signal de l'esprit d'entreprise et des vastes travaux publics. Mais on ne peut s'empêcher ici de citer les réflexions de l'auteur anonyme du livre sur les Serbes de Hongrie : « Ce qui frappe dans les luttes de cette époque, c'est que la Diète n'emploie jamais d'autre mot que le mot national, chaque fois qu'il s'agit de la langue ou des institutions magyares. Il semble qu'il n'y ait en Hongrie qu'un seul peuple universellement attaché à ce qui est national. On en est presque réduit à douter, s'il existe, à côté de la race privilegiée, des populations qui n'ont rien de commun avec elle. Comment imaginer, quand on lit cette histoire, que ces populations ont une majorité réelle des deux tiers? comment surtout l'étranger ne serait il pas trompé par cet artifice de langage? »

La diète en 1830 consentit à laisser couronner *rex junior* l'archiduc Ferdinand, héritier présomptif de la couronne, et qui, réconcilié avec Metternich auquel il avait fait longtemps de l'opposition selon l'usage de tous les héritiers présomptifs vis à vis des premiers ministres impopulaires, avait été en 1829 déclaré *alter ego* de l'empereur. Mais on s'opposa à toute immixtion de ce *rex junior* dans les affaires du pays. Le mouvement de 1825 ne se ralentissait pas. En 1831 Széchenyi provoqua la fondation d'un théâtre national magyar ; le culte de la langue revêtait un caractère passionné. En même temps Széchenyi prenait l'initiative des grands travaux qui avaient pour but d'ouvrir au commerce de la Hongrie le chemin de Constantinople : pont de Pesth, régularisation du cours de la Theiss, tunnel de Bude, ouverture du défilé danubien des Portes de fer. Mais on peut dire que l'œuvre principale du grand Magyar fut la publication, en langue hongroise, de son fameux livre intitulé : le *Crédit*. C'était l'économie politique moderne faisant une charge à fond de train contre les institutions féodales si chères à ce peuple de la tradition historique, une attaque en règle contre les préjugés gothiques du vieux magyarisme. Les magnats en frémirent et l'un d'eux, le comte Joseph Dessewffy, écrivit une violente réfutation du livre de Széchenyi qui répliqua. Cette polémique brûlante profitait à la langue nationale, car elle était employée dans les attaques, ce qui obligeait à l'employer dans les ripostes.

Les Serbes de leur côté avaient fondé en 1825 la célèbre association littéraire intitulée : *matica srpska* (la reine des abeilles serbes), dont le siége était à Pesth et qui donna son nom aux associations analogues fondées chez les Tchèques, les Croates, les Slovaques, les Slovènes et les Ruthènes. La loi hongroise votée par la diète en 1830 n'en stipula pas moins que les tribunaux inférieurs auraient la faculté de se servir exclusivement du magyar et qu'aucun individu ne serait admis aux fonctions publiques sans justifier de la connaissance du magyar.

Le 20 décembre 1832 s'ouvrit cette diète qui devait durer jusqu'en 1836 et où l'esprit ancien et l'esprit nouveau se livrèrent de si violents combats. La Hongrie avait trois grands problèmes à résoudre pour entrer dans la civilisation moderne : l'affranchissement du sol, la liberté du travail, l'égalité civile. Elle en était encore bien éloignée. Les nobles étaient exempts de tous les impôts, dont le poids était réservé à ce que les lois appelaient dédaigneusement, en une des plus étonnantes expressions qu'ait jamais trouvées le génie féodal, *misera contribuens plebs* (la *vile* multitude contribuante et payante). L'autonomie des comitats, si excellente sous tant de rapports, était entre les mains des nobles. Les seigneurs avaient le droit de limiter le prix des denrées; ils imposaient à leurs vassaux qui avaient des procès le choix d'un avocat. L'ouvrier était enchaîné par les lois de corporation; les non-nobles ne pouvaient ni posséder la propriété foncière ni occuper les emplois publics. Les corvées et les redevances féodales subsistaient sous des formes aussi variées qu'oppressives. Une vente de terres n'était définitive qu'au bout de trente deux ans, car pendant cette période l'héritier du vendeur avait droit de la faire annuler en remboursant le prix d'achat et sans tenir compte des améliorations introduites par le possesseur : c'est ce qu'on appelait l'*aviticité*. Les peines corporelles n'étaient pas supprimées de seigneur à vassal. On croit rêver en trouvant un pareil régime dans un pays européen quarante-trois ans après la révolution française.

Malgré l'opposition de l'aristocratie hongroise, qui aimait d'un égal amour sa liberté politique et ses priviléges seigneuriaux, la diète, au nom des idées de

Széchenyi et sous l'inspiration des Wesseleynyi et des Déak, vota d'importantes réformes sous le nom d'*urbarium*, ainsi qu'on appelait en Autriche les lois et patentes qui réglaient les rapports respectifs des seigneurs et des serfs; cet *urbarium*, sanctionné en 1836, stipulait que les serfs pouvaient, avec le consentement du propriétaire, émigrer d'un village à l'autre et vendre alors à un tiers, qui se substituait à eux, leur maison et la plus-value de leur lot; qu'en cas d'opposition du seigneur, un tribunal composé d'un fonctionnaire du comitat et de deux hommes de loi, prononcerait : que le serf pourrait racheter les impôts et corvées qu'il devait au propriétaire moyennant uns redevance annuelle ; que le seigneur ne pourrait plus faire donner la bastonnade à ses serfs, mais seulement les condamner à un maximum de trois jours de prison : on peut juger à de pareilles réformes ce qu'était l'état de la Hongrie et des nations renfermées dans ses limites. La diète osa même soumettre les nobles au péage sur le pont de Pesth bâti par Széchenyi. Elle vota que les lois seraient publiées en double texte, hongrois et latin, ayant chacun la même valeur officielle.

On remarquait, assis au bas côté de l'assemblée, un jeune homme de trente ans à la physionomie inspirée, aux grands yeux bleus d'où s'échappaient, sous de noirs sourcils arqués, de mystiques regards, à la voix douce et sympathique. Il s'appelait Louis Kossuth et était né à Tjkely, dans le pays des Slovaques. Il figurait à la diète de Presbourg comme mandataire d'un magnat éloigné de la Hongrie. A la recommandation du comte Nicolas Wesselenyi, le parti libéral lui avait confié la rédaction de la *Gazette de la diète*, journal distribué clandestinement pour échapper à la censure royale. On s'en arrachait les exemplaires dans les comitats : jamais on n'avait manié avec tant de clarté et d'élégance la langue magyare. Cette prose alerte et brûlante mettait à la portée de tous les graves questions qui se débattaient dans la diète. La Hongrie était désormais lancée dans les voies de la révolution.

François ne vit pas la fin de la diète hongroise : il mourut le 2 mars 1835 d'une pleurésie. Il avait soixante sept ans et régnait depuis près d'un demi-siècle (quarante-trois ans). Mais, il ne mourait pas tout entier, car le règne de son fils, le malingre Ferdinand Ier, ne devait être qu'une pure et simple prolongation du sien. Avant l'avénement de Ferdinand, on parlait de ses dispositions libérales. Mais à peine sur le trône des Habsbourg, il adressa à Metternich une lettre par laquelle il lui annonçait que rien ne serait changé à la politique intérieure et extérieure de l'empire : il le confirmait dans ses fonctions ainsi que Kolowrath. Il eut, la même année, des entrevues personnelles à Tœplitz, à Prague et à Vienne, avec le Czar et le roi de Prusse, mais la divergence croissante des intérêts des cours du nord tant dans l'Allemagne que dans l'Orient ne permettait pas de renouer la Sainte-Alliance.

L'Italie autrichienne fut un peu moins mal traitée. Ferdinand alla se faire couronner roi de Lombardie le 6 septembre 1838 à Monza et proclama une annistie assez étendue. Il institua une garde noble italienne. Il accorda quelques faveurs aux universités de Padoue et de Pavie. Un joug moins lourd pesa sur la vie intellectuelle de la nation et une assez forte impulsion lui fut imprimée ; mais la police et la bureaucratie continuèrent à étendre leur sombre réseau de Milan à Venise, sur les cinq millions six cent mille Lombards et Vénitiens : les soixante mille soldats qu'ils fournissaient annuellement à leur souverain allaient, loin de leur patrie, surveiller les autres peuples de l'Autriche. Venise, bien que déclarée port franc, ne soutenait pas la lutte avec Trieste et n'exportait que pour vingt et un millions contre les quatre-vingts millions de Trieste. L'Autriche, sous François, n'avait cessé de rêver la constitution d'une confédération italienne dont elle aurait été la présidente, comme elle présidait déjà celle de l'Allemagne. A vrai dire, ses interventions en Piémont, à Naples, dans les États Romains, semblaient indiquer que cette confédération existait en fait avant d'exister en droit : mais elle ne put pas se réaliser. En 1843 il fut un instant question, à défaut d'une confédération, d'un Zollverein italien ; la défiance des autres états de la péninsule le fit abandonner. Si les écoles primaires se multipliaient, on y enseignait, à l'aide de manuels venus de Vienne, que les sujets devaient se considérer comme les *esclaves fidèles* de leur souverain et les enseignements tant secondaire que supérieur n'étaient pas moins surveillés.

C'est dans cette période que Gioberti rêvait la régé ration de l'Italie par le saint-siège converti à la liberté, que Balbo attendait que l'Autriche, dédommagée en Turquie, cédât la Lombardie au Piémont. Mazzini con tinuait à rédiger à l'étranger la *Jeune Italie* et à prêcher l'avénement de la Rome du peuple placée à la tête d'une république unitaire. De temps en temps, quelques explosions avaient lieu dans les Romagnes et à Naples, ces deux pays si effroyablement tyrannisés : elles étaient réprimées d'une façon sanglante. En 1844 Emilio et Attilio Bandiera, fils d'un amiral autrichien, qui avaient conspiré et qui s'étaient réfugiés à Corfou, tentèrent un débarquement en Calabre avec vingt compagnons. Vendus par Boccheciampe, ils furent fusillés sur la place de Cosenza avec sept de leurs amis le 25 juillet 1844, aux cris d'horreur de l'Europe entière.

Le 17 juin 1846, le cardinal Mastaï-Ferretti fut élu pape sous le nom de Pie IX. Dès les premiers jours de son règne, il ouvrit le sillon des réformes, au milieu de l'enthousiasme de l'Italie et des applaudissements de l'Europe. Tous les hommes politiques de l'Italie s'effacèrent avec confiance devant lui. Mais Pie IX, qui croyait pouvoir se borner à d'innocentes réformes, ne soupçonnait pas à quel point le sentiment national, qui couvait depuis si longtemps dans les âmes, allait prendre un irrésistible essor. Quand ce sentiment fit explosion, quand le cri « *fuori i barbari*, dehors les barbares ! » retentit d'un bout de la péninsule à l'autre, quand mille symptômes prouvèrent que l'Italie voulait à la fois la liberté et l'indépendance, des constitutions et l'expulsion de l'Autrichien, Pie IX hésita, louvoya, ne fit plus que de timides concessions. L'Autriche, d'ailleurs, prenait ses mesures. Le 22 juin 1847, elle adressa à Pie IX une note sévère sur sa folie libérale et le 16 juillet, à la nouvelle de la démission du cardinal Gizzi, jugé trop modéré, elle augmenta de douze cents hommes sa garnison de Ferrare, puis occupa la ville entière. La question était posée dans toute son ampleur : personne ne s'y méprit ; l'Autriche ne souffrirait jamais de révolution constitutionnelle dans l'étendue de l'Italie. Le gouvernement français essayait de concilier les deux partis, obtenait d'un côté le retrait des troupes autrichiennes, en blâmant de l'autre la protestation du cardinal Ferretti contre l'occupation de Ferrare. Mais le branle était donné. L'Angleterre excitait le patriotisme italien par l'organe de son ambassadeur, Lord Minto, en se promettant *in petto* de ne dépenser pour la cause italienne ni un homme ni un écu. Léopold de Toscane, Charles Albert de Piémont, devançant Pie IX, accordèrent à leurs peuples des constitutions. Le 3 novembre, leurs ambassadeurs et celui du Saint-Siége signèrent à Turin une sorte d'alliance en vue du progrès économique et industriel, qui préludait à une alliance politique. La succession de Marie Louise (fin novembre) porta au comble la rage des patriotes contre les Autrichiens, car ceux ci, aux termes des traités de 1815, occupèrent Parme et Plaisance et saisirent les villes en litige de Pontremoli et de Pivizzano. Les patriotes auraient voulu que les rois indigènes saisissent cette occasion de chasser l'étranger. Un mouvement, vite étouffé dans le sang, éclata dans les Deux-Siciles. A Milan et à Venise, Nazzari et Manin réclamèrent l'exécution de la patente de 1815 : on se mit à fuir les officiers autrichiens, à huer les soldats et à se priver de fumer le tabac des barbares. Pie IX recula et son fantôme de *consulte*, réuni en novembre 1847, ne satisfit personne.

L'année 1848 s'ouvrit sous ces auspices ; l'Autriche armait et faisait passer une partie de son armée en Lombardo-Vénétie. Le 3 janvier ses dragons sabrèrent des rassemblements dans les rues de Milan. Le 7, sa police arrêtait à Venise Manin et Tommaseo. Le 29 janvier, Ferdinand de Naples, à la suite d'une révolution, était forcé de promettre une constitution qui fut promulguée le 11 février. Les Toscans eurent la leur le 15. L'Autriche prit alors dans ses possessions une attitude menaçante et le feld-maréchal Radetzki adressa à ses troupes une proclamation qui était comme le signal des combats.

Pendant que la domination autrichienne était ainsi menacée en Italie, son influence décroissait rapidement en Allemagne. C'est l'Autriche qui prenait constamment dans la diète l'initiative des mesures réactionnaires, et, bien que la Prusse y adhérât toujours, c'était sur elle que retombaient les malédictions des libéraux. L'opposition entre l'Autriche catholique et la Prusse protestante, entre l'Autriche aussi italienne, aussi slave et aussi magyare que germaine et la Prusse exclusivement allemande, entre l'Autriche isolée du mouvement intellectuel national par ses douanes-chinoises contre toute pensée et la Prusse active patronne du développement littéraire et philosophique, entre l'Autriche enfin confinée dans sa solitude économique et industrielle et la Prusse directrice de ce Zollverein qui depuis 1833 avait englobé vingt états, même la catholique Bavière, et qui, avec ses réunions annuelles et son tarif uniforme, travaillait si efficacement à la formation de l'idée d'unité, l'opposition, disons-nous, s'établisssait d'elle-même dans les esprits. Les événements de 1846 en Pologne et en

Gallicie, que nous raconterons tout à l'heure, ajoutèrent encore à son impopularité. La Bavière, livrée aux jésuites par le ministre d'Abel, montrait en même temps son roi catholique et absolu livré à la domination de la danseuse Lola Montès, domination dont la conséquence fut la sanglante émeute du 10 février 1848 dans les rues de Munich. En 1847 le roi de Prusse, échappant à l'influence de Metternich, avait octroyé une représentation nationale, bien insuffisante sans doute et qui causa une déception égale à l'enthousiasme excité par son annonce, mais qui ne séparait pas moins la politique prussienne de la politique autrichienne si ardemment ennemie des constitutions.

Les affaires européennes de 1840, qui faillirent amener une guerre générale, surexcitèrent encore le sentiment national allemand. C'est de cette époque que date le chant de Becker. Nous avons dit quelle prépondérance le traité d'Andrinople avait assurée à la Russie dans l'Orient, au grand et légitime déplaisir de l'Autriche. Le traité d'Unkiar-Skélessi, conclu à la suite de la protection accordée par le Czar au Sultan contre la première tentative de Méhémet Ali, avait consommé l'entière vassalité de la Turquie vis à vis de la Russie. Le sultan Mahmoud aurait tout sacrifié au désir de se venger de son vassal révolté, Méhémet Ali, et en faisant franchir l'Euphrate à son armée le 21 avril 1839, il donna le signal d'une crise où l'Autriche fut appelée à jouer un rôle important. Ce rôle était tout tracé : protéger la Turquie contre Méhémet Ali qui n'était d'ailleurs aux yeux de Metternich que le parvenu d'une révolution, mais la protéger par un concert européen, de façon à affaiblir l'influence russe si menaçante pour les bouches du Danube. Il fallait de plus mener à bien cette tâche difficile sans compromettre cet équilibre européen dont les hommes d'état autrichiens s'étaient fait si obstinément les conservateurs. Enfin l'Autriche, en tant que puissance du nord et bien que ses intérêts fussent opposés à ceux de la Russie dans la question d'Orient, désirait détruire l'alliance anglo-française.

Le 24 juin Ibrahim-Pacha anéantissait l'armée turque à Nézib. Mahmoud mourait le 1er juillet, laissant l'empire aux mains d'un enfant débile. Quelques jours après Achmet livrait la flotte turque à Méhémet Ali. Sous le poids de ces désastres successifs, la Porte traita avec Méhémet et lui donna ce qu'il demandait : la possession de la Syrie et l'hérédité. M. de Metternich mit le véto européen sur cette convention par la note fameuse du 27 juillet signée des représentants des cinq puissances. La note, rédigée par l'internonce d'Autriche, M. de Sturmer, n'était rien moins que l'annulation du traité d'Unkiar-Skélessi, et l'ambassadeur russe, M. de Boutienef, ne la signa que parce que Metternich lui répondit de l'approbation du Czar. Mais le Czar se plaignit violemment au représentant de l'Autriche près de lui, M. de Ficquelmont, que Metternich se fût porté fort pour lui et une dépêche de M. de Nesselrode à M. de Boutienef désavoua la note du 27 juillet. Ce n'était probablement là qu'une comédie : la dissolution de l'alliance anglo-française était trop précieuse au Czar pour qu'il insistât. M. de Brunnow, envoyé à Londres, conclut le pacte avec l'Angleterre. Metternich, que le mécontentement plus ou moins réel de Nicolas avait rendu plus ou moins réellement malade, entra dans cette intrigue qui devait aboutir à l'isolement de la France. Les cours du nord avaient trop d'intérêt à ce résultat pour que la Russie elle-même ne sacrifiât pas quelque chose du protectorat exclusif qu'elle prétendait sur la Turquie. Après de longues négociations, M. Thiers étant à la tête du ministère français et M. Guizot ambassadeur en Angleterre, fut signé à Londres le 13 juillet 1840, un traité entre l'Autriche, la Russie, l'Angleterre et la Prusse. Les quatre cours stipulaient que Méhémet Ali, déclaré pacha héréditaire d'Égypte, n'aurait que la possession viagère de la partie méridionale du pachalick de Saint-

Jean d'Acre, qu'il restituerait la flotte turque et paierait tribut ; que leurs forces navales le contraindraient à l'exécution de cet arrangement ou protégeraient Constantinople contre ses attaques : de brefs délais lui étaient donnés pour notifier son acceptation.

Toute l'Europe crut à la guerre : Méhémet ne se soumettrait pas, et la France, si outrageusement exclue du concert diplomatique, le soutiendrait. Il n'en fut rien. Napier bombarda Beyrouth le 11 septembre. Louis-Philippe, partisan de la paix à tout prix, laissa tomber le ministère du 1er mars. La Syrie toute entière fut enlevée à Méhémet avec le concours de l'escadre autrichienne, et le 27 décembre 1840, Méhémet, menacé dans Alexandrie, conclut avec Napier une convention qui, le 10 juillet 1841, fut changée en un traité entre les quatre puissances. La France rentra dans le concert européen par le traité du 13 juillet suivant, qui interdisait l'entrée du détroit des Dardanelles à tous vaisseaux de guerre n'ayant pas obtenu l'autorisation du sultan. L'Europe devenait, à la place de la Russie, arbitre de la question d'Orient, et, en somme, les intérêts autrichiens, tant au point de vue des dangers de l'ambition russe qu'à celui de la politique continentale des trois cours du nord, recevaient pleine satisfaction.

Nous devons maintenant dire quelques mots des événements de Gallicie et de l'incorporation de la République de Cracovie. L'organisation politique et sociale de la Pologne autrichienne offrait un étrange phénomène : jamais la maxime des Habsbourg-Lorraine : « diviser pour régner » n'avait été plus singulièrement appliquée. La population se divisait en quatre classes bien distinctes : 1° les *Magnats* ou grands de l'état; 2° l'ordre équestre, gentilshommes ou nobles non titrés, seuls propriétaires fonciers avec les Magnats, et payant 200 fr. de taxe urbaine; 3° la bourgeoisie; 4° les paysans. Il y avait un fantôme de diète qui s'assemblait chaque année sous la présidence d'un commissaire du gouvernement, et qui votait sans discussion les *postulata* ou ordres de l'Empereur concernant les impôts et les levées. La session durait un seul jour ; la diète laissait une députation permanente chargée de surveiller la répartition des impôts.

Le paysan qui ne pouvait pas acquérir de propriétés et qui était, par conséquent, tenancier, fermier à perpétuité, payait son fermage en journées de travail sur la terre du seigneur, en *corvées*. Ce mode, si vicieux, excitait déjà la haine du paysan contre le seigneur et la noblesse polonaise en avait sollicité plusieurs fois elle-même l'abolition, mais le conseil aulique de Vienne ou avait refusé ou avait entouré la substitution des prestations en argent aux prestations en travail de formalités tellement longues et coûteuses, que la réforme devenait impossible. De plus le noble était forcé de remplir les fonctions de percepteur d'impôts et d'agent de recrutement vis-à-vis des paysans, tandis que c'étaient les autorités du cercle, les autorités autrichiennes, qui prononçaient sur les dégrèvements et sur les exemptions. Ainsi les rigueurs et les surtaxes semblaient venir du seigneur, les grâces et les atténuations du paternel gouvernement de Vienne. La noblesse sentait les dangers de cet état de choses et demanda à maintes reprises que la propriété, stérilisée entre ses mains, fût rendue accessible à tous. Mais une courte expérience ayant démontré à Vienne qu'il se formait rapidement une classe active et indépendante de petits propriétaires, le privilége nobiliaire fut rétabli en 1819.

Toutes les charges — même celle de la justice de première instance et de l'application des peines corporelles — étaient donc encore, en 1846, imposées par l'entremise de la noblesse, à laquelle on attribuait comme apanage la tyrannie obligatoire. Des milliers d'employés allemands recevaient les plaintes des paysans et représentaient le protectorat tutélaire de l'administration. En 1845, la diète avait renouvelé le vœu d'une réforme radicale dans ce système aussi vexatoire que machiavélique et le gouvernement n'avait fait que des réponses dilatoires, trouvant son profit à ces divisions et à ce rôle, si incroyable pour un pouvoir conservateur, de semeur de haines sociales avec préméditation. Ajoutons qu'à cette question sociale se mêlait une question de race. Les paysans galliciens sont en grande majorité Ruthènes, surtout dans tout l'ouest de la province : ils appartiennent au rite Grec-Uni, et parlent un dialecte particulier ; ils font partie d'un groupe de 14 millions d'hommes qui s'étend à la fois sur le territoire autrichien et sur le territoire russe. Les Ruthènes sont-ils Russes ou sont-ils Polonais? Nous examinerons plus tard cette question si importante, mais la question ruthène est une des plus difficiles parmi les innombrables questions de nationalités qui pèsent sur l'Autriche.

Le congrès de Vienne avait établi la petite République de Cracovie, libre, indépendante et strictement neutre sous le protectorat de la Russie, de l'Autriche et de la Prusse. Déjà, en 1836, les trois puissances protectrices avaient occupé temporairemsnt la ville sous prétexte qu'elle servait d'asile aux réfugies politiques et qu'elle était un foyer d'anarchie. La France ni l'Angleterre ne bougèrent, et la presse allemande établit bruyamment que c'était une revanche d'Ancône. En 1846, quelques émigrés polonais préparèrent un mouvement insurrectionnel aussi inopportun que mal engagé. La police autrichienne le connaissait d'avance, ainsi que le constate un rapport du gouverneur général de la Gallicie, l'archiduc Ferdinand d'Este, en date du 20 janvier. Dès le 18 février, les arrestations commencèrent à Cracovie et le général Colin envahit la ville, mais pour l'évacuer subitement le 22, après quelques coups de fusil tirés dans les rues, en emmenant police, milice, gouvernement et employés et en laissant les armes et les munitions dans les corps de garde : on eût dit qu'il voulait laisser la ville à elle-même pour que l'insurrection s'y développât en paix.

Le plan des insurgés était de s'emparer de Tarnow dans la nuit du 19 au 20 février ; le point de ralliement était le village de Lisia-Gora. Mais les paysans étaient prévenus : depuis longtemps, des soldats libérés et les cabaretiers juifs les travaillaient et leur persuadaient que nobles et prêtres préparaient leur extermination : ils accoururent en foule et se jetèrent sur les insurgés. Le préfet du cercle, Breindl, payait 10 florins d'argent par tête d'insurgé mort qu'on lui livrait, et 5 florins seulement pour les insurgés vivants. Les massacres s'organisèrent dans toute l'étendue du cercle de Tarnow et gagnèrent ceux de Bochnia, de Sandecz, de Przemyls et de Sambor. Armés de bâtons, de faulx et de fourches, ivres d'eau-de-vie, les paysans ruthènes égorgèrent les seigneurs : des familles entières, femmes, enfants, serviteurs, disparurent. Les villes se fermaient rigoureusement devant la noblesse qui voulait s'y réfugier. Un chef de bandes nommé Széla égorgea en un seul jour dix-sept membres de la famille Bogusz, depuis le père âgé de 87 ans, jusqu'au petit fils âgé de 14 ans. Le pillage accompagnait le meurtre et plus d'une châtelaine subit les derniers outrages de la part de ces Jacques gouvernementaux et appointés, quasi-élevés à la dignité de fonctionnaires. A Tarnow, on apporta deux cents cadavres et on en toucha le prix. Il faut lire dans les journaux du temps ces horribles détails, enregistrés aussi bien par le journal prussien censuré la *Gazette d'État* que par la *Gazette d'Augsbourg*. Le fait de la mise à prix des têtes repose sur les plus incontestables témoignages. Le total des massacrés, dans le seul cercle de Tarnow, monta à 1458 nobles ou propriétaires, ou employés de ces propriétaires.

Après un léger combat à Gdow, où l'on fit aux Cracoviens 80 prisonniers qui furent égorgés, les Autrichiens rentrèrent à Cracovie où ils trouvèrent la cavalerie russe arrivée depuis une heure. La ville fut mise en état de siége. Le 12 mars, l'Empereur adressa une proclamation aux fidèles Galliciens, et un rescrit impérial à Ferdinand d'Este remercia les employés de « leur présence d'esprit. » Des médailles d'or de grand et de moyen module furent décernées aux fonctionnaires des cercles. Le 5 août 1847, la plus grande de ces médailles, une récompense de première classe, fut accordée à Jacques Széla, l'égorgeur de la famille Bogutz, le Trestaillon de cette nouvelle terreur blanche. Dès le 25 février, le pape avait lancé un bref qui maudissait les victimes et glorifiait les bourreaux.

Mais on ne déchaîne pas impunément de pareilles passions et les paysans voulurent tirer de la Jacquerie toutes ses conséquences sociales. Les troupes autrichiennes durent, en avril, août et septembre, prendre les mesures les plus violentes pour rétablir l'ordre, en même temps qu'on décrétait à Vienne quelques timides réformes dans le système des corvées. Le 6 octobre, il fallut que le commissaire extraordinaire comte Stadion établît la loi martiale. Le 11 novembre 1846, Ferdinand Ier déclara dans une patente spéciale que Cracovie et son territoire étaient incorporés à jamais à son empire. Le 16 novembre, le général Castiglione exécutait l'incorporation effective. La France et l'Angleterre protestèrent platoniquement contre cette éclatante violation des traités de Vienne. Mais la Prusse, la Russie et l'Autriche se déclarèrent solidaires, et Metternich affirma dans une insolente dépêche que l'empereur Ferdinand « avait non-seulement fait usage d'un droit, mais rempli un devoir pour sauvegarder ses intérêts. » Le 29 janvier 1847, le territoire de Cracovie fut enclavé dans les lignes de douanes autrichiennes. Une fois de plus, la force primait le droit.

LIVRE III

DE LA RÉVOLUTION DE 1848 A LA GUERRE D'ITALIE EN 1859
(LUTTE DES NATIONALITÉS. — DESPOTISME DE BACH ET DE
SCHWARZENBERG. — GUERRE DE CRIMÉE. — GUERRE D'ITALIE.)

CHAPITRE Ier

1848. — Situation de l'empire : Hongrie, Croatie, Slavonie, Dalmatie ; Serbes ; confins militaires ; Transylvanie ; Gallicie ; Bohême. — Révolutions en Allemagne. — Journées de mars. — Fuite de Metternich. — Constitution du 25 avril. — Ferdinand à Insprück. — Journées de mai.

Nous voici arrivés au seuil de l'année 1848, à jamais fameuse par la Révolution, et par cette guerre des nationalités dans laquelle faillit sombrer l'Autriche. Afin de bien nous rendre compte des intérêts engagés dans ces luttes et des rivalités de races qui sauvèrent le gouvernement de Vienne, il importe d'étudier quel était à ce moment l'état des diverses contrées de l'empire et d'établir comme un arrêté de situation. Sans cela, il nous serait impossible de nous reconnaître au milieu de ces événements compliqués, éclatant simultanément autour de vingt centres d'action différents et s'enchevêtrant comme les épisodes du *Roland furieux*.

Hongrie. Nous avons exposé les principaux traits de la constitution hongroise, le fonctionnement des comitats, le rôle des villes libres, l'état des personnes. Nous n'y reviendrons pas et nous ne saurions mieux résumer cette constitution bizarre qu'en donnant en détail la composition de la diète qui s'ouvrit à Presbourg en novembre 1847.

La première Chambre, Chambre haute ou *table* des Magnats, comprenait :

1° Le Palatin, président né...........................	1
2° Les grands officiers de la couronne (*barones regni*).....	13
3° Les archevêques..................................	3
4° Les évêques diocésains............................	18
5° Les évêques titulaires.............................	21
6° Les évêques du rite grec uni.......................	5
7° Les évêques du rite grec non uni...................	9
8° L'abbé-primat de Saint-Martin.....................	1
9° Député du chapitre de Jazzo.......................	1
10° Gouverneurs des comitats (*comites supremi*).........	52
11° Gouverneur de Fiume et du littoral hongrois.........	1
12° L'envoyé de Croatie..............................	1
13° Les Magnats (princes, comtes, barons)..............	150

soit deux cent soixante seize membres.

La seconde Chambre, Chambre basse ou *table* des états, était composée de la façon suivante :

1° Le Personnal, président...........................	1
2° Les députés des comitats de Hongrie et des trois comitats de l'Esclavonie...................................	98
3° Les députés des districts des Jasighes et des Kumans et les villes des Heïduques........................	4
4° Les envoyés des États de Croatie...................	2
5° Le député du district noble de Turopolia............	1
6° Le député de la ville de Fiume.....................	1
7° Le député de la ville de Buccani...................	1
8° Les députés des 26 chapitres (il y en avait d'habitude 52)..	35
9° Les abbés bénéficiaires (onze ordinairement).........	9
10° Les députés des villes royales (116 d'habitude).......	60

11° Les juges et protonotaires de la table royale.......... 15
12° Les conseillers de la chancellerie royale de Hongrie... 6
13° Les conseillers de la Chambre royale des finances..... 7
14° Les mandataires des Magnats absents ou de leurs veuves. 180

soit en tout quatre cent dix-neuf députés.

Il est difficile de voir quelque chose de plus bizarre. Que de contradictions et que d'anomalies! Le nombre des Magnats qui siègent à la Chambre haute varient constamment : les Zichy, s'ils étaient au complet, n'y compteraient pas moins de 66 membres. Les Magnats absents de la première Chambre ou leurs veuves nomment des mandataires qui siègent à la seconde Chambre. Les représentants de la Croatie sont députés par une diète voisine. Les députés d'un comitat de cent mille habitants ont le même vote que ceux d'un comitat de cent habitants. Tantôt on vote par tête, tantôt par ordre. Les cent seize députés des villes royales comptant 650,000 habitants n'ont ensemble qu'une voix, tandis que le comitat de Sirmie — qui n'a pas deux cents habitants — a deux voix. Les catholiques et les grecs, unis ou non unis, sont représentés, mais deux millions et demi de protestants n'ont pas de représentation directe. Des magistrats nommés par l'empereur-roi siègent dans ces assemblées élues, seulement les uns ne votent pas et sont simplement chargés de la police de l'Assemblée, les autres se bornent à donner une forme authentique aux résolutions. Mais la plus curieuse institution est celle de la jeunesse diétale : chaque député a avec lui, dans la salle, deux ou trois secrétaires nommés par le comitat, tous jeunes nobles et pour ainsi dire députés stagiaires : ils interviennent bruyamment dans les débats, font des ovations ou des charivaris aux orateurs et remplissent l'enceinte législative de leur turbulence.

Quant au pouvoir exécutif, il était exercé par la lieutenance royale, ayant le Palatin pour président et siégeant à Bude : ses membres étaient nommés par l'empereur-roi. Elle était divisée en sections de l'intérieur, de la justice, de l'agriculture et du commerce, des travaux publics, de l'instruction publique et des cultes. Mais les attributions étaient de plus en plus usurpées par la chancellerie hongroise, siégeant à Vienne, corps de conseillers auliques présidé par le chancelier de Hongrie. Les finances étaient administrées par la Chambre du trésor royal à Bude qui elle aussi, grâce au mouvement centralisateur, avait été mise peu à peu sous l'autorité de la chambre du trésor de l'empire à Vienne. La justice était exercée par la table royale à Pesth et par la table banale à Agram. Les appels des deux tables étaient portés à Pesth à la cour suprême des *septemvirs*.

Telle était la question intérieure en Hongrie, mais la question extérieure était encore plus importante, ce que nous constaterons en examinant successivement la situation de la Croatie, des confins militaires, de la Transylvanie et de la Voïvodie serbe.

Croatie, Esclavonie, Dalmatie. — L'Esclavonie ou mieux Slavonie, entourée par la Save qui la sépare de la Serbie et de la Bosnie et par le Danube et la Drave, qui la séparent de la Hongrie et du Banat, n'est ouverte que du côté de la Croatie. Elle est divisée en trois comitats : ceux de Veroetz, le plus grand de tous, de Posega et de Sirmie. Elle est peuplée de catholiques régis par l'évêque de Diakovar ou de Syrmium, sous l'autorité de l'évêque d'Agram. Elle compte aussi des grecs non-unis qui relèvent de l'évêque de Karlowitz. Les trois comitats envoyaient des députés à la Diète hongroise, mais ils en envoyaient aussi à la Diète croate d'Agram.

La Croatie, nous l'avons vu, librement jointe à la Hongrie, conservait le nom spécial de royaume annexé de Dalmatie, de Croatie ou de Slavonie ou royaume tri-unitaire (*Trojedina-Kralievina*). Tout en dépendant du conseil royal hongrois, il avait un chef, le Ban de Croatie, qui jouissait d'une autorité considérable, vrai vice-roi qui avait pouvoir de convoquer la Diète. La Dalmatie, conquise au cours des siècles par Venise, puis sur Venise par la France, était revenue en 1815 à l'Autriche, mais la cour de Vienne s'était refusée à la rendre au royaume triunitaire et par suite à la couronne hongroise et l'avait gardée comme simple province de l'empire.

La Diète ou *congrégation* générale de Croatie se réunissait à Agram (*Zagreb* en langue slave). Elle se composait des ordres des comitats de Croatie (comitats de Warasdin, de Kreutz et d'Agram) et des délégués de trois comitats slavons. Elle envoyait à son tour des députés ou mieux des fondés de pouvoir à la Diète hongroise, un à la table des Magnats où il retrouvait les Magnats croates et slavons qui y siégeaient de droit, et deux à la table des états où ils retrouvaient les mandataires des quatre villes libres de Croatie (Agram, Warasdin, Kreutz, Kopreinitz) et des chapitres. Le catholicisme romain domine en effet en Croatie et l'évêque d'Agram est un riche et puissant prélat. La noblesse croate a toujours été un instrument entre les mains des Jésuites et des Magyars, depuis la guerre de Trente ans. La plupart des lois de la Diète croate en matière religieuse sont des monuments de fanatisme et d'intolérance vis-à-vis des grecs non-unis.

Les Croates font remarquer que leur Diète, malgré l'union avec la Hongrie, a toujours joui d'une grande indépendance. En 1712, elle accepta la pragmatique sanction, trois ans avant la Diète de Hongrie. Jusqu'en 1790 et 1791, les lois votées à Presbourg devaient être ratifiées par la Diète d'Agram.

Les Croates et les Magyars vécurent des siècles sans se témoigner ouvertement de l'hostilité, courbés d'ailleurs sous le même joug. Mais le réveil de la nationalité magyare de 1825 à 1830 donna le signal du réveil de la nationalité croate, ou mieux de la nationalité slave toute entière, et les Magyars s'y prirent de façon à donner au mouvement des Slaves du Sud l'aiguillon de la haine et du patriotisme, en dépit de cette aristocratie qu'ils avaient implantée parmi les Croates.

Presque toujours un mouvement national commence par un réveil littéraire et linguistique. Un écrivain croate, Louis Gaj, annonça l'intention et chercha les moyens de réunir tous les Slaves du midi ou Yougo-Slaves dans une communauté de langue et de littérature. Il rêva cette unité purement spirituelle pour ce qu'il appelait *la grande Illyrie*, dénomination sous laquelle il rangeait les pays appelés l'Istrie, la Carniole, une partie de la Carinthie et de la Styrie, la Croatie, la Dalmatie, la Slavonie, la Serbie, la Bosnie, l'Herzegovine, le Montenegro, la Bulgarie. Les Serbes et les Croates parlent au fond la même langue, bien qu'ils aient des alphabets et des dialectes différents, les Serbes employant l'alphabet cyrillique et les Croates l'alphabet latin : les Bulgares ont une langue à eux. Louis Gaj, prenant pour base le dialecte parlé à Raguse (*Dubrovnik*) au XVIe siècle et qui avait produit des œuvres poétiques de haute valeur, réussit à ramener à l'unité d'orthographe et d'idiome cette diversité de langues des pays Yougo-Slaves. En 1835, 1er janvier, parut à Agram son journal, d'abord intitulé *Horvatzke novine* (les nouvelles croates) et qui bientôt prit le titre d'*Ilirske narodne novine* (les nouvelles nationales illyriennes). En 1840 fut fondée la société littéraire *Matica* pour la publication et l'étude des œuvres du passé. Le mouvement devenait si vif qu'en 1843 M. de Metternich, d'abord favorable, proscrivait les mots : Illyrien et Illyrisme, et que les Magyars évoquèrent le spectre panslaviste qui joue là bas le rôle que le spectre-rouge a joué et joue encore chez nous. Ajoutons qu'on éveilla les défiances des serbes, au nom de la religion grecque orientale, contre ce mouvement linguistique né en pays catholique; au même moment Kollar appelait aussi les Slovaques à un réveil littéraire et national.

Mais le patriotisme local était fortement excité : le réveil littéraire précipitait le réveil national. Le parti des Slaves du Sud ou Yougo Slaves remplaça le parti illyrien. C'est à ce moment inopportun que les Hongrois, qui résistaient si énergiquement à la germanisation, voulurent magyariser le royaume tri-unitaire. Une loi de 1844, rendue par la Diète de Presbourg, décida que la langue hongroise serait désormais la seule langue admise à la Diète, dans les comitats, devant les tribunaux, et chose plus dure encore, dans les actes de l'état civil. On permettait à ceux qui ignoraient la langue magyare de se servir pendant six ans encore du latin.

Cette loi, par laquelle la centralisation hongroise s'affirmait si nettement, excita une grande fureur dans tous les pays Yougo-Slaves. Wesselényi l'augmenta encore par son livre fameux où il dénonçait aux Magyars la propagande slave qu'il qualifiait de démagogique et de russophile. Les Croates, qui prétendaient n'avoir avec la Hongrie qu'une union personnelle, comme le Luxembourg, par exemple, l'a avec la Hollande, se sentirent atteints de la façon la plus profonde. Dès lors la rupture fut complète et le séparatisme mis à l'ordre du jour dans toute l'étendue du royaume tri-unitaire. Les partisans des Magyars, les *Magyaroni*, furent regardés avec hostilité. En 1847 la Diète hongroise aggrava encore la loi de 1844. Comme on l'a fort bien dit, on forçait les Croates à choisir entre leur patrie et leur race. Écoutons l'historien autrichien comte Maylath : « On voulut tout à coup transformer en Magyars six millions d'habitants appartenant à d'autres races. S'agissait-il d'un débat d'argent, les tribunaux refusaient de prononcer si les comptes n'avaient pas été tenus en hongrois. Les pétitions rédigées en allemand ou en slave n'étaient même pas reçues. Toutes les inscriptions de naissances, de mariages, de décès, devaient être conçues en hongrois, même dans les communes où nul ne comprenait cette langue. Les pasteurs étaient obligés de prêcher en hongrois un dimanche sur trois. » Aussi l'éloquent Széchenyi put-il s'écrier : « Nous autres Magyars, dans notre folie, nous méconnaissons les Slaves et tout ce qu'ils font pour leur nationalité, parce que nous croyons que leur seul but est de se détacher de la couronne de Saint Étienne. Je crois pouvoir affirmer que nous écrasons l'enthousiasme des Slaves d'une façon brutale, avec une sévérité tout orientale, avec une injustice vraiment asiatique. Cela est-il noble, chevaleresque et peut-il bien finir? »

Il est nécessaire de bien établir cette situation pour comprendre les événements de 1848 et la haine que les Croates montrèrent contre les Hongrois dans la guerre. Jellacic fut l'épée du slavisme méridional, plus épris de nationalité que de liberté.

Serbes. — Les Serbes, frères d'origine des Croates et des Slavons et parlant presque la même langue, mais qui, tournés vers Byzance, tandis que les Croates s'étaient tournés vers Rome, avaient embrassé la religion grecque orientale, cherchèrent de bonne heure à se soustraire à la domination turque par l'émigration. On constate l'existence de colonies serbes en Hongrie dès le XIVe siècle, avant et après cette fameuse bataille de Kosovo (15 juin 1339), qui soumit l'empire serbe aux Ottomans. En 1481, 50,000 Serbes vinrent s'établir autour de Temesvár et furent, avec leurs prédécesseurs, les plus vaillants lutteurs contre les Turcs, sous leur famille nationale des Brankovic'. Après la bataille de Mohács, cette émigration devint considérable. En 1522 le Kneze Paul Bakic' avait déjà passé en Hongrie avec de nombreuses familles serbes. Ces émigrés se montrèrent de vaillants soldats et servirent fidèlement la maison d'Autriche dans la lutte contre l'ennemi commun, contre le Turc. Ils la servirent même contre d'autres ennemis pendant la période suédoise de la guerre de Trente ans où ils figurent en grand nombre dans les armées impériales. L'empereur Léopold Ier voulut peupler ses frontières de ces vaillantes populations qui s'étaient jointes aux Polonais de Sobieski pour sauver Vienne, tandis que les Magyars s'alliaient aux Turcs, et fit tout pour engager Crnojevic, patriarche de Pèc, à se mettre à la tête d'une émigration bien plus considérable que toutes les antérieures d'habitants de la Bosnie, de la Rascie et de la Serbie. Par sa fameuse proclamation du 6 avril 1690 (année où Belgrade retomba aux mains des Turcs), il promit aux Serbes qui viendraient s'établir en Hongrie, la pleine liberté religieuse, l'indépendance vis-à-vis de la féodalité hongroise, le droit d'élire un patriarche et un voiévode. C'était un véritable contrat entre l'empereur et les immigrants et qui liait les deux parties. Ceux-ci, au nombre de quatre à cinq cent mille, franchirent la frontière en 1693. On les cantonna entre le Danube et la rive gauche de la Theiss (*Tisza*), dans le Banat et au nord du Maros ainsi qu'en Sirmie, en Slavonie, dans la Bačka. Le prince Eugène ne perd pas une occasion de rendre justice à ses soldats de race serbe. En 1713 et en 1715 Charles VI confirma les priviléges des Serbes.

Mais dès les premières années, les Magyars d'une part, les Jésuites de l'autre, se mirent à l'œuvre pour violer le contrat et pour soumettre les Serbes au despotisme féodal et au despotisme religieux. Nous ne pouvons donner en détail l'histoire de ces persécutions continuées avec une implacable persévérance depuis 1694 jusqu'en 1848 et qui expliquent la haine que les Serbes déployèrent contre les Magyars. Elles amenèrent à diverses reprises des révoltes comme celle de 1735 1736 qui fut réprimée avec une cruauté inouïe, et même une émigration en Russie au nombre de 100,000 (1750). En 1779, le Banat fut réincorporé à la Hongrie et les Magyars y créèrent une noblesse qui aujourd'hui soutient seule leur cause. En 1790, à la diète hongroise, le cardinal Batthyani disait encore que les Serbes n'étaient que des étrangers tolérés sur le sol et il fallut toutes les instances de Léopold II pour que cette même diète leur reconnût les droits de citoyens et le libre exercice de leur culte. Et cependant, durant les guerres de l'empire, les Serbes se battirent avec fidélité dans les contingents hongrois pour la maison d'Autriche, ce qui n'empêcha pas que les Magyars n'obtinssent dès le début la suppression de la chancellerie illyrienne établie à Vienne et l'attribution exclusive de toutes les affaires serbes à la chancellerie hongroise (22 juin 1792). A la diète de 1843-44, le patriarche Rajacic réclamait encore contre l'exclusion des Serbes de tous les emplois et obtenait seulement qu'on leur confiât une place de chef de bureau dans chacun des trois conseils supérieurs de la Hongrie. « Les grecs-orientaux, disait-il, ne peuvent chercher fortune que dans les camps ou dans les monastères. ». Ainsi ce peuple d'un sentiment national si vivace, venu librement sur le territoire hongrois en vertu d'un contrat, n'y avait rencontré ni l'autonomie politique, ni la liberté religieuse, ni la vraie égalité civile, et n'avait recueilli, en échange de son sang prodigalement répandu, que persécutions et avanies.

Les confins militaires. — C'est une institution absolument propre à l'Autriche et qui ne fait que disparaître de nos jours. Elle est née de la lutte contre les Turcs, si longtemps la principale affaire de la monarchie autrichienne : elle a été en même temps la principale cause de la durée de cette monarchie composite à laquelle elle a donné la cohésion qui lui manquait.

Cette armée de soldats-laboureurs, cantonnée sur une longue et étroite bande de terre qui allait de l'Adriatique aux Karpathes, c'est-à-dire aux frontières moldo-valaques, soustraite avec son territoire à l'administration civile, composée de Croates, de Serbes, de Roumains, de Magyars, de Szeklers suivant les provinces dont elle était l'ourlet, ne s'était pas formée d'un seul coup. Ce ne fut que successivement que les troupes envoyées pour défendre les lignes de l'Unna, de la Save et du Danube contre l'invasion musulmane devinrent une institution permanente (*Grænzinstitut*). Le premier document où il en soit question est l'édit de Bruck-sur-la-Mûr (en 1558). Les diètes résistent, car plus l'armée des confins s'étend, plus ce sont de citoyens et de contrées soustraits à leur autorité au profit du gouvernement central. L'état de choses est consacré après la paix de Carlowitz en 1699 : il est dit dans un document annexe que « les *Grænzer* ou soldats des confins doivent à l'état le service militaire en retour des terres dont ils ont la jouissance. » Ce n'était pas facile que de trouver un régime convenable pour cette zone où vivait une population militaire et rurale à la fois : des vieillards, des jeunes filles, des veuves, des commerçants pour fournir les denrées indispensables, des prêtres de diverses confessions. Plus de trente systèmes furent tour à tour essayés et on se perd dans les détails de la mobile législation à ce sujet. Il faut étudier surtout les ordonnances de 1704, de 1783 et surtout du 1er novembre 1807, destinées à protéger les familles confinaires contre l'absolutisme des états-majors. On tenait à contenter ces régiments qui fournissaient à l'armée son plus solide et son plus précieux contingent, tout en maintenant un million de sujets autrichiens sous un régime si anormal. L'ordonnance de 1807 était encore en vigueur en 1848.

Le territoire militaire avait, avant 1848, une longueur de 1681 kilomètres sur une largeur moyenne de 29. Il était partagé en cercles de régiment et cercles de compagnie. Sur la rive gauche du Danube, c'est-à dire dans la Transylvanie et le banat de Temesvar, les soldats étaient Roumains et Magyars ; sur la rive droite, le long de la Save et de ses affluents, les soldats étaient Serbes et Croates. Chaque famille possédait un lot de terre, à titre d'usufruit et dont le revenu garantissait l'entretien d'un soldat. La loi foncière réglait de la façon la plus minutieuse les moyens de maintenir cette parcelle dans les mains de la famille, de la cultiver et d'empêcher d'une part l'extrême morcellement et de l'autre la concentration en quelques mains. Les autorités, depuis le colonel de l'état-major du régiment jusqu'au capitaine, intervenaient constamment pour assurer ces prescriptions qui soumettaient à la même discipline la terre et l'homme. Ces soldats paysans étaient organisés de façon à ne rien coûter à l'état, en même temps qu'on les maintenait suffisamment pauvres et ignorants pour qu'ils demeurassent soumis.

De plus les législateurs des confins s'étaient servis d'une institution propre aux Slaves, celle de la propriété collective, de la communauté. Un groupe d'individus s'associe pour cultiver en commun un fonds indivis, sous la conduite d'un chef ou d'un gérant qui est le plus âgé ou élu par les autres. Les bénéfices sont partagés, à la fin de la campagne, en parts égales. C'est, comme on l'a dit, une sorte de communisme patriarcal. Dans les confins, cette forme de la propriété fut soigneusement maintenue par les conseils de Vienne : l'autorité du chef patriarche ou *gospodar* y reçut protection, afin que le Gränzer conservât les habitudes de discipline prises au régiment pendant les cent et quelques jours qu'il y passe en temps de paix. Tout ce qui peut diminuer, annuler l'individu fut savamment employé : le résultat répondit à ces efforts. Le *Granzer* était paresseux, insouciant, ivrogne, superstitieux, demi-sauvage : c'est lui qui a valu au nom de Croate cette renommée sinistre qui désespère les habitants de la Croatie civile. Les femmes étaient renommées pour la légèreté de leurs mœurs : le nombre des enfants naturels était considérable. L'Autriche jouissait de cette pépinière de soldats soumis et farouches au prix de l'abrutissement et de la démoralisation d'un million de ses sujets.

En 1848, les frontières transylvaines comprenaient cinq districts ou régiments : le 1er et le 2e régiment d'infanterie Valaque, le 1er et le 2e régiment d'infanterie Szekler et le régiment des hussards Szekler. Les frontières hongroises comprenaient le régiment des Tchaikistes (du nom des chaloupes canonnières avec lesquelles ils surveillaient le Danube et la Save), le régiment allemand bannatique et le régiment illyrien-valaque composé de Serbes et de Roumains.

Les frontières croates étaient divisées en trois généralats : celui de Warasdin (régiment de Kreutz et régiment de Saint-Georges ou Gjurjevac); celui de Karlstadt (régiment d'Otocac, régiment de Lika, régiment Slunj et régiment d'Ogulin); — celui dit Bannal Graenze (1er et 2e régiment Banal). Les frontières slavonnes comprenaient trois régiments : celui de Gradiska, celui de Brod et celui de Pétro-Varadin.

Là aussi les Magyars devaient rencontrer des haines violentes.

Transylvanie. — Nous avons déjà donné quelques détails sur cette principauté, qui fut de 1000 à 1526 province de Hongrie de 1526 à 1699, état indépendant et électif que se disputaient les Turcs et les Impériaux — et de 1699 à nos jours, province directe de la monarchie autrichienne. En 1848 on y retrouvait les trois nations souveraines jouissant seules des droits politiques (les Hongrois, 500,000, — les Szeklers 170,000 — les Saxons 300,000) liguées pour opprimer les Roumains ou Valaques plus nombreux qu'eux (1,250,000) et pour les maintenir dans un effroyable état de servage. Les quatre religions d'état reconnues par la diète de Torda en 1562, subsistaient encore (calvinistes 300,000 — luthériens 260,000 catholiques 580,000 — sociniens ou unitaires 50,000); en face de 1,140,000 Grecs non unis ou orthodoxes. Tous les calvinistes étaient Magyars ou Szeklers, tous les luthériens Saxons, tous les Grecs non unis Roumains.

Il y avait une diète dont les députés représentaient plutôt des races que des castes et qui était ainsi composée :

Députés des comitats hongrois ou szeklers et des municipalités saxonnes..	114
Députés des villes libres et des territoires soumis à la taxe.	13
Comtes suprêmes des comitats, capitaines de district, juges suprêmes...	22
Sénateurs ou juges de villes libres................................	6
Régence souveraine (*gubernium regium*)...................	28
Table royale judiciaire..	13
Régalistes ou députés nommés directement par le souverain.	120
	316

Le *Gubernium regium* exerçait le pouvoir exécutif et siégeait à Hersmanstadt. Les régalistes, choisis parmi les Hongrois et les Szeklers, ce qui leur donnait une énorme prépondérance, étaient les plénipotentiaires à la diète de ce quatrième souverain appelé l'Empereur. Les membres du *Gubernium regium* et tous les fonctionnaires étaient choisis par l'Empereur sur une liste de quatre candidats pour chaque charge élue par la diète, chacun des quatre candidats représentant une des quatre religions d'état. Il y avait à Vienne une chancellerie de Transylvanie composée d'un chancelier et de six conseillers.

Telles étaient les races, les religions et les institutions dans cette forteresse immense (*arcem Hungariæ*) que les Karpathes entourent au midi, à l'est et en partie au nord comme d'un rempart taillé à pic, qui va en s'abaissant par larges plateaux vers la Hongrie et qui épanche la Maros, le Szamos et l'Olto. Les Szeklers, Hongrois restés à l'état primitif, tous nobles, y étaient soldats, pâtres et laboureurs. Les Saxons étaient cantonnés dans leurs villes manufacturières, vrais bourgeois allemands du xvie siècle, d'un germanisme effréné.

La diète avait pour lieu de réunion Klausenbourg. Elle était convoquée d'une façon intermittente. Nous l'avons vue réunie en 1790 et en 1792. En 1811, on lui demande des hommes et de l'argent, puis on la délaisse pendant 20 ans. Convoquée en 1834, elle est dissoute en 1835 à cause de son attitude réformatrice. En 1841-1842, les races y luttent. Nous allons voir la Transylvanie, en 1848, demander sa réunion à la Hongrie et servir de champ de bataille aux armées de Bem.

Gallicie. — La Gallicie est un fragment de cette Pologne que les trois puissances du nord se sont partagées en 1772, en 1792 et en 1795. Elle se compose des royaumes de Gallicie, de Lodomérie et du grand-duché de Cracovie. Elle compte près de cinq millions d'habitants. Tandis que les Tchèques et les Magyars se sont volontairement réunis à l'empire, les Galliciens n'ont ratifié par aucun acte les partages, et leur seul but est de sortir de l'Autriche par la reconstitution de la patrie commune, et non de faire reconnaître leur droit national sous le sceptre des Habsbourg. Sa diète, composée de dignitaires ecclésiastiques, de membres de la haute aristocratie, de représentants de la noblesse payant 300 florins d'impôts fonciers, de délégués de la ville de Lemberg, n'admettait dans son sein ni la bourgeoisie des autres villes, ni le peuple des campagnes. De 1817 à 1847, réunie assez régulièrement, elle émettait, sous forme de vœu, des réclamations en faveur de l'introduction de la langue nationale dans l'enseignement et de la réforme des impôts. L'Autriche soumit les Galliciens à son étouffant despotisme. La Jacquerie de 1846 faillit jeter la Gallicie dans les bras de la Russie, et le marquis Wielopolsky traça un programme panslaviste, mais il n'eut pas d'écho. Les vrais représentants du Panslavisme en Gallicie étaient non les Polonais, qui ne sont que deux millions, mais les Ruthènes au nombre de trois millions qui occupent tout l'ouest du pays à partir de la rivière la *San*. Les Polonais, généralement propriétaires, sont catholiques romains. Les Ruthènes, paysans, sont Grecs-Unis : leur race est répandue dans les provinces russes de la Podolie, de Volhynie, de Kiew, de Minsk, de Mohilev, de Grodno, où les Czars les ont ramenés au rite grec orthodoxe. Or les Ruthènes persécutés par les Jésuites, opprimés par les propriétaires polonais, frappés dans leur langue, se tournent vers la Russie qui flatte leur clergé et qui entretient leur sentiment national en Gallicie, tandis qu'elle l'étouffe chez elle. L'Autriche, en 1840, se mit aussi à favoriser les Ruthènes galliciens pour les opposer aux Polonais. On a raconté comment, en 1846, elle les lança contre l'aristocratie polonaise. Du reste, Polonais et Ruthènes, en 1848, se battirent sous le drapeau autrichien contre les Hongrois.

Bohême. — La Bohême, où les Tchèques Slaves sont contre les Allemands dans les proportions de trois contre deux, invoque un droit historique. En 1526, elle appela librement au trône Ferdinand, frère de Charles-Quint, à titre héréditaire, mais en réservant les droits de l'indépendance nationale : tout cela était réglé nettement dans les *Pacta conventa* jurés par Ferdinand. La Hongrie en fit autant en 1527. La fédération autrichienne, où chaque peuple devait conserver son autonomie, s'était formée au XVIe siècle pour défendre l'Europe contre les Ottomans : ces mêmes peuples doivent renouveler, contre l'ambition moscovite, les *pacta conventa* du XVIe siècle, dans les conditions plus précises du droit moderne. L'Autriche a tout intérêt à le faire, car elle a encore plus besoin de la Bohême que la Bohême n'a besoin d'elle. C'était la thèse soutenue à la veille de 1848 par l'historien national des Tchèques, Palacky. En attendant, la Bohême, qui n'avait pas montré la persistance de revendications des Magyars, vivait avec sa noblesse féodale, ses riches prélats, ses littérateurs, ses villes savantes, laissant les Allemands maîtres de l'industrie, du commerce et de la banque : elle lisait les écrits de ses historiens qui démontraient qu'un état constitué par les siècles, formant une incontestable individualité historique, a le droit de réclamer son autonomie.

Telle était, à la veille de la grande crise de 1848,

l'état des diverses nationalités soumises au despotisme des Habsbourgs et aux combinaisons de Metternich.

Dès les premiers jours de mars, la Révolution française du 24 février eut son contre-coup dans l'Allemagne toute entière. L'Allemagne étouffait sous la double compression de ses princes et de sa diète gothique : ses velléités d'indépendance populaire cherchaient partout une issue, tantôt dans l'économie politique, tantôt dans les vagues idées de réforme cathotique des prêtres Ronge et Czerki, tantôt enfin dans les doctrines philosophiques. Mais partout, dans ses élans, elle se heurtait à ces terribles lois contre la presse si savamment élaborées sous l'inspiration de l'Autriche, et elle retombait grondante et désespérée. Aussi l'esprit révolutionnaire, venu d'outre-Rhin, trouva-t-il le terrain admirablement préparé : en un instant tout fut en flamme.

Dès le 3 mars, Francfort forçait son sénat à abolir la censure et à établir la liberté de la presse ; Hambourg obtenait les mêmes résultats après avoir démoli les maisons de quelques-uns de ses oligarques détestés. Le duc de Nassau accordait une constitution le 5 mars ; le grand-duc de Saxe-Weimar en faisait autant le 6, et le grand-duc de Hesse-Darmstadt, forcé de prendre pour ministre le célèbre Henri de Gagern, lançait le même jour une proclamation réformatrice qui produisit une immense sensation. Le 7, un des principicules les plus arriérés, l'électeur de Hesse-Cassel, reçut de ses sujets un ultimatum et, comme il n'y répondait pas, vit son palais envahi par vingt mille révoltés qui le forcèrent, au bruit du tocsin, à tout accorder. Dans le grand-duché de Bade, déjà très-ouvert aux idées libérales, l'agitation se manifesta dès le 29 février, et sous l'impulsion des Struve et des Hecker, aboutit le 3 mars à l'obtention d'une constitution accueillie avec enthousiasme à Carlsruhe, à Manheim, consacrée par les larmes d'attendrissement du grand jurisconsulte Mittermaier, mais qui n'arrêta pas les revendications républicaines.

Le roi de Wurtemberg avait cédé de bonne grâce dès le 2 mars, devant les démonstrations. Il fallut, au contraire, une émeute pour faire céder le grossier despote du Hanovre, Ernest-Auguste. Les 2, 3 et 4 mars, on se battit à Munich encore toute fiévreuse des événements relatifs à Lola-Montès. Le roi fit toutes les concessions dans sa proclamation du 6 mars et abdiqua le 20 mars. L'élan populaire triompha aussi dans le royaume de Saxe des résistances de Frédéric-Auguste, qui, le 16 mars, prit un ministère de réformes. Enfin la Prusse, à son tour, fut entraînée dans le mouvement, dans l'électrique tourbillon, après avoir vainement tenté de soulever les esprits contre la France et de noyer l'esprit révolutionnaire dans l'esprit national. Cet appel à la Prusse militante ne réussit pas : les Prussiens de ce temps là n'entendaient pas sacrifier la vraie liberté à la fausse gloire. Il n'entre pas dans notre cadre de raconter les journées de troubles qui aboutirent à la patente du 18 mars, immédiatement suivie de la furieuse bataille des rues qui se prolongea jusqu'au 19, jour où la foule força le roi à venir saluer ses morts. Le 21, Frédéric-Guillaume publia sa fameuse proclamation constitutionnelle et posa en même temps ses prétentions à l'hégémonie de l'Allemagne unifiée.

Le drame de la révolution autrichienne présente les mêmes péripéties que les autres drames révolutionnaires de l'époque. D'un côté, un gouvernement de mauvaise foi n'accordant des concessions qu'avec l'espoir de les reprendre, éveillant par cette conduite des soupçons qui se traduisent en émeutes, essayant d'abord d'étouffer ces émeutes dans le sang, puis cédant à nouveau jusqu'au jour où il peut tout ressaisir par la force ; de l'autre côté, le peuple confiant d'abord, content de peu, puis éveillé au soupçon par des trahisons de tout genre, s'exaspérant peu à peu par le chômage et la misère, et finissant par retomber sous le joug, avec quelques martyrs de plus sur le pavé des rues ou dans les bagnes de la réaction.

La première pensée de la vieille Autriche absolutiste fut de se mettre en travers de la Révolution. Dès le 4 mars 1848, la Gazette officielle publiait les articles les plus violents contre la France démagogique et propagandiste, et on commençait des armements. Mais les nouvelles de l'Allemagne, de la Prusse et des provinces intérieures, Bohême, Hongrie, Transylvanie, Gallicie, firent réfléchir. On se résolut au *statu quo*, et L'Empereur publia, le 10 mars, la déclaration suivante : « Sa Majesté considère le changement de gouvernement en France comme une affaire intérieure de ce pays. L'Autriche est bien éloignée de vouloir intervenir médiatement ou immédiatement dans les affaires de France... La volonté de Sa Majesté est, dans ces temps difficiles, de faire tous ses efforts pour que l'Autriche soit forte au-dedans, respectée au dehors. Mais Sa Majesté veillera avec la même énergie pour qu'aucune tentative de bouleversement n'ait lieu, qui pourrait jeter dans l'anarchie son empire béni du ciel. » Voici les formules vagues et les menaces précises qu'on offrait à ce peuple affamé de réformes et enivré par les souffles qui lui venaient de tous les points de l'horizon. Il voulait mieux et se mit de suite à l'action.

Le 11 mars une adresse était remise aux États de la Basse-Autriche (la Diète locale composée des prélats, des seigneurs, des chevaliers et des députés des villes). Elle réclamait « la publication immédiate de l'état des recettes et dépenses publiques; la convocation périodique d'une assemblée des représentants pris dans toutes les classes de la population; la liberté de la presse; la publicité des débats judiciaires; des institutions municipales et communales. » Le 12, les dix-huit cents étudiants de l'université de Vienne prenaient la tête du mouvement et se formaient le 13 en cortège pour aller porter leurs vœux au Palais des États. Ils se heurtèrent à un grand déploiement militaire : les places étaient garnies de canons. Alors éclata la colère populaire ; aux cris furieux de : A bas Metternich, on alla démolir au Renweg la villa du ministre exécré. A quatre heures et demie, les troupes firent une première décharge sur la Judenplatz et couchèrent sur le pavé six morts : le combat s'engagea. L'arsenal fut forcé et pillé, et du haut de son palais, Ferdinand pleura en voyant incendier ses écuries. A neuf heures du soir une députation des États vint demander la retraite de Metternich. Il n'y avait pas à s'y tromper : c'était plus qu'une émeute, et, malgré ses 18,000 hommes de garnison et son artillerie, la cour comprit qu'il fallait céder. Metternich épouvanté se cacha dans le palais du prince de Lichtenstein : au matin il se sauva par la porte de Carinthie, déguisé, tapi avec sa jeune femme, non moins détestée que lui, au fond d'une voiture de blanchisseuse. Le *Times*, en annonçant le 23 mars son arrivée en Angleterre, écrivait : « Le dernier débris du vieux système est tombé ; le prince de Metternich a été vaincu dans une lutte qu'il ne pouvait pas soutenir contre l'opinion publique des pacifiques habitants de la Basse-Autriche. Le plus vieux ministre de la plus vieille cour a été chassé... Après quarante ans d'un pouvoir illimité, Metternich abandonne l'Autriche en arrière du reste de l'Europe, appauvrie dans ses finances, divisée dans ses provinces, menacée ouvertement dans ses plus importantes possessions. »

Le 14 au matin, on pouvait lire au coin de toutes les rues une proclamation impériale annonçant l'armement des étudiants, la démission de Metternich, l'institution d'un comité des États dont était appelé à faire partie Alexandre Bach, mais menaçant de l'emploi de la force si on ne se contentait pas de ces concessions. La garnison, sortie de ses quartiers, bivouaquait sur les glacis des remparts. Le prince de Windischgraetz était nommé commandant supérieur des troupes. Ce choix seul montrait combien la cour nourrissait d'arrière-pensées. Une camarilla cherchait à entraîner Ferdinand dans la voie de la résistance. Les chefs du mouvement populaire firent déclarer au palais que cette attitude équivoque ne permettait pas de désarmer, et la ville prit un aspect si redoutable que l'on céda. A une heure un rescrit établissait la garde nationale sous le commandement du comte Hoyos et avant la fin de la journée quarante mille citoyens s'étaient déjà fait inscrire sur ses contrôles. Une proclamation engageait les États de la monarchie à envoyer des députés à Vienne pour le 3 juillet. Le Président de la Basse Autriche annonçait que la censure était abolie et qu'on allait élaborer une loi libérale sur la presse. Mais le soir, dans les rues déjà désertes et déjà silencieuses, on afficha un décret mettant Vienne en état de siége, et le lendemain, à l'aube du jour, un bando de Windischgraetz écrit dans le style provocateur et brutal inhérent à ce genre de littérature. Il n'y a pas dans l'histoire de spectacle plus curieux que celui de cette journée du 14 mars avec les alternatives précipitées de concessions et de résistances, d'abattement et de rage en haut, d'enthousiasme et de déception en bas, comédie par ces attaques et ces retraites multipliées de la camarilla, tragédie par ces perspectives de guerre civile entrevue grâce à l'absence de sincérité dans la cour et au fauve désir des chefs militaires d'entrer en lutte.

On croyait bien le 15 au matin qu'elle allait éclater terrible, cette guerre civile. Mais la nuit avait porté conseil et, plus que la nuit, la nouvelle des événements de Hongrie. Ferdinand résolut de se montrer au peuple et bientôt, accompagné de son frère et de son neveu (François-Joseph actuellement régnant), il parcourut les rues de Vienne dans une voiture à quatre chevaux. Le peuple l'accueillit avec des transports d'affection : ce fut un échange d'attendrissements infinis, des effusions mouillées de larmes réciproques. Ferdinand, de retour au palais, déclara à son entourage qu'il fallait accorder à cet excellent peuple une constitution : des lettres-patentes annoncèrent qu'un projet dans ce sens serait soumis aux délibérations des députés des états. Les promesses étaient vagues, mais n'en furent pas moins accueillies avec délire. Vienne illumina : on fraternisait sur les places publiques. Qui de nous n'a vu ces haltes joyeuses dans les révolutions, ces moments de confiance où tous les soupçons se dissipent, où la foi rayonne, où l'on croit l'entente définitive et l'avenir assuré? Elles sont toujours suivies de tristes réveils.

Le vieux Kolowrat fut nommé président du Conseil; Lichstenstein remplaça Windischgraëtz dans le commandement supérieur des troupes. Mais le portefeuille de l'intérieur fut confié au comte de Ficquelmont, élève de Metternich, un de ces hommes dans lesquels la réaction s'incarne aux époques troublées. Le 17 mars on enterra solennellement les victimes de la révolution ; le 23, le Spielberg rendit à la liberté et au soleil sa légion de prisonniers-spectres. La vue de cette troupe de hâves martyrs ne suffisait-elle pas à justifier la révolution?

Cette période sereine ne tarda pas à s'assombrir. Le 1er avril Ficquelmont fut nommé premier ministre : les principaux membres du cabinet étaient Pillersdorf, Kraus, Sommariga. On prépara tout pour la réaction, et Windischgraëtz reçut le commandement d'un corps d'armée du Nord dont il était facile de prévoir la mission. Ficquelmont d'ailleurs, habile et souple, ne précipitait pas les choses. Amélioration de la loi sur la presse, publication du budget de 1848 et des budgets antérieurs depuis 1841, réformes sociales pour délivrer les paysans des coutumes féodales qui pesaient encore sur eux, aucun trompe-l'œil n'était négligé. Enfin le 25 avril, la Constitution fut octroyée avec pompe. La proclamation s'en fit devant l'armée, la garde nationale et l'université.

Le préambule était plein d'effusion. La Constitution établissait un sénat composé de princes impériaux, de membres nommés à vie par l'empereur et de cent cinquante membres élus par les principaux propriétaires, et une Chambre des députés de 383 membres élus suivant un mode à déterminer. La Constitution garantissait l'égalité devant la loi, la liberté de conscience, la liberté de la parole et de la presse, le droit de réunion, l'égalité devant l'impôt, la propriété accessible à tous. Elle accordait le jury en matière criminelle, les juges inamovibles, les débats publics.

Mais cette Constitution avait deux grands vices : elle supposait résolue la question des nationalités si dominante en Autriche et établissait une unité et une centralisation tout à fait chimériques. Elle émanait, non des représentants librement élus du pays, mais de la simple volonté de l'empereur qui, l'ayant donnée, pouvait la retirer. De plus c'était l'impopulaire Ficquelmont qui était chargé de l'appliquer et de préparer la loi électorale provisoire en vertu de laquelle serait élue la première diète générale. Que de motifs de défiance, tant chez les diverses races de l'empire que chez ce peuple de Vienne qui se sentait vaguement la proie d'une immense mystification ! Bien des idées confuses s'agitaient dans ces masses si récemment initiées, après des siècles d'oppression, au mouvement de la vie politique. Elles avaient quelque peu conscience qu'un monarque absolu ne devient jamais qu'en apparence un roi constitutionnel, et que le dogme du droit divin n'a que des semblants d'abdication devant le dogme de la souveraineté du peuple. Mais d'un autre côté, elles ne s'étaient pas encore élevées à la conception de la République : le respect dynastique les tenait encore. De là les oscillations et la gaucherie qu'on remarque dans le cours de leurs revendications.

L'Université, dont l'expression armée était la légion académique, voulut au moins se débarrasser du sosie de Metternich, et le 3 mai une foule immense alla demander au comte de Ficquelmont sa démission immédiate. Il obéit après avoir consulté l'empereur et quitta Vienne le 4 mai, laissant sa succession à Pillersdorf. Mais son esprit parut avoir inspiré la loi électorale provisoire publiée peu après. Les journaliers, c'est-à-dire tous les ouvriers, étaient exclus des listes électorales. On vit de plus en plus clair dans le jeu de la cour, et un comité central de la garde nationale se forma pour résister à la réaction. Le gouvernement en prononça la dissolution le 14 mai. Le 15, la légion académique appela le peuple à une grande manifestation armée et fit parvenir à l'empereur une pétition réclamant le maintien du comité de la garde nationale, une autre loi électorale, une seule Chambre, la sortie de la garnison. On attendit la réponse pendant tout l'après-midi et une partie de la nuit, faisant face aux grenadiers et aux cuirassiers rangés devant le château. La cour céda, et le 16 mai un rescrit concédait le maintien du comité central et l'élection d'une seule Chambre qui aurait le pouvoir constituant et qui serait élue par le suffrage universel. C'était la reconnaissance complète du dogme de la souveraineté du peuple.

Mais dès ce moment Ferdinand, profondément blessé de la ctoire de ce qu'il appelait la démagogie, avait pris la résolution de quitter cette ville qui avait le tort de montrer trop de logique dans les voies de la révolution et de faire de chaque point conquis le point de départ d'une autre conquête. Le 17 mai il exécuta une fuite de Varennes qui réussit, et le 19 il arrivait à Inspruck, où les dévots et monarchistes Tyroliens l'accueillirent avec transport. Il se sentait chez lui dans cette Vendée montagneuse. Aussi donna-t-il libre carrière à ses rancunes et à ses reproches, qu'il exposa dans un long manifeste. C'était le ton d'un père irrité gourmandant ses enfants ingrats : la vieille notion du despotisme paternel accordant ou refusant ses dons en vertu de l'omnipotence que la Providence lui délègue inspirait ce langage suranné. Et, il faut bien le dire, la masse du peuple viennois se montra profondément déroutée et inquiète de la fuite de son monarque : les vieilles habitudes de soumission reprirent momentanément le dessus ; tant de siècles d'autorité incontestée en avaient imprégné la matière cérébrale de ces hommes chez lesquels le citoyen n'était pas encore suffisamment sorti du sujet !

Le ministère profita de cet effarement. Composé de Pillersdorf à l'intérieur, de Colloredo-Wadsee aux affaires étrangères, de Kabeck aux finances, de Stadion à la présidence du conseil aulique et de Kollowrat et Hardig, ministres sans portefeuille, il déclara qu'il resterait aux affaires, qu'il avait envoyé le comte de Hoyos, commandant en chef de la garde nationale, et le comte Wilczeck auprès de l'empereur pour l'engager à revenir, qu'il était prêt à s'entendre avec les comités pour maintenir l'ordre. Le comité central se dispersa de lui-même. Le comte d'Auesrperg fut nommé commandant de la garde nationale et de la légion académique réunies ; le comte de Montecuculli, président de la régence de la basse Autriche, fut mis à la tête d'un comité de sûreté et défendit les attroupements et les assemblées nocturnes. Les quelques libres et prévoyants esprits qui proposèrent de répondre à la fuite de l'empereur par la proclamation de la République soulevèrent contre eux la réprobation et les défiances. L'ardeur monarchique devint du fanatisme ; les Bohêmes, les Hongrois envoyèrent des députations à Inspruck pour offrir un asile à l'empereur. Hoyos et Wilczeck rapportèrent d'Inspruck une lettre impériale demandant aux ministres de rester à leur poste et déclarant que le maître ne reviendrait que quand le peuple serait revenu à ses anciens sentiments de fidélité.

Le bon peuple de Vienne ne tarda pas à recueillir les fruits de cette crise de soumission et de repentir. A le voir si courbé, les hommes du pouvoir pensèrent qu'on le jetterait facilement à plat ventre. Le 26 mai, le comte de Montecuculli fit afficher la dissolution de la légion académique, cette force vive de la révolution, fermer les portes de la ville et prendre à la garnison des dispositions de combat. C'était trop tôt. Etudiants, bourgeois, ouvriers coururent aux armes. Un soldat tua d'un coup de baïonnette un bourgeois nommé Drechsler, ce fut le signal des barricades : la ville s'en couvrit et la garde nationale prit position derrière elles. Un comité de sûreté spontanément formé signifia au gouvernement les volontés du peuple. Après bien des négociations qui durèrent le 27 et le 28 mai, au milieu d'alertes continuelles, de préparatifs de lutte, le ministère céda, et le 29 il publia une profession de foi dans laquelle il promettait de hâter la réunion de la Diète, de presser le retour de l'empereur et de gouverner loyalement dans l'esprit des concessions du 15 mai. Montecuculli prit la fuite et Hoyos fut livré en ôtage, bientôt rendu à la liberté. La tentative réactionnaire avait complétement échoué. L'empereur le comprit, et, par ses proclamations dictées d'Inspruck le 3 et le 6 juin, sanctionna tout ce qui s'était fait. On ne pensa plus qu'aux élections générales.

L'empereur ne voulant pas encore revenir, envoya comme son suppléant le populaire archiduc Jean, l'homme à tout faire de la monarchie qu'on songeait à Francfort à élire empereur d'Allemagne, et que la Hongrie et la Croatie avaient choisi comme arbitre. Les députés à la diète se réunirent le 10 juillet en assemblée préparatoire à Vienne; le 19 juillet fut constitué le nouveau ministère : Wessemberg, affaires étrangères — Dobbelhof, intérieur — Alexandre Bach, justice — Comte Latour, guerre — Krauss, finances — Hornbostel, commerce — De Schwarzer, travaux publics. L'assemblée fut ouverte le 27 juillet par un discours libéral de l'archiduc Jean. Elle nomma président pour un mois le Viennois François Schmidt, et vice-présidents Strohbach de Prague et Magueneau de Trieste. Il y avait des représentants de la Bohême et de la Gallicie. Mais nul ne pensait que la nouvelle ère constitutionnelle, ouverte après tant de luttes et d'agitations, aurait le pouvoir magique d'apaiser les rivalités de races et de rallier tant de peuples divers à l'idée de l'unité. On eut vite la preuve que l'amour de la nationalité l'emportait sur celui de la liberté. Voyons en effet ce qui s'était passé dans le reste de l'empire pendant les crises révolutionnaires de Vienne.

CHAPITRE II

Hongrie. — Diète de 1847. — Kossuth.   Ministère Batthyany.
— Lois hongroises de 1848. — Insurrection Serbe.   Jellacic.
Insurrection des Roumains.   Bombardement de Prague. —
Pologne. — Italie : défaites de Charles-Albert.

HONGRIE. Nous avons vu que les comitats étaient les organes essentiels de la vie politique et nationale en Hongrie sous la conduite de leurs comtes suprêmes, présidents des assemblées électorales ou *congrégations*, des diètes locales et des tribunaux de chefs-lieux. Comme ces dignitaires échappaient à l'action du pouvoir central, le gouvernement de Vienne, à la suite des diètes de 1843-1844, où s'était manifesté un si vif esprit de réforme et d'indépendance, résolut de forcer les comtes suprêmes à devenir ses agents directs ou de les remplacer par des administrateurs à ses gages, qui pourraient, à l'instar des préfets de Louis-Philippe, corrompre les électeurs et envoyer à la diète une majorité de ministériels et de satisfaits. Metternich, pour réaliser cette idée, fit confier l'archichancellerie de Hongrie au comte Georges Apponyi, un des auteurs de ce plan. L'exécution souleva en Hongrie les plus vives colères et Louis Kossuth, à la congrégation de Pesth, stigmatisa le nouveau système dans un éloquent discours. Douze cents libéraux présidés par un magnat dévoué à la cause po pulaire, le comte Louis Batthyany, publièrent un programme du parti progressiste dû à la plume du jeune sage François Déak. Il se résumait dans les propositions suivantes : 1° partage entre tous les citoyens des charges publiques; 2° participation des citoyens non nobles, et avant tout des habitants des villes royales et des districts libres, à la législation et aux droits municipaux; 3° égalité civile; 4° abolition, moyennant une loi obligatoire, des corvées et redevances, avec indemnité aux possesseurs; 5° sécurité donnée au crédit et à la propriété par l'abolition de *l'aviticité*.

C'est sur ce programme très-modéré qu'on se prépara aux élections. La congrégation de Pesth, malgré les efforts désespérés des conservateurs et au milieu d'un grand enthousiasme, élut députés le vice-comte Maurice Szentkirályi et Louis Kossuth (17 octobre 1847). La diète s'ouvrit à Presbourg (*Posony*) le 7 novembre. Le 22 l'empereur-roi Ferdinand prononça un discours du trône qui, au lieu d'être rédigé en latin, le fut pour la première fois en magyar. Ce fut un délire et les deux chambres élurent Palatin par acclamation l'archiduc Étienne, fils du populaire archiduc Joseph. Celui-ci prit possession le 15 du fauteuil de la présidence et à son tour prononça un discours patriotique. Puis les travaux législatifs commencèrent sous ces heureux auspices.

Dès les premiers jours l'attitude des deux députés croates que la diète d'Agram envoyait siéger à la diète hongroise fit prévoir que la question de race ne tarderait pas à dominer. Ces deux députés ne cessèrent de faire entendre leurs revendications nationales, tandis qu'au contraire les Magnats croates faisaient cause commune avec les Magyars.

Nous n'entrerons pas dans le détail des travaux de la diète où chaque jour grandit l'influence de Kossuth. On y montrait un esprit de réformes progressives et temporisatrices beaucoup plus qu'un esprit de révolution. C'était prudemment, morceau par morceau, qu'on y voulait démolir l'édifice féodal. La chambre haute ou chambre des Magnats résistait aux plus timides innovations, ce qui était dans son rôle, et cette lutte où tantôt l'un, tantôt l'autre des adversaires cédait, faisait l'intérêt des débats. Le Palatin intervenait comme arbitre entre l'oligarchie de la chambre haute âprement attachée aux priviléges féodaux et la bourgeoisie pourtant peu exigeante de la chambre basse. Il faut bien dire que Kossuth et ses amis se montraient plus préoccupés d'assurer l'indépendance de la Hongrie vis à vis de l'Autriche que de faire passer dans les lois les principes démocratiques. Ils le prouvèrent dans la question des villes libres si insuffisamment représentées à la diète. La diète alla même jusqu'à voter que les immigrants ne seraient naturalisés qu'à la condition de savoir le magyar.

La nouvelle de la révolution de février vint imprimer une toute autre allure à ces parlementaires jusque-là si timorés. Dès le 3 mars, la seconde chambre vota une adresse au roi dans laquelle on demandait pour la Hongrie un ministère responsable. Le 14 mars la nouvelle des événements de Vienne arriva à Presbourg et excita le plus vif enthousiasme : son premier effet fut de faire voter par les Magnats l'adresse qu'ils auraient repoussée huit jours avant. Le 15 mars, on vota toute une série de mesures radicales bien autrement accentuées que celles qui faisaient, depuis l'ouverture de la diète, l'objet des délibérations timides de la diète : abolition définitive des corvées et de tous les droits féodaux, avec indemnité par l'état aux seigneurs dépossédés ; droit de vote individuel entraînant l'abolition des antiques classes et corporations ; nouvelles élections à bref délai. Le même jour une députation, conduite par Louis Batthyany et Kossuth, partit pour Vienne. Le même jour encore, la jeunesse de Pesth ayant à sa tête un homme qui s'était soudainement révélé grand orateur : Vasvari, et ses amis Petofi le poète, Jokay le futur journaliste, Bulyovsky, etc., fit imprimer de force, sans visa de la censure, un programme en douze articles qui devint la Charte de la révolution : 1° liberté de la presse ; 2° ministère responsable siégeant à Buda-Pesth ; 3° convocation annuelle de la diète et sa réunion à Pesth ; 4° l'égalité devant la loi ; 5° la garde nationale ; 6° les charges publiques également supportées par tous ; 7° l'abolition de tous les liens féodaux entre les paysans et les seigneurs ; 8° le jury ; 9° une banque nationale ; 10° serment des militaires à la constitution ; garnison des régiments hongrois sur le sol hongrois ; 11° mise en liberté des détenus politiques ; 12° union de la Transylvanie à la Hongrie. Puis Alexandre Petofy, qui n'avait alors que vingt-quatre ans, lança un poème magnifique aux strophes enflammées. Un comité de sûreté publique fut organisé, ainsi qu'une garde nationale. On craignit un instant, comme à Vienne, un conflit avec la garnison ; mais ce malheur fut évité.

Ferdinand, faisant contre fortune bon cœur, accueillit la députation magyare et lui accorda tout ce qu'elle demandait. Le comte Batthyany fut chargé de former le premier ministère national hongrois. Le 18 mars, la diète eut une sorte de nuit de quatre août et les prélats eux-mêmes renoncèrent à la dîme. Pesth d'ailleurs veillait : son comité de sûreté exerçait une pression sur la diète dans le sens des idées révolutionnaires. Kossuth protesta même contre ce joug d'une seule commune. Ce fut sans doute pour mieux marquer la protestation que la diète retomba de nouveau dans la voie des demi-mesures et des transactions, établissant un cautionnement de 25,000 florins pour les journaux, excluant les Juifs des listes électorales municipales, accordant aux fonctionnaires de l'ancienne administration des dédommagements magnifiques.

Le premier ministère national hongrois fut constitué le 23 mars : il se composait du comte Batthyany, président du conseil sans portefeuille ; de Szemere à l'intérieur ; du prince Paul Esterhazy au département des relations entre la Hongrie et l'Autriche ; de Louis Kossuth aux finances ; de Mészaros à la guerre ; du comte Széchenyi aux travaux publics ; du baron Eötvos à l'instruction publique et aux cultes ; de Klauzal à l'agriculture et au commerce ; de François Déak à la justice. Il était malheureusement loin d'être homogène : l'élément libéral, conciliateur, timoré, y dominait, et par ses tergiversations, ses incertitudes vis à vis de l'Autriche, compromit promptement le présent et l'avenir. Les Magyars, profitant des embarras de la cour d'Autriche, auraient dû alors prononcer sans hésiter la séparation absolue ; les circonstances étaient favorables. Kossuth n'osa pas prendre ce grand parti et se contenta d'une demi-mesure qui ne donna qu'une demi-indépendance. Les conséquences de cette faute irréparable ne tardèrent pas à se faire sentir. Ferdinand refusa même pendant quelques jours d'accorder des portefeuilles de la guerre et des finances ; il n'y consentit que le 31 mars sur les instances du Palatin.

La diète fit une loi électorale qui établissait des électeurs censitaires, laissait de côté toute la plèbe, écartait les Juifs, conservait aux nobles leur ancien droit de vote personnel. La future assemblée, élue par les douze cent mille électeurs que donnait cette loi si timide, devait être composée de 317 députés. La loi sur les comitats conserva le droit de vote aux nobles de race et aux capacités et maintint aux congrégations ou assemblées locales leur caractère aristocratique et privilégié. L'émancipation des juifs fut repoussée, de l'avis même de Kossuth qui déclara la mesure inopportune.

Le 10 avril Ferdinand vint clore la diète, accompagné du jeune archiduc François-Joseph. Il sanctionna les trente et une lois votées au cours de la session et prononça une allocution en hongrois qui souleva, comme d'habitude, un ardent enthousiasme chez ce peuple monarchiste jusqu'aux moëlles. Cette diète de 1847-1848 s'était montrée bien indécise, bien troublée, bien peu dégagée de l'esprit du passé ; elle ne sut, dans aucune direction, vouloir jusqu'au bout. Son leader, Louis Kossuth, dont l'Europe républicaine de 1848 fit le type du révolutionnaire radical et l'Europe réactionnaire le type du démagogue effréné, ne se montra ni l'un ni l'autre et ne mérita ni cet excès d'honneur ni cette indignité. Il fallut plus tard la pression des circonstances pour lancer cet oratoire et mystique tribun dans des voies plus avancées. Ses deux fautes capitales furent son refus de briser l'union avec l'Autriche et son attitude dans la question des nationalités. Il montra, dans cette dernière, le patriotisme le plus étroit et le plus égoïste : il y fut l'incarnation de l'esprit magyar, des prétentions de ce petit peuple à la domination sur les Slaves et sur les Roumains, de ses préjugés de race ! Il prononça des paroles irréparables, et il fut le principal instigateur de la croisade des peuples yougo-slaves qui sauva la monarchie autrichienne. Cette croisade se préparait, tandis que les Magyars enivrés acclamaient à Presbourg le roi de Hongrie. Sur la Save et à l'embouchure de la Theiss, retentissait déjà le cri : « *nolumus madgyarisari*, nous ne voulons pas être magyarisés ! »

Les députés de la Diète qui venait de se clore, avaient élaboré un projet dont voici quelques articles : « ... 2° Dans toutes les branches de l'administration civile et ecclésiastique, nulle autre langue ne sera désormais admise que le magyar : *tout document écrit dans un autre idiome est et demeure sans caractère légal.*   7° Les pays annexes (Croatie) auront le droit de faire usage du latin dans le plein exercice de leurs libertés municipales, mais ils devront employer le magyar dans leurs relations avec les autorités hongroises... 8° L'enseignement de la langue magyare sera obligatoire dans toutes les écoles... » C'était encore une aggravation de la loi de 1844. Aussi la Diète, la réservant comme pierre d'attente, n'osa la comprendre dans son *décret* définitf. Mais le coup était porté : Slaves, Roumains et Serbes comprirent qu'au lieu des espérances d'égalité et de liberté que leur avait fait concevoir le mouvement de réveil, le joug magyar allait s'appesantir sur eux plus lourd que jamais. Il y avait d'ailleurs encore d'autres motifs de scission.

En pleine Croatie, dans le comitat même d'Agram, se trouvait un district noble qui avait le singulier privilége d'envoyer à la fois directement un député à la seconde chambre hongroise et d'envoyer tous ses nobles prendre part à la Diète d'Agram et y voter par tête. Ces nobles de *Turopolya*, fiers de cette étrange situation, se montraient en toutes circonstances plus Magyars que les Magyars eux-mêmes. En 1845, la Diète d'Agram, hardiment leur enleva le droit de voter par tête et Ferdinand, comme roi de Hongrie, sanctionna cette mesure. Dès les premiers jours de 1847, le député de Turopolya protesta à la Diète de Presbourg et déclara qu'on devait regarder comme nulle l'élection des deux députés croates envoyés à Presbourg par la Diète d'Agram. Ceux-ci protestèrent à leur tour et conservèrent pendant toute la durée de la session une attitude menaçante. En même temps les nationaux croates faisaient circuler des manifestes séparatistes qui enflammaient les esprits et bien que Ferdinand eût fait mauvais accueil en avril à une députation du parti illyrien, il était facile de voir que le mouvement allait éclater. Il éclata à la fois chez les Croates et chez ces Serbes du Banat dont nous avons résumé la situation.

La principale des cités serbes, Neusatz (Ujvidék) accueillit avec une certaine sympathie les premiers actes de la Diète de Presbourg. Elle crut que les Magyars, qui travaillaient de si bon cœur à leur affranchissement national, allaient affranchir les nationalités dépendant de la couronne de Saint-Etienne, que ce peuple si jaloux de son autonomie et de sa liberté allait garantir l'autonomie et la liberté des autres peuples. Elle envoya le 8 avril une députation à la Diète pour demander que les Serbes fussent reconnus à titre de nation, admis à tous les emplois publics, autorisés à tenir des synodes ou congrès nationaux. Kossuth fit une vague réponse et renvoya la décision à la future assemblée ; puis, dans une audience privée qu'il accorda à la députation, s'emporta et finit par s'écrier : « Dans ce cas le glaive seul peut décider ! »

En Croatie, par un rescrit impérial daté de la veille même de la constitution du ministère Batthyany, le baron Jellacic était nommé ban et allait donner une direction unique au mouvement serbo-croate contre les Magyars. Officier chez les confinaires, Jellacic était alors âgé de 48 ans. De belle et martiale tournure, de noble physionomie, brave, poète, auteur de chansons populaires chez les soldats, il exerçait une grande attraction. Il avait juré de ressusciter la nationalité croate par les armes, sachant que tout arrangement amiable avec les Magyars était impossible. On a voulu le représenter comme un simple instrument du despotisme autrichien, un comparse exécutant un plan convenu d'avance dans le drame de la réaction, en faire une sorte de Radetzky du Danube exclusivement discipliné et militaire. C'est un point de vue exagéré. Sans doute Jallacic, à un moment donné, combina ses efforts et ses mouvements avec ceux de la cour impériale, à laquelle son éducation militaire le rendait tout dévoué, mais à l'origine son action fut plus spontanée, inspirée par l'ardeur de l'idée nationale. Quand les Croates lui ont élevé, il y a quelques années, une statue sur une des places d'Agram, ce n'est pas au serviteur de la dynastie d'Habsbourg-Lorraine qu'ils ont entendu l'élever, mais au serviteur de la grande cause yougo slave contre la tyrannie magyare, à celui qui posa le premier jalon de la confédération des peuples du Danube.

Jellacic arriva à Agram le 18 avril et dès le 19 il se

mit à l'œuvre en plaçant sous le coup de la loi martiale quiconque oserait agiter les esprits contre le roi légitime, la patrie et la nationalité croates. Le 25, il détacha du littoral hongrois (directement placé sous l'autorité de la couronne de Saint-Etienne et représenté à la Diète de Presbourg par son gouverneur) le district de Buccani et l'annexa à la Croatie. Au même instant les Serbes mettaient à la tête du mouvement Rajacic, archevêque de Carlowitz (*Karlovci*) et métropolitain des Grecs non-unis. Le 20 avril, une assemblée populaire tenue à Neusatz (*Novi Sad*) vota la séparation d'avec la Hongrie et l'union avec la Croatie Slavonie et décida qu'une grande Assemblée nationale serbe se réunirait le 13 mai. Le 24 avril, à Nagy-Kikinda, dans le comitat de Torontal, les Serbes se mirent en insurrection et chassèrent les autorités hongroises. Mêmes faits le 26 avril à O'Becse dans le comitat de Bács. Partout on brûlait les registres de l'état civil tenus en langue magyare. Enfin, le 13 mai, eut lieu à Carlowitz la réunion annoncée. Des milliers de Serbes votèrent : 1° que la dignité de patriarche serait rétablie dans la personne de Rajacic et celle de voïvode dans la personne d'Étienne Schuplikatz ; 2° que les Serbes se constituaient en nation libre et indépendante sous le sceptre de la maison d'Autriche et sous la couronne de Hongrie ; 3° que la voïvodie serbe se composerait du comitat de Sirmie avec ses confins militaires, des comitats de Baranya et de Bács avec les confins des Tchajkistes, du banat de Temesvar avec ses confins et du district de Kikinda ; 4° que la nouvelle voïvodie serait unie au royaume de Croatie, de Slavonie et de Dalmatie sur la base de la liberté commune ; 5° qu'une députation serait envoyée à Vienne et une autre à Agram ; 6° qu'un comité prendrait la direction du mouvement et qu'on mettrait à sa disposition les fonds des églises et des écoles. Le comité choisit Rajacic pour président et, pour vice-président, un jeune homme de 26 ans, ancien lieutenant dans l'armée autrichienne, Georges Stratimirovic. Des représentants devaient être envoyés au congrès général des Slaves de Prague; une proclamation fut adressée, pour les rassurer, aux nombreux Allemands de la Bačka.

Le ministère Batthyany manqua d'énergie et de décision contre l'agitation serbo-croate : il obtint de Ferdinand un rescrit qui lui soumettait Jellacic et qui envoyait en Croatie un commissaire extraordinaire pour réprimer les tendances séparatistes, le général Hrabovsky. Il chargea le comte suprême de Temes, Crnojevic, de réprimer les petites insurrections serbes : les patrouilles magyares le firent avec une grande cruauté; on brûla et on pendit. Il convoquait en même temps les Serbes à un synode national à Carlowitz pour le 15 mai, qu'il ajourna ensuite au 15 juin. Enfin il décréta une levée de 10,000 hommes de gardes nationales. Il ouvrit une souscription nationale pour les besoins de la patrie menacée. Il établit un camp à Szeged et y appela les régiments transylvains sicules. Le 14 mai, il fit destituer Jellacic de sa dignité de ban par décret du Palatin. Enfin, à la nouvelle de la fuite de l'empereur de Vienne le 17 mai, il fit supplier Ferdinand par le ministre Esterhazy de venir s'établir au milieu de ses fidèles Hongrois. C'est ainsi qu'en tout et toujours, Batthyany et ses amis se montraient constitutionnels scrupuleux et dynastiques dévoués, invoquant contre les rebelles serbo-croates l'autorité royale, sauf à s'indigner plus tard que les Serbes et les Croates invoquassent contre les Magyars l'autorité impériale. En offrant un asile à Ferdinand, qui d'ailleurs refusa, ils blessaient en même temps les révolutionnaires viennois.

Jellacic répondit aux timides mesures du ministère hongrois en ordonnant la levée en masse, en convoquant la congrégation générale des Croates et des Slavons pour le 5 juin et en faisant désarmer les nobles du district de Turopolya inféodés à la cause hongroise (25 mai).

Le ministère hongrois, devant cette audacieuse activité, émit pour 12 millions et demi de billets de 1 à 2 florins, payables à vue à la Banque commerciale de Pesth, et poussa à la souscription nationale qui, malgré l'élan général, ne produisit que deux millions de florins. De plus il avait négligé, quand on avait institué la garde nationale, de faire venir du dehors des fusils pour l'armer, et cette faute grave pesa sur toute la suite des événements. Quant à sa sommation respectueuse à Ferdinand d'avoir à rappeler les régiments hongrois qui alors combattaient pour l'Autriche en Italie, il savait bien que la cour ne ferait jamais droit à cette demande. Mesure dérisoire aussi que celle par laquelle il exigea que tous les corps stationnés en Hongrie prêtassent serment à la constitution hongroise. Plus efficace fut la réunion de la Transylvanie à la Hongrie décrétée le 30 mai par la Diète assemblée à Kolosvar, avec l'enthousiasme des deux nations magyare et sicule, avec quelques réserves de la troisième nation, la nation saxonne. Un décret abolit les corvées, dîmes, redevances et autres abus féodaux, sur la proposition du vieux patriote Wesselenyi (6 juin). Le 19 juin un rescrit royal daté d'Inspruck confirma l'union.

Mais cette union réveilla la question roumaine. Nous avons dit combien les Roumains, qui forment la majeure partie de la population de la Transylvanie, étaient opprimés par les trois nations souveraines des Magyars, des Sicules et des Saxons. Le mouvement partit de Hermanstadt (Nagy Szeben). Dès le 25 mars des proclamations manuscrites circulaient et rappelaient les griefs de la race misérable. Une grande Assemblée nationale fut indiquée pour le 15 mai à Balasfalva (Blajum). Les journaux roumains y préparèrent les esprits par une ardente polémique. L'arrestation de l'avocat valaque Micàs, porta au comble l'irritation que le gouverneur autrichien, le comte Teleki, tenta vainement d'apaiser. L'Assemblée eut lieu le 15 mai ; les patriotes roumains,

Janku, Butéano, l'évêque Schaguna y prononcèrent des discours enflammés devant plus de quinze mille de leurs concitoyens. Les Hongrois répandirent alors le bruit, depuis prouvé faux, que la tribune était décorée de drapeaux russes, leur intérêt étant de faire soupçonner derrière les levées de boucliers de chaque nationalité contre leur tyrannie des influences panslavistes et l'or de la Russie. L'Assemblée vota une adresse célèbre, qui est restée la charte des revendications roumaines. Elle demanda : 1º la reconnaissance de la nation roumaine comme quatrième nation constitutionnelle, 2º l'égalité des cultes, 3º l'abolition des dîmes et corvées, 4º la liberté industrielle, 5º la liberté de la presse, 6º la liberté individuelle et le droit de réunion, 7º le jury, 8º un budget des cultes, 9º la suppression des termes outrageants pour les Roumains contenus dans le corps des lois, 10º le retard du vote d'union avec la Hongrie jusqu'au jour où les Roumains seraient représentés dans la Diète. L'Assemblée prêta serment de fidélité à Ferdinand Iᵉʳ, empereur d'Autriche, et non à Ferdinand V, roi de Hongrie. Comme les Croates, comme les Serbes, comme les Tchèques, les Roumains voulaient former une confédération d'états indépendants sous le sceptre de l'empereur de Vienne, ce qui allait directement contre les idées et les prétentions magyares. Une députation conduite par Schaguna reçut à Pesth du ministère hongrois un fort mauvais accueil et alla jusqu'à Inspruck, où on lui répondit que l'union avec la Hongrie étant sanctionnée par l'empereur, il n'y avait qu'à se soumettre. La mise en liberté de l'avocat Micàs fut refusée.

La guerre des races pouvait être considérée comme commencée. Ce furent les Serbes qui en donnèrent le signal effectif. Non contents d'avoir envoyé des délégués à la congrégation d'Agram du 5 juin (illégalement convoquée par Jellacic), ils s'emparèrent de l'arsenal de Titel, chef-lieu du district frontière des Tchajkistes, entraînèrent dans le mouvement ces Graentzers (soldats des confins) et se retranchèrent fortement. Un autre camp se forma à Carlowitz même pour la défense du comité central, à une heure de Petrovaradin, résidence du général Hrabovszky. Les Serbes déclarèrent à celui-ci qu'ils ne le considéraient que comme général de la couronne de Hongrie et conséquemment comme ennemi. Hrabovszky fit attaquer Carlovitz par une colonne hongroise qui fut repoussée avec de grosses pertes (12 juin). Aussitôt la révolte gagna les confins militaires que le ministre de Pesth avait eu l'impardonnable faiblesse de laisser organisés comme devant, au lieu de les faire rentrer dans le droit commun, faute grâce à laquelle les Serbo-Croates eurent de suite sous la main une puissante force organisée, la meilleure partie de l'infanterie de l'armée autrichienne. Le comité serbe mit sa caisse en sûreté à Belgrade, entre les mains du ministre de la principauté sœur d'où ne tardèrent pas à arriver de nombreux volontaires.

Simultanément, Jellacic, tout destitué qu'il était de sa dignité de ban par décret du Palatin, conduisit à Insprück une députation serbo-croate. Il fut d'abord reçu par l'archiduc François-Charles, frère puîné et héritier de Ferdinand et époux de cette archiduchesse Sophie, mère de l'empereur actuel, qui était le vrai homme de la famille pour l'énergie, l'audace et le sens des situations. Est-ce dans cette entrevue du 19 juin, comme le prétendent les historiens hongrois, que le pacte fut conclu entre le despotisme autrichien et la nationalité yougo-slave? Est-ce là que l'on convint que, tout en désavouant hautement Jellacic au nom de la constitution magyare, on le mettrait peu à peu à même de constituer l'armée destinée à écraser les Magyars? Le problème est difficile et j'incline à croire que les rôles ne furent pas distribués ce jour-là avec cette prévision et cette précision : la cour de Vienne devait encore hésiter et temporiser. Le lendemain l'empereur reçut, à titre de renseignement, la pétition croate qu'il remit au prince Esterhazy, ministre hongrois présent, et engagea les pétitionnaires à s'entendre avec les Hongrois par l'entremise de l'archiduc Jean. Ferdinand en fit autant pour la pétition serbe.

Avant de poursuivre ce récit, racontons les infortunes d'un autre peuple slave, mais appartenant aux Slaves du Nord. L'épisode fut court et terrible : il venait d'avoir son dénouement suprême la veille même du jour où Jellacic et Rajacic, mandataires des Slaves du Sud, étaient reçus à Insprück. Je veux parler des Bohémiens ou Tchèques.

Nous avons vu, dans le tableau général de la situation en 1848, quelles étaient les aspirations des Tchèques ou Bohémiens. La révolution de Vienne leur offrit le moyen de les réaliser. Une députation partie de Prague fut chargée de porter à Vienne les vœux de la nation formulés dans une assemblée au Wentzelbad (19 mars). Il ne s'agissait pas seulement des revendications générales telles que l'abolition des dîmes et corvées, la suppression des droits et des justices féodales, mais bien de la reconstitution de l'antique royaume de Bohême (avec la Moravie et la Silésie) ayant, dans le sein de la monarchie, son existence distincte à l'instar de la Hongrie, avec diète siégeant tantôt à Prague, tantôt à Brünn. L'empereur d'Autriche se ferait couronner roi de Bohême comme il se faisait couronner roi de Hongrie. La cour d'Autriche promit, par un rescrit en date du 8 avril, de donner satisfaction à ces vœux et, en attendant, elle confia le gouvernement de la Bohême au jeune archiduc François-Joseph.

Mais bientôt les aspirations nationales redoublèrent de vigueur et s'élargirent. Les sommations des Allemands qui préparaient le parlement de Francfort les surexcitèrent. Les Allemands, maîtres dans les villes de la Bohême, croyaient avoir germanisé le royaume et le voyaient déjà englobé dans la grande unité qu'on allait créer à Francfort : le mouvement littéraire, linguistique et historique suscité par les Palacky, les Rieger et autres ne les avait que médiocrement inquiétés ; mais cette idée de l'unité allemande réveilla précisément l'idée de l'unité slave. Les Tchèques refusèrent nettement d'envoyer des députés à Francfort, malgré les invitations pressantes et redoublées de la commission des cinquante. Le 1er mai, ils lancèrent un appel à tous les Slaves, tant du nord que du midi, pour se réunir le 31 mai à Prague en une assemblée rivale de celle de Francfort. « Les Allemands, disait cet appel, se rassemblent au parlement de Francfort, qui doit prendre à l'Autriche autant de souveraineté qu'il en faut pour constituer l'unité germanique. L'empire autrichien va donc s'incorporer à l'empire allemand et avec lui il en traînera toutes les provinces non allemandes, la Hongrie exceptée. L'indépendance et la nationalité des peuples Slaves n'ont jamais couru de plus grand péril. C'est notre droit d'homme de protéger notre bien le plus sacré. Le temps est arrivé où, nous autres Slaves, nous sommes également obligés de nous concerter pour agir. »

Les Allemands poussèrent des cris de fureur au nom de la grande Allemagne qui voulait englober toutes les provinces de l'Autriche autres que la Hongrie. Les Hongrois, qui séparent si fâcheusement les Slaves du nord des Slaves du sud et qui sentaient frémir leurs sujets slovaques à la voix du prêtre Urban, prirent parti, dans tous leurs journaux, pour les Allemands, et applaudirent aux nouvelles et menaçantes déclarations de la commission des cinquante.

Quand l'empereur se sauva de Vienne pour se réfugier à Inspruck, les Tchèques lui offrirent de venir au milieu d'eux et protestèrent contre la révolution de la capitale ; leur président, le comte Léon de Thun, le type du vieux Tchèque, était aussi peu révolutionnaire qu'il était national. Vienne, indignée, voulut chasser les ouvriers et les employés tchèques. Le 31 mai, s'ouvrit à Prague le congrès slave : ce fut un curieux spectacle.

En tête du cortége marchaient les étudiants, les corps francs, de belles amazones, puis les représentants des divers peuples slaves, le Slovaque Urban, le Serbe Karadjic, le Polonais Lubomirski, le grand historien Schaffarik, l'exilé russe Bakounine, des Croates, des Slavons, des Dalmates, des Ruthènes, etc. Palacki fut nommé président général. Le 8 juin le congrès décida qu'il n'enverrait de députés ni à la diète de Vienne ni au parlement de Francfort. L'aspect de Prague était étrange : les affaires et le travail étaient suspendus ; on se pressait autour du lieu où siégeaient les assises de la nation slave ; on s'enivrait d'espérances et de perspectives immenses : le réveil devait être terrible. Le 11 juin, le prince Windisgraetz, commandant militaire, ayant refusé armes, canons et munitions à la légion des étudiants, ceux-ci mirent la ville en insurrection. Le 12, tout Prague était couvert de barricades. On attaqua l'hôtel du prince, et la princesse, s'étant mise imprudemment à une fenêtre, tomba mortellement frappée. Le 13 et le 14, un horrible combat des rues, rappelant nos journées de juin, se livra sur chaque rive de la Moldau. Cette population mal armée se battait avec rage. Windisgraetz, ne pouvant venir à bout de ces insurgés indomptables, prit un grand parti. Il fit évacuer la ville, installa son artillerie sur le cirque de montagnes qui l'environne et de là bombarda pendant deux jours la vieille cité slave. Sous cette pluie de feu et de fer, des quartiers entiers s'écroulaient ensevelissant sous leurs décombres les ouvriers, les étudiants, les amazones (qui se battirent intrépidement), aussi bien que les Allemands ennemis de l'insurrection. Il fallut se rendre : le 17, les otages furent livrés, les meneurs arrêtés, et parmi eux le brasseur Faster. Les troupes occupèrent la ville qu'elles avaient foudroyée de loin n'ayant pu la prendre et les cours martiales se mirent à fonctionner impitoyablement. L'assemblée slave disparut dans la tempête.

Que de contradictions dans ce formidable imbroglio de 1848 ! La révolution viennoise, au nom de l'idée allemande, mitraillait la révolution slavo-tchèque, et bientôt les Slaves du sud, frères de race des Tchèques, allaient aider les Allemands à mitrailler la révolution viennoise en même temps que la révolution magyare. Les questions de liberté s'effaçaient de toutes parts devant les questions de nationalité. Les chefs des mouvements de races ne reculaient pas devant les alliances les plus réactionnaires pour arriver à leur but et demeuraient étrangers à toute idée supérieure et générale, égoïstement cantonnés dans leurs revendications.

Court épisode aussi que celui de la tentative de la nationalité polonaise pour reconquérir quelque autonomie. Les haines sociales que l'Autriche avait, avec une si sanglante habileté, exploitées en 1846 dans la Gallicie, étaient toujours vivaces. Le gouvernement de Vienne avait continué dans cette province son rôle de réformateur socialiste et de protecteur des paysans contre les nobles. Dès les premiers jours de mars, Lemberg envoya à Vienne une députation demander l'organisation d'un comité national provisoire chargé d'élaborer une constitution et une loi électorale pour une nouvelle assemblée destinée à remplacer la diète, et de résoudre toutes questions administratives et sociales. L'empereur fit de vagues promesses : le populaire archiduc Jean donna de bonnes paroles et maudit rétrospectivement le partage de la Pologne. Et pendant ce temps, la cour de Vienne faisait afficher à Lemberg et dans toutes les parties de la Gallicie une patente qui, *motu proprio*, affranchissait les paysans des dîmes et corvées, tout en promettant une indemnité aux nobles. Il arrachait ainsi à la noblesse la gloire et le profit du sacrifice qu'elle voulait faire : la noblesse expiait durement les crimes de ses ancêtres. Les paysans, au moindre mouvement des nobles et des bourgeois, étaient prêts à renouveler les massacres de 1848.

A Cracovie, dont nous avons vu l'annexion, un comité de quarante membres s'était formé spontanément : il lança une proclamation le 6 avril dans le style mystique et religieux qui est dans les habitudes polonaises. Les autorités autrichiennes laissaient faire. Le gouverneur militaire comte de Castiglione laissa même, malgré le staroste Krieg, rentrer les proscrits qui se dirigeaient de toutes parts vers la ville (24 et 25 avril). Mais c'était un leurre : le 26, toutes les dispositions militaires étant achevées, les soldats autrichiens ouvrirent le feu sur les rassemblements, sans sommation. Comme Prague, Cracovie se hérissa de barricades ; comme à Prague, la population à peine armée se battit avec rage et fit fléchir les troupes, mais, comme à Prague encore, du haut de la citadelle, les troupes couvrirent la ville d'obus et de fusées à la congrève. Il fallut capituler le 27. Le comité dissous fit ses adieux dans une proclamation touchante et Cracovie retomba dans le silence et dans l'oppression. Le 27 mai, le ministère de Vienne signifiait à la députation galicienne que toutes ses demandes étaient repoussées.

Après avoir dompté la nationalité tchèque et la nationalité polonaise, l'Autriche devait dompter aussi avec le même succès la nationalité italienne. Ce sont les succès momentanés de celle-ci qui expliquent la condescendance que la cour de Vienne témoigna d'abord à la Hongrie : elle ne voulait ni ne pouvait se mettre tant d'affaires sur les bras. Mais la guerre italienne terminée, elle devait jeter le masque vis à vis des Magyars en prenant pour auxiliaire la nationalité serbo-croate.

Dès le 17 mars la nouvelle de la chute de Metternich et de l'état révolutionnaire de Vienne avait répandu une violente agitation à Milan. Vainement le gouverneur comte O'Donnel convoqua-t-il pour le 3 juillet l'assemblée centrale du royaume Lombardo-Vénitien ; l'insurrection s'organisa sous l'impulsion des Cernuschi, des Cattaneo, des Terzaghi et répondit par une prise d'armes aux menaces de bombardement de Radetzki retiré dans le château. La lutte dura effroyable, héroïque, acharnée, le 19, le 20, le 21 et le 22 mars. Le soir du 22, Radetzki abandonna la ville et le château en emmenant toute l'armée autrichienne. Le même soir, après deux jours de lutte, le comte Zichy était chassé de Venise et les Autrichiens de Brescia, de Bergame, de Padoue. Le 24, le roi de Piémont, Charles-Albert, se décida à se jeter dans la lutte et passa le Tessin. S'il l'avait fait deux jours plus tôt, comme le lui proposa le général Lecchi, l'armée autrichienne, coupée dans sa retraite, était perdue. Mais il laissa le temps à Radetzki d'aller s'établir solidement dans le fameux quadrilatère.

L'Italie aurait eu besoin d'un immense effort dans une immense union. Mais les souverains de la péninsule trouvaient que dans le mouvement d'indépendance il y avait trop de mouvement révolutionnaire. Pie IX, sur lequel on avait l'illusion de compter, ne laissait qu'à regret Durando former une armée dans les États de l'église. Le duc de Toscane n'envoyait qu'en rechignant quelques régiments sous les ordres de Laugier. Le roi de Naples, furieux d'avoir subi une constitution, n'attendait que l'occasion de trahir la cause nationale. Charles Albert lui-même manquait d'élan, s'irritait que la république eût été proclamée à Venise par Manin et repoussait l'alliance de la République française par la fameuse phrase : *Italia fara da se.*

La guerre commença le 6 avril. Les volontaires italiens cherchaient à couper les communications de Radetzki avec le Tyrol et les Vénitiens sa retraite sur la Piave. Le 8, Charles Albert s'empara du pont de Goïto sur le Mincio. On s'attendait à une grande bataille, quand Radetzki, abandonnant tout à coup la ligne du Mincio, se replia sur l'Adige. Charles Albert perdit un temps précieux à s'établir sur le Mincio et à investir

Peschiera. Radetzki en profita pour chasser les volontaires du Tyrol et pour attendre l'armée de réserve que lui amenait Nugent. Le 29 avril, les Piémontais s'emparèrent de la hauteur de Pastrengo qui protégeait Vérone et Radetzki recula encore, sans accepter de batailles.

Mais le même jour Pie IX, trahissant la cause nationale, publia la fameuse encyclique qui condamnait la guerre contre l'Autriche et qui mettait fin à la comédie du papisme révolutionnaire. Nugent s'empara d'Udine sur le Vénitien Zucchi, se rapprocha de la Piave qu'il passa le 8 mai en battant le Toscan Ferrari, défit Durando et ses Romains le 9, et le rejeta sur Vicence. On ne comptait plus que sur les 16,000 Napolitains qu'amenait Pepe pour empêcher la jonction de Radetzki et de Nugent.

Le moment était grave : Parme et Modène s'étaient donnés au Piémont et la Lombardie était appelée à la fin du mois à voter sa réunion. Il fallait des succès. Mais le 15 mai Ferdinand de Naples dissolvait son parlement, reprenait le pouvoir absolu à la suite d'une guerre de rues où les Suisses lui donnaient la victoire et s'empressait de rappeler Pepe qui résistait, mais que son armée abandonnait. Le 22 mai, la réserve autrichienne opérait sa jonction avec l'armée de Radetzki qui put reprendre l'offensive, et qui, maîtresse le 5 juin de Vicence, n'avait plus à s'inquiéter d'être coupée par le Tyrol.

Charles-Albert fit venir ses réserves du Piémont, équipa tant bien que mal l'armée lombarde, et rassembla 80,000 hommes sur le Mincio. Le 22 juin Radetzki l'attaqua. Après une série d'engagements autour des collines de Sona et de Somma Campagna et des positions de Custozza et de Volta, sur les deux rives du Mincio dans les journées du 23 et du 24, l'armée italienne fut complétement battue et se mit en retraite sans pouvoir se défendre ni sur l'Oglio ni sur l'Adda.

Charles-Albert rentra le 3 août à Milan où les Lombards désespérés l'accueillirent d'une façon menaçante. Le 6 il signa une capitulation, et le 7 il évacua la ville que Radetzki occupa. Le 10 août, le roi de Piémont dut consentir à un armistice par lequel il cédait Peschiera et promettait de retirer de la Vénétie toutes ses forces. Le sol lombard était tout entier rentré sous le sceptre autrichien.

Restait la Vénétie et l'héroïque Venise que Manin gouvernait et que Pepe défendait. Elle devait résister jusqu'au 28 août 1849.

CHAPITRE III

Débats de la diète hongroise. — Jellacic entre en Hongrie. — Bataille de Pakozd. — Vienne : massacre du ministre Latour. Ferdinand à Olmütz. — Bombardement de Vienne. — Bataille de Schwechat. — Windisgraëtz. — Abdication de Ferdinand : François-Joseph. Prise de Buda-Pesth. — Le gouvernement hongrois à Débreczen. — Bataille de Godollœ. — Bem en Transylvanie. — Constitution du 4 mars 1849. — Déclaration d'indépendance de la Hongrie. — Intervention russe. — Capitulation de Vilagos. — Supplices d'Arad. — Novare. — Venise.

Revenons maintenant aux nationalités qui allaient montrer plus de résistance et surtout à la nationalité hongroise. Ce fut le 5 juillet 1848 que la diète se réunit à Pesth. Elle fut ouverte par la lecture d'un message de Ferdinand nommant le palatin Étienne son *alter ego*, et par un discours plein d'effusion et de belles promesses du palatin lui-même qui préparait déjà, une correspondance saisie plus tard en fait foi, l'invasion de la Hongrie.

Le ministère Batthyany continua à se montrer incertain et troublé, ne prenant parti ni pour ni contre la révolution, cherchant à concilier des choses inconciliables : l'indépendance hongroise et la fidélité à l'Autriche, et mécontentant tout le monde. Si Kossuth, par un de ses plus beaux discours dans lequel il révéla que le ministère de Vienne avait envoyé cent mille florins à

Jellacic, fit décréter le 11 juillet une levée de deux cent mille hommes et un crédit de 42 millions de florins au nom du pays menacé, il se montra très-faible dans son exposé-programme du 20 juillet, en déclarant que la Hongrie aiderait l'Autriche à se défendre contre les Italiens, avec cette restriction dérisoire que cette aide était en vue d'une paix sauvegardant les droits de la nation italienne. L'opposition, par la voix des Nyary, des Madarasz, des Perczel, fit voir combien il serait déshonorant pour la Hongrie de faire servir ses soldats à combattre une nation qui avait autant de droits qu'elle-même à l'indépendance nationale. Le ministère, empêtré dans sa fausse situation, se retrancha derrière les prescriptions de la pragmatique sanction, et Kossuth laissa échapper l'assertion, vraie d'ailleurs, qu'en Hongrie le peuple était essentiellement monarchique. Après une discussion violente et seulement sous la menace de la question de cabinet, Kossuth fit adopter un amendement portant que les secours ne seraient accordés que si l'Autriche consentait à accorder à ses possessions italiennes un gouvernement indépendant sous le sceptre autrichien et que, dans le cas où les Italiens n'accepteraient pas cet arrangement, une ligne de démarcation serait tracée. Misérable spectacle que celui de cette première assemblée libre de la Hongrie prenant une pareille résolution contre la liberté d'un autre peuple! De quel droit blâmera-t-elle les Serbo-Croates de s'allier à l'Autriche pour reconquérir leur nationalité méconnue et opprimée, quand elle-même s'allie à l'Autriche pour étouffer la nationalité italienne ?

Malgré cette concession, Ferdinand (qui rentra d'Inspruk à Vienne le 8 août) refusa de venir à Pesth. Le 3 août, la diète hongroise vota, au milieu des acclamations enthousiastes, que si le gouvernement autrichien se trouvait impliqué dans une guerre avec l'Allemagne, l'Autriche ne pourrait pas compter sur l'assistance de la Hongrie. Ainsi la Hongrie, qui prêtait ses soldats contre l'Italie, refusait de les prêter contre l'Allemagne, montrant dès lors cette sympathie pour le germanisme qui n'a d'égale que sa sympathie pour les Osmanlis. Le ministère présenta un projet sur l'instruction publique tellement empreint de partialité religieuse qu'il fallut l'amender et que l'amendement, encore bien insuffisant, ne passa que grâce à la question de cabinet posée par Kossuth. La discussion sur l'organisation de l'armée, où le ministre Meszaros soutint passionnément le maintien des peines corporelles, fut très-vive et amena un duel entre Szechenyi et Patay. Il est important d'insister sur ces détails pour montrer combien l'engouement de l'Europe démocratique en 1848 pour les prétendus révolutionnaires hongrois était mal fondé : ils pactisaient avec le passé, ces mesures le prouvent, et ce ne fut que malgré eux qu'ils rompirent leurs liens. Avec l'Autriche monarchique, le ministère Batthyany était plus que modéré.

L'insurrection serbe se poursuivait : Stratimirovic, son général, avait 15,000 hommes et 40 canons qui furent bientôt portés à 30,000 hommes et cent canons. Le commandant en chef de l'armée hongroise, Bechtold, avait des forces égales, mais d'origine autrichienne ; il obéissait évidemment au mot d'ordre de la cour de Vienne. Aussi mit-il autant de mollesse dans la défense que dans l'attaque. Le 19 août il échoua dans sa tentative de s'emparer du camp serbe de Szent-Tamas. La guerre avait un caractère atroce : on ne faisait pas de prisonniers, on brûlait, on massacrait, on torturait, on ruinait. Les préparatifs de la Croatie étaient évidents. Kossuth voulut poser la question nettement, d'autant plus que Milan avait capitulé le 5 août, que Charles-Albert était rentré dans ses états et que l'Autriche était libre de ce côté. Il demanda, dans la séance du 4 septembre, qu'on rédigeât un manifeste à l'Europe, qu'on envoyât au roi une députation et qu'on nommât un comité chargé de rédiger en projet de loi un compromis avec les Croates. Ce fut voté. La députation partit immédiatement pour Vienne. Elle fut reçue le 9 septembre à Schœnnbrun et son président, Pazmandy, lut une adresse où les griefs et les demandes de la Hongrie étaient fermement exposés. Ferdinand fit une réponse glaciale, évasive, qui sonna comme un glas aux oreilles des députés. Ils se retirèrent furieux d'avoir recueilli un pareil fruit de tant de concessions et de respect de la légalité. Mais ce fut bien pire quand, de retour à Vienne, ils lurent dans la Gazette officielle une lettre de l'empereur à son cher baron Jellacic, le réintégrant dans toutes ses dignités et l'engageant à persévérer, pour l'intérêt de la monarchie, dans la voie où il était entré. Il n'y avait plus à se faire d'illusions. Les espérances constitutionnelles de la Hongrie étaient brisées. On sut plus tard d'ailleurs que l'ordre d'attaque avait été déjà donné à Jellacic. La députation se rembarqua, la rage au cœur ; et cependant on ne voulut pas encore faire la seule réponse possible : une déclaration d'indépendance ! Kossuth, toujours épris de légalité, prétendit qu'il fallait défendre à la fois la patrie et le trône. Le ministre donna sa démission, mais Kossuth, Meszaros et Szemère déclarèrent qu'ils garderaient leurs portefeuilles jusqu'à ce qu'ils pussent les remettre entre les mains de ministres légalement choisis et reconnus. Le prince Esterhazy se rallia à l'Autriche ; le noble et généreux Széchenyi venait d'être frappé d'aliénation mentale. Le palatin chargea Batthyany de former un nouveau ministère. C'est pendant qu'on le formait qu'arriva le 12 septembre la nouvelle que Jellacic, restauré dans sa dignité de Ban, avait franchi la Drave, près de Legrad, et que le commandant des forces hongroises, Adam Teleki, avait déclaré qu'il ne combattrait pas l'invasion conduite par un général autrichien. Teleki commandait un corps d'observation de 10,000 hommes sur la Drave. Jellacic, au préalable, avait occupé Fiume et repris sur Hrabowski le commandement des frontières slavones.

C'était bien la guerre. Batthyany déclara au Palatin qu'il n'accepterait de former un ministère qu'autant que le roi ordonnerait immédiatement à Jellacic d'évacuer le sol hongrois. Le roi répondit qu'il ne pouvait s'expliquer sur ce point et reprocha à la Diète de n'avoir rien fait depuis deux mois pour apaiser le différend entre la Hongrie et la Croatie (15 septembre). Batthyany voulait se retirer. A la demande de la Diète, il resta et forma un ministère tout à fait centre gauche, quand il aurait fallu une administration révolutionnaire (Koloman Ghiczy, Szentikyralyi, Erdody, Vay, Kémeny, Eötvos, Meszaros). On envoya une députation à l'Assemblée de Vienne, mais cette assemblée, par 186 voix contre 108, refusa de la recevoir (19 septembre). Le peuple de Vienne fit une ovation aux Hongrois. Le 22 septembre on adjoignit au ministère pour la direction des affaires six représentants : Kossuth, Szemere, Nyary, Ladislas Madarasz, Patay et Zsembery, et trois magnats : Perenyi, Michel Eszterhazy et Josika. Le Palatin fut chargé de combattre l'invasion : c'était son rôle constitutionnel. Mais après une rapide excursion au camp il prit la fuite et se sauva jusqu'au cœur de l'Allemagne, dans son château de Schaumbourg. Les lettres saisies chez lui prouvèrent qu'il trahissait depuis longtemps la cause hongroise : elles énuméraient les moyens à employer pour soumettre la Hongrie et indiquaient les plus violents, même la Jacquerie à la façon gallicienne. Et c'était le même homme qui faisait à la diète des discours si constitutionnels et si magyars !

La situation était grave pour la Hongrie. Les Serbes continuaient la guerre sans trop se douter que maintenant, au lieu de combattre uniquement pour leurs droits, ils faisaient le jeu du despotisme autrichien et obéissaient à une direction nouvelle. Les Roumains et les Saxons de Transylvanie prenaient les armes sous la conduite du colonel Urban et du major Riebel. Les Slovaques se soulevaient sous la direction du pasteur protestant Hurban. La cour de Vienne ne prenait même plus la peine de dissimuler son hostilité : elle conservait en plein pays hongrois les forteresses d'Arad, de Temesvar et de Fehervar, et faillit, grâce à la trahison du général Mœrz, occuper la citadelle de Komorn (Komarom). Deux documents officiels vinrent porter au comble l'exaspération des Magyars. Un premier manifeste en date du 25 septembre nommait le général comte Lamberg commissaire royal muni de pleins pouvoirs et commandant de toutes les forces militaires dans toute l'étendue de la Hongrie. Un second ordonnait à tous les soldats de rentrer sous leurs anciens drapeaux. La Hongrie, envahie par les Croates, attaquée de huit côtés à la fois, était en même temps soumise à la dictature d'un commissaire autrichien : c'en était trop. L'Assemblée déclara nulle la nomination du général Lamberg et une agitation terrible commença à régner à Pesth et à Bude. Lamberg, arrivé à Bude, eut l'imprudence de sortir en fiacre. Reconnu au milieu du pont qui unit les deux villes, il fut arraché de sa voiture par une bande armée de faux et massacré, malgré les efforts d'un poste de garde nationale (28 septembre). La foule était persuadée que le malheureux Lamberg précédait de peu une armée impériale chargée d'anéantir la liberté hongroise. Ce meurtre fut exploité largement par la réaction autrichienne.

Les préparatifs de défense continuaient en même temps. Kossuth allait de ville en ville prêchant la guerre sainte et levait en trois jours douze mille volontaires. Toute la cavalerie hongroise en garnison en Gallicie, en Bohême et dans les autres provinces déserta par petits détachements, dont quelques-uns accomplirent des prodiges d'énergie et de persévérance, et vint rejoindre le drapeau national.

Le 29 septembre, Jellacic, à la tête de 30,000 hommes, quitta Fehervar pour marcher sur Pesth. Il rencontra la petite armée hongroise de 16,000 hommes, commandée par Moga, à Pakozd. Il attaqua et fut repoussé grâce à l'artillerie magyare bien dirigée par Mack. Jellacic demanda un armistice de trois jours, qui lui fut accordé à condition que les armées restassent dans leurs positions respectives. Mais dès le lendemain, violant l'armistice, Jellacic se mit en retraite du côté de Vienne par Moor et Gyor (Raab). Il allait au-devant des renforts impériaux. L'effet moral de cette bataille fut immense en Hongrie. Kossuth parvint à l'apogée de la popularité. Batthyany s'était retiré, après avoir vainement tenté de fléchir à Vienne, après le meurtre de Lamberg, la colère de la cour. Kossuth n'était resté que trop longtemps asservi à la politique indécise de ce ministère. S'il avait précipité la rupture avec l'Autriche tandis que celle-ci était dans tous les embarras de la guerre d'Italie, les événements auraient pris une autre tournure.

Le 4 octobre Maurice Perczel attaqua la réserve de Jellacic laissée en arrière et lui fit 1800 prisonniers. Le 7, il fit mettre bas les armes au corps principal de cette réserve commandée par les généraux Roth et Philippovich. Il avait sous ses ordres un jeune officier qu'on appelait le major Arthur Gœrgey, qui venait d'acquérir une notoriété en faisant pendre, pour crime de haute trahison et relations avec l'armée croate, un magnat, le comte Eugène Zichy. Moga suivait de loin l'armée de Jellacic, manquant l'occasion de l'attaquer et s'arrêtant quand il le vit franchir la frontière autrichienne, faute énorme que les événements qui venaient de s'accomplir à Vienne rendirent plus énorme encore.

L'empereur était rentré d'Inspruck à Vienne le 12 août. Le ministère du 16 juillet — dont le général Latour faisait partie avec le portefeuille de la guerre — fonctionnait, et la diète — dominée par les Slaves — poursuivait le cours de ses travaux, aussi peu sympathique en majorité à la cause hongroise que l'était beaucoup le peuple de Vienne où dominait l'élément germanique. Le général Latour n'hésita pas à déclarer à la diète qu'il avait envoyé 280,000 florins à l'armée impériale de Jellacic, en attendant qu'il lui expédiât des renforts. La garde nationale, la légion académique et le peuple accueillirent ces déclarations avec des murmures d'indignation. Depuis le 19 septembre, jour où la diète avait refusé de recevoir la députation hongroise, une alliance intime s'était formée entre les Viennois et les Magyars. Aussi, le 6 octobre, quand Latour, conformément à ses déclarations, expédia cinq bataillons à Jellacic, les Viennois s'y opposèrent par la force. La foule démolit le pont du Danube que ces renforts voulaient traverser, et la garde nationale attaqua les troupes, tandis qu'une bande furieuse assaillait l'hôtel de Latour, s'emparait de lui, l'assommait et le pendait à une lanterne. L'insurrection acheva son triomphe par la prise de l'arsenal le 7, à quatre heures du matin. La lutte avait été formidable.

La diète était restée en permanence, sans prendre part à l'insurrection. Elle demanda à l'empereur : 1° la révocation du manifeste qui investissait Jellacic de pouvoirs extraordinaires sur la Hongrie; 2° la formation d'un ministère sous la présidence de Doblhof. Ferdinand consentit à la seconde demande, en ajournant sa réponse sur la première. Mais le 7, à huit heures du matin, il s'enfuit de Schoenbrunn et gagna Olmutz par Linz. Il laissait un manifeste que M. Kraus vint lire en son nom devant la diète. Il déclarait quitter la capitale pour trouver moyen de porter secours à ses sujets opprimés et il invoquait Dieu et son bon droit. Le même jour était lu à la diète de Pesth un autre manifeste impérial daté du 8 octobre, saisi sur les courriers du Ban : il dissolvait la diète, en annulait tous les actes, déclarait tout le pays en état de siége et conférait à Jellacic des pouvoirs illimités. Ce manifeste était contre-signé par un vieux général hongrois retraité à Vienne, Adam

Recsey, nommé président du conseil magyar, et que les Viennois mirent en prison.

La situation était grave à Vienne. Forcé de battre en retraite, le général Auersperg, commandant militaire de Vienne, s'était retiré avec 10,000 hommes sur les hauteurs du Belvédère. Il y attendait des renforts, c'est-à-dire d'une part l'armée de Jellacic et de l'autre celle de Windisgraëtz nommé généralissime des forces autrichiennes, sauf de celles d'Italie, et qui avait appris à Prague son métier de bombardeur. Ni les Viennois ni les Hongrois ne surent prendre de décision. Si le général Moga, sans s'inquiéter de la frontière, s'était jeté sur Jellacic, il aurait arrêté la marche du Ban sur Vienne et une victoire aurait changé le cours des événements. Les Hongrois, toujours formalistes et juristes, attendaient un appel officiel de la diète de Vienne. Celle-ci, très-travaillée par les influences slaves, refusa cet appel. Le peuple viennois, excédé de ces subtilités si vaines en temps révolutionnaires, invita l'armée hongroise à passer la frontière (10 octobre). Moga passa la Leitha (17 octobre). Mais le comité de défense de Pesth lui ordonna de revenir sur le territoire hongrois. Le 21 octobre, même opération : passage et retraite. Kossuth amena 1200 volontaires et demanda dans un conseil de guerre qu'on allât enfin au secours des Viennois : Moga et Gœrgey s'y opposèrent et Kossuth n'usa pas de son autorité dictatoriale pour ordonner le mouvement. Toujours procédurier, il somma le 25 octobre Windisgraetz de désarmer Jellacic et de lever le siége de Vienne. Celui-ci haussa les épaules et arrêta les porteurs de la sommation.

Jellácic était arrivé le 9 octobre en vue de Vienne et s'était établi à Schwechat : il reçut poliment un député envoyé par la diète, mais sans rien lui promettre. Le manifeste impérial prouva aux Viennois qu'ils n'avaient plus qu'à compter sur eux-mêmes. Messenhauser fut nommé commandant en chef de la garde nationale, le

Polonais Bem commandant de la place : Robert Blum, député de Zwickau au parlement de Francfort, était l'âme de la défense. La diète, délivrée de ses membres réactionnaires qui étaient allés s'installer à Prague, entrait franchement dans la résistance.

Ce fut le 28 octobre que Windisgraetz donna le signal de l'attaque générale. La lutte fut terrible : mais le soir même, Jellacic s'était emparé des deux faubourgs de la Landstrass et de la Mœrgass, et le lendemain le faubourg de la Léopoldstadt tombait au pouvoir de Windisgraetz. Le 29, il répondit à une députation du conseil municipal qu'il commencerait le soir même à bombarder. Le 30, Vienne capitula, et on négociait les conditions, quand on apprit l'arrivée de cette armée hongroise si passionnément attendue par le peuple. Aussitôt le combat recommença dans les rues de Vienne, et recommença aussi le terrible bombardement.

Jellacic fit front aux Hongrois enfin décidés ; la bataille se livra à Schwechat, en vue de Vienne : elle dura de sept heures du matin à quatre heures de l'après-midi ; les recrues magyares ne purent entamer les solides confinaires du Ban. Les porteurs de faux de Komarom se débandèrent : l'armée vaincue repassa la Leitha, laissant 1,500 morts sur le champ de bataille. Vienne n'avait plus qu'à mourir ; elle se rendit sans conditions, et Windisgraetz y entra le 1ᵉʳ novembre, précédé d'un bando menaçant. Alors le bombardeur de Prague installa la terreur militaire dans la malheureuse capitale des Habsbourgs. Robert Blum fut fusillé à la Brigettenau; Messenhauser à Neuthaus. Le journaliste Jellinek, le docteur Becker, des étudiants par douzaines, subirent le même sort. La révolution autrichienne finissait dans le sang ; elle avait duré huit mois : l'absolutisme des Habsbourgs, vainqueur en Italie, en Bohême, et dans les états héréditaires, n'avait plus à compter qu'avec les Magyars.

Avant d'entrer dans la lutte, le gouvernement autrichien se renouvela. Ferdinand avait, aussitôt après la soumission de Vienne, donné la présidence d'un nouveau ministère au prince de Schwarzenberg assisté du comte Stadion et du docteur Alexande Bach, transfuge du parti populaire. La diète constituante, transportée à Kremsier et privée de ses éléments démocratiques, se traînait dans de longues délibérations sur les droits féodaux et entamait ensuite la lente élaboration de la constitution générale qui devait être abolie dès le mois de mars suivant. Après avoir nommé le vainqueur de Vienne, Windisgraetz, commandant en chef de l'armée qui allait opérer en Hongrie, et lancé un manifeste menaçant contre le rebelle Kossuth et ses complices, Ferdinand abdiqua le 2 décembre au profit du fils aîné de son frère François-Charles, de son neveu François-Joseph, alors âgé de dix-huit ans. Quels furent les motifs de cet acte? L'hypothèse qu'il répugnait à violer le serment solennel par lui prêté à la constitution hongroise paraît peu vraisemblable : il est plus probable que vieux et valétudinaire, Ferdinand se sentait incapable de suffire aux exigences d'une situation aussi grave. Aidé des conseils de sa femme, l'impératrice Marianne, et de ceux de l'archiduchesse Sophie, la virile et ambitieuse mère de son jeune successeur, il voulut qu'un nouveau souverain eût la responsabilité de la politique de fer et de centralisation à outrance qu'allait inaugurer Schwarzenberg. Le jeune François-Joseph Ier lança à son tour un manifeste de prise de possession. « Convaincue de la nécessité et de la valeur des institutions libérales, Sa Majesté entame avec confiance la mission qui lui incombe de réorganiser et de rajeunir toute la monarchie. La vraie liberté, l'égalité des droits de toutes les nationalités de l'empire, ainsi que celle de tous les citoyens devant la loi, non moins que la participation des mandataires du peuple à la législation, telles seront les bases par lesquelles la patrie se relèvera dans son ancienne grandeur... l'édifice nouveau que nous allons reconstruire sera comme une grande tente où, sous le sceptre héréditaire de nos aïeux, les diverses races de l'empire s'abriteront plus libres et plus unies que jamais. » Nous verrons ce qu'allaient être cette liberté et cette unité promises par François-Joseph.

Certes l'occasion était belle pour la Hongrie de rompre avec la dynastie et de proclamer son indépendance. Mais les légistes magyars — qui n'étaient révolutionnaires qu'à la dernière extrémité et à leur corps défendant — s'avisèrent de recourir à une fiction excessivement constitutionnelle, ils refusèrent de reconnaître l'abdication : Ferdinand fut toujours considéré comme étant le roi, le roi trompé par une camarilla seule responsable de la violation des lois de 1848. Les officiers ne reçurent leur commission qu'avec cette clause : « sauf confirmation ultérieure par le roi. » Les membres du comité de défense présidé par Kossuth ne voulurent point prendre le titre de ministres parce qu'ils n'étaient pas nommés par le roi. C'était pousser l'amour de la légalité jusqu'à la duperie.

Nous raconterons très-sommairement le côté militaire de la guerre de Hongrie, véritable épopée qui passionna l'Europe de 1848 à 1849. Les Magyars y montrèrent une bravoure superbe ; Kossuth sut faire sortir de terre et organiser des armées imposantes : il y eut dans ce peuple, combattant pour sa liberté, mais non pour celle du monde, un élan digne de l'élan de 92. L'armée se composa, durant cette lutte formidable, de *Honveds* ou soldats réguliers engagés pour quatre ans, réunis en bataillons de 1200 hommes, et qui rendirent célèbre leur uniforme : *Attila* brun à brandebourgs rouges, pantalon bleu et shako noir ; ce fut une admirable infanterie ; de régiments de hussards qui devinrent légendaires ; d'une artillerie improvisée, mais qui fut promptement excellente ; de légions étrangères dont la plus nombreuse fut la Polonaise ; et enfin de volontaires et de corps francs. Les forteresses de Munkacz, Léopoldstadt et Komorn restèrent aux Hongrois, mais les commandants autrichiens de Temesvar, d'Arad et de Fehervar conservèrent ces forteresses à l'Empereur.

Le plan des Autrichiens était très-simple : l'armée principale commandée par Windisgraëtz et par Jellacic devait marcher en deux corps des environs de Vienne par Presbourg et par Raab sur Buda-Pesth. D'autres corps d'armée devaient partir des autres provinces autrichiennes dont le cercle entoure la Hongrie pour se rejoindre au centre : le général Goetz de la Moravie, le général Schlick de la Gallicie, le baron Puchner de la Transylvanie, le général Albert Nugent de la Croatie et du Banat. Le général Simonich était chargé de faire le siége des forteresses du Nord. Le comité de défense opposait Arthur Gœrgey à Windisgraëtz, Meszaros à Schlick, Perczel et Kiss à Nugent et aux Serbes. Petrovaradin en Slavonie tenait pour les Magyars.

L'invasion autrichienne était fortement appuyée par les Roumains de Transylvanie et par les Serbes du Banat. La race opprimée et méprisée des Roumains s'était soulevée dès le printemps à la voix de chefs populaires : Janku, Pap, Barnutz, et des officiers autrichiens Urban et Riebel contre ces Szeklers et ces Magyars, leurs tyrans séculaires qui prétendaient les recruter pour leurs armées. Ce n'était pas par amour de l'*Imperatu* de Vienne qu'ils prenaient les armes, mais par soif de vengeance et d'indépendance. Le commissaire général magyar, baron Vay, ne sut pas d'ailleurs agir, et le 18 octobre, le général autrichien Puchner se mit à la tête du mouvement. La guerre prit le caractère d'une Jacquerie : les Roumains étaient impitoyables pour leurs oppresseurs; il y eut des traits atroces. Le général hongrois, Baldacsi, concentra toutes ses troupes devant Kolosvar (Klausenbourg) et fut battu le 12 novembre par Urban auquel il abandonna cette ville. Les Hongrois se mirent en retraite dans la direction de la Hongrie, évacuant la principauté-sœur.

La campagne contre les Serbes ne tourna pas mieux, malgré les divisions entre le patriarche Rajacic plus dévoué à l'Autriche, et le jeune général Stratimirovic plus dévoué à la cause nationale; l'incapacité du chef magyar Kiss, qui ne savait qu'éparpiller ses forces et temporiser, compromit tout. Enfin ses lieutenants enlevèrent le camp serbe de Perlaz (2 septembre), mais il fut à nouveau repoussé dans son attaque contre Szent-Tamas (21 septembre). Des alternatives de succès et de revers marquèrent les mois d'octobre, de novembre et de décembre. Repoussé devant Pancsova, Kiss dut se mettre en retraite par un froid terrible. Damjanic, un Serbe dévoué aux Hongrois et qui exécrait ses compatriotes, lui succéda, mais il reçut du comité de défense l'ordre de se retirer sur la ligne de la Maros, en évacuant complétement la Voïévodine serbe.

Windisgraëtz était resté six semaines inactif et on croyait qu'il renonçait à faire une campagne d'hiver, quand il se mit en route le 10 décembre. Le 18, il entra à Presbourg évacué par Gœrgey, le 27 à Raab aussi abandonnée, le 28, il défit à Babolna l'arrière-garde de Gœrgey qui occupa les hauteurs de Bicske pour attendre les renforts conduits par Perczel. Mais Jellacic, qui s'était avancé de son côté, avait complétement battu le 30 décembre, Perczel à Moor. Au nord, même insuccès : Schlick battit à Kaschau (Kossa) Meszaros le 4 janvier. Les nobles magyars et les bourgeois du comitat de Saros, où s'était livrée la bataille, se déclarèrent pour les Autrichiens. Au midi, Nugent était entré dans Funfkirchen, et nous avons vu que, le 2 janvier, les Serbes avaient battu Kiss devant Pancsova.

Buda-Pesth étaient ouvertes à l'ennemi. Le 31 décembre, Kossuth proposa que le comité de défense et la diète se retirassent à Debreczen, derrière les marais de la Theiss. On proposa aussi qu'une députation fût envoyée à Windisgraëtz. Ces deux propositions furent adoptées. Le 1er janvier 1849, le comité de défense partit pour Debreczen, excellente situation à quinze lieues au-delà de la Theiss, défendue par la rivière et par des marais impraticables en hiver, ville de 50,000 âmes offrant de grandes ressources pour l'organisation militaire, centre du plus pur magyarisme. Le 4, un conseil de guerre décida l'évacuation militaire de Pesth. Gœrgey se dirigea vers le nord-est pour opérer une diversion en faveur de l'armée qui allait se concentrer et se reformer derrière la Theiss.

L'Europe crut la cause hongroise définitivement perdue à la suite de cette campagne foudroyante de moins d'un mois. Windisgraëtz — qui excellait dans ce genre de littérature — lança le 7 janvier de Buda-Pesth un manifeste terroriste et, passant des menaces aux actes, frappa les deux villes jumelles de grosses contributions de guerre, institua des cours martiales, fit exécuter deux officiers autrichiens qui avaient servi sous le drapeau hongrois, Zell et Zoll, et jeter dans les fers ceux-là même qui n'avaient pas servi, mais qui étaient restés. Les simples soldats furent envoyés en Italie. Inutile de dire qu'il avait refusé de recevoir la députation composée de Louis Batthyany, des deux Mailath, de François Deák et de l'évêque Lonovitz. Louis Batthyany fut arrêté quelques jours après.

Mais on peut être un grand exécuteur sans être un grand général : l'histoire a montré plus d'une fois des bombardeurs de capitales insurgées se conduisant en rase campagne, contre l'ennemi, à la façon des plus piètres capitaines. Windisgraëtz perdit cinq semaines à Buda Pesth, cinq semaines qui furent admirablement mises à profit par les Hongrois. Certes, la situation était périlleuse, la Hongrie libre ne comptait plus qu'une dizaine de comitats. Une foule de députés désertaient leur poste de Debreczen, une foule d'officiers quittaient l'armée; enfin il y avait des germes de division.

Gœrgey, dévoré d'ambition et d'orgueil, détestait Kossuth. La vieille lutte du pouvoir militaire et du pouvoir civil, si visible à toutes les époques de révolution et dont notre Convention sut sortir à force d'énergie, allait compromettre la cause magyare qu'elle devait plus tard perdre complétement. Arrivé à Vacz le 6 janvier, Gœrgey publia deux ordres du jour qui étaient deux actes d'accusation formels contre le comité de défense et contre le gouvernement national. Il excitait l'armée contre le comité, critiquait de la façon la plus amère la retraite qu'on lui avait ordonnée, l'évacuation de Buda-Pesth et l'envoi d'une députation à Windisgraëtz. Il déclarait que, fidèle à la constitution, il ne reconnaîtrait que les ordres de Meszaros, ministre de la guerre régulièrement nommé par le roi, et que, si des tentatives républicaines se produisaient, il marcherait contre l'ennemi du dedans.

Quelque justes que fussent plusieurs des critiques de Gœrgey, tenir un pareil langage dans un pareil moment était un acte criminel, presque une trahison. A tout prix il aurait fallu écraser dans l'œuf ce Dumouriez magyar. Kossuth ne prit aucune mesure à cet égard : il craignait que l'armée du Danube ne se dispersât si on lui enlevait son général. Il avait d'ailleurs à lutter dans la diète contre un parti de la paix fortement organisé. Ce parti avait pour organe le *Kozloni* où un jeune journaliste, Maurice Jokay, développait la thèse de l'innocence du roi trompé par la camarilla. La seconde chambre dut déclarer cent sept députés démissionnaires pour cause d'absence. Nombre des magnats avaient accepté des emplois de Windisgraëtz. Au milieu de ces défections et de ces sourdes hostilités, Kossuth déploya une merveilleuse activité, levant des volontaires enflammés par sa parole, organisant des fabriques d'armes et de poudre, reformant des armées.

Le plan était de concentrer tous les corps de l'armée en une seule masse compacte et de marcher sur Pesth.

Mais il fallait d'abord empêcher Schlick de marcher du nord-ouest sur Debreczen. Ce fut l'œuvre de Gœrgey, parfaitement secondé par ses lieutenants Aulich et Guyonl l'Irandais. La prise des défilés du Branickzko par ce dernier (5 février) enleva sa base d'opérations à Schlick, déjà battu à Tokai le 31 janvier par Klapka. Désormais la concentration était possible. Un brave Polonais arrivé de Paris, Dembinski, reçut le commandement en chef et la mission de marcher sur Pesth : il avait sous ses ordres les corps de Gœrgey, de Klapka, de Perczel et de Damjanic (46,000 hommes, 6000 chevaux et 170 canons). Windisgraëtz, rejoint par les débris de Schlick, avait 60,000 hommes, 5000 chevaux et 200 canons. Il marchait sur la Theiss et sur Débreczen. La bataille s'engagea le 27 février à Kapolna. Gœrgey, campé à quelques lieues du champ de bataille, refusa obstinément d'amener ses 14,000 hommes à Dembinski dont la nomination l'avait exaspéré. Dembinski fut battu après une lutte qui prouva au moins que l'armée hongroise pouvait se battre contre l'armée autrichienne en rase campagne. Les Hongrois se mirent en retraite sur la Theiss. Atteinte par la cavalerie des Autrichiens le 28 février à Mezokovesd, elle la repoussa énergiquement : Gœrgey, qui avait à se faire pardonner son inaction, et Klapka supplièrent Dembinski de profiter de ce succès pour faire volte-face et attaquer les Autrichiens avec toutes ses forces réunies. Il refusa, passa la Theiss et vint s'établir à Tiszafüred. Le plan avait complétement échoué.

Gœrgey donna alors cours à sa haine contre Dembinski : il décida le commissaire du gouvernement Szemère à destituer Dembinski à la suite d'un conseil de guerre auquel prirent part les autres généraux non moins jaloux du Polonais. Kossuth arriva : Gœrgey et Dembinski s'expliquèrent violemment devant lui, se rejetant l'accusation d'avoir fait manquer la campagne. Kossuth donna raison à Gœrgey dont c'était, en somme, la seconde révolte contre ses supérieurs. Gœrgey, nommé général des 1ᵉʳ et 27ᵐᵉ corps, fut comblé d'honneurs et de décorations : sa rébellion fut récompensée comme une victoire. Dembinski prédit à Kossuth qu'il se donnait là un rival avec lequel plus tard il aurait à compter.

Vetter fut nommé généralissime. Il résolut de reprendre le plan primitif : le 28 et le 29, il passa la Theiss à la tête de toutes ses forces. Mais il tomba malade et Gœrgey fut enfin à son tour commandant en chef de toutes les forces hongroises. L'ambition satisfaite le maintint pour quelque temps dans le chemin du devoir et le laissa déployer tous ses talents militaires. Windisgraëtz manœuvrait de la façon la plus incertaine et la plus décousue ; il avait dispersé ses 52,000 hommes sur une longue ligne de Vacz à Czegled et sur la grande route depuis Godollo jusqu'à Hatvan. Une bataille générale s'engagea entre Godollo et Isaszeg le 6 avril. Schlick et Jellacic faillirent d'abord déterminer la victoire en faveur des Autrichiens. Mais à cinq heures du soir Aulich arriva avec ses 8000 hommes, sa cavalerie et ses canons, et les Autrichiens furent complétement battus. Le colonel Gaspar était resté immobile avec ses 16,000 hommes à une lieue du champ de bataille : s'il était arrivé, comme Aulich, à l'appel du canon, les Autrichiens étaient plus que battus, ils étaient anéantis. L'effet de cette victoire fut immense. Après les désastres de la campagne d'hiver, après l'échec de Kapolna, l'Europe avait cru la Hongrie anéantie. L'activité de Kossuth, l'élan des volontaires se battant comme des vieilles troupes et renouvelant, à la grande confusion des militaires classiques, les merveilles de 92, avait tout réparé.

Mêmes succès en Transylvanie, grâce à un presti gieux capitaine, Bem le Polonais, qui avait commandé Vienne insurgée et qui en était sorti caché dans une bière. On voudrait conter en détail cette campagne de trois mois dans laquelle Bem, à la tête d'une toute petite armée, déploya un génie supérieur, une bravoure épique, une activité surhumaine. La guerre entre les Saxons, les Valaques et les Autrichiens d'une part, et les farouches Szeklers et les Magyars d'autre part, prit un caractère atroce. Bem, arrivé à la mi-décembre en Transylvanie, battit les Autrichiens dans le nord, s'empara le 25 de la capitale Kolosvar (*Klausenbourg*) et força les débris de l'armée impériale à se retirer en Bukovine. Puis il descendit vers le sud contre l'armée de Puchner, la battit à Galfalva (17 janvier) et marcha sur la capitale saxonne Hermanstadt (*Nagy-Szeben*) qu'il attaqua avec des forces par trop inférieures. Il fut repoussé et battu ensuite le 4 février. Les Autrichiens avaient reçu un secours imprévu : ils avaient demandé aide au général russe Luders qui occupait la Valachie : le czar consentit, et le 1er février 10,000 Russes entrèrent en Transylvanie et occupèrent Hermanstadt et Cronstadt. Etait-ce avec l'assentiment du gouvernement autrichien ? celui-ci s'en défendit et désavoua ostensiblement Puchner et les Saxons-Valaques. En tous cas Bem, qui avait repris l'offensive et reçu du renfort, tomba comme la foudre le 11 mars sur Hermandstat et s'en empara d'assaut sur les Russes et les Saxons. Les Russes se mirent en retraite sur la Valachie par les défilés des Karpathes, au milieu de la neige, emmenant avec eux une partie de la population d'Hermanstadt qui craignait les vengeances des Szeklers. Ceux-ci mirent le pays à feu et à sang. Le joug le plus terrible s'appesantit sur les Saxons et sur les Valaques.

Maurice Perczel ne fit pas une campagne moins brillante contre les Austro-Serbes. Il ravitailla Petrovaradin (31 mars) et s'empara le 3 avril de cette place de Szent-Tamas qui avait été si fatale aux Magyars. Perczel, qui était excessivement cruel, la détruisit de fond en comble. Du reste, là comme en Transylvanie, la guerre avait un caractère horrible. Le 10 mai il entra à Pancsova, capitale des Serbes dans le Banat. Il ne restait plus à l'Autriche que Titel dans le district des Tchzaikistes et Temesvar.

Les armes hongroises étaient donc victorieuses de toutes parts. La cour d'Olmütz furieuse destitua Windisgraëtz pour cause d'incapacité : on fit du sanglant bombardeur un grand chambellan, dérision méprisante, et on le remplaça par le général Welden retour d'Italie. Gœrgey, sans perdre de temps après la victoire de Godollo, envoya un corps d'observation sur Pesth et marcha lui-même pour débloquer Komorn. Le 9 avril la division du général Gotz fut battue à Vacz (Waitzen). Le 19 avril, la principale armée autrichienne fut mise en une déroute qui prit les proportions d'un désastre à Nagy Sarlò. Les conséquences de cette victoire furent l'évacuation de Pesth par les Autrichiens qui laissèrent une forte garnison dans la citadelle de Bude et le débloquement de Komorn où les Hongrois entrèrent le 22 avril. Le 26 avril les Hongrois passèrent le Danube et infligèrent un nouvel échec aux Autrichiens, qui se mirent de toutes parts en retraite sur Raab (Gyor).

Après le gain de la bataille de Kapolna (27 février), la cour impériale avait cru la Hongrie anéantie et le moment venu de reprendre toutes les concessions qu'elle avait faites sous la pression des événements. La constituante de Kremsier, épurée et languissante, élaborait une constitution bizarre, trop libérale encore pour les nouvelles intentions de la cour qui ne tenait plus à jouer au constitutionalisme. Le 4 mars, François Joseph publia à Olmütz un manifeste par lequel il dissolvait la diète de Kremsier. « Grâce à la marche victorieuse de nos armées en Hongrie, disait-il, la grande œuvre de l'unité de l'Autriche, œuvre dont nous nous sommes proposé la réalisation comme base de notre règne, a été avancée d'une manière notable. C'est pourquoi la diète est dissoute, et nous octroyons de notre volonté impériale une constitution à toute la monarchie une et indivisible. » Cette constitution octroyée et préparée dans les bureaux de la chancellerie impériale, est un document peu intéressant, car elle ne fut jamais exécutée. Elle supprimait entièrement l'autonomie de la Hongrie devenue simple province de l'empire, et en séparait la Transylvanie, la Croatie et le territoire serbe. Elle consacrait l'égalité des droits entre toutes les races (*Gleichberechtigung*), mais c'était l'égalité sous l'absolutisme, régime auquel cette constitution du 4 mars devait, dans la pensée de son auteur, servir simplement de transition.

Les Slaves, qui avaient si puissamment aidé l'Autriche contre les Magyars, commençaient aussi à se sentir joués. De vives discussions avaient éclaté entre Windisgraëtz et Jellacic. Quand après les victoires des Hongrois, celui-ci rentra en Croatie, il publia contre les Autrichiens un memorandum amer que publia le journal Serbe *Serbske novine*. Il se plaignait que Windisgraëtz et son successeur ne s'entourassent que de Magyars restés fidèles à l'empereur, mais tout aussi ennemis des Slaves que les hommes de Debreczen. Théodorovic, qui avait pris le commandement en chef des Serbes à la mort du voïvode Suplikatz, exhalait les mêmes plaintes et refusait de remplacer le drapeau serbe par le drapeau jaune et noir de l'Autriche. Les habitants des confins, replacés sous l'ancien régime, protestaient. « Nous sommes redevenus partie intégrante de l'armée autrichienne : la discipline militaire est notre seul code civil… où trouver dans le monde un peuple aussi paria que le nôtre ?… »

Vinrent les victoires des Hongrois. Kossuth comprit que le moment était favorable pour s'affranchir de cette légalité à laquelle on avait fait tant de sacrifices et de proclamer l'indépendance de la Hongrie. Aussitôt après le manifeste du 4 mars, il proposa cette mesure à la diète. Elle fut adoptée par acclamation dans la séance du 14 avril, après un des plus beaux discours de Kossuth. La Hongrie fut déclarée royaume indépendant avec un territoire indivisible et inviolable. La maison de Habsbourg-Lorraine fut déchue pour toujours du gouvernement, proscrite du sol hongrois. La forme définitive du gouvernement fut réservée et Kossuth élu gouverneur président, choisissant des ministres et administrant sous sa responsabilité propre et sous la responsabilité de chacun de ses ministres. Le 24 avril, la déclaration d'indépendance fut lue solennellement devant les deux chambres réunies.

Cette déclaration d'indépendance a été l'objet de nombreuses controverses parmi les historiens. On l'a déclarée inopportune et on a prétendu que c'est elle qui avait décidé l'Autriche à demander l'intervention russe. Sur le premier point, il faut plutôt lui reprocher d'avoir été tardive. Les Hongrois se sont laissé trop longtemps dominer par leur amour de la légalité et par leur croyance dans la bonne foi de la cour de Vienne. L'histoire de cette cour depuis Joseph II prouvait qu'elle n'avait jamais renoncé à l'idée d'abolir l'autonomie hongroise et de faire rentrer le royaume de Saint-Etienne dans l'unité autrichienne comme simple province. Elle ne faisait des concessions aux Magyars, sous la pression des circonstances, que comme elle en faisait au peuple de sa capitale, avec la ferme intention de les retirer à la première occasion. Quant au second point, l'intervention russe aurait eu lieu quand même : elle était préparée de longue main et la tentative de Ludërs n'était que la préface d'une pièce convenue. Nous avons là-dessus le témoignage officiel du colonel Ramming, chef d'état-major de Haynau, qui prouve que l'intervention était décidée *au commencement d'avril*. Quant à avoir rendu cette intervention inutile en se hâtant de traiter après les victoires, c'est une illusion : l'Autriche n'aurait pas traité ou, si elle l'avait fait, c'eût été pour déchirer la constitution de 1848 comme elle déchira la constitution du 4 mars. Les Hongrois avaient deux choses à faire : se déclarer indépendants dès le commencement de la guerre et se réconcilier avec les Slaves du sud. Leur légalisme d'un côté, leur orgueil de l'autre, les en empêchèrent et ils l'expièrent durement. Il est regrettable aussi que Kossuth et ses amis n'aient pas osé proclamer la république. Ils réservèrent entièrement la question de la forme du gouvernement, incertains et timides jusqu'au bout.

Kossuth forma son ministère le 2 mai ; il était ainsi composé : présidence du Conseil et Intérieur : Barthélemy Szemère ; Affaires étrangères : comte Casimir Batthyany ; Finances : François Duscheck ; — Travaux publics : Ladislas Czany ; — Instruction publique et cultes : l'évêque catholique Michel Horwath ; — Justice : Sabbas Vukovich ; — Guerre : Gœrgey. Le 14 mai, Kossuth et les ministres prêtèrent serment. Kossuth était religieux et mystique. Le bas clergé hongrois était entré avec entrain dans la révolution, mais le haut clergé était resté fidèle à l'Autriche.

Jellacic s'était mis en retraite sur la Croatie avec 1500 hommes : une garnison de 4000 hommes avait été laissée dans la forteresse de Bude. Dans la nuit du 23 au 24 avril le reste des forces autrichiennes évacua Pesth où Aulich entra le 24 au matin à la tête d'un peloton de hussards. Battu, comme nous l'avons vu, le 26 devant Komorn, Welden s'enfuyait vers Vienne. Ici se pose un des plus importants problèmes de la guerre hongroise : Gœrgey devait-il poursuivre l'armée autrichienne et s'emparer de Vienne où il aurait été reçu comme un libérateur ? Au lieu de le faire, Gœrgey rétrograda pour s'emparer de la forteresse de Bude, ne laissant qu'un corps d'observation à Raab. Il s'est élevé plus tard sur ce point la controverse la plus violente et la plus confuse. Gœrgey a d'abord prétendu qu'il n'avait fait qu'obéir aux ordres de Kossuth, ce que Kossuth a démenti péremptoirement. Puis il a avoué sa vraie raison : la déclaration d'indépendance l'avait irrité : il voulait, à la tête de son armée victorieuse, renverser Kossuth qu'il haïssait et qu'il enviait, et traiter avec l'Autriche comme dictateur de la Hongrie. Il était dans la logique de son attitude vis à vis du pouvoir civil, attitude qui n'avait été qu'une rébellion permanente dont Kossuth, avec une inexcusable faiblesse, n'avait pas su triompher. Gœrgey, imbu de militarisme, détestait les révolutionnaires et ne visait qu'à s'emparer du pouvoir pour rétablir la monarchie des Habsbourg, tout en stipulant pour son ambition personnelle. C'est pour cela qu'il ne voulut pas réduire à la dernière extrémité la cour de Vienne.

Quelles auraient été les conséquences de la prise de Vienne? Il est probable que les provinces allemandes de l'Autriche se seraient jetées dans les bras de l'Allemagne, tandis que les Slaves du sud auraient cherché à échapper à la tyrannie magyare en se donnant à la Russie. Il faut donc reconnaître que l'intérêt général de l'Europe, même de l'Europe démocratique, n'aurait pas été servi par le triomphe des Hongrois. On s'y trompait alors, car ce n'est pas au milieu de la poussière des batailles et du choc des événements qu'on voit clair. Mais aujourd'hui ces conséquences apparaissent avec une entière évidence.

Après une lutte sanglante pendant laquelle les Autrichiens bombardèrent Pesth impitoyablement, après plusieurs assauts repoussés, les Hongrois enlevèrent le 21 mai la forteresse de Bude, où ils trouvèrent 80 pièces de siége, 4000 fusils et où ils firent 2500 prisonniers. L'effet moral fut immense.

Mais déjà les troupes russes étaient en marche de toutes parts. Le 1er mai la Gazette de Vienne avait annoncé officiellement que l'empereur d'Autriche ayant sollicité l'assistance armée de la Russie, le Czar la lui avait promise immédiatement, avec le plus généreux empressement et dans la mesure la plus libérale. Le 6 mai, l'avant garde russe entrait à Cracovie. Le 8 mai, Nicolas publiait un manifeste à l'Europe : il déclarait envoyer ses armées écraser la révolution en Hongrie

« où les traîtres polonais de 1831, réunis à des réfugiés et à des proscrits appartenant à d'autres nations, usurpaient le pouvoir. »

La Hongrie protesta par ses représentants diplomatiques à l'étranger. Le comte Ladislas Teleki était l'envoyé hongrois à Paris où régnait un grand enthousiasme pour les Magyars, où la parole enflammée de Michelet recommandait cette cause, où l'on suivait passionnément les péripéties de la guerre. Le 12 mai, à la nouvelle de l'intervention russe, Flocon interpella le ministre des affaires étrangères du président Louis-Napoléon, M. Drouyn de Lhuis, qui fit une déclaration assez satisfaisante. Le 22 mai, à la suite d'un discours de M. Sarrans jeune, M. Joly (de Toulouse) proposa un ordre du jour des plus belliqueux qui fut combattu par le général Cavaignac et par le président du conseil Odilon Barrot, mais qui fut appuyé par Ledru Rollin, qualifiant le manifeste du Czar de nouveau manifeste de Brunswick, et par Crémieux, qui déclara que l'Italie et la Hongrie étaient les boulevards de la liberté. « La lutte est ouverte entre la révolution et la contre-révolution : il faut que la France prenne un parti. » Un ordre du jour très-vague, proposé par le général Cavaignac, fut voté par 346 voix contre 184. Le Czar venait de reconnaître la République française. L'Angleterre déclara, par l'organe de lord Palmerston, qu'elle n'avait pas à manifester d'opinion. La Turquie resta neutre malgré les efforts du jeune envoyé hongrois, le comte Jules Andrassy.

Le gouvernement hongrois publia le 18 mai une solennelle protestation et prit un ensemble de mesures religioso-militaires qui peignent bien à la fois le peuple et l'époque : la levée en masse et le jeûne obligatoire, le tocsin et les services religieux, la destruction des récoltes aux frontières menacées et les évêques et curés appelés à marcher à la tête des soldats. On était en plein mysticisme ; on demandait au Christ en Hongrie de bénir les armes, comme on lui demandait en France de bénir les arbres de la liberté.

Les partisans de la paix dans la Diète se mirent en rapport avec Gœrgey. Il alla à Debreczen et proposa à ses complices d'abolir la déclaration d'indépendance par une contre-révolution militaire. Ceux-ci refusèrent. Gœrgey dut renoncer à son plan de dix huit brumaire, d'autant plus que la Diète se prorogea du 31 mai au 2 juillet, après avoir décidé que le gouvernement reviendrait se fixer à Pesth. Mais il résolut d'agir de ruse et de prêter serment, comme il l'avance dans ses Mémoires, à une loi dont le renversement lui semblait indispensable. Il garda le portefeuille de la guerre et parvint à décider Kossuth, l'aveugle Kossuth, à le débarrasser de Dembinski, de Perczel et de Guyon, car il voulait avoir toute l'armée dans la main. Il essaya aussi de renverser Bem, mais il échoua. Perczel écrivit une lettre où il prouvait jusqu'à l'évidence que depuis l'origine Gœrgey jouait un rôle de traître. Kossuth n'en tendit rien. Mystique, paisible, homme de plume, poëte d'imagination, incomparable à parler et défaillant à agir, il ne sut pas, au nom du salut public, briser l'instrument de la contre-revolution.

Les Autrichiens, tout surpris de n'être pas poursuivis par Gœrgey, s'étaient cantonnés à Presbourg. Ils y furent rejoints le 4 juin par une division russe. L'armée, composée de 80,000 hommes (dont 12,000 Russes) et de 324 canons, fut mise sous les ordres du général Haynau, le bourreau de Brescia. L'armée hongroise appuyée à Komorn comptait 55,000 hommes et 230 canons. Le 16 juin, les généraux hongrois, attaquant sans ensemble, furent successivement battus. Gœrgey à son tour échoua dans les sanglantes journées du 20 et du 21 à Pered. Haynau résolut de marcher sur Pesth et fit passer son armée sur la rive droite du Danube. Le 28 il attaqua l'armée hongroise devant Raab et la battit complétement sous les yeux du jeune empereur François-

Joseph. La ville fut occupée. Gœrgey écrivit à Kossuth qu'il fallait évacuer Pesth, se réfugier à Nagy-Varad et l'abandonner, lui, à son sort. En même temps la grande armée russe, après avoir été passée en revue par Nicolas à Zmygrod, franchissait la frontière du nord sous les ordres de Paskéwisch : elle comptait 100,000 hommes (17 juin). Enfin Luders, à la tête de 50,000 Russes, envahissait la Transylvanie (19 juin), et Jellacic reparaissait au sud avec 34,000 hommes. La Hongrie était enserrée dans un cercle de près de 300,000 baïonnettes auxquelles elle n'avait à en opposer que de 150 à 160,000. Dembinski proposa à Kossuth un plan audacieux : se retirer dans le Banat entre la Theiss et le Maros ; de là attaquer séparément les armées d'invasion ; en cas de défaite se rabattre sur Komorn et essayer de prendre la route de l'Italie pour rompre le blocus de Venise et soulever les régiments hongrois de Radetzki. Il y avait sans doute là bien des illusions, mais c'était gagner du temps : d'ailleurs le choléra sévissait dans l'armée austro-russe ; l'automne allait venir avec ses pluies qui transforment en marais la Puzta. Surtout on se devait à un suprême effort.

Gœrgey, pour obéir à ce plan qu'il accepta d'abord, devait se retirer vers la Theiss où se ferait le mouvement général de concentration des forces nationales. Mais, changeant d'avis, il se retira dans le camp retranché de Komorn où le 2 juillet, après un sanglant combat qui coûta aux Hongrois 1500 morts, il fut battu par les Autrichiens. Il écrivit au gouvernement une lettre qui le constituait en pleine rébellion. Le gouvernement le destitua et nomma Meszaros généralissime. Les officiers de Gœrgey protestèrent contre cette décision et déléguèrent à Pesth Klapka et Nagy Sandor. Kossuth céda, à condition que Gœrgey se soumît aux ordres que lui transmettrait Meszaros. Les délégués se portèrent forts pour Gœrgey. Vaine promesse ! Au lieu de quitter Komorn pour aller opérer sur la Theiss la concentration projetée, Gœrgey se décida, malgré Klapka, à transporter le théâtre de la guerre sur la rive droite et à attaquer l'armée autrichienne rangée devant le camp retranché. Kossuth eut le tort de ne pas venir lui-même à l'armée où sa popularité était supérieure à celle de Gœrgey. Du 7 au 11 juillet, grâce à ces dissentiments lamentables, l'armée hongroise demeura immobile : elle attaqua enfin le 11 et fut battue. L'occasion d'opérer la concentration était perdue.

Le gouvernement et la Diète s'étaient retirés à Szeged. Dès le 3 juillet l'armée russe du nord occupa Debreczen. Le 20 juillet, Percel fut battu à Tura. La veille, Haynau avait fait son entrée à Buda-Pesth, dont il couvrit les murs de proclamations sanguinaires. Déjà le 5 juin, à Presbourg, il avait fait pendre les deux commandants de la forteresse de Léopoldstadt, Mednyantzky et Guber, et le ministre protestant Razga. Puis il marcha sur Szeged.

Dans le Banat, Jellacic, après avoir remporté de nombreux succès, s'était fait battre le 14 juillet par Guyon, mais Vetter et Guyon, après avoir vainement tenté de s'emparer de Titel, furent rappelés à Szeged menacé. Dans la Transylvanie, Bem, malgré des prodiges de valeur et d'audace et après avoir essayé de soulever la Roumanie, perdait le 27 juillet la bataille de Segesvar où disparut le poète Petofi.

A Szeged, s'agitaient bien des intrigues. Tout un parti conspirait pour que la dictature fût confiée au royaliste Gœrgey et Kossuth s'agitait dans le vide, ne sachant pas prendre un parti et finissant par décréter deux mesures qui auraient pu tout sauver, mais qui ne pouvaient plus avoir d'effet : Bem nommé généralissime et les races proclamées égales (28 juillet). Il fallut quitter Szeged et se rendre à Arad dont le général hongrois Vecsey s'était emparé le 1er juillet. La diète se dispersa. Haynau passa la Theiss le 3 août et battit le 5 août Dembinski à Szoreg. Gœrgey s'était mis en retraite sur Szeged, subordonnant évidemment ses opérations militaires à ses ténébreuses inspirations politiques et laissant battre à Debreczen le corps de Nagy-Sandor qui lui était hostile. Il arriva le 9 août à Arad. Mais le même jour, par une fatalité qui porta le dernier coup à la cause hongroise, Bem était battu devant la forteresse de Temesvar toujours occupée par les Austro-Serbes. Ce fut la fin. Gœrgey négociait depuis juillet avec les Russes et leur avait offert de faire couronner le duc de Leuchtenberg roi de Hongrie, chose absurde, car Nicolas n'aurait pas osé accepter pour un prince de sa famille une couronne qu'il était venu pour rendre à son allié François Joseph, mais curieuse en ce sens qu'elle montre des Magyars, ennemis du panslavisme, disposés à livrer le pays à ce même panslavisme plutôt qu'aux Habsbourgs. Le 11 août, Kossuth abdiqua la dictature entre les mains de Gœrgey. Celui ci avait encore deux ressources : conduire son armée en Turquie dont la route était ouverte ou se réfugier dans Komorn défendue par Klapka et là obtenir de meilleures conditions. Mais il se décida à se rendre aux Russes de Rüdiger à discrétion et, d'accord avec eux, dirigea son armée d'Arad sur Vilagos. Le 13 août, dans la plaine de Szollos, 23,000 hommes rendirent leurs sabres et leurs fusils avec 130 canons. Les officiers et les civils furent, au bout d'une semaine, livrés à Haynau qui fit emprisonner les officiers à Arad et les civils à Pesth. Gœrgey, gracié par l'empereur d'Autriche, fut interné à Klagenfurt en Carinthie. Bem voulait lutter encore, il somma de reprendre le pouvoir Kossuth qui n'osa, il chercha à transporter le théâtre de la guerre en Transylvanie, mais Vecsey se sépara de lui le 16 août pour se rendre aux Russes, et Beke avec 6000 hommes capitula le 19 août à Piski. C'était la débandade : Bem, Guyon, Stein, par des sentiers inaccessibles, parvinrent à gagner le territoire turc. Le 17, Damjanich avait rendu sans conditions la forteresse d'Arad aux Russes. Le drapeau hongrois ne flottait plus que sur Pétrovaradin et sur Komorn.

Kiss rendit Pétrovaradin sans conditions le 27 août. Klapka défendit plus longtemps Komorn où il était enfermé avec 18,000 hommes. Le 3 août il avait fait subir à l'armée assiégeante une sanglante défaite et espéra un instant rallumer la guerre dans tout le pays. Mais vint la nouvelle de la capitulation de Gœrgey. Après bien des négociations, l'acte de reddition de Komorn fut signé le 27 septembre. La garnison partait libre, mais sans armes, les officiers gardaient leur sabre. Le 5 octobre le drapeau jaune et noir flotta sur le dernier boulevard de la Hongrie.

Ce fut alors que l'Autriche, littéralement ivre de rage et de vengeance, se livra à une orgie de supplices qui flétrira à jamais le règne de François-Joseph et la mémoire de Schwarzenberg. Le 6 octobre, le premier ministre de la Hongrie constitutionnelle, le faible, mais noble et sincère Louis Batthyany, était fusillé à Pesth. Le même jour, tous ces braves généraux qui s'étaient rendus sans conditions aux Russes et que les Russes avaient livrés aux Autrichiens, étaient mis à mort à Arad. Quatre furent fusillés grâce à la bienveillance de Haynau : Kiss, Schweidel, Dessewffy, Lazar. Neuf furent pendus : Aulich, Damjanic, Nagy Sandor, Torok, Lahner, Vecsey, Knézich, Poltenberg, Leiningen ; ils moururent héroïquement. Mais quelle épouvantable tuerie ! Le 10 octobre, à Pesth, pendaison du vieux Pérenyi, président de la chambre des magnats, de Szacsvay, sécrétaire de la chambre des députés, du conseiller Csernus. Les jours suivants pendaison encore de Csany, ministre des travaux publics, de Jeszenak, du prince Woroniecki, du français Abancourt. Quelques milliers de patriotes furent condamnés au bagne ou à la détention, et parmi eux des femmes admirables telles que la comtesse Blanka Teleki, Clara Lovey, Esther Lazar. Haynau fit fouetter publiquement d'autres femmes, telles que madame Maderspach, et y gagna ce renom de bourreau et de tigre qui lui valut plus tard la rude correction des ouvriers de la brasserie Barklay de Londres. Les biens de toutes les victimes furent confisqués.

La question des réfugiés hongrois en Turquie devint une grosse question. Ils étaient environ cinq mille (3615 Hongrois, 871 Polonais, 464 italiens). La Russie et l'Autriche firent demander l'extradition par leurs ambassadeurs dans les termes les plus menaçants. La France et l'Angleterre engagèrent la Turquie à résister, et le 6 octobre les escadres anglo-françaises de la Méditerranée allèrent mouiller dans les eaux du Levant. La Russie et l'Autriche reculèrent et demandèrent l'internement ou l'expulsion de leurs « sujets rebelles ». Bem, Kmety, Stein, Guyon et 250 de leurs compagnons s'étaient faits musulmans. Kossuth, Casimir Batthyany, Meszaros, Perczel, Wysocki furent internés à Kutahia d'où en 1851 on les laissa gagner l'Amérique. Bem, quelques jours avant leur départ, mourut de la fièvre à Alep.

Pendant la lutte hongroise, les armes de l'Autriche avaient été également heureuses en Italie. Dès le 9 août 1848, Venise avait proclamé la république, confiant le pouvoir à Manin et la défense militaire à Pepe. La résistance de l'héroïque cité entretenait les espérances dans le reste de la péninsule et empêchait la prescription du droit de s'accomplir. Les souverains firent quelques concessions (ministères Montanelli à Florence et Rossi à Rome, septembre). Mais Pie IX s'enfuit à Gaëte (25 novembre), et le 26 décembre, Rome fut appelée à élire une constituante qui se réunit le 6 février 1849 et proclama le 9 la république. Le 16 février la république était aussi proclamée à Florence. Le parlement de Turin demanda formellement à Charles-Albert de recommencer la guerre contre l'Autriche. Il céda, prit Ratazzi pour ministre et dénonça le

12 mars l'armistice à Radetzky. Dès le début, la campagne s'annonça mal. Les Piémontais commandés par le Polonais Chrzanowsky, après avoir passé le Tessin, furent obligés à le repasser le 21 mars par suite d'un mouvement hardi de Radetzky. Il fallut se mettre en retraite sur Novare et y jouer le tout pour le tout. La bataille se livra le 23 mars et malgré la valeur déployée par les Italiens, fut perdue. Le soir même Charles-Albert abdiqua, laissant à son fils Victor Emmanuel II le soin douloureux de négocier la paix. Brescia se défendit pendant cinq jours avec une véritable sublimité de bravoure. Haynau s'en empara le 1er avril et ce bourreau, préludant à ses sanglants exploits d'Arad, livra la ville au pillage, à l'incendie et après les massacres de la rue, fit pendre plus de cent citoyens. L'Europe en même temps, la France en tête, hélas ! marchait pour étouffer la république romaine. Peruzzi rétablissait le grand-duc à Florence où les Autrichiens entrèrent le 25 mai et abolirent la constitution. Ils avaient bombardé et pris Bologne le 16. Venise résista seule jusqu'au 28 août, jour où, par suite d'une capitulation honorable, le drapeau jaune et noir flotta de nouveau sur la place Saint-Marc, quinze jours après la capitulation de Gœrgey à Vilagos.

CHAPITRE IV

Ministère Schwarzenberg. — Bach. — Réaction. — Parlement de Francfort. — Archiduc Jean. Parlement d'Erfurth. Conférences d'Olmütz. — Dix ans d'absolutisme. Voïvodine serbe. — Finances. — Abolition de la Constitution du 4 mars. — Concordat de 1855. — Zollverein. — Guerre de Crimée. Congrès de Paris. Guerre d'Italie. — Solferino. Villafranca.

L'Autriche était libre dès lors de poursuivre les deux buts que Schwarzenberg avait donnés à ses efforts : rétablir à l'intérieur l'absolutisme bureaucratique, militaire et religieux tout en conservant les réformes sociales issues du mouvement de 48 et reprendre en Allemagne la prépondérance que lui avaient fait perdre les progrès de la Prusse et les aspirations unitaires.

Voltaire a écrit : « La multiplicité des états sert à tenir la balance jusqu'à ce qu'il se forme en Allemagne une puissance assez grande pour engloutir les autres. » La formation de cette puissance unique et dominante, contraire à l'esprit d'individualisme, de particularisme de la race germanique, ne pouvait avoir lieu qu'à la condition de créer en Allemagne un irrésistible sentiment national auquel elle servît d'organe. Ce sentiment n'existait pas au-delà du Rhin au XVIIIe siècle. La révolution française l'éveilla, mais ce qui le créa définitivement, ce fut la lutte contre l'empire napoléonien : il sortit, pour ne plus s'éteindre, de la guerre de délivrance (*Befreiungskrieg*) ; ce fut en luttant contre l'étranger que les Allemands se sentirent un peuple et que la passion de l'unité s'empara d'eux. La Sainte-Alliance, qui avait exploité ce sentiment contre les périls de l'extérieur, le combattit quand il se tourna vers les réformes intérieures. Nous avons vu que ce fut le rôle de l'Autriche de Metternich toute occupée à maintenir la vieille confédération dans l'esprit féodal, absolutiste et en partie catholique qu'elle avait avant 1789. La Prusse protestante, savante et libérale, ne jouait son rôle tout indiqué d'opposante qu'avec timidité. Ses souverains d'ailleurs, tout en se laissant porter à la tête du mouvement populaire et unitaire dans le reste de l'Allemagne, entendaient continuer à gouverner chez eux au nom du droit divin, et cette contradiction nuisait singulièrement à leur influence. Les unitaires furent pris d'un grand espoir à l'avénement de Frédéric Guillaume IV. Mais l'avortement de la révolution prussienne leur fit voir qu'il ne fallait compter que sur eux-mêmes et février 1848 les détermina à agir. Cinquante délégués des divers états de l'Allemagne se réunirent spontanément le 5 mars à Heidelberg et prirent les mesures nécessaires pour qu'une assemblée préparatoire fût convoquée le 30 mars à Francfort sur-le-Mein. Les souverains, de leur côté, essayèrent d'un congrès à Dresde pour le 25 mars, mais ce projet échoua, l'Autriche faisant violemment attaquer dans ses journaux officiels l'ambition et les calculs de la Prusse. L'assemblée préparatoire se réunit le 31 mars à Francfort. Dès le premier moment se trouvèrent en présence le parti de la grande Allemagne (*gross Deutsch*) et celui de l'Allemagne restreinte (*klein Deutsch*). Le premier voulait grouper sous la main du pouvoir central tous les pays allemands, y comprise l'Autriche avec toutes ses possessions : Hongrie, Lombardo-Vénétie, Gallicie, etc. L'autre groupait sous l'hégémonie de la Prusse, tous les états allemands, excepté l'Autriche, exclue ainsi avec ses neuf millions d'Allemands de la patrie commune, parce qu'on savait qu'elle ne se soumettrait jamais à sa rivale et qu'on ne voulait pas perpétuer le dualisme austro prussien si funeste à l'unité allemande. La question fut ajournée et on décida que la future constituante, élue par le suffrage universel direct, à raison d'un député par 50,000 habitants, se réunirait le 1er mai à Francfort. L'assemblée préparatoire avait tout d'abord écarté la forme républicaine. Elle se sépara le 3 avril, et la constituante, connue dans l'histoire sous le nom de *parlement de Francfort*, se réunit le 18 mai. L'Autriche allemande y comptait 121 députés.

Les difficultés étaient immenses et, à vrai dire, insolubles par la seule action parlementaire. Chaque état allemand convoquait des parlements particuliers, ce qui indiquait bien l'intention de n'accepter que sous bénéfice d'inventaire les décisions du parlement général. Celui-ci déclara vainement, sur la motion de M. Werner de Coblentz, que toutes les constitutions particulières ne seraient valables qu'après avoir été mises en accord avec la constitution générale : cette déclaration était dépourvue de force exécutrice. L'organisation du pouvoir central, la forme républicaine étant écartée, n'était pas moins difficile, et ce fut le sentiment de cette difficulté qui fit prendre le parti bâtard de nommer l'archiduc Jean d'Autriche vicaire général de l'empire, en attendant l'achèvement de la constitution allemande. Enfin la question de la grande Allemagne et de l'Allemagne restreinte se posa et domina tout ; elle fut tranchée, grâce à M. Henri de Gagern, contre l'Autriche en faveur de l'Allemagne restreinte. Le 27 novembre le parlement vota les paragraphes 2 et 3 du projet de constitution ainsi conçus : « 1° Aucune partie de l'empire ne pourra être réunie en *un seul état* avec des pays non allemands ; 2° si un pays allemand a le même souverain qu'un pays non allemand, les rapports entre les deux pays ne pourront être réglés que d'après les principes de *l'union personnelle pure.* » C'était l'exclusion complète de l'Autriche, et le poète Arndt s'évanouit en votant cette amputation considérable. C'était en même temps se jeter dans les bras de la Prusse. Schwarzenberg, qui entrait justement au pouvoir le jour même de ce vote si grave, prit une attitude menaçante vis à vis de l'assemblée de Francfort à laquelle il reprochait d'avoir reçu les envoyés magyars, d'avoir porté le deuil de Robert Blum et d'avoir agité la question d'une médiation fédérale entre l'Autriche et la Hongrie. Il déclara qu'il attendrait, pour régler la nature de ses rapports avec l'Allemagne, que celle-ci fût organisée. Les catholiques s'alarmèrent de cette exclusion de la grande puissance catholique, la Bavière protesta : il devint évident que l'idée de l'unité allemande allait aboutir à un éclatant fiasco. La Prusse elle même hésitait, cherchant par une politique équivoque et par des propositions bizarres, à ménager à la fois le parlement et l'Autriche. Le parlement s'irrita.

Le 14 janvier 1849, 261 voix contre 224 consacrèrent définitivement l'exclusion de l'Autriche. Après avoir repoussé divers projets tendant à confier le pouvoir central à un directoire de cinq membres, à faire passer la couronne impériale de six mois en six mois à chacun des souverains les plus puissants de l'Allemagne, à créer un empereur, mais à condition que tout Allemand fût éligible, le parlement décida par 258 voix contre 211 que la dignité impériale serait conférée à un des princes régnants. 263 voix contre 211 décidèrent, malgré les efforts de MM. Dahlmann et de Vincke combattant pour l'hérédité, que cette dignité serait élective. On institua ensuite un conseil impérial composé de plénipotentiaires fournis par chaque état allemand.

Le 23 janvier, la Prusse envoya à Francfort une note où elle déclarait que le roi préférerait à un empire unitaire une union d'états reconnaissant volontairement l'hégémonie de la Prusse et étant en politique ce que le Zollverein était en matière commerciale. L'Autriche, par une note du 4 février, se prononça énergiquement contre la création d'un état unitaire et homogène, et demanda que la constitution définitive de l'Allemagne fût concertée entre l'assemblée et les états allemands. La Prusse, émue de la note autrichienne, répondit le 16 février en protestant qu'elle était sincèrement attachée à l'Autriche et d'avis de fortifier les liens séculiers qui attachaient cet empire à l'Allemagne. Le 27, l'Autriche, à son tour, protesta contre toute intention de s'isoler et de rompre avec la confédération et proposa la création d'un directoire exécutif de neuf membres, base de discussion que la Prusse accepta le 10 mars.

Mais le parti prussien reprit courage. L'Autriche, en dissolvant la Diète de Kremsier et en proclamant la constitution du 4 mars, semblait vouloir s'organiser en état très-centralisé trop fort dès lors pour entrer dans l'unité allemande. De plus, la Hongrie reprenait le dessus et l'Italie recommençait la guerre. N'était-ce pas le moment d'agir au profit de la Prusse? MM. de Gagern et Welker proposèrent le 21 mars de conférer l'empire héréditaire à Frédéric-Guillaume. Cette proposition fut repoussée par 282 voix contre 252, ce qui amena la démission du ministère de l'empire. Mais six jours après, le 27 mars, complet revirement : 267 voix contre 263 décrétaient que la dignité impériale serait héréditaire et le 28, 290 voix contre 248 conféraient cette couronne héréditaire au roi de Prusse et envoyaient une députation la lui offrir officiellement. Le revirement avait pour cause un marché entre le parti prussien et les radicaux. Ceux-ci donnèrent leurs voix en échange des concessions suivantes : l'empereur n'aurait qu'un veto suspensif ; il n'y aurait pas de conseil d'empire ; les élections se feraient par le suffrage universel et direct.

Mais le roi de Prusse, malgré les sommations de sa

deuxième chambre qui fut dissoute à cause de cela, refusa la couronne. La Prusse protestante et libérale trahissait l'espoir des unitaires. Il est facile de deviner pourquoi cet empire démocratisé, fondé sur le suffrage universel, décerné par la souveraineté populaire, ne paraissait plus désirable à Frédéric Guillaume, imbu des doctrines du droit divin. Un député obscur de la seconde chambre prussienne, M. de Bismarck, destiné à un si grand rôle, s'écria : « Je ne veux pas que mon roi devienne le vassal de M. Simon » (Simon de Trèves, président du parlement de Francfort). De plus l'Autriche sortait de ses embarras intérieurs grâce au secours de la Russie (il est à remarquer que le refus de Frédéric-Guillaume est du 28 avril, le lendemain même de l'intervention des Russes en Hongrie) et prenait une attitude menaçante : elle avait rappelé, aussitôt le vote du 27 mars, ses cent vingt et-un représentants de Francfort et le 5 avril son plénipotentiaire, M. de Schmerling avait communiqué une très vive protestation du cabinet Schwarzenberg. Pour tous ces motifs, le cœur manqua à Frédéric-Guillaume qui aurait accepté une unité monarchique, mais qui ne voulait pas se faire l'organe d'une unité démocratique. L'œuvre du parlement de Francfort, le rêve de la patrie allemande, tout manquait par la défaillance de celui en qui les théoriciens avaient mis leur confiance. Faute de décision et d'énergie, la représentante du progrès contre l'immobilisme autrichien trahit son rôle historique. Elle ne devait le reprendre qu'après Sadowa et après Sedan, mais en faisant l'unité par le despotisme militaire au lieu de la faire par la souveraineté du peuple affranchi, et en apprenant aux descendants des démocrates de 1848 à trouver dans la gloire des armes et dans l'ivresse de l'esprit de conquête une compensation à l'écrasement de la liberté.

L'Autriche l'emportait donc en Allemagne comme en Hongrie et en Italie. Les déceptions des peuples, après tant d'espérances, soulevèrent partout des mouvements insurrectionnels. On se battit à Berlin le 28 avril, du 5 au 9 mai à Dresde, le 13 et le 14 mai à Carlsruhe dans le grand-duché de Bade, à la voix des Struve, des Brentano, des Gœg. La Prusse se trouva entraînée à verser le sang des Allemands en allant au secours de ces monarques menacés. Le 14 mai elle rappela ses députés de Francfort. Le Parlement décida qu'il irait siéger à Stuttgard, où 105 de ses membres seulement se réunirent, pour achever de mourir dans l'impuissance et sous la police du roi de Wurtemberg. Mais Frédéric-Guillaume n'avait pas perdu tout espoir de se mettre à la tête de l'Allemagne, sinon par le concours des peuples, au moins par celui des rois. C'est un curieux spectacle que celui de ses tentatives multipliées et de l'énergique habileté avec laquelle Schwarzenberg, qui ne voulait que la reconstitution pure et simple de l'ancienne Diète, les déjoua successivement.

Frédéric-Guillaume essaya d'abord de faire une constitution unitaire nouvelle avec l'aide du Hanovre et de la Saxe (traité des trois rois). Le conseil exécutif de l'empire serait composé d'un collége de princes présidé héréditairement par la Prusse, son pouvoir législatif de deux chambres, la première nommée de compte à demi par les monarques et les parlements de chaque état, la seconde élue par le suffrage universel à deux degrés : l'Autriche fit proposer le 16 mai un contre projet, tout en donnant à la Bavière le rôle d'un contre-poids entre elle et la Prusse. Une entrevue à Tœplitz entre Frédéric-Guillaume et François-Joseph n'amena pas de résultats, la Prusse persistant dans sa prétention que le chef de l'état fédéral fût un chef sérieux, disposant des forces militaires. Enfin après bien des débats, fut signé le 30 septembre un traité qui créait, conformément aux vues de l'Autriche, un pouvoir central provisoire intitulé : commission d'empire, et qui durerait jusqu'au 1er mai 1850. La commission était composée de deux membres prussiens et de deux membres autrichiens siégeant à

Francfort. C'était un replâtrage de l'ancienne diète germanique. Le Prusse était jouée : il ne lui restait que le conseil d'administration institué à Berlin par le traité des trois rois : elle voulut s'en servir contre la commission d'empire, ce que l'Autriche refusa d'admettre par une note du 25 octobre ; le Hanovre et la Saxe d'ailleurs, les deux autres parties contractantes au pacte des trois rois, inclinaient vers l'Autriche. La Prusse néanmoins fit décider par ce conseil d'administration, organe d'une union restreinte, qu'une assemblée constituante serait convoquée à Erfurth, ville prussienne.

L'Autriche et la Bavière protestèrent et, le 8 décembre 1849, la Saxe adhéra à ces protestations. Le Hanovre alla même plus loin : il renonça au traité des trois rois et sortit de l'union restreinte. La Prusse était abandonnée par les grands états allemands : s'appuyant sur vingt-sept petits états, elle n'en persista pas moins à convoquer un parlement à Erfurth pour le 20 mars 1850; alors la Bavière, la Saxe et le Wurtemberg signèrent le 27 février à Munich un traité qui organisait en face de l'union prussienne une union particulière inspirée par l'Autriche de plus en plus maîtresse des coups sur cet échiquier compliqué, mais s'appliquant en même temps avec une grande habileté à ce que l'union de Munich ne devînt pas une garantie d'indépendance pour les puissances de second ordre et la faisant même blâmer par la Russie, qui demandait le retour pur et simple à la confédération de 1815.

Le parlement d'Erfurth se traîna dans l'impuissance du 20 mars au 27 avril 1850 et la Prusse elle même le remplaça le 10 mai par un congrès des princes. De son côté l'Autriche convoqua tous les gouvernements à se réunir le 10 mai à Francfort pour organiser un nouvel *intérim*. Il y avait donc dans ce moment deux assemblées rivales : le congrès des princes de Berlin et la réunion ou *Plenum* de Francfort, représentant chacun une union restreinte et occupées réciproquement à empêcher que leurs actes ne prissent un caractère général.

Pour sortir d'embarras, l'Autriche, par l'organe de son plénipotentiaire le comte de Thun-Hohenstein, proposa à Francfort de rétablir l'ancienne diète et le vieux pacte fédéral, tout en le mettant d'accord avec les idées modernes. Ce fut voté le 8 août. Schwarzenberg était arrivé à ses fins; l'ancien régime fédéral, qui donnait en Allemagne la prépondérance à l'Autriche, était restauré : il avait su constamment opposer aux efforts de la Prusse, qui n'avait pas su se servir de la coalition des peuples, la coalition des gouvernements. La Prusse allait-elle accepter cette défaite ? il y avait chez elle un parti belliqueux qui souffrait de tant d'humiliations et de déceptions et qui songeait à dénouer par la guerre ces difficultés de la diplomatie. Un accident qui se produisit dans la Hesse électorale lui parut une excellente occasion.

La Hesse venait de chasser son électeur compromis par son ministre exécré Hassenpflug. L'électeur réclama l'appui de la diète de Francfort, ses sujets révoltés celui de la Prusse. Schwarzenberg qui avait dit : « pour démolir la Prusse, il faut l'avilir, » prit la balle au bond. Le 12 octobre il réunit à Brégenz dans un congrès solennel l'empereur d'Autriche et les rois de Bavière et de Wurtemberg : quelques jours plus tard il ménagea une entrevue à Varsovie entre François-Joseph et le Czar Nicolas devant lequel tremblaient tous les potentats de l'Allemagne; à Brégenz comme à Varsovie, on adhéra d'une façon éclatante à sa politique. Le 1er octobre, les troupes austro-bavaroises entrèrent dans la Hesse et occupèrent Hanau. Le 6 novembre les troupes prussiennes entrèrent à leur tour et occupèrent Cassel. Il y eut même du côté de Fulda, à Bronzell, échange de coups de fusil entre les avant-postes. Le ministre prussien, M. de Radowitz, fit décréter la mobilisation de l'armée et de la landwehr : Schwarzenberg, grâce à l'emploi des chemins de fer, réunit sur les frontières de Hesse une armée de 180,000 hommes. Le 26 novembre l'envoyé autrichien, M. de Prokesch, somma la Prusse d'avoir à évacuer la Hesse dans les vingt-quatre heures. La Prusse céda. M. de Manteuffel remplaça le belliqueux Radowitz et courut en hâte à Olmütz se soumettre aux exigences de Schwarzenberg (29 novembre 1850). On signa une convention portant que dans la Hesse un corps d'armée prussien coopérerait avec un corps d'armée fédéral au rétablissement de l'électeur; qu'il y aurait même coopération dans le Holstein (affaire qui sera expliquée dans un autre chapitre) ; que des conférences libres s'ouvriraient à Dresde pour régler la constitution future de l'Allemagne.

Le mot de Schwarzenberg était réalisé : la Prusse était avilie : elle ne désertait pas seulement les causes qu'elle avait embrassées avec tant d'ardeur, elle consentait à les combattre à côté de sa rivale. De plus elle abandonnait les derniers débris du mouvement révolutionnaire de 1848 dont elle n'avait pas su profiter à cause de sa haine pour la révolution et elle laissait le champ libre à l'Autriche, représentante du conservatisme et marchant avec la Russie à la tête de cette aveugle réaction qui allait emporter l'Europe toute entière pendant dix ans. La journée d'Olmütz flétrissait la monarchie militaire de Frédéric II : celle ci rêva de s'en venger et dès lors s'y prépara. Schwarzenberg, en écrivant son orgueilleuse et hautaine dépêche du 7 décembre où il se vantait d'avoir rétabli l'ordre en Allemagne et clos définitivement le mouvement de 1848, ne se doutait pas qu'il n'avait fait que préparer l'orage qui creva en 1866 à Sadowa.

Il en fut de même à l'intérieur et les dix ans d'absolutisme à laquelle l'Autriche fut impitoyablement soumise ne firent que la laisser, pour les désastres de 1859 et de 1866, affaiblie, désorganisée, ruinée, impuissante, avec les haines de races plus vivaces que jamais et ses nationalités diverses complétement désaffectionnées par les déceptions qui suivirent 1849. Quand on lit les écrits et les journaux réactionnaires du temps, on y trouve les éloges les plus hyperboliques pour la politique de Schwarzenberg sauveur de l'Autriche au-dedans et au-dehors. En France la Revue des deux Mondes publiait de véritables hymnes d'admiration au « restaurateur de l'empire des Habsbourgs, » à l'homme de fer qui avait vaincu la démagogie, et l'œuvre de l'homme de fer s'écroula au premier choc !

La constitution du 4 mars demeura partout à l'état de fiction et les diverses provinces de l'empire, réduites uniformément à l'état de « pays de la couronne, » formèrent de simples divisions administratives gouvernées par des bureaucrates allemands. Fidèles comme la Croatie ou rebelles comme la Hongrie, elles furent également dépouillées de leurs priviléges et institutions autonomes, et les Croates purent s'écrier avec justesse : « Vous nous donnez comme récompense ce que vous donnez comme châtiment aux Magyars. » On ne conserva des conquêtes de la révolution que les lois qui abolissaient les priviléges féodaux et qui établissaient l'égalité civile au point de vue des propriétés et des personnes.

La Transylvanie, réunie naguères à la Hongrie avec le plein consentement de Ferdinand, fut séparée de la sœur-patrie. La Hongrie, réduite à l'état de pays de la couronne, fut subdivisée en lieutenances impériales au nombre de cinq. Tous les emplois jadis électifs et réservés aux nationaux furent donnés à des Allemands venus des provinces héréditaires : la langue allemande remplaça la langue magyare dans l'administration, dans les tribunaux, dans les écoles. De plus une véritable inquisition de police appuyée de nombreux bataillons de gendarmerie terrorisa le pays : au moindre soupçon d'intelligence avec les exilés, on était arrêté, traduit devant les commissions militaires et condamné à la mort ou au *carcere duro*. Erlau vit ainsi, le 21 juillet 1851, quarante de ses habitants arrêtés sous l'accusation d'être demeurés partisans de Kossuth. Le 25 septembre de cette même année, des greffiers lurent sur les places publiques de Pesth (lecture qui dura trois heures) l'arrêt condamnant Kossuth et ses compagnons à la peine de mort.

Les Serbes reçurent cependant un commencement de satisfaction, car Schwarzenberg craignait de froisser la Russie en manquant à toutes les promesses qu'on leur avait faites. Une patente impériale du 18 octobre 1849 érigea en *Voiévodine de Serbie* et *Banat de la Temes*, la Backa et le Banat (comitats de Bacs Bodrog, de Torontal, de la Temes et de Krasso) et les districts de Ruma et d'Ilok en Sirmie (partie de la Slavonie). Le nouveau territoire était divisé en trois grands cercles administratifs répondant aux trois principales nations qui l'habitent. Mais l'empereur se réservait le titre de grand voiévode et il nomma le général Mayerhofer vice-voiévode. Ces concessions de 1849 étaient aussi illusoires pour les Serbes que celles de 1791. Ils furent d'ailleurs désarmés et virent leur administration nationale dissoute, leurs journaux interdits, les membres de leur ancien comité supérieur expulsés, leur drapeau supprimé. Au mois de juillet 1851, Mayerhofer donna sa démission et le gouvernement civil et militaire du territoire fut remis au comte Coronini-Cromberg qui germanisa à outrance. Les Serbes furent dans leur propre pays exclus de tous les emplois. Remarquons de plus que le territoire de la Voïévodine avait été découpé de façon à ce que les Serbes y fussent en minorité vis-à-vis des Allemands, des Roumains et des Magyars, et que leurs frères des confins et de la Croatie restassent en dehors.

Les confins, qui avaient espéré, après tant de services rendus à l'empire, rentrer sous le régime civil, furent replacés sous le régime militaire comme devant. Une loi du 7 mai 1850 rendit seulement le confinaire propriétaire dans une certaine mesure du sol qu'il occupait et dont il n'avait été jusque là qu'usager et introduisit quelques réformes dans l'organisation municipale.

La Croatie et la Slavonie avec le littoral hongrois formèrent une province à part, entièrement détachée de la Hongrie et où la centralisation et la germanisation s'exercèrent de concert.

La Lombardo-Vénétie fut soumise à un joug de fer sous le gouvernement général du vieux Radetzky. Son histoire pendant ces années maudites est celle des conseils de guerre, prononçant sentences sur sentences contre ceux qui osaient protester. Une proclamation de Radetzky du 22 juillet 1851 aggravait encore l'état de siége. Les prisons se remplissaient et le 4 novembre on fusillait à Milan le prêtre don Giovani Grioli, coupable de publications nationales. Il faut lire dans les journaux du temps toute cette monotone et navrante série d'arrêts frappant les patriotes. Ce système de terreur régnait du reste d'un bout à l'autre de la monarchie. Au moindre soupçon, les hommes les plus illustres étaient jetés dans les cachots, témoin le comte Adam Potocky, arrêté le 27 septembre 1851 à Cracovie, à l'immense consternation de ses concitoyens. Le 22 août de la même année un décret avait dissous toutes les gardes nationales de l'empire. L'état de siége redoublait de rigueur à Prague. La réaction n'ayant pas encore assez de victimes dans les limites de l'empire, s'efforçait d'en trouver à l'étranger parmi les réfugiés : elle menaçait la Turquie et la Suisse coupables d'exercer trop largement le droit d'asile, et le premier soin des chefs autrichiens en occupant les pays voisins était d'y saisir les sujets de leur empereur, témoin le Hongrois Michel Perringer arrêté dans le Schleswig et le Gallicien Patacki arrêté à Hambourg et pendus tous deux à Vienne le 5 février 1852. Le clergé catholique reprenait sa suprématie tracassière et persécutrice : la guerre à la pensée redoublait de rigueur. Un ministre de François Joseph eut même un instant l'idée d'exiger les catalogues de toutes les bibliothèques privées pour en bannir « les mauvais livres ». L'ex libéral Bach s'associait à toutes ces mesures.

La situation financière était déplorable. L'Autriche n'avait fait face aux événements de 1848-1849 que grâce au concours de la banque de Vienne, vis à vis de laquelle sa dette se monta à la fin de 1850 à la somme énorme de 231 millions de florins et resta encore de 1851 à 1853 à un chiffre variant de 144 à 125 millions de florins, pour remonter pendant la guerre de Crimée (1854-1856) à 326 et 371 millions. De plus elle ne cessait de faire appel au crédit par des emprunts multipliés et dans toutes les formes imaginables, tantôt donnant la concession de l'emprunt à quelque grande maison de banque, tantôt s'adressant au public par voie de souscription nationale, ici promettant des intérêts en monnaie fiduciaire, là s'engageant à payer les intérêts en espèces métalliques, etc , etc. Le 22 septembre 1849, elle emprunta en monnaie fiduciaire 74,550,000 florins monnaie de Vienne (le florin de 60 kreutzers) et en argent 33,600,000 florins ; en mai 1851, 70,350,000 florins monnaie fiduciaire et 18,900,000 en argent ; en septembre 1852, 84,000,000 florins monnaie fiduciaire, et à Londres et à Paris 36,750,000 florins en argent ; en 1854, 36,750,000 argent à Francfort et à Amsterdam, 52,500,000 en emprunt loterie monnaie fiduciaire, 525,000,000 emprunt national [1]. De plus les charges résultant de la fameuse expiation de 1818, dont j'ai exposé le mécanisme, grevaient annuellement le trésor d'une somme considérable. Enfin nous avons à ajouter la dette contractée en 1848 pour la libération du sol. La loi du 7 septembre 1848 avait aboli les droits féodaux, les uns à titre gratuit, les autres à titre onéreux. On capitalisa la somme représentant la rente et le bénéfice

---

[1]. Voir l'excellent livre du comte de Mülinen : *Les finances de l'Autriche;* Paris, Guillaumin, 1875.

de ces charges et servitudes : on en retrancha le tiers comme équivalant aux charges que les ayants droit avaient jadis à supporter et les deux tiers restants formèrent le chiffre revenant aux anciens seigneurs, comme rachat et comme indemnité équitable. Les paysans, anciens vassaux, eurent à payer les deux tiers du rachat et un tiers de l'indemnité, paiement qui se fit au moyen d'une addition au principal des impôts fonciers. Les provinces et l'État eurent à payer le surplus, ce qu'on fit au moyen de fonds spéciaux et par le mécanisme de caisses provinciales. Cette dette pour la libération du sol se montait encore en 1859 à 279,172,456 florins monnaie d'Autriche (le florin de 100 kreutzers).

Un article de la Gazette de Vienne (journal officiel) du 26 août 1851 faisait prévoir l'abolition de la constitution du 4 mars, ce qui était plus franc puisque cette constitution était abolie en fait. Cet article disait : « Il faut ramener au trône la solution définitive de la question de constitution, la remettre entre les augustes mains de Sa Majesté.... Il faut que tout repose sur le maintien de la puissance pleine et entière de l'empereur... L'Autriche a été sauvée de la révolution par l'attachement du peuple au principe monarchique. » Les augustes mains de Sa Majesté signèrent en effet le 1ᵉʳ janvier 1852 des lettres-patentes abolissant la constitution du 4 mars et les droits fondamentaux, réduisant toutes les provinces de la monarchie en états de la couronne divisés en bailliages et en cercles dont les autorités étaient assistées de commissions consultatives composées de membres de la noblesse héréditaire, de propriétaires et de grands industriels, rendant plus facile l'établissement des majorats et des fidéicommis, supprimant le jury, etc. Bien entendu, il n'était pas question de parlement : les diètes provinciales suffisaient sous le contrôle du conseil de l'empire dont les membres étaient nommés par l'empereur. Ce régime devait durer jusqu'en 1861.

Il fallait aussi restaurer dans toute l'ampleur de sa domination la théocratie. On ouvrit avec la cour de Rome de longues négociations conduites pour l'Autriche par l'archevêque de Vienne Rauscher et pour Rome par le cardinal Viale-Prela. Elles aboutirent au Concordat du 18 août 1855 qui livrait absolument l'Autriche à la suprématie du sacerdoce. Il maintenait le catholicisme comme culte privilégié, excluait la liberté religieuse, autorisait la publication de toutes les pièces émanées de la cour de Rome sans le *placet*, c'est-à-dire sans l'autorisation du pouvoir civil, plaçait l'enseignement tant public que privé sous la direction de l'église dont les dignitaires contrôlaient souverainement l'orthodoxie des leçons et des livres et faisait de l'état l'exécuteur des décisions de l'*Index* vis à vis de tous les écrits. Il remettait le jugement de toutes les causes ecclésiastiques aux prêtres, qui pouvaient prononcer contre les clercs l'emprisonnement (et sur ce, les *In Pace* furent rétablis à Prague), et soustrayait les évêques pour les crimes et délits ordinaires au juge civil. Il consacrait le droit d'asile des églises comme en plein moyen-âge, mettait les mariages mixtes dans les mains des curés, rendait à l'église le plein droit d'acquérir et de transmettre, maintenait les dîmes non abolies et se terminait par un article général qui achevait de livrer toute la vie intellectuelle et morale des peuples autrichiens à l'absolutisme épiscopal. Telle fut l'incroyable charte de tyrannie cléricale que souscrivit l'empereur François-Joseph et dont n'auraient pas voulu les plus pieux souverains du xiie siècle. Il faut lire la brochure d'un officier saxon en garnison près de Vienne après Sadowa, intitulée : *l'Autriche sous le concordat*, pour se rendre compte de ce que cette charte avait fait de l'Autriche : ignorance, torpeur intellectuelle, pèlerinages, fétichisme grossier, arrogance du clergé persécuteur, multiplication des couvents, marasme de l'enseignement, de la science et de l'art, c'est complet. Une seule petite nation de l'Amérique latine, l'Equateur, avait accepté en 1853 un concordat semblable. Les deux absolutismes marchaient dans un touchant accord. La fameuse égalité des races promise dans les proclamations de 1849 était l'égalité sous le joug, sous l'obscurantisme, sous le pied du prêtre, sous le sabre du soldat et souvent sous la main du bourreau.

Après la convention d'Olmütz, le rétablissement de la vieille confédération, du *Bund* et de la vieille diète de Francfort était sorti des laborieuses conférences de Dresde. Comme avant 1848, la gothique assemblée siégeait à Francfort, avec ses deux espèces de réunions : le *Plenum* et l'*Engere-Rath* ou conseil restreint. L'Autriche y dominait, cherchant à réaliser l'idée qu'elle avait émise à Dresde d'entrer avec toutes ses provinces italiennes et slaves dans la confédération germanique, idée que ne combattait pas seulement la Prusse, mais qui soulevait en 1851 les énergiques protestations de la France et de l'Angleterre. La Prusse faisait même déclarer en octobre 1851 par son envoyé qu'elle renonçait à l'incorporation de ses provinces polonaises (Posen et Prusse orientale) pour forcer l'Autriche à en faire autant. La diète, frappée de stérilité par la lutte sourde, mais perpétuelle des deux grands états, se consumait en débats impuissants et fastidieux autour de l'idée unitaire, échouant dans toutes les mesures qui auraient pu être le symbole de cette unité, telles que l'établissement d'une loi générale sur la presse et d'une police fédérale, mais se ruant aux mesures réactionnaires, telles que la suppression des droits fondamentaux du peuple allemand décrétés par le parlement de 1848 (août 1851) et la révision dans le sens conservateur des constitutions des états particuliers. Elle ne réussissait guère que dans l'organisation d'une armée fédérale qu'elle concentrait dans les provinces rhénanes, bien qu'accueillant avec sympathie le coup d'état napoléonien du 2 décembre dont on pouvait, dès le 4 décembre, lire l'éloge dans la Gazette de Vienne. L'idée unitaire paraissait de plus en plus compromise : « L'unité allemande, disait ironiquement une brochure autrichienne, c'est la quadrature du cercle : quand on croit la saisir, c'est alors qu'on la reconnaît impossible. Elle ressemble à nos cathédrales : il n'y en a pas une de finie. »

Schwarzenberg mourut le 5 avril 1852. Le comte de Buol-Schauenstein lui succéda comme ministre des affaires étrangères. Mais l'empereur supprima la présidence du conseil des ministres qu'espérait Alexandre Bach, simple ministre de l'intérieur, et annonça qu'il continuerait par lui-même la politique absolutiste, centralisatrice et germanique de Schwarzenberg. Celui-ci avait échoué dans la tâche de faire entrer l'Autriche avec toutes ses provinces dans la confédération. Il échoua aussi dans une autre tâche, qui était une des faces de la même question, celle de faire entrer l'Autriche dans le Zollverein ou union douanière formée en 1834 et qui devait être renouvelée en 1854. Mais là, la Prusse opposa une résistance invincible dans les détails de laquelle il serait fastidieux d'entrer. Schwarzenberg avait parfaitement compris que si la forme politique de la confédération était la Diète, sa forme commerciale était le Zollverein et que, pour mener l'Allemagne, il fallait être et dans l'une et dans l'autre. Mais la Prusse, qui avait la même intelligence de la situation, défendait la position commerciale, puisqu'elle avait été débusquée de l'autre à Olmütz, et ne consentait qu'à une simple alliance entre le Zollverein d'une part et l'Autriche de l'autre, nullement à une incorporation.

La politique de Schwarzenberg fut en effet partout continuée. L'Autriche appesantit son joug sur l'Italie, cherchant de plus à lier les destinées de ce pays aux siennes par des traités de douanes avec les souverains courbés sous son influence et en nouant les chemins de fer de la péninsule aux siens. De leur capitale, Vérone, ses généraux et ses policiers multipliaient les exécutions

PRÉLIMINAIRES DE LA GUERRE D'ORIENT 253

et les procès, soutenaient la cour de Rome contre l'influence française, suscitaient embarras sur embarras aux cabinets piémontais, ensanglantaient les Romagnes par les supplices et provoquaient le 6 février 1853, à Milan, une insurrection terriblement réprimée et à la suite de laquelle le séquestre fut mis sur tous les biens des émigrés lombardo-vénitiens. En Hongrie, même régime : exécutions et germanisation. François Joseph faisait de fréquents voyages dans ses états, au milieu des transports officiels, acclamé par les nobles italiens ou par les magnats magyars qui étalaient, comme Paul Esterhazy, des pierreries légendaires dans les réceptions de Pesth. Le 24 avril 1854, le jeune souverain épousa Elisabeth-Amélie-Eugénie, fille de Maximilien-Joseph, duc en Bavière ; il avait 24 ans et la nouvelle impératrice 17.

Ce fut dans ces circonstances qu'éclata la guerre d'Orient entre la Russie d'une part, la France, l'Angleterre, le Piémont et la Turquie de l'autre. La question des lieux saints à Jérusalem n'était pour la Russie qu'un prétexte à essayer de recueillir la succession de l'homme malade. Elle comptait sur la coopération de l'Autriche qu'elle avait sauvée en 1849 et qui venait elle-même d'interdire à l'armée turque, conduite par Omer-Pacha, d'attaquer les Monténégrins. Nicolas avait une vive affection pour le jeune François-Joseph et voyait presque en lui un pupille et un élève. Récemment encore, aux grandes manœuvres d'Olmütz, il avait voulu défiler à la tête du régiment de lanciers autrichiens dont il était propriétaire devant son Habsbourg bien-aimé et l'avait ensuite serré dans ses bras en pleurant. Il vivait en camarade avec les généraux autrichiens. Comment penser que François-Joseph prendrait parti contre lui pour cette Angleterre qui avait si enthousiastement reçu le rebelle Kossuth et pour cette France conduite par un descendant de Napoléon Ier ? aussi n'hésita-t-il pas à donner au prince Mentzchikoff cette célèbre mission de mai 1853 par laquelle il revendiquait le protectorat de tous les catholiques grecs de tout l'empire ottoman, ce qui était demander à la Turquie l'abdication pure et simple de sa souveraineté.

Schwarzenberg, grand faiseur de mots, avait dit après l'intervention russe, qu'un jour l'Autriche étonnerait le monde par son ingratitude. Ce jour était venu. L'Autriche (l'explication de cette nécessité ressort de toute l'histoire que nous avons écrite) est forcée de maintenir le *statu quo* sur le Danube et conséquemment l'intégrité de l'empire turc à cause de ses provinces slaves. L'ordre à Belgrade, à Mostar, en Bulgarie, c'est pour elle l'ordre à Agram, à Karlovics, à Prague, etc. Son rôle est de résister à l'attraction du Slavisme. Aussi se contenta-t-elle d'abord de proposer une conférence en vertu du traité de 1841 qui plaçait l'existence de la Turquie sous la garantie des cinq puissances, et d'envoyer une note que la Turquie refusa d'accepter comme exorbitante et que la Russie interpréta dans le sens le plus abusif. François-Joseph écrivit au Czar. Celui-ci répondit par la publication d'un manifeste aux chrétiens grecs qui respirait le plus pur panslavisme et envoya le comte Orloff à Vienne pour demander la neutralité de l'Autriche vis à vis de l'Angleterre et de la France (29 janvier 1854). M. de Buol exigea que la Russie s'engageât au moins, en retour, à respecter l'intégrité de l'empire ottoman et à abandonner les provinces danubiennes : Orloff refusa. M. de Buol tint bon et le diplomate russe quitta Vienne en disant amèrement : « Puisque vous nous rendez la guerre impossible, autant vaut nous la déclarer. » Le Czar se montra furieux de cet échec et l'Autriche concentra un corps de troupes sur le Danube; elle signa avec la Prusse le 20 avril une convention par laquelle elles se garantissaient mutuellement leurs possessions allemandes ou non allemandes. Tous les petits états de la confédération adhérèrent à cette convention, sauf le Mecklembourg.

Après la destruction de la flotte turque à Sinope, l'Autriche envoya à la Russie une nouvelle note où elle demandait que le protectorat exercé jusqu'à présent par la Russie sur la Moldo-Valachie et sur la Serbie fût remplacé par celui des cinq puissances, que la navigation du Danube à ses embouchures fût délivrée de toute entrave, — que le traité du 13 juillet 1841 fût révisé de concert par les hautes parties contractantes, — que la Russie cessât de revendiquer le droit d'exercer un protectorat officiel sur les sujets de la Sublime Porte, à quelque rite qu'ils appartinssent (8 août 1854) : la Prusse et la Diète approuvèrent. La Russie refusa. L'Angleterre et la France communiquèrent alors le plan de l'expédition de Crimée à l'Autriche qui y applaudit vivement, heureuse de voir la guerre s'éloigner de ses frontières. Le 2 décembre, après la bataille d'Inkermann qui avait eu lieu le 3 novembre 1854, l'Autriche signa avec la France et l'Angleterre un traité par lequel elle s'engageait à défendre les Principautés Danubiennes contre les Russes et à n'accueillir aucune proposition ni ouverture tendant à la cessation des hostilités sans s'entendre avec les alliés. Le 3 mars 1855, la cour d'Autriche apprenait la mort du Czar Nicolas, de cet arbitre de l'Allemagne qui s'était posé en champion de l'absolutisme monarchique et religieux contre la Révolution. A coup sûr, François-Joseph pleura cet imposant allié à l'aide duquel il avait vaincu en Hongrie, pendu à Arad et abaissé la Prusse à Olmütz. Le successeur de Nicolas, Alexandre II, consentit à ce que de nouvelles conférences s'ouvrissent à Vienne, sur la base des quatre garanties de la note précitée du 8 août 1854. La France demanda que la Mer Noire fût neutralisée ou qu'on limitât les forces navales que la Russie pourrait entretenir dans cette mer. L'Autriche demanda que les puissances alliées pussent avoir autant de forces que la Russie dans la Mer Noire, mais elle refusa de donner à cette proposition, malgré les instances de lord John Russell et de

M. Drouyn de Lhuis, le caractère d'un ultimatum. La Russie refusa ; l'Autriche fit une autre proposition, qu'accepta alors la Russie, mais que repoussèrent les alliés. La conférence se sépara et les puissances occidentales furent définitivement convaincues que l'Autriche ne voulait pas tirer l'épée ; elle ménageait tout et tous.

On sait que les alliés s'emparèrent le 8 septembre 1855 de Sébastopol, ou du moins de sa moitié. François-Joseph n'en complimenta Napoléon III que le 8 octobre. Mais l'Autriche avait intérêt à ce qu'on fît la paix le plus vite possible, à cause des sympathies russes qu'étalaient la Prusse et les petits états allemands. Elle s'inquiétait aussi de voir dans les armées alliées ce corps piémontais dont le ministre de Victor-Emmanuel, M. de Cavour, avait si habilement fait décider l'envoi et qui s'était si fort distingué à la journée de Traktir. Elle estimait que la prise de Kars par les Russes sauvegardait un peu l'amour-propre du Czar. Le 27 décembre, elle fit remettre à Saint-Pétersbourg par le comte Valentin Esterhazy un ultimatum qui reproduisait les quatre garanties du 8 août en les aggravant, car il ajoutait la cession d'une partie de la Bessarabie et il excluait de la Mer Noire toute marine militaire et tout arsenal maritime. La Russie envoya le 9 janvier 1856 des contre-propositions à Vienne. Tout en consentant à les discuter, l'Autriche rappela son ambassadeur de Saint-Pétersbourg. Allait elle faire la guerre ? la Prusse effrayée conseilla au Czar de céder et celui-ci, le 16 janvier au soir, fit connaître soudainement qu'il acceptait la paix : il fut décidé que les conditions en seraient réglées dans un congrès tenu à Paris, où il s'ouvrit en effet, le 21 février 1856, sous la présidence du ministre français Walewski. La Prusse n'y fut appelée que le 17 mars, tandis que la petite Sardaigne y figurait dès l'origine. Malgré les objections énergiques de l'Autriche, la paix fut signée le 30 mars et ratifiée le 25 avril : elle neutralisait la Mer Noire, affranchissait le Danube, forçait la Russie à renoncer au protectorat exclusif des sujets grecs orthodoxes de la Porte et stipulait que tout débat de l'une des puissances signataires avec la Turquie serait soumis à l'arbitrage des autres puissances.

A la séance du congrès du 8 avril, M. Walewski attira tout à coup l'attention du congrès sur la situation des États de l'Église, du royaume de Naples et sur les dangers de l'occupation d'une grande partie de l'Italie par les armées autrichiennes. Les plénipotentiaires de l'Autriche, MM. de Buol et de Hubner, déclarèrent qu'ils n'avaient pas à répondre sur ces objets étrangers au congrès. M. de Cavour demanda la parole et fit un tableau très-saisissant de l'occupation des États Romains par l'Autriche, occupation durant depuis sept ans. « La présence des troupes autrichiennes dans les Légations et dans le duché de Parme, ajouta-t-il, détruit l'équilibre politique en Italie et constitue pour la Sardaigne un véritable danger. Notre devoir est de signaler à l'Europe un état de choses aussi anormal que celui qui résulte de l'occupation indéfinie d'une grande partie de l'Italie par l'Autriche. » M. de Hubner répliqua vivement. Le plénipotentiaire russe, comte Orloff, ne pouvait que se réjouir de voir l'ingrate Autriche mise à son tour sur la sellette. Ce n'était qu'un échange d'idées, mais la question italienne était posée et Cavour pouvait écrire à un de ses amis : « dans trois ans nous aurons la guerre, la bonne. »

Passons rapidement sur les années 1857 et 1858 qui virent s'organiser les principautés Danubiennes dans une union administrative, signer la convention pour la libre navigation du Danube et mourir le vieux Radetzki remplacé par l'archiduc Maximilien (5 janvier 1858). Ces deux années furent à proprement parler une préparation à la guerre d'Italie, une lutte diplomatique avec le Piémont, précédant la lutte à main armée. L'Europe la pressentait. Après la guerre de Crimée, la France s'était sensiblement rapprochée de la Russie qui entraînait elle-même la Prusse dans son orbite et, à toutes les conférences de ces deux années, on vit constamment la Russie, la France et la Prusse voter contre l'Autriche et l'Angleterre. L'entrevue de Stuttgard en 1857, entre Napoléon III et Alexandre II, accentua encore cette situation. Cavour marchait à son but avec une persévérance inouïe, préparant flottes, armées, finances, alliances, lançant contre l'Autriche le recueil des lettres de Joseph de Maistre où l'empire des Habsbourgs est traité d'ennemi du genre humain, faisant tout pour se concilier la France, même de faire voter, après l'attentat d'Orsini, une honteuse loi contre les réfugiés. En juillet 1858, il eut à Plombières avec Napoléon III cette fameuse entrevue où la guerre fut décidée et le 1er janvier 1859, à une réception du jour de l'an, l'Empereur disait à M. de Hubner, ambassadeur d'Autriche : « Je regrette que nos relations avec votre gouvernement ne soient pas aussi bonnes que par le passé. Je vous prie de dire à l'Empereur que mes sentiments personnels pour lui ne sont pas changés. » Le 13 janvier, le prince Napoléon-Jérôme partait pour Turin où il allait épouser la fille de Victor-Emmanuel, la princesse Clotilde, pauvre jeune fille sacrifiée à la patrie. La Russie entendait livrer l'Autriche à son sort. L'Angleterre envoya à Vienne lord Cowley pour essayer de prévenir la rupture entre l'Autriche et le Piémont par des concessions de la première. M. de Buol demanda si ces concessions lui garantiraient ses possessions en Italie. M. de Cavour, pressenti par lord Cowley, répondit que les dangers de guerre ne pouvaient être évités que par la création d'un gouvernement national séparé pour la Lombardo-Vénétie, la cessation de l'occupation des Romagnes, et l'établissement d'institutions constitutionnelles à Parme, Modène et Florence. La Russie alors proposa un congrès accepté le 22 mars par l'Autriche, à la condition qu'il y aurait désarmement préalable de la part du Piémont. Napoléon III eut ou fit semblant d'avoir des velléités de paix qui trompèrent absolument M. de Hubner et qui amenèrent Cavour à Paris. M. de Buol, trompé par M. de Hubner, prit le ton le plus arrogant vis à vis du Piémont et enfin lui adressa le 19 avril un ultimatum hautain exigeant le désarmement dans les trois jours. Alors Napoléon III, dont le journal officiel venait encore de publier une note pacifique, jeta le masque et le 3 mai M. Walewski annonça officiellement la déclaration de guerre au Corps législatif.

L'Italie était en feu. Léopold II, grand-duc de Toscane, ne pouvait empêcher la jeunesse de partir en foule pour le Piémont. Son fils, l'archiduc Charles, convoquait vainement le 27 avril ses officiers d'artillerie au fort du Belvédère pour leur communiquer un plan de bombardement de Florence : les officiers déclaraient qu'il fallait que leur souverain déclarât la guerre au Piémont ou partît, ce qu'il fit quelques jours après. La duchesse de Parme avait livré son duché à l'Autriche ; François V de Modène, fier de son grade de lieutenant général autrichien, fusillait et emprisonnait ses heureux sujets après les avoir au préalable fait bâtonner : il se sauva avec ses trésors et en emmenant ses prisonniers politiques qu'il déposa, homme de précaution et tyran avisé, dans les cachots empruntés de l'Autriche.

A l'expiration du troisième jour de l'ultimatum, Giulay, général en chef des Autrichiens, reçut l'ordre d'envahir le Piémont : il ne le fit que le 29 mars. Il aurait pu prendre Turin ou Alexandrie : il montra une lenteur et des incertitudes étonnantes et donna à l'armée française le temps d'arriver en Italie et de se concentrer à Alexandrie. Le 20 mai le premier combat de la campagne se livra à Montebello et fut suivi d'une inaction de 23 jours. Mais pendant ces vingt-trois jours, Garibaldi, à la tête des volontaires, fit cette admirable marche sur Varese, puis sur Côme dont il s'empara à la fin de mai, menaçant ainsi le flanc droit de Giulay.

Les armées franco-sardes se mirent enfin en marche

à la fin de mai. Le 30 et le 31, elles gagnèrent les brillantes batailles de Palestro et le 3 juin celle de Turbigo ; le 4 juin eut lieu la bataille de Magenta. On sait que les Autrichiens faillirent la gagner et faire prisonnier Napoléon III et une partie de sa garde, et que ce fut Mac-Mahon qui sauva l'armée et rétablit la bataille en marchant au bruit du canon. La lutte avait été improvisée : les pertes des deux côtés étaient considérables. Giulay avait commis de grosses fautes et Milan était ouvert aux alliés, Mac-Mahon y entra le 7 juin. L'armée autrichienne, tout en livrant le sanglant combat de Melegnano (Marignan) abandonna les lignes du Tessin et de l'Adda pour se concentrer derrière le Mincio. Le 16 juin l'empereur François-Joseph prit le commandement de son armée réunie dans le quadrilatère. L'armée française marcha en avant, à tâtons, et se trouva inopinément le 23 juin en face de 160,000 Autrichiens soutenus par 650 pièces de canon. Les alliés avaient 151,000 hommes. La bataille eut lieu le 24 : elle porte dans l'histoire le nom de Solferino. On l'a qualifiée de bataille de soldats ; l'imprévu en effet y régna plus que la stratégie raisonnée, comme le témoignèrent plus tard les querelles qui s'élevèrent entre les généraux français sur les péripéties de la lutte.

On pensait que ce n'était que le commencement de la campagne. Napoléon III, auquel le sénateur Piétri avait présenté Kossuth et qui faisait grand accueil aux officiers magyars, parlait de faire appel à la Hongrie et de jeter un corps de débarquement en Dalmatie. On croyait l'Autriche à deux doigts de sa perte, quand tout à coup on apprit que l'Empereur des Français proposait à l'empereur d'Autriche un armistice (6 juillet) et une entrevue. Cette entrevue eut lieu le 11 juillet à Villafranca et on signa les préliminaires de paix que consacra plus tard le traité de Zurich : les deux monarques s'engageaient à favoriser la création d'une confédération italienne sous la présidence du pape. L'Empereur d'Autriche cédait à l'Empereur des Français ses droits sur la Lombardie, à l'exception des forteresses de Mantoue et de Peschiera ; l'Empereur des Français devait remettre les territoires cédés au roi de Sardaigne. La Vénétie resterait sous le sceptre de l'Empereur d'Autriche tout en faisant partie de la confédération italienne. Les grands-ducs de Toscane et de Modène rentreraient dans leurs états en donnant une amnistie générale. L'Italie cria à la trahison et Cavour désespéré fit une scène terrible à Victor-Emmanuel à la Casa Melchiori. Le 12 juillet Napoléon III repartit pour la France et traversa Milan et Turin au milieu d'un silence glacial. A son arrivée aux Tuileries, il expliqua aux grands corps de l'État les causes de cette paix si brusque : l'Europe avait pris une attitude menaçante : il aurait fallu faire la guerre sur le Rhin comme sur l'Adige, « ou partout franchement se fortifier du concours de la Révolution. »

LIVRE IV

DE LA GUERRE D'ITALIE A NOS JOURS. — (TENTATIVES CONSTITU-
TIONNELLES. — GUERRE CONTRE LA PRUSSE. — LE DUALISME
AUSTRO-HONGROIS, 1859-1877.)

CHAPITRE Ier

Hésitations constitutionnelles. — Conseil de l'empire. — Constitution du 20 octobre 1860. — Constitution du 26 février 1861. — Déak. — Diète hongroise de 1861 et son adresse. — M. de Schmerling. — Tchèques, — M. de Reichberg. — Affaires d'Allemagne. — Congrès de Francfort. — Affaires du Slesvig-Holstein. Paix de Vienne. — Affaires de Pologne.

La défaite de l'Autriche en Italie était le digne couronnement de cette politique d'absolutisme à outrance commencée par Schwarzenberg et continuée par Bach. La conservation de la Vénétie n'était pas un avantage : elle allait maintenir forcément à l'état aigu l'antagonisme entre l'Autriche et le nouveau royaume d'Italie. La Prusse, dont l'attitude avait été si hésitante pendant la guerre et qui avait si mollement poussé ses préparatifs militaires, était heureuse de l'abaissement de sa rivale et pensait que le moment était venu de se venger des humiliations d'Olmütz — dont la plaie saignait comme au premier jour en reprenant l'hégémonie en Allemagne. La Hongrie, soumise depuis dix ans à un si rude régime, avait cependant réparé ses forces et si elle n'avait pas bougé grâce aux conseils de Déak « le sage de la patrie », elle redevenait agitée et frémissante et se préparait à revendiquer sa constitution de 1848. Les autres nationalités étaient mécontentes. Les finances se trouvaient dans le plus déplorable état; la dette de l'État s'élevait en capital à 2,331 millions de florins (5,590 millions de francs), comportant un intérêt annuel de 113 millions de florins : le déficit de l'année 1859 avait été de 306 millions de florins ; il fallait essayer un emprunt de 200 millions de florins par voie de souscription publique et qui échoua en grande partie. La prépondérance cléricale fondée sur le concordat de 1855 révoltait tous les libres esprits. Il devenait évident pour tous que la monarchie des Habsbourg était arrivée à un de ces moments où il faut se renouveler ou mourir.

Et cependant l'empereur ne parut pas tout d'abord le comprendre. Si le 21 août 1859, il congédia le funeste Bach pour le remplacer par M. de Hübner, il abandonna ce ministre au bout de deux mois. Le mot seul de constitution paraissait lui répugner autant qu'à son aïeul François. En octobre 1859, il appela au ministère de la police, à la place de M. de Hübner, le baron Thierry, tout imbu des haines et des rancunes de l'administration antérieure et qui semblait un Bach ressuscité, ramenant ce qu'on avait si justement appelé « le *système de fer* ». Dans les premiers mois de 1860, ce baron Thierry faisait défense aux journaux de discuter la compétence du conseil des ministres, de parler de constitution, d'annoncer que les diètes provinciales auraient des pouvoirs législatifs, etc. Il continuait les arrestations et les perquisitions. Ses persécutions poussèrent l'illustre magyar comte Stephan Széchenyi à se suicider le 8 avril dans l'hospice de Dobling.

Des scandales retentissants vinrent frapper l'opinion publique : le 8 mars, le baron Eynatten, feld maréchal lieutenant, chef de l'administration militaire, arrêté pour malversations, se pendit aux grilles de son cachot avec les aiguillettes de son uniforme. Des banquiers furent mis en prison. Le 23 avril, on apprit le suicide du ministre des finances, M. de Brück, soudainement révoqué la veille. Un peu avant le 6 mars, une patente impériale avait établi le *conseil de l'empire renforcé*, amélioration dérisoire. Le 1er mai on y fit entrer quelques nouveaux membres parmi lesquels des magnats hongrois et un Vieux-Thèque le comte Clam-Martinitz, apôtre effréné de la féodalité la plus pure. Les magnats hongrois déclarèrent qu'ils n'entendaient nullement engager leur pays et se coalisèrent d'ailleurs avec les autres aristocrates du conseil : le cardinal Rauscher et le comte de Thun y défendirent avec ardeur le concordat. Ce ne fut guère que comme mesure fiscale que l'empereur, par un message du 18 juillet 1860, se décida à étendre les attributions du conseil de l'empire en matière d'impôts et encore avec cette restriction que ces attributions seraient suspendues en temps de guerre. On multiplia d'ailleurs les circulaires contre les espérances constitutionnelles. Mais la vie politique se réveillant malgré tout avec une irrésistible puissance, les adresses au conseil de l'empire devenant de plus en plus pressantes, la Hongrie semblant se réveiller tout à fait, François Joseph et ses conseillers prirent peur et un Gallicien, le comte Goluchowski, fut appelé au ministère de l'intérieur avec mission de préparer une constitution (22 août 1859). Le conseil de l'empire lui-même déclarait que les difficultés financières étaient tellement énormes qu'on ne pouvait en sortir qu'avec le concours d'un parlement issu des sufffrages des citoyens et non du bon plaisir impérial.

La nouvelle constitution fut établie par la patente du 20 octobre 1860, publiée la veille du départ de François-

Joseph pour cette entrevue de Varsovie où il put se convaincre que la Russie ne l'aiderait pas à s'opposer aux progrès de l'unité italienne, émanée, comme toujours, du pouvoir personnel, bien que préparée par une sorte de parlement consultatif (*Verstarkte Reichsrath*), réuni en mai à Vienne. Elle établissait deux ordres de représentations, l'une centrale, l'autre provinciale. La représentation centrale était composée de députés choisis par l'empereur sur des listes dressées par les diètes provinciales. La Hongrie et ses *partes annexæ* (Croatie, Slavonie) devaient être remises en possession de leurs anciennes constitutions, modifiées en ce point que ce serait le conseil de l'empire, et non la diète hongroise, qui voterait la part du royaume de Saint-Etienne dans le budget général et dans le contingent annuel de l'empire. Tous les autres pays de la couronne devaient avoir des diètes organisées selon les anciennes chartes spéciales à chacun de ces pays. Pour bien affirmer les idées décentralisatrices qui présidaient au nouvel état de choses, les ministères de l'intérieur, de la justice et des cultes étaient supprimés. Le comte Goluchowski fit promulguer successivement ces statuts provinciaux (du 28 8bre au 13 9bre) qui faisaient de chaque diète une sorte de parlement anglais au petit pied, avec ses lords héréditaires, son banc des évêques et son tiers-état. C'était du fédéralisme, mais du fédéralisme rétrograde et aristocratique. Ces diètes, dominées par la noblesse, par le clergé et par la grande propriété, étaient en opposition absolue avec les idées modernes et elles faisaient payer la conquête de l'autonomie du sacrifice de la liberté et de l'égalité. La patente du 20 octobre donna beau jeu aux centralistes, qui invoquèrent les principes de 89 et qui se mirent à montrer que, si Schwarzenberg et Bach avaient centralisé par le despotisme, ce n'était pas une raison pour décentraliser par un retour au moyen-âge.

Les questions qui travaillent éternellement ce bizarre agrégat de nationalités qu'on appelle l'Autriche se posèrent toutes à cette occasion avec une nouvelle opportunité. On discuta sur le fédéralisme et sur le centralisme dans leur double forme : la forme libérale et démocratique — et la forme féodale, absolutiste et aristocratique, car chacun des systèmes les comporte également. Mais en Autriche, les questions ne sont pas abstraites : elles se compliquent immédiatement des éléments ethnographiques. Le centralisme ou libéral ou absolutiste, qu'il ait pour organe un pouvoir monarchique et bureaucratique ou un parlement unique doté des plus larges attributions constitutionnelles, ne fonctionne pas moins à Vienne, ville allemande, avec des fonctionnaires allemands ou des députés forcés d'adopter pour langue parlementaire l'allemand. Le centralisme, tant démocratique et progressif qu'il soit, équivaut donc à germanisation et c'est pour cela que les Slaves et les Magyars n'en veulent à aucun prix. Le fédéralisme, soit qu'il organise chaque état autonome sur un modèle moyen-âge, soit qu'il l'organise sur le modèle démocratique moderne, transforme l'Autriche en une sorte de confédération helvétique où les cantons seraient remplacés par des provinces égales en droit et dès lors plaît aux Slaves, parce qu'il anéantirait l'influence allemande et donnerait la prépondérance à leur race relativement la plus nombreuse ; mais ni les Allemands ni les Magyars ne l'admettent, car ces deux races orgueilleuses prétendent dominer les autres. Enfin dans la Hongrie, Déak préparait le dualisme, qui n'est que le partage du centralisme entre les Allemands et les Magyars, sur le dos des Slaves et des Latins. En somme, jusqu'alors, l'unité autrichienne n'avait de représentante réelle que l'armée : il n'y a pas de peuple autrichien, il y a une armée autrichienne dont les soldats ne s'appellent ni Allemands, ni Slaves, ni Magyars, ni Roumains, mais *Kaiserlichs*, Impériaux. Or, cette unité militaire venait d'être entamée par la campagne d'Italie.

On prévoyait donc que la constitution Goluchowski

ne serait pas de longue durée. D'ailleurs le mouvement des nationalités s'accusait avec une intensité et une confusion incroyables et le gouvernement oscillait éperdu entre les mesures les plus contraires. Ainsi le 27 décembre 1860, il décréta la réincorporation de la Voïvodine serbe à la Hongrie, tout en confiant à un comité présidé par le patriarche serbe le soin de rédiger la liste des *desiderata* des Serbes et de transmettre cette liste à la diète hongroise. Quelques jours avant, le 15 décembre, le comte Goluchowski s'était retiré, remplacé par M. de Schmerling, Allemand de race, de cœur et de politique, qui allait essayer du centralisme libéral, en constituant un État autrichien constitutionnel, comme il y a un État français. Le 30, le nouveau ministre reçut Déak et Eotvos que le chancelier baron Vay avait décidés à venir à Vienne, et les présenta à l'empereur. Déak demeura inébranlable sur le terrain des lois de 1848 et répéta ce qu'il avait dit à Bach : « Je ne connais que la constitution hongroise. Tant qu'elle n'est pas rétablie, je n'existe pas, ne suis rien et par conséquent ne puis rien » : cependant il ne rompit pas les négociations. Mais l'agitation redoubla en Hongrie et on eut recours au refus de l'impôt comme au moyen le plus efficace de rétablir l'état légal de 1848. On eut beau promettre la convocation de la diète hongroise pour le 2 avril 1861 à Bude, les comitats déclarèrent de toutes parts que tout impôt non voté par la diète était illégal, que la diète devait se réunir à Pesth et non à Bude. Le 16 janvier 1861, François-Joseph adressa aux Magyars un manifeste moitié conciliant, moitié menaçant, qui fut de nul effet. Le gouvernement concentra 80,000 hommes en Hongrie et parla d'état de siége. Les Galliciens au même moment envoyaient une députation pour demander que leurs représentants au futur parlement central fussent élus par la diète et non directement par les citoyens, et une députation ruthène arrivait presque aussitôt pour demander à ne pas dépendre purement et simplement de la diète gallicienne. Les étudiants de Cracovie se remuaient pour que les cours de l'Université se fissent en langue polonaise et un mouvement éclatait en Dalmatie. Enfin dans le ministère même, il y avait une lutte sourde entre M. de Rechberg et M. de Schmerling soutenu par l'Archiduc Maximilien. On se serait cru dans le camp d'Agramant.

Ce fut dans ces circonstances qu'on promulgua, le 26 février 1861, une nouvelle constitution, qui modifiait considérablement les dispositions du diplôme du 20 octobre et qui établissait le centralisme parlementaire. Le parlement central se composait de deux chambres : celle des seigneurs comprenant les princes du sang par droit de naissance, les nobles grands propriétaires ou pairs héréditaires et les archevêques, évêques, hommes éminents à titre viager ; et celle des députés formée de 343 membres ainsi répartis : Hongrie 85, Bohême 54, Vénétie 20, Dalmatie 5, Croatie-Slavonie 9, Gallicie-Cracovie 38, Basse-Autriche 18, Haute-Autriche 10, Saltzbourg 3, Styrie 13, Carinthie 5, Carniole 6, Bukovine 5, Transylvanie 26, Moravie 22, Istrie-Trieste 6, Silésie 6, Tyrol et Voralberg 12. Ces députés étaient élus par les diètes dans leur sein. Le parlement recevait des attributions assez étendues aux dépens des diètes provinciales : les ministères de la justice, des cultes et de l'intérieur étaient rétablis, mais il n'y avait aucune trace de responsabilité ministérielle. Les députés hongrois ne devaient siéger que dans les séances où il s'agissait d'intérêts communs à toute la monarchie et le parlement formait alors un *plenum* ou *Weitern-Reichsrath ;* dans le cas contraire, c'était un parlement restreint (*Engern Reichsrath*), où les députés des autres provinces traitaient des matières législatives que leurs diètes n'avaient pas le droit de traiter à l'instar de la diète hongroise privilégiée. Quant aux diètes provinciales, au lieu d'être organisées diversement, selon le système Goluchowski, suivant les vieux us et coutumes spéciaux à chaque province, elles furent établies sur un modèle uniforme pour tous les pays de la couronne, avec la même composition et les mêmes attributions, comme nos conseils généraux français, mais en conservant la représentation par ordres.

La constitution fédéraliste de M. Goluchowski avait méconté les Allemands et les Magyars. La constitution centraliste ne satisfit ni les Allemands qui la trouvaient trop peu libérale, ni les Magyars qui n'admettaient que leur constitution de 1848, mais elle mécontenta au plus haut degré les Slaves qui l'accusèrent de ne pas respecter leur autonomie. Voyons comment se traduisirent ces diverses résistances.

Le 6 avril 1861, la diète hongroise, élue conformément à la loi électorale de 1848, se réunit à Bude, ouverte par le comte Apponiy, *Judex curiæ*, avec Déak, élu par Pesth, comme chef du parti patriotique et le comte Téléki comme chef de la gauche. Le gouvernement de Vienne proposa une série de projets tendant à modifier la constitution de 1848 pour la mettre en harmonie avec la constitution générale du 26 février. La Diète voulait répondre par une résolution, mais Déak la décida à donner à ses revendications la forme plus respectueuse d'une adresse et se chargea de la rédiger. Il la lut le 13 mai et elle produisit une sensation pour ainsi dire européenne ; c'était l'exposé le plus magistral, le plus solide et le plus imperturbable du droit historique hongrois : il établissait qu'il n'y avait jamais eu d'état autrichien unitaire, que l'union entre la Hongrie et les états héréditaires est purement personnelle, que la Hongrie ne peut admettre qu'un parlement central vote des écus et des hommes pour des intérêts qui ne sont pas les siens, tels par exemple que ceux de l'Autriche dans la confédération germanique, qu'elle ne peut rien sacrifier de son antique constitution née du développement historique de la nation et que, par conséquent, elle n'enverrait jamais de députés au Reichsrath de Vienne.

Cette adresse, que la Hongrie a déposée dans ses archives nationales comme un impérissable monument, fut votée grâce à l'abstention de Tisza et de Ghyczy, qui avaient remplacé à la tête de l'opposition Teleki suicidé. La chancellerie de Vienne essaya de réfuter ce document dans un rescrit du 21 juillet. Déak répliqua par un mémoire non moins solide, non moins juridique que le premier : le débat était sans issue. M. de Schmerling prononça le 21 août la dissolution de la diète qui protesta, dans son dernier procès-verbal, qu'elle ne cédait qu'à la force ; le mois suivant les assemblées locales des villes libres et des comitats furent également dissoutes ; des commissaires royaux et des bureaucrates allemands reprirent la direction des affaires comme aux plus beaux temps de Bach. « Nous pouvons attendre ! » dit fièrement M. de Schmerling en montrant dans le Reichsrath central, qui était ouvert depuis le 1er mai, les quatre-vingt-cinq siéges vacants des députés hongrois. Il y manquait aussi les 20 députés de la Vénétie, les 9 de la Croatie-Slavonie, et les 26 de la Transylvanie, c'est à-dire 140 députés sur 343.

Le 6 avril ouvrit également la diète de Prague. Les chefs du parti Tchèque, MM. Rieger, Palacky, Braun, protestèrent énergiquement tant contre le statut octroyé que contre la loi électorale. Cependant les Tchèques se décidèrent à envoyer des députés au Reichsrath ouvert le 2 avril. La diète Croate approuva une violente circulaire contre la Hongrie publiée par le comitat d'Agram et à laquelle Déak répondit par un mémoire où il déclarait que toute transaction deviendrait à jamais impossible si les Croates consentaient à se faire représenter à Vienne. Le statut avait été ajourné pour la Dalmatie. La diète transylvaine, réorganisée sur ses anciennes bases, déclara vouloir conformer sa conduite à celle de la nation-sœur dont on l'avait séparée. Quant à la Vénétie, accablée de douleur devant ce royaume italien qui s'était annexé la Toscane, Parme et Modène, la Romagne et les deux Siciles, elle ne voulait pas même entendre parler d'une représentation à Vienne. En présence de tant de résistances, il fallait donc une certaine confiance à M. de Schmerling pour prononcer sa fameuse phrase : « *Wir koennen warten*, nous pouvons attendre. » Cette situation intérieure se prolongea pendant toute l'année 1862 et toute l'année 1863. En Hongrie, Déak savait aussi qu'il pouvait attendre et, écouté comme un oracle, au faîte d'une situation que jamais citoyen n'eut dans un pays quelconque, il comprimait par sa seule autorité morale les impatiences du parti avancé. Le nouveau chancelier de Hongrie, le comte Forgacs, ne dissimulait pas lui-même ses sympathies pour le dualisme. « Entrez d'abord dans le Reichsrath, disait M. de Schmerling aux Magyars et aux Croates, et ce parlement plénier pourra ensuite réviser la constitution de février selon vos vœux. Non, répondaient les Magyars, faites d'abord réviser la constitution par votre Reichsrath restreint qu'une ordonnance de l'empereur suffit à rendre compétent. » Le Reichsrath du reste, dans sa session de 1862, n'osa pas appliquer à la Hongrie le code commercial allemand qu'il adopta.

En septembre 1862, M. de Schmerling qui, obéissant à son tempérament allemand et aux excitations de la presse de Vienne, blessait et exaspérait les diverses nationalités de l'empire au lieu de les apaiser et de les rallier par la douceur à son centralisme, ordonna la dissolution des sociétés agricoles de Bohême sous prétexte qu'elles faisaient de la politique. On fournit occasion à M. Rieger de protester dans le Reichsrath : « Les états autrichiens, déclara-t-il, ne formeront jamais un *état* autrichien, parce qu'ils n'ont pas une histoire commune, parce que chaque province ou plutôt chaque état a son histoire, ses souvenirs particuliers. Le Reichsrath, composé d'éléments presque exclusivement allemands, n'a présenté que des exemples de ce patriotisme restreint qui reste indifférent au sort des autres nationalités. Fières d'un titre pompeux, mais illusoire, les provinces héréditaires, en voulant se faire passer pour la représentation de l'empire entier, se rendraient impopulaires dans les autres provinces. » A la session de 1863, il manqua encore 142 députés et cette fois, la plupart des députés Tchèques, mais au mois d'octobre arrivèrent les députés élus par la diète transylvaine, ce qui causa une vive joie à M. de Schmerling. Joie trompeuse, car l'indomptable résistance de la Hongrie rendait toutes les combinaisons inutiles et frappait d'avance de stérilité la tentative du ministre allemand.

Pendant ces difficultés intérieures, l'Autriche se heurtait à l'extérieur à d'autres difficultés dans lesquelles était en germe la guerre de 1866. Son ministre des affaires étrangères, M. de Rechberg, homme d'une grande légèreté et d'une parfaite inconsistance, soulevait à la fois la question de la réforme fédérale et celle des Duchés et les compromettait toutes deux.

Dès 1861, M. de Sybel écrivait dans une brochure : « aussi certainement que les rivières coulent vers la mer, il se formera en Allemagne, à côté de l'Autriche, une fédération restreinte sous la direction de la Prusse. Pour y arriver, on aura recours à tous les moyens de la persuasion et de la diplomatie, même à la guerre en cas de résistance. » Ces paroles prophétiques pourraient servir d'épigraphe à l'histoire des cinq années qui ont précédé Sadowa. La passion de l'unité avait atteint dans l'Allemagne en général et dans la Prusse en particulier le dernier degré de l'exaltation; mais chez le peuple prussien, depuis les humiliations d'Olmütz, l'idée de l'unité par la liberté avait disparu et on ne rêvait plus que la prussification de l'Allemagne par la force. La haine contre l'Autriche, qui affichait si orgueilleusement sa suprématie, et contre la diète si docilement pliée à cette suprématie, était à l'état aigu. Guillaume Ier, couronné roi de Prusse en 1861, n'aurait pas été capable de servir de guide et d'instrument à cette passion incompressible, mais le guide et l'instrument étaient trouvés dans la personne du comte de Bismark. Jusqu'en 1851, M. de Bismark appartint à cet arrogant parti des Hobereaux (*Junkerpartei*) dont l'organe était la *Gazette de la Croix*, qui ne rêvait que féodalité et qui avait placé son idéal dans le plus pur moyen âge. Envoyé comme représentant de la Prusse de 1851 à 1859 près de la diète de Francfort, parti pour son poste avec de véritables sympathies pour l'Autriche, il changea d'avis du tout au tout en voyant fonctionner la gothique machine et en se blessant au sot orgueil des représentants de l'Autriche, les Rechberg et autres : il devint partisan décidé de l'unité allemande par la Prusse. Lors de la guerre d'Italie, il manifesta si vivement l'opinion que la Prusse en profitât pour attaquer l'Autriche et réorganiser l'Allemagne dans son sens, qu'il fut rappelé de Francfort et envoyé comme ambassadeur à Saint-Pétersbourg jusqu'en 1862. Il passa ensuite six mois à Paris en même qualité et enfin, en septembre de la même année, il entra dans ce ministère qui lutta si violemment contre la chambre des députés de Berlin. En octobre 1862, il disait dans un de ses discours : « Ce qui importe à l'Allemagne, ce n'est pas le libéralisme de la Prusse, *c'est sa force*. Elle doit l'accroître et la concentrer pour saisir le moment favorable qu'on a déjà laissé échapper. Nos frontières ne sont pas celles d'un état bien constitué. D'ailleurs souvenez-vous de ceci : ce n'est point par des discours et des votes que se décideront les grandes questions. Ç'a été l'erreur de 1848 et de 1849 de le croire ! *ce sera par le fer et par le sang.* » Toute sa théorie était là, ainsi que son programme. L'Autriche, avec un incroyable aveuglement, l'aida à le réaliser. La Hongrie elle-même faisait des vœux pour l'unité germanique, sûre qu'elle était que l'Autriche, expulsée de l'Allemagne, était forcée de s'appuyer sur elle en lui rendant la liberté ; Eotvos le dit nettement en une brochure. M. de Bismark comptait plus sur l'Italie à l'alliance de laquelle il voulait ramener Guillaume, bien que celui-ci eût été en 1859 à la veille de combattre Victor-Emmanuel. Enfin il ne désespérait pas d'amener la France impériale à le laisser faire : il y avait déjà travaillé pendant son ambassade à Paris, préludant ainsi à l'entrevue de Biarritz et essayant de prouver que l'unité allemande devait être la conséquence de l'unité italienne.

L'Autriche était donc peu à peu enlacée dans les fils d'une trame immense. Elle ne s'en doutait pas et n'avait jamais eu tant de confiance : elle conservait son ton de supériorité vis-à-vis de la Prusse et se flattait de constituer enfin la Grande-Allemagne. Elle était persuadée que la lutte si violente du ministère et de la chambre à Berlin jetait sa rivale dans des embarras tels qu'elle pouvait tout oser. Pendant ce temps, M. de Beust, ministre du roi de Saxe, imaginait un système pour assurer l'indépendance des petits états vis-à-vis des deux puissances rivales, celui de la *triade :* la Bavière, la Saxe, le Wurtemberg et le Hanovre auraient formé un troisième groupe faisant équilibre à la Prusse et à l'Autriche. Mais la Prusse ne voulait que l'union restreinte, c'est-à-dire la suprématie politique, militaire et commerciale de la Prusse sur les adhérents à cette union : le ministre prussien, M. de Bernstorff, en formula nettement la théorie. L'Autriche réussit à décider la Bavière, la Saxe, le Wurtemberg, le Hanovre, la Hesse-Darmstadt et le Nassau à protester contre cette théorie dans des notes séparées, mais identiques, qui furent toutes remises à Berlin le 2 février 1862. Les signataires déclaraient que l'union restreinte était la négation même de la confédération basée sur la répartition des voix établie par le pacte et composée d'états autonomes. La question était clairement posée. L'affaire de la Hesse-Cassel faillit précipiter les choses. L'électeur refusait de rétablir la constitution de 1831 que sa seconde chambre ne se lassait pas de réclamer, malgré des dissolutions coup sur coup. La Prusse et l'Autriche demandèrent à la diète le 8 mars de rétablir cette constitution. Mais pendant que la diète délibérait, l'électeur prenait des mesures telles que la Prusse lui adressa le 18 mai un ultimatum et se prépara à occuper ses états avec deux corps d'armée. Grave précédent que celui qui tendait à substituer à l'exécution fédérale l'exécution par la Prusse seule ! L'Autriche agit et fit prendre les devants à la diète qui rétablit la constitution de 1831 dans la Hesse par un arrêté fédéral du 24 mai, auquel céda l'électeur effrayé.

L'Autriche, voyant à quel point le sentiment unitaire passionnait les esprits, voulut lui donner une certaine satisfaction : elle proposa à la diète d'établir pour toute l'Allemagne un code uniforme de procédure civile et une loi générale sur les obligations. Cette loi aurait été élaborée à Francfort par une assemblée des délégués des diverses chambres allemandes. La Prusse s'opposa et fit si bien miroiter aux yeux de quelques états secondaires le fantôme du parlement de 1849 que la proposition autrichienne fut repoussée par 9 voix contre 7, le 22 janvier 1863. Ce fut alors que François-Joseph imagina de réunir tous les souverains allemands à Francfort en congrès pour discuter la réforme fédérale. Il vit le roi de Prusse à Gastein et essaya vainement de le décider à prendre part à ce congrès : le refus fut absolu. Le congrès s'ouvrit le 15 août 1863 : tous les souverains allemands, accompagnés des hommes politiques les plus célèbres, se trouvèrent réunis dans la vieille cité impériale autour du jeune empereur d'Autriche, qui put se croire le maître de l'Allemagne, au bruit des acclamations du peuple de Francfort enivré par cette image de l'unité. C'était une contre partie de la fête qui, le 13 juillet 1862, avait réuni dans la même ville les sociétés de tir de l'Allemagne confédérées sous la présidence du duc de Saxe-Cobourg-Gotha et sous l'inspiration du *National Verein*, personnage et institution qui jouaient au radicalisme et servaient les desseins de la Prusse, tout en persuadant aux masses qu'ils travaillaient à l'établissement d'une république fédérative. François-Joseph proposa au congrès de donner comme pouvoir exécutif à la confédération un directoire de cinq membres dont trois permanents : Empereur d'Autriche, roi de Prusse, roi de Bavière, et deux alternants : le roi de Wurtemberg, le roi de Saxe et le roi de Hanovre. L'Empereur d'Autriche en aurait la présidence perpétuelle. François-Joseph ajoutait qu'en cas de guerre entre un état de la confédération ayant des possessions en dehors de la dite confédération et un état étranger, le conseil fédéral pourrait, sur l'initiative du directoire et à la simple majorité des voix, voter que la confédération prendrait part à cette guerre. C'était naïf et on reconnaissait là la légèreté de M. de Rechberg : il aurait été plus franc de proposer que le *Bund* garantirait à l'Autriche ses possessions non allemandes et mettrait toutes ses forces à son service pour les lui conserver. Le roi de Bavière se montra mécontent et le grand-duc de Bade énergiquement opposé. D'ailleurs l'absence du roi de Prusse frappait de stérilité les délibérations du congrès. Le parti unitaire, qui l'avait d'abord accueilli avec quelque espoir, voyant qu'on n'y proposait pas un parlement central à la façon de 1849, s'en détourna et on se sépara dans les premiers jours de septembre sans avoir rien fait, et en remettant à des conférences ministérielles qui n'eurent jamais eu le soin d'achever le projet ébauché. Il n'en subsistait qu'un aveu, celui que la diète était désormais une forme insuffisante de la confédération. Le même mois, le cabinet de Berlin avança un programme réformiste basé sur la parité absolue des deux puissances et qui fut mal accueilli, bien qu'il comportât un parlement national. Il devenait de plus en plus évident que la question de la constitution allemande n'était pas de celles qui se résolvent pacifiquement.

La question des Duchés n'était pas moins compliquée. Il importe de bien comprendre cette affaire du

Slesvig-Holstein qui fut, en définitive, l'allumette mettant le feu à des matières incendiaires depuis longtemps préparées. Mais ayons bien soin de nous dire que si ça n'avait pas été cette allumette-là, c'en eût été une autre.

Entre l'Elbe, au sud, et l'Eider, au nord, s'étendent les duchés d'Holstein et de Lauenbourg, le Holstein placé sous la suzeraineté du Danemark, mais faisant partie, depuis le moyen-âge, de la confédération germanique, le Lauenbourg moitié autonome, moitié dépendant du Holstein par le contingent militaire et, par suite, de la confédération, tous deux peuplés d'Allemands. Au-delà de l'Eider et jusqu'aux frontières du Jutland, s'étend un autre duché, le Slesvig, peuplé moitié de Danois et moitié d'Allemands. Le Slesvig fut toujours isolé des Etats formant la monarchie danoise proprement dite, mais, uni au Holstein par une constitution et une diète commune, il ne fit non plus jamais partie de la confédération germanique. Le Slesvig, d'une étendue de six mille kilomètres carrés et comptant, en 1848, à peu près 375,000 habitants, excitait vivement les convoitises de l'Allemagne à cause de ses ports indispensables à la formation de la marine germanique. De son côté, le Danemark ne rêvait que de séparer le Slesvig du Holstein pour se l'incorporer.

L'Allemagne fit formuler par ses savants une théorie en vertu de laquelle le Slesvig et le Holstein ne pouvaient être séparés sans que la constitution du Holstein fût brisée, ce qui donnait dans ce cas droit à la confédération germanique, dont le Holstein fait partie, d'intervenir dans les affaires des deux duchés. Elle gardait de plus comme arme de réserve le principe des nationalités, en se fondant sur ce que la moitié des habitants du Slesvig est de race germanique. En juillet 1846, le roi de Danemark, Christian VIII, fatigué de la propagande allemande, prit une résolution hardie : il déclara le Slesvig partie intégrante de la monarchie danoise. Le

Slesvig et le Holstein protestèrent au nom de leur union indissoluble historiquement consacrée, et la diète allemande (17 septembre 1846) s'associa avec éclat à leurs protestations. Quand Christian VIII mourut, le 20 janvier 1848, son fils et successeur, Frédéric VII, donna, le 28 janvier, une constitution commune au Danemark et aux Duchés; elle était illibérale. A la nouvelle de la révolution de février, les Danois se soulevèrent, forcèrent leur roi à réformer cette constitution dans un sens démocratique, mais exigèrent l'incorporation du Slesvig-Holstein. De leur côté, les deux Duchés se mirent en insurrection, établirent un gouvernement provisoire et demandèrent à être incorporés ensemble à la confédération. L'Allemagne entière prit feu et la Prusse envahit les Duchés pour les défendre contre le Danemark qui se battit héroïquement. Grâce à la Russie et à l'Angleterre, la guerre fut arrêtée, un armistice signé le 23 août 1848 (ce qui provoqua une sanglante émeute à Francfort) et des négociations ouvertes pour le règlement de la question. Elles aboutirent, en 1852, au traité de Londres (8 juillet), qui établit l'intégrité de la monarchie danoise et donna comme successeur éventuel à Frédéric VII, qui n'avait pas d'enfants, le prince Christian de Gluksbourg. Le Czar, représentant de la branche aînée des Holstein-Gottorp, renonça à tous ses droits ainsi que les autres branches, et la renonciation du duc d'Augustenbourg, qui avait aussi des droits et dont on avait songé à faire un souverain pour le Slesvig-Holstein, fut payée d'une forte somme de rixdalers. Le Holstein resta dans la confédération germanique, et le Slesvig demeura dans sa situation mixte, à la fois autonome et partie intégrante de la monarchie danoise, à la grande fureur des partisans de la patrie allemande s'écriant qu'on fermait à cette patrie la route vers la mer.

Ce traité n'était pas une solution. Aussi la question se posa-t-elle plus impérieusement que jamais au commencement de 1862. Les petits Etats allemands surtout se montraient acharnés à la résoudre contre le Danemark, mal soutenu et mal conseillé par l'Angleterre. Le 30 mars 1863, le roi Frédéric VII consacra par une patente l'autonomie du Holstein et, en même temps, il prépara une constitution commune au Danemark et au Slesvig, auxquels elle assurait une représentation parlementaire. L'Allemagne toute entière cria à l'incorporation du Slesvig et à la violation du traité de 1852. L'Autriche et la Prusse protestèrent à Copenhague et, le 18 juin, la diète vota l'exécution fédérale contre le Danemark abandonné par l'Angleterre. Frédéric VII n'en fit pas moins voter cette constitution par son parlement, le 18 novembre, et mourut presque subitement quelques jours après, laissant pour héritier, aux termes du traité de Londres, Christian, prince de Slesvig-Holstein-Sonderbourg-Gluksbourg, qui prit le nom de Christian IX. Aussitôt, les Allemands lui opposèrent Frédéric d'Augustenbourg, fils de celui qui avait renoncé, en 1852, pour beaucoup de rixdalers, lequel Frédéric affirmait n'être pas lié par l'engagement paternel. Une immense effervescence se déclara d'un bout à l'autre de la Germanie, et la diète fit envahir le Holstein, au mois de décembre, par un corps d'armée saxo-hanovrien commandé par le général de Hacke.

Qu'allait faire l'Autriche ? Le comte de Rechberg déclarait lui-même, au commencement de 1863, « que rien n'était plus éloigné des désirs et des intérêts de l'Autriche, que de soulever la question des nationalités. » Mais d'un autre côté, l'Autriche devait-elle se désintéresser d'une question qui passionnait si fort l'opinion allemande et laisser à la Prusse, sa rivale, le bénéfice d'agir seule selon les désirs de cette opinion ? C'est à ce moment que M. de Bismark persuada à M. de Rechberg qu'il était de l'intérêt de la Prusse et de l'Autriche de prendre en mains l'exécution fédérale, en écartant la confédération comme trop emportée. Malgré la protestation de la diète du 6 janvier 1864, les deux puissances sommèrent Christian IX, en leur propre nom, le 18 janvier, d'abolir la constitution du 18 novembre dans un délai de 48 heures. Sur le refus du roi, un corps composé de 20,000 Autrichiens et de 34,000 Prussiens, après avoir forcé le contingent saxo-hanovrien à se retirer, passa l'Eider, le 27 janvier, et la guerre commença. M. de Bismark avait ainsi entraîné l'Autriche pour déjouer les projets de la « troisième Allemagne » inventée par M. de Beust et achever de déconsidérer la diète par cette éclatante désobéissance à ses ordres, commise de complicité avec la puissance dominant dans cette diète. L'Angleterre, éperdue et flottante sous la conduite de lord John Russell, fit demander à Napoléon III si elle pouvait compter sur son concours pour sauver l'intégrité du Danemark : Napoléon III refusa, furieux qu'il était de la conduite de l'Angleterre dans les affaires de Pologne dont nous parlerons bientôt. Le 25 avril, les Duchés étant occupés par les troupes austro-prussiennes, des conférences s'ouvrirent à Londres. La Prusse et l'Autriche y demandèrent la réunion des Duchés de Slesvig-Holstein sous la souveraineté du prince d'Augustenbourg. Les conférences n'aboutirent pas : la guerre reprit en juin et le Danemark battu vint demander, le 1er août, un armistice qui amena, le 30 octobre, la paix de Vienne. Le sang avait inutilement coulé à Düppel et dans d'autres combats. Christian IX, abandonné par la France, par l'Angleterre et par la Suède, cédait à l'Autriche et à la Prusse, qui s'étaient violemment substituées à la confédération, ses droits sur le Slesvig, le Holstein et le Lauenbourg. La vieille monarchie danoise était démembrée au nom du principe des nationalités. En attendant un règlement définitif, des commissaires prussiens et autrichiens administrèrent les terrains conquis en commun, ce qu'on appela, dans le latin barbare de la diplomatie, le *condominium* et le *provisorium*. Ce condominium devait être une pomme de discorde entre les deux spoliateurs du Danemark.

En même temps que l'affaire des Duchés, s'était posée la question polonaise avec un caractère européen qu'elle n'avait jamais eu, à ce degré. Dans la nuit du 14 au 15 janvier 1863, le gouvernement russe accomplit subitement à Varsovie l'opération du recrutement. Les jeunes gens désignés furent enlevés par les soldats et par les agents de police, entre une heure et huit heures du matin. Ce fut un long cri de douleur et de colère dans la malheureuse nation : les jeunes gens des autres villes prirent les armes et se réfugièrent dans les bois. Le comité national lança un énergique appel à l'insurrection; les premiers engagements eurent lieu le 6 février. Le 8, la Russie et la Prusse conclurent la célèbre convention en vertu de laquelle, sous prétexte de sécurité du commerce et de recettes de douanes, les troupes des deux puissances pourraient pénétrer, quand elles le jugeraient nécessaire, dans l'intérieur des deux pays. En somme, la Prusse faisait la police pour la Russie. On invita l'Autriche à adhérer à la convention, mais elle refusa. L'Angleterre et la France firent isolément des représentations à la Russie et à la Prusse, qui répondirent d'une façon évasive.

L'Autriche avait à choisir entre deux rôles : se déclarer pour la Pologne avec le concours de la France, et l'Europe pouvait alors changer de face et Sadowa devenir impossible, ou déclarer l'état de siége en Gallicie, afin de couper court à une insurrection qui ne pouvait aboutir. M. de Rechberg ne fit ni l'une ni l'autre chose : il biaisa, équivoqua en s'estimant fort habile, laissant croire tantôt à sa neutralité absolue, tantôt à ses sympathies pour le mouvement polonais. Son attitude trompa assez le ministre des affaires étrangères de France, M. Drouyn de Lhuys, pour que celui-ci crût qu'une alliance franco-autrichienne allait se conclure et préparer la restauration de la Pologne. Il se trompait du tout au tout.

On eut alors le spectacle du plus écœurant tournoi diplomatique. Pendant que les Polonais se battaient héroïquement et organisaient un gouvernement occulte d'une incroyable activité, mais voyaient leurs divisions habituelles tout compromettre et amener la fuite et l'internement en Gallicie du dictateur Langewicz, pendant que Mouravief, le Haynau russe, fusillait, pendait, fouettait, massacrait à Varsovie et à Vilna, aux cris d'horreur de l'Europe, les gouvernements échangeaient des dépêches et adressaient des notes à la Russie. Seulement ce qui ôtait à ces notes toute autorité, c'est que la Russie pouvait deviner derrière chacune d'elles la ferme volonté de ne pas intervenir, et la divergence de vues qui régnait entre les puissances. Le cabinet anglais, dirigé par lord John Russell, se montra surtout d'une duplicité, d'une ondoyance calculée que l'histoire doit sévèrement flétrir. Le cabinet français, tiraillé entre des visées contraires, hésitant entre l'alliance russe qu'il avait tant caressée depuis 1856, l'alliance autrichienne, chère à M. Drouyn de Lhuys, et l'alliance allemande, plein de l'illusion flatteuse qu'il était maître de choisir entre ces alliances, partagé entre le désir de déchirer les traités de 1815 et celui de prendre place dans la légitimité européenne, ne sut pas agir. Mais ce fut surtout le cabinet autrichien qui tergiversa et se livra avec ardeur à cette vieille politique de bascule des Habsbourgs, alors si peu de mise. Il s'attira, au mois d'août, une note confidentielle française qui lui fut remise par M. de Grammont, et qui déclarait que la France, en présence des inconvénients et des dangers créés par l'attitude équivoque du cabinet de Vienne, se verrait « forcée de chercher ses alliés parmi les états hostiles à l'Autriche. »

Nous n'entrerons pas dans les détails de ce combat de chancellerie. Le 10 et le 12 avril, l'Autriche, la France et l'Angleterre, adressèrent séparément une dépêche à la Russie, en même temps qu'elles conviaient l'Europe à s'associer à leur manifestation. L'Espagne, le Saint-Siége, l'Italie, la Suède, le Danemark, la Porte, le Portugal répondirent favorablement. Le prince Gortchakof fit à ces ouvertures un accueil courtois. En même temps Napoléon faisait présenter secrètement à l'Autriche, par le prince de Metternich, le plan suivant : la Silésie en échange de la Gallicie, l'appui de la France pour son hégémonie en Allemagne, les principautés danubiennes et le littoral oriental de l'Adriatique en échange de la Vénétie. L'Autriche refusa, sûre de ne pas être soutenue dans cette aventure par l'Angleterre. Alors les trois cours s'entendirent pour présenter à la Russie un programme comportant l'amnistie, la création d'une administration distincte avec fonctionnaires polonais, la liberté de conscience, l'usage de la langue polonaise dans l'administration, la justice et l'enseignement, un système de recrutement légal et régulier. Mais chaque gouvernement présenta ce programme séparément et avec des nuances différentes ; la France, par exemple, l'étendant aux anciennes provinces polonaises : Lithuanie, Volhynie, Podolie, Ukraine, Posnanie et Gallicie, et l'Autriche ne s'associant pas à l'idée d'un armistice. Ces points devaient être discutés dans une conférence. Le 20 juin, la France proposa à l'Angleterre et à l'Autriche de prendre, sous forme de convention ou de protocole, l'engagement de poursuivre de concert le règlement de l'affaire de Pologne par les voies diplomatiques ou *autrement s'il était nécessaire ;* les deux puissances refusèrent, l'Angleterre, par suite de son égoïsme habituel qui ne la poussait pas plus à donner un homme ou un écu pour la Pologne, qu'elle n'avait songé à en donner pour l'Italie ; l'Autriche, parce qu'elle était incapable d'une grande conception, qu'elle ne devinait pas que ses intérêts n'étaient pas du côté du monde germanique, mais du monde slave, et aussi parce qu'elle craignait que le réveil de la nationalité polonaise fût un gage de succès pour les nationalités hongroise, vénétienne et gallicienne. La Russie répondit le 13 juillet qu'elle ne négocierait qu'avec les puissances copartageantes (Prusse et Autriche). La France demanda que les trois puissances répliquassent à cette hautaine fin de non-recevoir par une dépêche identique : l'Autriche accepta, mais l'Angleterre refusa, repoussant ainsi cette solidarité dont la manifestation aurait pu seule agir sur le cabinet de Saint-Pétersbourg. On envoya trois communications distinctes : la dépêche française rappelait les stipulations du traité de 1815 en faveur de la Pologne y comprises toutes ses anciennes provinces. La Russie était sûre du défaut d'entente des trois puissances, sûre qu'elles n'iraient jamais jusqu'à la guerre que l'approche de l'hiver rendait d'ailleurs impossible. Elle lança sa fameuse note du 7 septembre, dans laquelle elle déclarait péremptoirement « mettre fin à une discussion sans but. » C'était un rude soufflet sur la joue des trois puissances, et de plus la main était sanglante, car Mouravief venait de se livrer à Vilna à une orgie de meurtres. Lord Russell le sentit tellement, qu'il en fut presque belliqueux au banquet de Blairgowrie, mais, dès le lendemain, il envoyait à la Russie la plus plate des dépêches. Le 4 novembre, Napoléon adressa une invitation à tous les souverains pour un congrès, et le 5 novembre prononça, à l'ouverture des chambres, ce retentissant discours où il déclarait déchirés les traités de 1815. Invitation ni discours n'eurent de suites, malgré les réponses courtoises de quelques puissances. L'Autriche, qui avait accepté sans bouger le soufflet russe, déclara que le congrès ne pourrait avoir lieu qu'autant qu'on se serait entendu préalablement sur le point de départ, sur l'objet et sur les moyens d'action, ce qui était une manière habsbourgienne de refuser. Dès le milieu d'octobre, elle avait d'ailleurs fait savoir à la Russie que son intention n'avait jamais été d'annuler les traités de 1815, et de reconnaître la qualité de belligérants aux Polonais. M. de Rechberg félicita même le Czar « des succès passés de ses soldats, gage des succès futurs, » et prit en Gallicie des mesures rigoureuses contre les insurgés réfugiés. Quand Napoléon III eut déclaré que les traités de 1815 avaient cessé d'exister, la cour de Vienne tressaillit d'effroi et se rapprocha définitivement de la Prusse et de la Russie. Ce fut alors que M. de Bismark, profitant de cet effroi, acheva d'entraîner l'Autriche dans cette aventure des Duchés dont elle devait payer si cher la sottise et l'iniquité. L'invasion en commun du Holstein est de décembre 1863, et s'étendit au Slesvig et au Jutland pendant ce terrible hiver de 1863-1864 où la malheureuse Pologne acheva sa ruine pour longtemps. Le 29 février 1864, l'Autriche porta le dernier coup à l'insurrection en mettant la Gallicie en état de siége : cette mesure acheva de la réconcilier avec la Russie qui de son côté demeura impassible devant le démembrement du Danemark. L'alliance des trois cours du nord était reconstituée, et dans ce même mois de février, M. de Rechberg conclut un traité secret avec la Prusse dans lequel celle-ci lui promettait son concours en cas d'une attaque sur la Vénétie. Le cabinet français se trouva complétement isolé entre les trois puissances septentrionales et l'Angleterre si résolûment retirée dans son monstrueux égoïsme : il s'en consolait par la grande pensée du règne, l'expédition du Mexique, prologue de l'union des races latines, et il entraînait, dans cette aventure, l'archiduc Maximilien, frère de l'empereur d'Autriche, ex-gouverneur de la Lombardo-Vénétie, qui vivait en son château de Miramar, près de Trieste, en une sorte de disgrâce. François-Joseph autorisa son frère à accepter cette couronne que devaient briser les balles de Queretaro (10 avril 1865).

Comment, de cette reconstitution de l'alliance du nord, de cette sainte alliance anti-révolutionnaire qui faisait se pâmer de joie à Berlin M. de Gerlach, chef du parti de la croix, sortit la guerre de 1866 faite par la Prusse en commun avec l'Italie révolutionnaire et garibaldienne? C'est un des plus curieux drames de l'histoire. Mais ce drame eut pour prologue une comédie aux fils multiples, menée avec une incroyable habileté par M. de Bismark, à l'insu du roi Guillaume lui-même. Tandis que les trois souverains du nord avaient, en mai et en juin 1864, des entrevues à Berlin, à Kissingen, à Carlsbad, qui inquiétaient toute l'Europe occidentale et rappelaient les intimités d'avant 1848, M. de Bismark travaillait, par mille moyens divers, à accomplir la prophétie de l'officieux Henri de Sybel.

CHAPITRE II

Préliminaires de Sadowa. — Conférences de Gastein et convention. Ministère Belcredi. La diète de Francfort vote l'exécution fédérale contre la Prusse. — Sadowa. Italie : Custozza et Lissa. Traité de Prague.

La France, forcée de se retourner vers l'Italie que M. Drouyn de l'Huys avait si maltraitée depuis 1862 dans l'espoir de l'alliance autrichienne, conclut avec elle la célèbre convention du 15 septembre 1864, toute dirigée contre la politique de l'Autriche. La convention établissait que la capitale de l'Italie serait transférée de Turin à Florence; que la France retirerait ses troupes de Rome dans l'espace de deux années à partir de la translation de la capitale et que, de son côté, l'Italie prenait l'engagement, non seulement de ne pas inquiéter le Saint-Père, mais encore de s'opposer par la force à toute attaque dirigée contre lui. La translation de la capitale à Florence indiquait que l'Italie se préparait à une campagne pour conquérir la Vénétie, car elle substituait à Turin exposé aux surprises des armées autrichiennes une capitale abritée derrière la double ligne de défense du Pô et de l'Apennin, une capitale de guerre. Ce fut alors que M. de Bismark, en dépit de l'alliance des trois cours et l'œil fixé sur sa proie autrichienne, se mit à faire des avances à l'Italie et à la France. Il fit en octobre 1864 un premier voyage à Biarritz où il se montra léger, brillant, enjoué, où M. Drouyn de Lhuis sagacement le trouva *moquable*, où il fit entrevoir que la Prusse mieux configurée, arrondie derrière la ligne du Mein, pourrait recouvrer la liberté des alliances. Avec l'Italie, dans de simples conversations et échappées, il insinua que la Prusse et l'Italie avaient la même ennemie, l'Autriche, et la même mission unitaire, l'une dans la Péninsule, l'autre dans l'Allemagne où elle n'avait qu'à *piémontiser ;* il convertit le général La Marmora à une vraie prussomanie. Enfin, quand le cabinet de Vienne, très-ému de la convention de septembre, rappela le traité conclu en février par les soins de MM. de Rechberg et de Manteuffel, qui garantissait l'Autriche contre toute attaque sur la Vénétie, M. de Bismark répondit que ces stipulations n'avaient jamais eu de force obligatoire que dans l'éventualité d'une guerre en Italie pendant l'exécution fédérale contre le Danemark. Cette réponse fit même tomber du ministère M. de Rechberg que remplaça le comte de Mensdorf-Pouilly (27 octobre 1864). Dans tout cela, M. de Bismark posait de simples jalons, car officiellement il paraissait dévoué à l'alliance autrichienne. Le roi Guillaume, lui, y allait de bonne foi et aurait tressailli d'horreur à l'idée de s'allier à l'Italie révolutionnaire pour faire la guerre à l'Autriche conservatrice ; il répétait volontiers le mot du général de Radowitz : « l'Allemagne doit être défendue sur le Mincio. » M. de Bismark devait d'ailleurs duper encore les Habsbourgs pour mener à bien l'affaire des Duchés.

Par une circulaire du 24 décembre 1864, il avait annoncé qu'il avait besoin de consulter les légistes de la couronne sur la légitimité des droits des divers prétendants à la possession des Duchés. Par arrêt de juillet 1865, les légistes déclarèrent solennellement que nul autre prétendant n'avait de droit à la succession du Slesvig-Holstein que le roi de Danemark ; d'où M. de

Bismark conclut que dès lors l'affaire ne regardait plus la confédération germanique, mais uniquement l'empereur d'Autriche et le roi de Prusse, légitimes possesseurs des duchés par le pur et simple droit de conquête. Et sur ce il proposa à l'Autriche, copropriétaire, de céder à la Prusse, moyennant finances, sa part de propriété dans les duchés conquis.

C'était inouï d'audace : proposer à l'Autriche d'abandonner à la Prusse la domination de la mer du Nord et de la Baltique avec Kiel pour port, de se faire la complice de la Prusse vis-à-vis de ces états secondaires, vraie force des Habsbourg contre leur concurrente à l'hégémonie et qu'ils avaient déjà tant blessés en les écartant « de la grande œuvre nationale du Slesvig Holstein, » c'était lui proposer de perdre toute influence politique, commerciale et même morale en Allemagne. L'Autriche refusa. Alors de Carlsbad même, en pleine hospitalité autrichienne, M. de Bismark lança le 11 juillet 1865 une dépêche menaçante, parla de guerre, fit tâter l'Italie par M. de Usedom, et flatta la Bavière de la perspective d'hériter des provinces allemandes de l'Autriche. Il dit même en ce mois d'août 1865 au premier ministre bavarois, M. de Pfordten, cette phrase prodigieuse de prophétie et qui se trouve dans les journaux allemands du dit mois : « l'Autriche n'est ni armée ni en état de s'armer et il suffirait à la Prusse de porter un seul coup, de livrer une seule et grande bataille du côté de la Silésie pour dicter la paix au gouvernement de Vienne ; » c'est toute l'histoire de Sadowa une année à l'avance.

L'Autriche accepta une conférence à Gastein où se trouvèrent MM. de Bismark, de Goltz, de Werther et MM. de Mensdorf, de Beust, etc. Le 14 août 1865, les deux souverains signaient la convention dite de Gastein : François Joseph cédait à la Prusse le duché de Laüenbourg pour 2,500,000 thalers danois (12,500,000 fr.) et convenait que désormais la Prusse administrerait seule le Slesvig et l'Autriche seule le Holstein, sans préjudice du droit de possession des deux puissances sur l'ensemble des deux provinces. On ne faisait même pas mention des droits de la confédération et de cette pauvre diète qui avait voté le 6 avril précédent que le Holstein serait remis immédiatement aux mains du duc d'Augustenbourg. L'Autriche sacrifiait ainsi les états secondaires qui, de rage, se mirent tous à reconnaître le royaume d'Italie, et faisait supposer qu'un jour elle vendrait sa part du Slesvig et du Holstein, comme elle avait vendu celle du Laüenbourg. Le premier acte de la comédie, le prologue du drame, avait admirablement tourné pour les vues de M. de Bismark qui dut bien rire en voyant quelques jours après, à Saltzbourg, le Habsbourg se précipiter en pleurant d'attendrissement dans les bras du Hohenzollern. La convention de Gastein fut jugée sévèrement par l'opinion européenne. M. Drouyn de Lhuis put dire légitimement dans sa dépêche du 29 août « qu'elle n'avait d'autre fondement que la force, d'autre justification que la convenance réciproque des deux copartageants. » Le 1er octobre à Francfort, dans une solennelle manifestation, des députés des diverses chambres allemandes déclarèrent la convention attentatoire au droit et à la sécurité de l'Allemagne. Enfin, à Vienne même, le parti militaire protesta et le général Bénédek parla de donner sa démission; on ne le retint qu'en le nommant *feld-zeugmeister*.

A quelles préoccupations l'Autriche avait-elle donc obéi en compromettant ainsi sa situation en Allemagne et en signant une convention quasi-déshonorante? Elle faisait une nouvelle expérience constitutionnelle et des plus graves : renonçant au centralisme soi-disant parlementaire et surtout germanique inauguré par la patente du 26 février 1861 et appliqué par M. de Schmerling, elle revenait au fédéralisme et cherchait à se réconcilier avec la Hongrie. François-Joseph avait confié l'exécution du nouveau plan au comte Belcredi, gouverneur de Bohême (juillet 1865) qui s'adjoignit comme collègues MM. Haller, Mailath, Esterhazy et le Croate Mazuranic. Le mois précédent, l'empereur d'Autriche avait été visiter Buda Pesth et y avait été reçu avec le vieil enthousiasme monarchique des Magyars. Le 20 septembre il publia un manifeste suspendant la constitution du 26 février 1861, afin d'arriver à une organisation nouvelle qui pût satisfaire toutes les nationalités. Le reichsrath fut prorogé indéfiniment. Le plan du comte Belcredi était de grouper les pays d'après leur langue et leur origine en plusieurs états, de leur donner une autonomie complète pour leurs affaires intérieures et de réserver les affaires d'intérêt commun à un parlement central; mais si les Tchèques et les Polonais applaudissaient à ce plan, les Allemands et les Hongrois n'en voulaien entendre parler. Les Allemands voulaient conserver le système Schmerling en le perfectionnant dans le sen de la liberté. Les Hongrois, au nom de « la continuité du droit, » demandaient le rétablissement préalable d la constitution de 1848 avec ministère responsable; alors seulement les Deakistes consentiraient à une révision des lois fondamentales pour examiner comment o pourrait les mettre d'accord avec le plan Belcredi. C'était en somme le dualisme esquissé, préparé et se mettant en travers de l'égalité des races dans une libr confédération.

La diète hongroise se réunit le 10 décembre 1865 Deak y avait une énorme majorité. Il fit voter un adresse dans laquelle on demandait la nomination d' ministère hongrois responsable qui aurait seul quali pour proposer les modifications jugées nécessaires. O ne put se mettre d'accord. Le comte Belcredi recul devant la certitude de mécontenter les Slaves en accep tant le dualisme proposé. Après de longs débats qu durèrent jusqu'en février 1866, la diète fut ajournée Deak reprit le mot de M. de Schmerling : nous pouvon attendre. La terrible année de Sadowa allait abrége cette attente et le ministère Belcredi porte simplement dans l'histoire le nom de : *ministère de la suspension*.

L'Autriche était honteuse de la convention de Gastein. La sévérité des jugements de l'Europe sur cette convention l'humiliait et la rassurait à la fois. L'identité des termes entre la dépêche de M. Drouyn de Lhuis et celle de Lord John Russell lui fit croire à un accord entre les puissances occidentales. Bien qu'elle eût été complice de la cour de Prusse, l'Allemagne semblait moins lui en vouloir qu'à la Prusse elle-même de ce mépris pour la confédération et de ce trafic des Lauenbourgeois qui irritait si justement l'opinion publique. M. Drouyn de Lhuis rêva de nouveau l'alliance de la France, de l'Angleterre et de l'Autriche, basée sur le rachat amiable de la Vénétie. Une mission officieuse dans ce sens fut confiée à M. Landau, représentant de la maison Rothschild à Florence. Mais l'Autriche avait déclaré dans ses instructions adressées le 1er juin 1866 à ses ambassadeurs à Paris, Londres et Saint-Pétersbourg, que son honneur militaire et sa dignité de grande puissance ne lui permettraient jamais de céder la Vénétie « soit devant une offre d'argent, soit devant une pression morale; qu'elle ne pourrait en faire l'abandon volontaire que dans le cas, d'ailleurs peu désiré, d'une guerre glorieuse pour les armes autrichiennes et favorable à l'extension de l'Empire du côté de l'Allemagne. » La mission de M. Landau échoua donc et M. de Bismark, qui savait tout, s'en plaignit à M. de La Marmora, lequel répliqua avec raison que la convention de Gastein avait rendu à l'Italie sa liberté d'action. En même temps l'Autriche, qui décidément reprenait attitude, refusait avec hauteur l'offre de trois cents millions que lui faisait le ministre prussien pour la cession des Duchés.

M. de Bismark, voyant l'alliance italienne menacée et la France et l'Angleterre tournées du côté de l'Autriche, fit alors son fameux voyage de Biarritz, le second, sur les péripéties duquel il y a encore bien des controverses. Y joua-t-il le rôle d'un Cavour dans une nouvelle entrevue de Plombières ? Y eut-il des stipulations aussi précises qu'alors ? Offrit-il en échange de la neutralité de la France, des compensations éventuelles du côté du Rhin ? on le nie en Allemagne. Toujours est-il qu'avant ce voyage, en septembre 1865, l'ambassade de Prusse faisait publier à Paris une brochure anonyme (*La convention de Gastein*), où tout le programme de 1866 était exposé, Kossuth et Garibaldi évoqués, le rôle de la Prusse en Allemagne présenté comme identique « au rôle d'initiateur que la France de la révolution a joué en Europe », l'alliance franco-prussienne exaltée comme « devant faire triompher en Europe la cause de la civilisation et de la liberté. » Quelques journaux de la démocratie césarienne montraient à la même époque la Prusse comme « le pivot de la révolution en Allemagne », développaient la théorie de la formation nécessaire des grands états, en ajoutant « que plus les états limitrophes sont puissants et plus il y a d'égalité entre leurs forces, moins il y a de chances de guerre », et que dès lors la France, sans réclamer les provinces rhénanes, n'avait « qu'à garder une attitude expectante et une neutralité bienveillante. » (Voir la brochure : *la Politique de la Prusse*, 1866, chez Dubuisson). Ce furent ces thèmes variés que dut développer M. de Bismark à Biarritz vis à vis de son nébuleux et absurde auditeur. Ajoutons qu'on ne prévoyait pas les si rapides succès de la campagne de sept jours et qu'on croyait l'armée autrichienne la première après celle de la France.

Le calcul de Napoléon III était en somme de laisser les deux puissances se combattre, s'affaiblir, puis, quand l'une des deux trop victorieuse menacerait « de rompre l'équilibre et de modifier la carte de l'Europe au profit d'une seule d'elles » — ainsi qu'il l'écrivait le 11 juin 1866 à M. Drouyn de Lhuis — d'intervenir en juge du camp et de forcer les adversaires à accepter ses plans.

C'est sous l'influence de ces chimères qu'il laissa M. de Bismark repartir de Biarritz (octobre 1865) avec sa liberté d'action et que, dans son discours du trône du 22 janvier 1866, il déclara « qu'à l'égard de l'Allemagne, il continuerait *une politique de neutralité* qui nous laisserait étrangers à des questions où nos intérêts ne sont pas *directement engagés*. » C'est quatre jours après cette déclaration, qui met dans une si pleine lumière la sagacité et la perspicacité de Napoléon III, que M. de Bismark commença la campagne diplomatique, préface de la campagne militaire. Le prétexte fut la conduite des représentants de l'Autriche dans les Duchés.

Tandis que le général prussien de Manteuffel administrait le Slesvig en faisant de la compression à outrance, le général autrichien de Gablentz montrait un vrai libéralisme dans le Holstein, ne tourmentait pas la presse et tolérait les assemblées populaires. Le 26 janvier M. de Bismark se plaignit dans une longue dépêche au baron de Werther que l'Autriche se fît le champion de la révolution dans les Duchés et manifestât en toute occasion des sentiments hostiles à la Prusse. M. de Mensdorf répondit avec modération, ce qui n'empêcha M. de Bismark, dont le siége était fait, de répliquer que les relations de la Prusse et de l'Autriche « cessaient d'être cordiales ». Le 23 février, une conspiration renversait dans les principautés, avec le concours du consul de Prusse, le prince Couza au profit d'un Hohenzollern. Le 28 février, se tenait à Berlin un mystérieux grand conseil où sans aucun doute les voies et moyens furent définitivement adoptés. En même temps l'alliance italienne, ébranlée par la convention de Gastein, était reprise et La Marmora envoyait à Berlin le général Govone sous prétexte d'étudier « le système des fortifications prussiennes » (10 mars). Le 11 mars enfin un acte décisif se produisait : Guillaume signait un édit qui édictait les peines les plus sévères contre toute personne coupable de porter atteinte par ses actes et par ses paroles aux droits souverains de la Prusse et de l'Autriche dans les Duchés ou dans *l'un des Duchés*. La Prusse intervenait ainsi dans l'administration du Holstein. M. de Mensdorf fit demander à M. de Bismark s'il avait l'intention de rompre violemment la convention de Gastein. « Non, répondit le ministre prussien, mais si j'avais cette intention, vous répondrais-je autrement ? » (16 mars).

L'Autriche arma aussitôt et concentra des troupes en Bohême. On a vivement débattu le point de savoir laquelle des deux puissances avait pris l'initiative des armements. Question secondaire, car la Prusse, par le fait, était depuis plusieurs années dans un état perpétuel d'armement et l'Autriche n'eut que le tort de ne pas commencer plus tôt. M. de Bismark en profita pour lancer sa fameuse circulaire du 24 mars qui dénonçait les armements voisins et demandait à l'Allemagne régénérée par une constitution nouvelle de se défendre contre l'agresseur. Les états secondaires invitèrent la Prusse à porter le différend devant la diète, selon l'article onze du pacte fédéral. M. de Mensdorf releva dans une dépêche avec une véritable éloquence les fantastiques accusations de la Prusse. M. de Bismark signa le 8 avril une alliance offensive et défensive avec l'Italie.

Les négociations avaient été laborieuses. M. de La Marmora avait peu de confiance dans le trop habile ministre prussien et craignait qu'après s'être servi de l'Italie comme d'un épouvantail pour amener l'Autriche à ses vues, M. de Bismark ne l'abandonnât. Il se méfiait aussi de la politique si exactement neutre de la France, qui faisait le même accueil à M. de Goltz qu'à M. de Metternich. Aussi en même temps qu'il envoya le général Govone à Berlin, il envoya le comte Arese à Paris : celui-ci n'obtint que de vagues déclarations, réservant toutes les éventualités, sauf celle acceptée de l'annexion de la Vénétie. Le général Govone lui-même, aidé de l'envoyé italien à Berlin, M. du Barral, eut une rude besogne avec le retors Otto de Bismark. Il fut enfin convenu que la Prusse attaquerait la première, que l'Italie se mettrait aussitôt en campagne, qu'aucune des deux alliées n'accepterait de trêve séparée, que l'Italie s'annexerait la Lombardo-Vénétie, et la Prusse des territoires équivalents en Allemagne, que si la guerre n'éclatait pas dans les trois mois de la date du traité, chacune des parties reprendrait sa liberté et qu'enfin la Prusse donnerait à l'Italie, dont les finances étaient dans le plus triste état, un premier subside de cent vingt millions.

Le 9 avril, M. de Bismark saisit la diète d'un projet de réforme fédérale où il demandait « la convocation d'une assemblée issue des élections directes et du suffrage universel de toute la nation germanique : cette assemblée discuterait les propositions des gouvernements allemands touchant la réforme fédérale. » C'était un parlement de Francfort avec l'exclusion de l'Autriche. Et cependant, celle-ci faisait des efforts pour conjurer la crise et avait proposé, le 7 avril, le désarmement simultané d'elle et de la Prusse. M. de Bismark répondit favorablement, mais alors il poussa en avant l'Italie qui déclara que l'Autriche armait en Vénétie et concentrait des troupes sous les ordres de l'archiduc Albert, et prévint l'Europe qu'elle se mettait sur ses gardes (27 avril). Le Prussien déclara, à son tour, que les armements de l'Autriche en Vénétie ne pouvant être dirigés contre l'Italie innocente et paisible, devaient viser indirectement l'Allemagne et que, par conséquent, il ne désarmerait pas. Et pendant ce temps, M. de Bismark avait à combattre les scrupules du roi Guillaume, les objections du parti de la croix qui l'accusait de pactiser avec la révolution, et l'opinion publique elle-même qui, à Cologne, à Magdebourg, à Stettin, à Kœnigsberg, faisait des démonstrations en faveur de la paix. En France, l'opinion aussi devenait hostile à la Prusse, et M. Thiers prononçait, le 3 mai, son prophétique discours sur les affaires d'Allemagne. Enfin, le gouvernement italien lui-même, auquel M. de Bismark avait fait entrevoir qu'il considérait le traité secret du 8 avril comme n'étant pas bilatéral, déclarait qu'il prenait l'engagement de ne pas attaquer l'Autriche, déclaration que M. Rouher lisait à la tribune pour détruire l'effet du discours de M. Thiers.

Peut-être cette situation générale des esprits eût-elle retardé le conflit quand, le 6 mai, Napoléon III prononça son fameux discours d'Auxerre, où « il déclarait détester, comme la majorité du peuple français, ces traités de 1815 dont on voulait faire aujourd'hui l'unique base de notre politique extérieure. » C'était presque une déclaration d'alliance avec la Prusse et l'Italie : du moins l'opinion publique, tant en France qu'en Europe, l'interpréta comme telle, et M. de Bismark n'eut plus de peine à triompher des scrupules du roi Guillaume. Napoléon III, peut être effrayé lui même de l'effet de ses paroles, mit cependant en avant l'idée d'un congrès, ce congrès philosophal qu'il rêva toute sa vie. Le programme, formulé par M. Drouyn de Lhuis dans une circulaire du 24 mai, comprenait : « La question des Duchés de l'Elbe, celle du différend italien et celle des réformes à apporter au pacte fédéral, en tant que ces réformes pourraient intéresser l'équilibre européen. » La Prusse, convaincue que la proposition ne pouvait aboutir, se donna le mérite d'accepter l'idée du congrès. L'Autriche refusa : elle n'admettait pas qu'on lui demandât de céder la Vénétie que des traités lui avaient assurée sans conditions, quand on ne demandait pas à la Russie, non-seulement de céder la Pologne, mais d'y exécuter les conditions que ces mêmes traités avaient stipulées. On ne lui offrait même pas de compensations territoriales, tandis qu'on paraissait reconnaître à la Prusse le droit de s'arrondir des Duchés et qu'on admettait que l'Italie s'arrondît de la Vénétie. Elle demandait de plus pourquoi on n'avait pas exécuté les traités de Villafranca et de Zurich. Il est certain qu'au point de vue du vieux droit européen, l'Autriche avait raison. A Vienne, non-seulement on était résigné à la guerre, mais on la considérait comme salutaire à l'Empire. D'ailleurs, l'Autriche victorieuse pourrait faire la cession qu'elle refusait avant la guerre, et elle n'avait pas laissé ignorer à la France qu'on l'y trouverait alors disposée, moyennant une compensation territoriale.

Le 1ᵉʳ juin, l'Autriche soumit à la diète de Francfort la question du Slesvig-Holstein. En même temps, elle ordonna au général de Gablentz de convoquer les États du Holstein « pour recevoir les vœux du pays sur son sort à venir. » La Prusse déclara aussitôt la convention de Gastein violée et donna ordre au général de Manteuffel, de faire rentrer ses troupes dans le Holstein, que les Autrichiens, inférieurs en forces, évacuèrent le 11 juin. Le même jour, l'Autriche en appela à la diète contre la Prusse et demanda qu'on mobilisât l'armée de la confédération, pour procéder à une exécution fédérale contre son ennemie. Le 14 juin, cette motion fut adoptée par 9 voix contre 5. M. de Bismark répliqua par une circulaire, où il déclarait que la confédération germanique n'existait plus et que, dans la nouvelle confédération qu'organiserait le futur parlement allemand, l'Autriche ne serait pas admise. Puis, en quatre jours, il fit occuper le Hanovre, la Saxe et la Hesse électorale (du 15 au 18 juin).

En même temps l'Italie se mettait en campagne : La Marmora partait, le 17 juin, pour son quartier général et on formait un corps de volontaires sous les ordres de Garibaldi. L'envoyé prussien à Florence, M. d'Usedom, proposa à l'armée italienne, comme plan de campagne, de marcher sur Vienne sans s'attarder au siége du quadrilatère, de jeter Garibaldi sur les côtes de Dalmatie pour soulever les Slaves, tandis que la Prusse essaierait de soulever les Magyars au nom de Kossuth. La Marmora refusa.

Alors commença cette guerre qui révéla tant de

choses ignorées de l'Europe et donna des leçons dont l'imbécile régime impérial sut si peu profiter. La Prusse, vouée toute entière à l'idée de venger l'humiliation d'Olmütz, s'était préparée en silence. L'étude stratégique des chemins de fer et leur emploi, l'armement par le fusil à aiguille, la connaissance topographique approfondie des théâtres probables de la guerre tels que la Bohême, les ressources pécuniaires, les plans de de Moltke, tout était à point. De plus, les forces morales étaient immenses : il y avait dans cette armée, composée de toutes les classes de la nation, une ardente unité de patriotisme, une foi farouche dans la mission historique de la nation jointe à l'excitant souvenir des revers passés et de l'année de honte mil huit cent cinquante.

L'Autriche, au contraire, ne s'était renouvelée en rien. Son armée, d'une incontestable bravoure, avait encore, sauf en son admirable artillerie, l'armement ancien, et ses généraux ne connaissaient que la vieille tactique. De plus, l'unité morale y manquait : dans l'armée qui se battit à Kœniggraetz, il y avait 23 régiments allemands, 23 hongrois, 13 polonais, 7 italiens et encore les régiments hongrois étaient-ils mélangés de Croates, de Serbes et de Roumains. C'était une Babel militaire, image de la Babel nationale. La concentration s'opéra lentement. Ce ne fut que vers le milieu de juin que Bénédek compta sous ses ordres 263,000 hommes et 752 canons : il fut rejoint de plus, du 16 au 18, par la petite armée saxonne de 23,000 hommes et 60 canons. On avait envoyé, en Italie, 164,000 hommes des meilleures troupes. La Prusse, elle, avait rapidement amené à la frontière austro-saxonne, grâce à ses chemins de fer, 254,000 hommes avec 800 canons, commandés en chef par le roi Guillaume et divisés en trois armées : première armée sous les ordres du prince Frédéric-Charles, armée de Silésie sous ceux du prince royal, et armée de l'Elbe sous ceux du général Herwarth.

La Prusse opéra avec rapidité dans le double but d'assurer les communications entre les deux parties de la monarchie et de couper les Autrichiens des Bavarois. Dès le 18 juin, Herwarth entrait à Dresde et, le 20 juin, la Saxe toute entière, que Bénédek n'avait pas occupée, était aux mains prussiennes. La Hesse électorale fut envahie le 19 par Falkenstein et l'Électeur transporté à Stettin. Le 22, le Hanovre subit le même sort et, le 28, la petite armée hanovrienne, qui cherchait à gagner la Bavière, livra le sanglant combat de Langensalza et capitula le 29. Les Autrichiens étaient isolés des Bavarois et n'avaient plus à compter sur le secours de l'armée fédérale.

Bénédek, dans son orgueilleuse confiance, commit fautes sur fautes. Il croyait que les Prussiens tenteraient de s'ouvrir le chemin de Vienne par la Silésie et Olmütz, et il manœuvra constamment sous l'empire de cette fausse idée. Il les attendit en Bohême pour les battre successivement, à la sortie des défilés. Mais les Prussiens envahirent à la fois, par le nord-ouest et par le nord-est, les 23 et 24 juin. Le premier combat eut lieu le 25 à Liebenau, où l'on constata les terribles effets du fusil à aiguille : l'effet moral fut énorme. L'armée de l'Elbe défit Clam-Gallas, à Gitschin, le 27. Enfin, Bénédek échoua dans son dessein d'attirer l'armée du prince royal à Kœniginhof pour la battre, et, le 27, Steinultz battit Gablentz à Nackod et le força à se retirer sur Skalitz; puis, les jours suivants, il remporta une série de succès qui permit à l'armée du prince royal de se concentrer et de se mettre en communication avec l'armée de Frédéric-Charles. La grande bataille était inévitable. Bénédek choisit, pour la livrer, la position depuis longtemps étudiée de Sadowa, adossée à l'Elbe. Les Prussiens résolurent de l'y attaquer, bien que le prince royal fût à cinq lieues de là, et de soutenir tout le choc de l'armée autrichienne pour lui donner le temps d'arriver. La bataille s'engagea le 4 juillet. A deux heures les Prussiens étaient tenus en échec sur toute la ligne : mais à ce moment l'armée du prince royal arriva, se mit en ligne et attaqua l'extrême droite des Autrichiens ; un des généraux du prince, Hiller, s'empara, au cœur même de l'armée autrichienne, de la position dominante et décisive de Chlum que Bénédek ne put reprendre. A trois heures et demie, les Prussiens débusquaient les Autrichiens de toutes les hauteurs et changeaient leur retraite en déroute : des milliers de kaiserlicks se noyèrent dans l'Elbe. Les Autrichiens laissaient entre les mains de l'ennemi 20,000 prisonniers, 7 drapeaux, 160 canons, et comptaient 4,861 morts et 13,920 blessés.

Bénédek demanda un armistice qui fut refusé. L'Autriche sollicita alors la médiation de Napoléon III, auquel François Joseph remit la Vénétie dans la nuit même du 4 juillet. Guillaume consentit, mais à condition que l'Autriche acceptât préalablement certains préliminaires de paix, et, tout en continuant de marcher sur Vienne par Olmütz, Brünn et Iglau. L'armée d'Italie avait été rappelée avec le vainqueur de Custoza, l'archiduc Albert, nommé généralissime, qui se concentrait sur la rive gauche du Danube. Le 18 juillet, le quartier général du roi de Prusse fut porté à Nikolsbourg, à dix milles de Vienne. La résistance était difficile : Albert n'avait que 20,000 hommes, en partie désorganisés, à opposer aux armées prussiennes portées par des renforts à 246,000 hommes. Le 26, les préliminaires de paix furent signés à Nikolsbourg, et le 29 Guillaume repartit pour Berlin.

Les Prussiens n'avaient pas été moins heureux sur le Mein où Falkenstein fit une campagne remarquable. L'armée fédérale, qui comptait dans ses rangs 12,000 Autrichiens, évita constamment des engagements décisifs, mais fut non moins constamment repoussée, trompée, coupée par la rapidité et la science des généraux prussiens qui s'avancèrent jusqu'à Darmstadt, à Heidelberg et dans le nord du Wurtemberg. Le 16 juillet, ils avaient pris Francfort d'où la diète s'était enfuie le 14, un mois juste après le fameux vote de mobilisation. On sait comment ils punirent cette malheureuse ville de ses sympathies autrichiennes, la contribution de 25 000 000 de florins de Manteuffel, le suicide du bourgmestre, l'historique menu des réquisitionnaires prussiens. L'armistice de Nikolsbourg s'étendit à la Bavière, au Wurtemberg, à Bade et à la Hesse grand-ducale.

Vaincus en Allemagne, les Autrichiens avaient été vainqueurs en Italie : Victor-Emmanuel et La Marmora avaient vu battre en quelques heures l'armée qu'ils préparaient si soigneusement depuis six ans. Cette armée de 225,000 hommes à mettre en ligne, commandée par Cialdini, Brignone, Govone, Sirtori, Medici, Bixio, Pianelli, s'appuyait à un corps de 40,000 volontaires sous les ordres de Garibaldi et à une flotte puissante qui devait combiner ses mouvements avec elle. L'Autriche lui opposait l'invincible front du quadrilatère et 200,000 hommes dont 20,000 gardaient la vallée supérieure de l'Adige du côté du Tyrol, 25,000 occupaient l'Istrie, Trieste et Pola ; 10,000 observaient le littoral de la Dalmatie où on craignait un débarquement de Garibaldi, et 55,000 tenaient garnison à Vérone, Mantoue, Peschiera, Legnago et Venise. Le général en chef autrichien était l'archiduc Albert, fils du célèbre archiduc Charles et avait sous ses ordres les généraux Lichtenstein, Maroicic, Hartung, Ruprech et Pultz.

Le 20 juin La Marmora adressa à Albert son manifeste de guerre. Le 22 il se trouvait sur ce terrain bien connu d'opérations où l'avait surpris en 1859 la paix de Villafranca. Le 23 il passa le Mincio et entreprit la rude opération de pénétrer de front dans le quadrilatère, tandis que Cialdini se disposait à tourner le même quadrilatère en attaquant par le Bas-Pô : mais l'archiduc Albert devina qu'avant que Cialdini accomplît son opération, il avait deux ou trois jours devant lui pour se porter au devant de La Marmora. Le 24, quittant ses positions entre Vérone, Vicence et Padoue, il se déploya devant l'armée italienne qui marchait à l'aventure et ne le croyait pas si près. La bataille s'engagea auprès de Custoza : perdue par les Italiens à dix heures et demie du matin, elle fut rétablie en leur faveur entre midi et deux heures, puis définitivement perdue de deux heures au soir par le manque de coordination des mouvements des divisionnaires italiens et par la faiblesse de la direction supérieure. L'armée italienne se mit en retraite.

L'Italie ne fut pas plus heureuse sur mer. Elle avait dépensé trois cent millions pour se donner une des plus belles flottes de l'Europe : ses cuirassés construits en Amérique et en France, son monitor *l'Affondatore* à l'artillerie formidable, ses canonnières devaient anéantir d'un seul coup la vieille flotte autrichienne mal armée et montée par des équipages de Dalmates et de Vénitiens. L'amiral italien était Persano, l'autrichien Tegethof. Persano appareilla le 16 juillet pour s'emparer de Lissa, grande île de la côte de Dalmatie et prendre la revanche de Custoza. L'attaque eut lieu du 17 au 19, et le 20 Tegethof accourut à la tête de tous ses bâtiments au secours de la forteresse. Avec une audace merveilleuse et une admirable décision, il massa son escadre et la lança de toute sa vitesse sur l'ordre mince si absurdement adopté par Persano. Monté sur le *Max*, frégate de 600 chevaux, il coula le cuirassé *il Re d'Italia* qui disparut dans les flots avec 400 hommes. Le *Palestro* sauta. La flotte italienne, battue par les vaisseaux de bois de l'Autriche, rentra à Ancône, laissant toutes les marines de l'Europe en doute de l'efficacité des cuirassés.

La paix entre l'Autriche et la Prusse fut signée le 23 août à Prague. Elle stipula que l'empereur d'Autriche consentait à la réunion de la Vénétie au royaume d'Italie, qu'il reconnaissait la dissolution de la confédération germanique et ne s'opposerait pas à une organisation nouvelle de l'Allemagne dont l'Autriche serait totalement exclue, qu'il reconnaîtrait l'union fédérale plus étroite qui serait fondée par le roi de Prusse au nord de la ligne du Mein; il consentait à ce que les états allemands au sud de cette ligne contractassent une union qui aurait une existence internationale indépendante et dont les liens nationaux avec la confédération du nord feraient l'objet d'une entente ultérieure entre les deux parties; il transférait au roi de Prusse tous les droits que la paix de Vienne du 31 octobre 1864 lui avaient reconnus sur les Duchés de Slesvig et de Holstein, avec cette réserve que les populations des districts du nord du Slesvig seraient de nouveau réunies au Danemark, si elles en exprimaient le désir par un vote librement émis. Il fut convenu que le roi de Prusse laisserait subsister la Saxe dans son étendue actuelle, que l'empereur d'Autriche reconnaîtrait les modifications territoriales qui seraient opérées par la Prusse dans le nord de l'Allemagne, que l'Autriche paierait à la Prusse une indemnité de 20 millions de thalers versés en trois semaines, que le traité de commerce et de douane du 11 avril 1865 rentrerait en vigueur provisoirement, mais que le traité monétaire de 1857 serait aboli.

Dès le 18 août des traités particuliers avaient constitué la fédération du nord. La Prusse avait gagné à cette campagne foudroyante la direction du nord de l'Allemagne, la direction militaire du sud, l'exclusion de l'Autriche du corps germanique, 1,300 milles carrés de territoire et 4 millions et demi de nouveaux sujets, 230 millions d'indemnités de guerre, des ports militaires et la certitude qu'elle absorberait tôt ou tard l'Allemagne entière.

CHAPITRE III

Le dualisme. — M. de Beust. Exposé de la Constitution de décembre et du mécanisme dualiste. — Constitution de la Cisleithanie. — Constitution de la Transleithanie. Lois confessionnelles. — Finances.

Le monde entier crut à la dissolution fatale de l'empire autrichien, à l'effacement complet de ce qui était bien plus que l'Italie une expression géographique. Le *finis Austriæ* retentit dans toutes les appréciations, même les plus indulgentes Nationalités se haïssant et aspirant dans le chaos à l'autonomie, effroyable crise financière et commerciale, le germanisme et le panslavisme sollicitant chacun de leur côté les épaves des vaincus de Sadowa, l'armée humiliée, le découragement, le peu de sympathie du monde moderne qui voyait dans la couronne des Habsbourgs le symbole de l'absolutisme, du cléricalisme et de l'oppression des peuples, tout semblait conjuré pour faire de la *Felix Austria* le plus malheureux des pays. Toutes les formes constitutionnelles qui lui avaient été appliquées avaient successivement échoué ; l'énumération en était longue : contitution octroyée par l'empereur Ferdinand le 25 avril 1848 ; constitution octroyée par François-Joseph en mai 1849 et révoquée par la patente du 31 décembre 1851 ; absolutisme de Schwarzemberg et de Bach ; diplôme du 20 octobre 1860 revenant au régime constitutionnel ; fédéralisme timide de M. Goluchowski ; constitution centraliste libérale de M. de Schmerling du 26 février 1861, suspendue par le manifeste du 20 septembre 1865 ; essais fédéralistes de Belcredi repoussés par la Hongrie et contemporains de la crise de Sadowa. Que restait-il à tenter ? Il ne restait forcément que le *dualisme* voulu par les Hongrois, devenus les arbitres des destinées de l'empire, et le sachant bien.

Le dualisme a deux formes : la première est l'union purement personnelle ; les deux parties absolument indépendantes n'ont de commun que le souverain qui les gouverne ; tel est l'état de la Suède et de la Norwége, qui vivent chacune avec leurs institutions propres, leurs chambres, leurs finances, leur armée, sous le sceptre du monarque de Stockholm. La seconde est celle où les deux parties reconnaissent qu'elles ont un certain nombre d'intérêts communs qui doivent être réglés dans des délibérations communes et par le jeu d'un mécanisme spécial. Les démocrates hongrois, tels que Tisza et Ghycky, ne voulaient que l'union personnelle ; Deak admettait le dualisme mitigé par la reconnaissance d'intérêts communs aux deux moitiés de l'empire. Il salua avec joie la sortie de l'Autriche de la confédération germanique, car c'était de là qu'étaient toujours venus les plus grands dangers pour les Hongrois, mais attendant son heure, il ne prêta pas la main à ce que, pendant la lutte, les exilés de Klapka soulevassent le pays. Aussitôt la paix de Prague signée, le ministère Belcredi comprit en effet qu'il fallait satisfaire à tout prix les Hongrois : il leur accorda un ministère responsable, convoqua la diète et l'invita à préparer un projet d'accord (*Ausgleich*).

En septembre, François Joseph déclara que le projet élaboré par la diète hongroise serait soumis à l'examen des autres diètes de la monarchie. Il le fut, en effet, le

19 novembre 1866. Les diètes slaves (Gallicie, Bohême, Moravie, Carniole, Croatie) le rejetèrent, car elles ne voulaient entendre parler à aucun prix du dualisme. Les diètes allemandes réclamèrent le rétablissement de la constitution Schmerling suspendue en 1865 et la convocation du Reichsrath selon cette constitution. L'empereur, toujours flottant, s'effraya des clameurs des Slaves, et le 2 janvier 1867, il convoqua pour le 25 février un *Reichsrath extraordinaire*, c'est-à-dire une assemblée constituante qui discuterait l'*Ausgleich*. Elle devait être composée de 203 membres. Les Slaves, sûrs d'y avoir la majorité, applaudirent, mais les Magyars, non moins sûrs d'y être en minorité, et les Allemands, certains qu'on y voterait le fédéralisme, réclamèrent avec une énergie qui amena la chute du ministère Belcredi. M. Belcredi eut pour successeur, le 7 février, le baron de Beust, l'ex ministre de Saxe, tant détesté de M. de Bismark qui avait refusé de l'admettre à Nikolsbourg. M. de Beust, avec une grande décision, renonça au reichsrath extraordinaire et convoqua le reichsrath ordinaire établi par la constitution Schmerling, mais en le bornant à la Cisleithanie et en lui demandant de ratifier l'accord conclu avec la Hongrie, car il s'était mis d'accord avec Déak. On dut inventer ces deux expressions d'une étrange et toute artificielle géographie pour désigner les deux moitiés de l'empire séparées par la petite rivière Leitha : *Cisleithanie* (Basse-Autriche, Haute-Autriche, Saltzbourg, Styrie, Carinthie, Carniole, Tyrol, Voralberg, Goritz et Gradisca, Istrie, Dalmatie, Bohême, Moravie, Silésie, Gallicie, Bukovine, Trieste) et *Transleithanie* (Hongrie, Transylvanie, Croatie-Slavonie, Confins, Voïvodie serbe).

Les Slaves étaient absolument sacrifiés : on les livrait à l'hégémonie des Allemands dans la Cisleithanie, à celle des Magyars dans la Transleithanie. Les diètes chargées de faire les élections au reichsrath ordinaire (18 février) protestèrent énergiquement contre ce dualisme qui les broyait, eux supérieurs en nombre, entre deux nationalités exclusives et oppressives. L'adresse de la diète de Bohême, votée par 56 voix contre 76, fut si vive, que la diète fut dissoute : celle qui la remplaça, grâce aux influences allemandes, consentit à envoyer ses députés au reichsrath. La Gallicie, satisfaite de recevoir pour gouverneur le comte Goluchowski, envoya aussi ses députés à Vienne. Le reichsrath put se réunir et délibérer utilement ; il ratifia l'*Ausgleich* que l'empereur avait accepté le 17 février, et qu'avait définitivement élaboré une commission de 67 députés, à la diète hongroise (*Elaborat des* 67).

Voyons quels sont les traits de ce compromis qui est en ce moment la loi de l'Austro-Hongrie et qui doit être renouvelé en la présente année 1877. Nous en donnerons d'abord une idée générale, puis nous l'examinerons en détail.

Il y a dans l'Austro-Hongrie trois sortes d'affaires : d'un côté les affaires cisleithanes, de l'autre les affaires transleithanes, et au-dessus d'elles les affaires communes à ce tout indivisible qui forme l'empire. Pour le règlement de ces trois sortes d'affaires, il y a trois sortes d'institutions : un ministère et un parlement cisleithan — un ministère et un parlement transleithan — un ministère commun aidé de deux délégations de chacune 60 membres, élues par le parlement cisleithan et par le parlement transleithan pour une année, et siégeant alternativement à Vienne et à Pesth : les délégations, rouage tout à fait nouveau, sont, à proprement parler et quelque horreur que ce terme inspire aux Magyars, un parlement commun émanant des deux parlements spéciaux.

Les deux moitiés de l'empire n'ont d'intérêt commun que sur les trois points suivants : relations étrangères — armée — finances. Trois départements ministériels correspondant à ces trois ordres d'intérêt forment le ministère commun présidé par le chancelier de l'empire qui était alors M. de Beust, qui est maintenant le comte Andrassy, et auquel est réservé le portefeuille des affaires étrangères. La Cisleithanie contribue aux dépenses communes pour 70 0/0 et la Transleithanie pour 30 0/0. On convint de plus, le 19 novembre 1867, que la Transleithanie fournirait annuellement, pour couvrir les intérêts des dettes de l'État, une somme invariable de 29, 188,000 florins.

En dehors de ces intérêts communs, chaque moitié de l'empire agit dans ses limites comme un état absolument indépendant : le ministère de Vienne et le parlement cisleithan ou *Reichsrath*, le ministère de Pesth et le parlement transleithan ou *Reichstag* règlent souverainement tout ce qui concerne le culte, la justice, l'administration, l'instruction publique, les chemins de fer, dans leur moitié d'Empire, et même si l'armée hongroise est considérée comme partie intégrante de l'armée nationale commandée par l'empereur, le *Reichstag* s'est réservé le droit de régler le mode de recrutement, la durée du service et l'entretien des troupes.

Tels sont les traits généraux du dualisme ou compromis (*Ausgleich*) qui constitua tous les états des Habsbourgs en deux groupes distincts, ayant chacun un gouvernement et des institutions à part, qui consacra le droit historique de la Hongrie comme nation souveraine, et donna aux Magyars non-seulement l'indépendance nationale, mais encore cette domination sur les autres races des pays de Saint-Etienne à laquelle ils aspiraient depuis longtemps. Le pacte fut conclu pour jusqu'au 31 décembre 1877 et consacré par le sacre solennel à Pesth de François-Joseph comme roi de Hongrie, au milieu d'un enthousiasme monarchique qui effaça trop facilement le souvenir des héros pendus et fusillés à Arad (juin 1867). Toute la presse européenne multiplia le récit de ces pompes gothiques et religiosoféodales, si chères aux Magyars.

Mais en entrant dans le détail du compromis, nous

allons voir quels inconvénients il présente tant au point de vue de son propre fonctionnement qu'au point de vue des autres races de l'empire, et combien provisoire doit être cette solution à la fois compliquée et injuste, uniquement conçue dans l'intérêt des Allemands et des Magyars.

Les deux délégations, de chacune 60 membres, nommées par le Reichsrath de Vienne et le Reichstag de Pesth pour s'occuper des intérêts communs de l'empire, et devant lesquelles le ministère commun est responsable, siègent et délibèrent séparément. Un tiers des membres est pris dans les chambres hautes des deux parlements, et les deux autres tiers dans les chambres basses : ils sont nommés pour un an et rééligibles. Chaque délégation nomme son président et son secrétaire et partage avec le ministère commun le droit d'initiative. Après avoir délibéré chacune séparément, les délégations se réunissent en séance plénière et si, dans cette réunion, une des délégations est plus nombreuse que l'autre, on élimine par la voie du sort autant de membres qu'il le faut pour rétablir l'égalité. Ces séances plénières se passent dans un profond silence : on se contente de voter sur les propositions mises à l'ordre du jour et délibérées pour chaque délégation dans sa séance spéciale, sans pouvoir ni les discuter ni les amender. Quand une proposition faite par une délégation reste sans résultat après un échange de trois communications écrites, la séance plénière est de droit. Ce sont les Magyars qui ont exigé ces débats silencieux : 1° pour éviter jusqu'à l'apparence d'une représentation commune avec les pays cisleithans ; 2° pour n'être pas obligés d'employer dans les séances plénières la langue officielle, c'est-à-dire l'allemand. Les communications écrites de chaque délégation à l'autre, sont faites dans la langue nationale de la délégation communiquante, avec traduction authentique. Les résolutions prises par les délégations en séance plénière et sanctionnées par l'empereur, deviennent lois générales de l'empire.

Voilà certes un étrange mécanisme : dans le but d'éviter toute apparence de parlement central, on a réduit les délégations à une véritable impuissance : pas plus que le ministère central, elles n'ont d'action sur la marche des affaires intérieures dans chacune des deux moitiés de l'empire. « Supposons, dit M. de Laveleye avec raison, une question grave sur laquelle les deux parties ne soient point d'accord, il s'agit par exemple d'une guerre avec la Prusse ou avec la France, commandée par l'intérêt allemand, acceptée par la délégation cisleithane : la Hongrie, elle, veut la paix. Néanmoins quelques membres de la délégation hongroise votant avec ceux de l'autre assemblée, les crédits nécessaires aux armements sont accordés. Croit on que les troupes et les finances hongroises se prêteraient à l'exécution d'une décision prise contrairement à la volonté de la nation, et s'imagine-t-on que le mécanisme de la constitution centrale résisterait à cette épreuve ? Le moment peut donc venir où les délégations deviendraient une occasion de conflits et d'animosités de race, parce qu'une nation supportera difficilement de se voir liée ou entraînée par une résolution émanant de représentants qu'elle n'a pas élus. » M. de Laveleye écrivait ceci en 1868 : la question d'Orient où les Magyars prennent si âprement parti pour les Turcs, leurs consanguins, va peut-être nous prouver combien ces prévisions étaient justes, et combien fragiles sont ces combinaisons artificielles sorties du cerveau du juriste Déak, pour répondre aux nécessités d'une situation artificielle elle-même.

Examinons maintenant la constitution de chacune des deux moitiés de l'empire.

La constitution de la Cisleithanie, discutée par le Reichsrath qui se réunit le 22 mai 1867 et sanctionnée par l'empereur le 21 décembre de la même année (d'où le nom de constitution de décembre), la première des constitutions autrichiennes qui n'émanât pas de la toute-puissance impériale, consacre les grands principes du parlementarisme : inviolabilité des députés, initiative, droit d'interpellation, droit de pétition, publicité des débats, responsabilité ministérielle ; elle établit aussi : l'égalité devant la loi, l'admissibilité de tous aux emplois publics, l'inviolabilité de la propriété, l'abolition de toute servitude, la liberté individuelle, la liberté de penser, la liberté de conscience, l'égalité des races, chacune ayant le droit de sauvegarder sa nationalité et sa langue.

Le Reichsrath ou parlement cisleithan se compose de deux chambres : celle des seigneurs qui comprend les princes majeurs de la maison impériale, membres de droit, ainsi que les 9 archevêques et les 7 évêques ayant rang de princes — les grands seigneurs propriétaires au nombre de 53, membres héréditaires et les membres nommés à vie par l'empereur au nombre de cent ; et la chambre des députés qui comprenait, en 1868, 203 membres élus par les diètes dans leur propre sein, mais qui en compte maintenant 358, élus, ainsi que nous le verrons plus tard, par voie d'élection directe, dans quatre classes d'électeurs de chaque pays. Les attributions du Reichsrath, ainsi composé, sont celles des parlements européens les plus avancés ; les séances sont publiques.

Le ministère cisleithan comprend un président du conseil, un ministre de l'intérieur, un ministre des cultes et de l'instruction publique, un ministre de la justice, un ministre du commerce et de l'économie nationale, un ministre de l'agriculture, un ministre des finances, un ministre de la défense du pays et quelquefois des ministres sans portefeuille.

Les États, dont la réunion forme la Cisleithanie, ont conservé leurs diètes ou assemblées provinciales, telles qu'elles ont été organisées par le diplôme de 1860. Elles sont présidées, au nom du pouvoir central, par le gouverneur ou maréchal de la province. Réunies chaque année, elles sont renouvelées tous les six ans, et leurs attributions embrassent toutes les questions intéressant la province. Leurs décisions doivent être revêtues de la sanction impériale; elles nomment un comité exécutif que préside également le gouverneur ou maréchal, lequel doit être lui-même membre élu de la diète. Leur système de recrutement est excessivement compliqué; il varie légèrement d'état à état, mais on peut dire qu'il repose encore sur la représentation par ordres, car les députés aux diètes sont élus : 1° par les grands propriétaires fonciers; 2° par les villes, places de marché, chambres de commerce et d'industrie; 3° par les communes rurales. Pour faire partie comme électeur du premier groupe, il faut payer un cens plus ou moins élevé selon les états, et être détenteur d'un ancien domaine seigneurial privilégié d'avant 1848 : ce détenteur peut être un non noble, excepté en Tyrol où la noblesse est exigée. Les électeurs, grands propriétaires, peuvent voter par procuration. En un mot, ce premier groupe comprend l'aristocratie terrienne et nobiliaire : ses députés, qui sont au nombre de 229 sur les 1016 membres que comptent les 17 diètes cisleithanes sont, à proprement parler, les députés de l'ordre de la noblesse, et quand on pense que la haute chambre du Reichsrath est presque exclusivement composée de nobles, on voit quelle part énorme est faite à l'aristocratie dans la Cisleithanie actuelle. Les électeurs du 2ᵉ groupe appartiennent au commerce, à l'industrie et aux professions libérales : ainsi, pour prendre un exemple, ce groupe envoie 29 députés à la diète de la Basse-Autriche : à savoir, 9 pour Vienne, 12 pour les autres douze villes de l'État, 4 pour les chambres de commerce et d'industrie. Ce groupe répond à peu près à notre ancienne bourgeoisie. Le 3ᵉ groupe est composé des électeurs des communes rurales, mais ces électeurs n'exercent leur droit qu'à deux degrés. Chaque commune nomme un électeur par 500 habitants, et ce sont ces électeurs du 2e degré (*Wahlmaenner*) qui élisent les députés à la diète.

Voilà bien des choses bizarres, reste des anciens us féodaux; telle petite ville fait partie du deuxième groupe et voit ses électeurs voter directement, tandis que telle commune réputée rurale et bien plus importante que les villes déclarées telles par la loi, n'a qu'une voix par 500 habitants. Mais nous constaterions bien d'autres anomalies encore si nous entrions dons le détail des lois qui régissent la capacité électorale dans le deuxième et dans le troisième groupe : tantôt c'est le cens, tantôt c'est la qualité personnelle du citoyen qui confère cette capacité : les femmes, excepté dans la Haute-Autriche et à Vienne, ont le droit électoral à la condition de l'exercer, soit par leur mari, soit par une procuration donnée à un tiers.

Les réformes de 1873, qui ont introduit les élections directes pour le Reichsrath, n'ont pas touché à l'organisation des diètes provinciales : celles-ci continuent à former de vrais petits parlements nationaux, dont quelques-uns comptent un très-grand nombre de membres; la diète de Bohême en a 241, celle de Gallicie 150, celle de Moravie, 100, etc. Ces diètes seraient des organes puissants de décentralisation et de progrès, si elles n'étaient toutes dominées exclusivement par les idées de nationalité et sous l'influence du fédéralisme aristocratique et religieux dont le prototype est en Bohême le parti des Vieux-Tchèques.

Telles sont les institutions cisleithanes : voyons maintenant les institutions transleithanes.

A la tête de la Transleithanie se trouve le ministère hongrois responsable devant le parlement de Pesth ou *Reichstag*. Ce ministère qui commença à fonctionner le 17 février 1867 — comprend les départements suivants : présidence du conseil, ministre de la cour, ministère de l'instruction publique et des cultes; ministère des voies de communication et des travaux publics ; ministère des finances ; ministère de la justice ; ministère de l'agriculture, de l'industrie et du commerce ; ministère de la défense du pays ; ministère de l'intérieur. Plus tard fut créé un ministère pour la Croatie et pour la Slavonie.

Le Reichstag comprend deux chambres : la chambre haute ou table des Magnats et la chambre des députés. La chambre haute se compose de 414 députés : archiducs royaux propriétaires dans le royaume ; 31 archevêques, évêques et abbés ; 12 bannerets du royaume ; 57 palatins supérieurs ; 1 comte saxon, 1 gouverneur de Fiume ; 3 princes ; 218 comtes, 80 barons et 3 régalistes de Transylvanie. Tout cela sent absolument la féodalité. La chambre ou table des députés comprend 444 membres dont 334 de la Hongrie proprement dite, 75 de Transylvanie, 1 de Fiume, 34 de Croatie et de Slavonie.

Les députés sont nommés d'après la loi électorale de 1848. Cette loi confère le droit de suffrage au haut clergé, aux cinq ou six cent mille nobles Magyars, à la bourgeoisie des villes royales libres, à tous les habitants de Transleithanie ayant 20 ans, et remplissant l'une des conditions suivantes : posséder une propriété immobilière de 300 florins — être établi comme ouvrier, marchand, fabricant pour son propre compte, avec l'aide d'un employé permanent — jouir d'un revenu annuel d'au moins 100 florins — exercer une profession libérale ou appartenir à une classe instruite — être bourgeois permanent d'une ville. C'est presque le suffrage universel.

Le comitat, ce foyer de la vie politique hongroise, a été conservé et amélioré par la diète de 1848. Chaque comitat a son assemblée ou congrégation régulièrement élue et un préfet (*comes* ou foïspan), nommé par l'empereur et presque sans attributions. Les villes libres royales sont indépendantes des comitats et du pouvoir central et élisent tous leurs fonctionnaires, depuis le maire jusqu'à l'ingénieur; c'est l'application la plus étendue qu'il y ait en Europe du *self-government*.

Tel est le dualisme au point de vue de son fonctionnement intérieur. C'est, on le voit, un organisme d'une énorme complication, préparé dès 1865 par Déak en tous ses traits, et établi par l'accord du même Déak le Magyar et du Saxon de Beust. Mais si on se place au point de vue des diverses nationalités de l'Austro-Hongrie et surtout au point de vue Slave, quels inconvénients et quelle iniquité ! Et comme on comprend bien les protestations des races sacrifiées !

Le dualisme ne prononce même pas le nom des Slaves, c'est-à-dire de la nationalité qui a la majorité numérique dans l'empire ! Les 8 millions 1/2 d'Allemands et les 6 millions 1/2 de Magyars se sont tranquillement partagé l'empire sans tenir le moindre compte des 16 millions de Slaves, sans qu'il fût même question d'eux. Tout ce qui n'est ni Hongrois ni Allemand est devenu sujet des Allemands dans la Cisleithanie, des Hongrois dans la Transleithanie : les Slaves du Nord sont germanisés, les Slaves du sud magyarisés. La veille de la signature de l'Ausgleich, le grand historien national des Slaves de Bohême, Palacky, s'écriait éloquemment : « Si l'on se décide à établir ce qui est le contraire de la mission de l'Autriche, si cet empire composé d'un assemblage de peuples et unique dans son genre, refusant d'accorder à tous les mêmes droits, organise la suprématie des uns sur les autres; si les Slaves, considérés comme une race inférieure, ne doivent plus être qu'une matière à gouvernement entre les mains des deux peuples dominateurs, alors la nature reprendra ses droits ; une résistance inflexible changera l'esprit de paix en esprit de guerre, l'espérance en désespoir, et l'on verra s'élever des conflits, éclater des luttes dont nul ne saurait prévoir la direction, l'étendue et la fin... Nous existions avant l'Autriche, nous existerons après elle. » Ces protestations furent inutiles : jusqu'en 1866, le gouvernement allemand de Vienne avait combattu les Magyars et les Slaves : trop faible contre ces deux adversaires, il s'allia avec l'un, les Magyars, pour combattre l'autre, les Slaves, faisant ce qu'on appelle la part du feu, mais il ne comprit pas, ce jour là, que ses Allemands graviteraient vers l'unité germanique, qu'il forçait ses Slaves à graviter vers l'unité slaviste représentée par la Russie et que de la vieille Autriche il ne pourrait rester que la Hongrie écrasée entre le pangermanisme et le panslavisme. Si le dualisme ne se change pas en fédéralisme respectant l'autonomie de chaque nationalité, nous vivrons peut-être assez pour voir se réaliser cette hypothèse d'une Autriche réduite à la Hongrie.

La lutte des Slaves et des Roumains contre cette coalition des Allemands et des Magyars qu'on appelle le dualisme forme la véritable histoire des dix années de l'Empire d'Autriche depuis Sadowa. Le peu que nous venons de dire doit faire excuser l'énergie et comprendre la légitimité des revendications qui n'ont cessé de se produire à Prague, à Agram, à Lemberg, à Karlovics et à Klausenbourg.

Le ministère commun fut constitué le 24 décembre 1867 et ses trois portefeuilles furent ainsi distribués : affaires étrangères au comte de Beust, finances au baron de Beck, guerre au général John. Le 1ᵉʳ janvier, le ministère cisleithan se constitua de la façon suivante : prince d'Auersperg, président, docteur Giskra à l'intérieur, M. de Brestl aux finances, M. Herbst à la justice, M. de Hasner à l'instruction publique et aux cultes, le comte de Taaffe à la guerre et à la sûreté publique, M. de Plener au commerce, le Polonais comte Potocki à l'agriculture, M. Berger ministre sans portefeuille.

Le ministère et le Reichsrath avaient une lourde ~he, celle de reconstruire l'Autriche au point de vue ~es modernes, en la dotant d'une législation libé-
~t disparaître les dernières traces de l'absolu-

tisme. En même temps il fallait lui donner une organisation militaire autre que celle qui avait succombé à Sadowa et travailler à sa prospérité industrielle et commerciale, seul remède à son délabrement financier. On se mit courageusement à ce lourd labeur dont François-Joseph, on peut lui rendre cette justice, favorisa de tous ses efforts l'accomplissement.

Le premier point était d'arracher la nouvelle Autriche au joug clérical sous lequel l'avait placée le concordat de 1855. Une grande agitation se manifestait à cet égard dans l'opinion qui sentait parfaitement qu'un pays esclave de Rome ne se régénérerait jamais. Les pétitions dans ce sens affluaient au Reichsrath et les publications anti-concordataires se multipliaient. Le ministère ne fit qu'obéir à ce mouvement en présentant au Reichsrath en octobre 1867, les lois sur le mariage et sur les écoles. La loi sur le mariage était timide : le mariage, célébré devant le prêtre qui en tiendrait acte, ne serait de la compétence des autorités civiles qu'au refus du prêtre ; les causes matrimoniales seraient jugées par les tribunaux laïques. Elle n'en souleva pas moins des tempêtes et les ultramontains s'écrièrent que l'esprit de Joseph II faisait son retour en Autriche. A la chambre des députés, les députés de la Carinthie et surtout de l'ultra-catholique Tyrol, l'abbé Pintar, le fameux abbé Greuter, l'abbé Degara défendirent violemment le concordat. Ils furent éloquemment combattus par un grand nombre d'orateurs, tels que M. Hormuzaki qui fit un tableau saisissant des effets du concordat dans la Bukovine, M. de Weichs, M. Berger, le Dr Mühlefeld, député de Vienne, qui démontra l'insuffisance de la loi, etc., etc. Cette belle discussion peut encore se lire avec profit dans les pays asservis au cléricalisme ou troublés par les prétentions ultramontaines. La loi fut adoptée. La discussion fut encore plus vive à la chambre haute, où comme toujours l'aristocratie et l'Eglise étaient coalisées. Les cardinaux de Schwartzenberg, Rauscher, les féodaux de

Thun, Clam-Martinitz, de Mensdorf Pouilly, le comte Rechberg, le professeur Arndts déclarèrent que l'Autriche n'avait pas le droit de rompre le concordat sans le consentement de Rome. Le ministre Hasner leur répondit en invoquant hardiment Joseph II et les droits de l'état laïque. Le comte Antoine Auersperg fut étincelant de verve et de raison et prouva que le concordat n'avait pas même amené l'amélioration morale. Les Schmerling, les Hartig, les Lichstensfeld développèrent la thèse : « L'Eglise libre dans l'État libre. » La chambre haute vota la loi le 23 mars 1868 par 65 voix contre 45 ; Vienne illumina ; c'était le premier pas de l'émancipation. La loi sur les écoles, destinée à soustraire l'enseignement à la tutuelle de l'Eglise, eut le même sort. La discussion, nourrie de faits et de chiffres, prouva combien les Autrichiens étaient en arrière des autres nations sous le rapport de l'instruction, qui avait même reculé depuis 1855 ; le congrès des instituteurs, tenu les 5, 6 et 7 septembre 1867 dans une des salles même du palais impérial, du vieux burg des Habsbourgs, l'avait pleinement mis en lumière. La chambre des députés vota ; la chambre haute, après avoir entendu contre la loi le comte Leo de Thun, chef des vieux Tchèques, et pour, l'éloquent physiologiste Rokitansky, la vota également (31 mars). Enfin une troisième loi, appelée loi interconfessionnelle et destinée à mettre fin aux luttes entre les diverses confessions et à régler les mariages mixtes, fut également adoptée le 14 mai. L'empereur n'allait-il pas apposer son *veto* aux nouvelles lois ? Tout fut mis en œuvre par le clergé pour agir sur François Joseph : on comptait sur l'influence de la jeune et belle impératrice qui était sur le point d'accoucher et à laquelle Pie IX envoya des reliques. Les semaines s'écoulaient : l'opinion publique était dans une grande anxiété. Enfin le 25 mai, l'empereur sanctionna les lois confessionnelles.

Rome protesta et le clergé autrichien se prépara à la

résistance : le 26 mai 1868, le nonce Falcinelli adressa à M. de Beust la plus blessante et la plus audacieuse des protestations. A Rome, l'envoyé autrichien comte Crivelli échoua dans toutes ses négociations pour un arrangement amiable. Enfin le 22 juin, dans le consistoire, Pie IX prononça une allocution véhémente qui annulait les lois votées par le Reichsrath et sanctionnées par l'empereur et imposait aux peuples d'Autriche la désobéissance à ces lois. Le clergé autrichien avait commencé la lutte. Dès février, l'évêque de Linz, Rudiger; le 5 juin, l'évêque de Saint-Poelten, Fessler; le 12 juin, l'évêque de Brünn; quelques jours après tout l'épiscopat de Bohême et à sa tête le violent évêque d'Olmütz lancèrent des mandements provoquant à la désobéissance aux lois. Cette conduite ne fit que soulever l'indignation publique. M. de Beust rappela M. de Meysenbug, son nouvel envoyé à Rome, et tint fermement la main à l'exécution des lois confessionnelles. Le 12 septembre, une nouvelle lettre pastorale du fougueux Rudiger fut saisie et déférée aux tribunaux et son auteur poursuivi, ce qui abolissait en fait l'article 14 du concordat exemptant les ecclésiastiques de la juridiction civile. L'évêque de Prague fut aussi poursuivi. Les 10 et 20 janvier 1869, la cour suprême de cassation rendit deux arrêts soumettant les ecclésiastiques à la juridiction civile. Le 5 juin, M. Rudiger fut conduit de force devant le juge d'instruction; le 11 juillet, la cour d'assises de la Haute Autriche condamna le prélat à quinze jours de prison pour tentative de perturbation de la tranquillité publique. L'impression fut immense dans toute la Cisleithanie et un troisième envoyé autrichien à Rome, M. de Trautmannsdoff, communiqua au Saint-Siége une dépêche très-ferme de M. de Beust. L'affaire de la sœur Barbara Ubryk trouvée enfermée dans un cachot du couvent des Carmélites de Cracovie (22 juillet 1869) porta un nouveau coup à l'influence cléricale et mit à l'ordre du jour la question de la suppression des couvents et de l'expulsion des Jésuites. En 1868, le clergé autrichien possédait un milliard et demi de biens-fonds : l'évêché de Gran avait 500,000 florins de revenu (un million 250,000 francs), celui d'Olmütz 300,800 florins; de Prague, 71,680 florins; de Saint-Florentin 95,000 florins. Certains couvents avaient des revenus de 200,000 florins.

L'Autriche, en même temps qu'elle s'arrachait au joug mortel du clergé, poursuivait son organisation civile et militaire. La loi sur le jury, présentée le 12 mai 1868, fut définitivement votée en 1869. En mai et juin 1868, on discuta avec une grande animation les lois de finances : la situation était désastreuse et il fallait de prompts et énergiques remèdes. Ces diverses lois furent votées du 6 au 12 juin, et promulguées le 20 juin. A la fin de 1867, la dette de l'Autriche ne comptait pas moins de 68 catégories différentes de titres et obligations offrant 14 taux d'intérêt différents. C'était le chaos. La loi du 20 juin 1868 convertit tous ces titres en titres d'une dette unique en monnaie d'Autriche, portant, à quelques exceptions près, 5 0/0 d'intérêt en monnaie fiduciaire ou, pour certains, en espèces métalliques. Un impôt de 16 0/0 non susceptible d'être augmenté serait prélevé sur la nouvelle rente 5 0/0. Les emprunts-loterie seraient passibles d'un impôt de 20 0/0, plus 20 0/0 sur leurs primes. Ces impôts sur les arrérages nuisirent beaucoup au crédit de l'Autriche. La gigantesque opération de la conversion qui a duré de 1861 au 1er janvier 1874, n'en fut pas moins menée avec ordre et habileté. A la fin de l'année 1873, le total général de la dette publique autrichienne était 2,525,280,267 florins, monnaie d'Autriche, dont 222,021,219 pour la dette dite du rachat foncier. La loi militaire, ardemment discutée en octobre et novembre 1868, fut votée le 13 novembre ; elle fixait l'effectif de guerre à 800,000 hommes pour une durée de 12 ans : le service obligatoire de 3 ans dans l'armée active, et 7 ans dans la réserve ; le service de deux ans dans la Landwehr pour ceux qui sortent de l'armée active et de 12 ans pour les autres ; enfin la Landsturm ou levée en masse. La promulgation de cette loi le 5 décembre fut accompagnée d'une proclamation de l'empereur disant : « La monarchie a besoin de la paix ; il faut que nous sachions la maintenir. » La loi sur la Landwehr ne fut votée que le 16 mars 1869.

La réorganisation fut moins laborieuse dans la Transleithanie : la Hongrie coupa court aux luttes confessionnelles en déclarant que le concordat n'ayant pas été voté par sa diète, n'avait pas force de foi dans les limites du royaume de Saint Étienne. Le ministère transleithan fut complétement formé le 20 février 1867, il était ainsi composé : Andrassy, président et ministre de la défense du pays. — Festetics, ministre *à latere*. De Wencke, intérieur. — Horwath, justice. De Lonyay, finances. — Eotvos, instruction publique et cultes. Gorove, agriculture, industrie et commerce. Miko, travaux publics. Nous avons dit que le couronnement de François-Joseph eut lieu le 8 juin 1867. Le 9 juin, l'amnistie fut décrétée, et d'illustres bannis, comme les généraux Klapka, Türr, etc., en profitèrent. Le 8 octobre, la Hongrie fit son premier emprunt national de 150 millions de francs pour étendre le réseau de ses chemins de fer. Le 1er février 1868, pour la première fois, le nouveau mécanisme des délégations fonctionna : la délégation hongroise siégea à Vienne à côté de la délégation cisleithane et se montra, surtout dans la discussion de la loi militaire, très-ombrageuse et très-susceptible.

Dans la Hongrie même la lutte des partis était fort vive. Au parti déakiste, le parti par excellence de la conciliation et qui avait la majorité, étaient opposés trois partis vigoureux : 1° la gauche, dirigée par MM. Keglivicz et Jokay, ayant pour organe le journal le *Hon* (le Pays) ; — 2° le centre gauche, plus constitutionnel, dirigé par MM. Tisza et Ghyczy, et dont l'organe est le *Hazunk* (la Patrie) ; — 3° l'extrême gauche républicaine ayant à sa tête MM. Bœszœrmenyi et Madaraz, et pour journal le *Magyar Ujsag* (les Nouvelles magyares). La gauche et le centre gauche signèrent, le 25 mars 1868, un compromis pour s'entr'aider à faire triompher par les voies constitutionnelles, un programme contenant la suppression des délégations et du ministère commun, et la séparation de l'armée. L'élection de Kossuth par les électeurs de Funfkirchen excita les esprits : M. Bœszœrmenyi fut condamné à un an de prison pour avoir publié une lettre du célèbre proscrit dont la diète ratifia néanmoins l'élection le 4 avril, mais qui ne vint pas siéger.

Le rêve des ultra-Magyars était que l'armée hongroise fût séparée de l'armée autrichienne, exclusivement commandée en magyar par des officiers magyars. Aussi la loi militaire fut-elle discutée avec animation et il fallut que Déak et Andrassy se tinssent constamment sur la brèche pour la faire voter le 8 août 1868 par la table des députés et le 11 août par la table des magnats. Le 23 juin une loi d'instruction publique enleva complètement l'enseignement au clergé. Les lois financières, une loi sur les comitats furent aussi votées et la diète se sépara le 9 décembre 1868, après avoir accompli une masse vraiment énorme de travaux législatifs. La seconde réunion des délégations avait eu lieu cette fois à Pesth du 16 novembre au 4 décembre : François-Joseph avait résidé pendant ce temps à Bude. La fin de l'année vit le parti Ghyczy se rapprocher des Déakistes et le parti Tisza du parti Jokay.

Les élections pour 1869 se firent avec une ardeur incroyable, mêlée de corruption et de violences : il y eut des luttes sanglantes, des arrestations, des meurtres. Klapka et Türr protestèrent contre d'aussi déshonorants procédés. Le scrutin fut ouvert du 9 au 25 mars 1869. Les Déakistes cependant l'emportèrent, tout en perdant une trentaine de voix : ils furent 270 dans le parlement qui ouvrit le 23 avril, tandis que la gauche avait 110 voix, et l'extrême gauche 60. La lutte des partis se reproduisit dans la discussion de l'adresse : chacun proposa la sienne, mais celle des Déakistes fut votée le 3 juin. On vota ensuite une organisation judiciaire. Les délégations se réunirent pour la troisième fois, et à Vienne. Le parlement hongrois s'ajourna le 22 décembre au 14 janvier 1870.

CHAPITRE IV

Politique extérieure. Fête des tireurs allemands. — Mouvements des nationalités : Bohême ; Croatie ; Gallicie ; Roumains. — Révolte du Cattaro. Serbes. Ministère Potocki. Guerre franco-allemande. — Ministère Hohenwart. — Entrevues d'Ischl, de Gastein et de Saltzbourg. Chute de M. de Beust : M. Andrassy. — Réforme électorale de 1873.

Nous passerons rapidement sur les incidents de la politique extérieure de l'Autriche pendant ces années de réorganisation intérieure et de mise en train du système compliqué du dualisme. L'entrevue de Saltzbourg où l'Empereur et l'Impératrice reçurent Napoléon III et Eugénie fit beaucoup parler d'elle, alarma l'Allemagne, mais ne produisit aucun résultat effectif, pas plus du reste que le voyage de François-Joseph à Paris (octobre 1867), à propos de l'Exposition universelle. Quand l'affaire du Luxembourg faillit faire éclater la guerre entre la France et la Prusse, l'Autriche se posa en médiatrice. Un traité entre elle et le Zollverein parut constater un rapprochement avec la Prusse ; l'Autriche semblait avoir pris son parti de son exclusion de l'Allemagne. Mais les fêtes du tir à Vienne du 24 juillet au 5 août 1868 dissipèrent ces illusions et prouvèrent que la partie allemande de la monarchie des Habsbourgs aspirait à reprendre sa place dans la grande patrie.

M. Muller, de Francfort, M. Mittermaïer, de Heidelberg, exprimèrent au nom de l'Allemagne du sud des sentiments d'amour pour l'Autriche, de haine pour la Prusse, qui excitèrent à Berlin des transports de fureur et qui firent la plus fâcheuse impression à Pesth et à Prague. Il fallut, le dernier jour des fêtes, un habile discours de M. de Beust pour atténuer l'effet de ces manifestations. Dans le conflit gréco-turc, l'Autriche prit parti pour la Turquie et, dans le conflit franco-belge, pour la France. La réconciliation avec l'Italie fut complète, ainsi que le constata une dépêche de M. de Beust du 19 avril 1869. La publication dans le livre de l'état-major autrichien sur la guerre de 1866 d'une dépêche chiffrée de M. de Bismark à M. de Goltz en date du 20 juillet 1856, souleva à Berlin un terrible orage. M. de Beust fut obligé d'adresser le 6 mai 1869 une dépêche explicative aux envoyés de l'Autriche. Peu après, un discours de M. de Beust devant les délégations souleva de nouveau une polémique irritante avec M. de Thil, ministre des affaires étrangères à Berlin, et provoqua un échange de dépêches acerbes.

Nous avons maintenant à examiner les mouvements des nationalités tant en Cisleithanie (Bohême, Gallicie, Dalmatie, Carniole, etc.), qu'en Transleithanie (Croates, Serbes, Roumains, etc.), contre le dualisme austro-hongrois.

Bohême : La Bohême fut la nation qui protesta le plus énergiquement contre le dualisme. Elle aurait préféré le centralisme de Schmerling à ce compromis qui lui donnait deux maîtres : les Allemands et les Magyars. Sa prétention était d'être traitée en état autonome, comme la Hongrie, ayant son parlement, son ministère responsable devant ce parlement, son roi couronné et la participation aux affaires communes de l'Empire par le moyen de délégations. En un mot, il était dans les vœux du parti tchèque de substituer au dualisme : Autriche Hongrie, la triade : Autriche — Hongrie — Bohême. Il voulait organiser sa nation soit par l'aristocratie, la féodalité et l'ultramontanisme comme les vieux Tchèques, soit par le libéralisme et le laïcisme comme les jeunes Tchèques. Aussi, quand le 18 février 1867, la diète fut réunie à Prague pour envoyer des députés au Reichsrath de Vienne, elle refusa de le faire, n'admettant pas, disait l'adresse votée le 25 février par 156 voix contre 76, qu'on passât outre à ce principe que « sans le concours de la diète du royaume, rien ne pouvait se faire de nature à modifier la position politique de la Bohême dans ses rapports avec le trône et l'Empire. » Que la Hongrie traite avec l'Empire des choses qui intéressent la Hongrie, mais il n'appartient pas à M. Déak de décider avec M. de Beust quels seront à l'avenir les rapports de la Bohême avec la dynastie des Habsbourgs ! Dès le lendemain la diète fut dissoute et de nouvelles élections ordonnées. Les Allemands, qui sont 1 contre 2 dans la Bohême, nommaient, grâce à une savante loi électorale, la moitié des députés à la diète ; de plus 70 siéges étaient réservés aux grands propriétaires du pays. 54 de ceux ci furent élus, et, bien que leur élection fût contestée, votèrent l'envoi de députés au Reichsrath. C'était la reconnaissance officielle par une diète slave du partage de l'Empire entre les Allemands et les Magyars. Au moment du vote, M. Rieger protesta et se retira avec ses amis. 135 voix nommèrent 40 députés allemands et 14 députés tchèques (ces derniers refusèrent aussi de se rendre à Vienne). Les esprits étaient fort, excités, quand Rieger et Palacky commirent l'imprudence de se rendre au congrès slave de Moscou (juillet 1867). Cette démarche, qui était comme une adhésion au panslavisme russe, compromit la cause des Tchèques aux yeux de l'Europe entière. M. Rieger eut beau dire avec justesse au banquet du congrès « qu'en dehors et au-dessus des questions de race, il y avait des nations constituées, des nations historiques, ayant leurs souvenirs, leurs droits, leurs intérêts distincts, qu'y renoncer serait un suicide », l'impression fut des plus fâcheuses. Le 19 janvier 1868, les étudiants tchèques soulevèrent une véritable émeute sous les fenêtres du casino allemand. Le conseil municipal de Prague protesta contre les lois financières ; d'immenses meetings se tinrent le 15 et le 16 mai à propos de la fête de Saint-Jean Népomucène, patron de la Bohême.

L'empereur vint à Prague pour essayer d'apaiser les esprits (24 juin) et M. de Beust conféra avec MM. Rieger et Palacky. M. d'Auersperg, chef du ministère cisleithan, fut même si indigné de cet essai de conciliation qu'il donna sa démission et fut remplacé par M. de Taaffe. La diète s'ouvrit le 23 octobre 1868 et, au nom des députés tchèques absents, trois d'entre eux vinrent lire une longue adresse qui est le vrai programme du parti national et qui se résume ainsi : 1° la Bohême et la dynastie des Habsbourg sont liées par un contrat synallagmatique depuis Ferdinand Ier : ce contrat crée à chacune des deux parties des droits et des devoirs rappelés dans le serment du couronnement. 2° L'union de la Bohême avec l'empire n'a jamais été que personnelle et conditionnelle : la Bohême n'a jamais été en union réelle avec n'importe quel autre état de l'Autriche. 3° Aucun changement entre le royaume de Bohême et le souverain ne peut être effectué qu'au moyen d'un nouveau pacte entre le roi de Bohême et les dus et légitimes représentants de la nation bohême : le Reichsrath n'a aucune qualité pour le faire. 4° Le seul moyen de rentrer dans les conditions normales, invoquées déjà par le rescrit impérial du 8 avril 1848 et même par le diplôme du 20 octobre 1860, c'est un accord direct entre l'empereur et la nation. 5° La loi électorale de la diète est à réformer. Le même jour 30 membres de la diète de Moravie publièrent un programme identique. La diète de Prague, dominée par les Allemands, déclara démissionnaires 71 des signataires du programme. Les majorités des diètes de Moravie et de

Silésie condamnèrent aussi le programme. La majorité allemande de Prague profita de son triomphe pour abroger la loi qui obligeait les élèves des écoles à apprendre la langue tchèque.

La colère grandit à Prague : la polémique des journaux tchèques et des journaux allemands monta à un diapason passionné. Les 4 et 5 novembre il y eut des émeutes réprimées par la force armée. Le 11 novembre, la Gazette de Vienne publia une ordonnance qui mettait Prague et deux districts voisins en état de siége. On commença des barricades, mais le général Koller, commandant de l'état de siége, dispersa la foule : le régime du sabre régna avec les réunions publiques interdites et les journaux saisis et suspendus. L'état de siége dura jusqu'au 28 avril 1869. Les meetings recommencèrent : celui de Prague du 15 mai compta 25,000 assistants. Le 4 septembre la fête de Jean Huss fut célébrée avec éclat. Cette agitation nationale devait se perpétuer à travers des phases diverses.

GALLICIE : Un assez grand nombre de partis se partagent en Gallicie le terrain politique. Il y a des *démocrates*, dont le chef est M. Smolka et qui sont purement et simplement fédéralistes ; le parti Sapieha, qui subordonne toutes ses aspirations à l'espoir de la reconstitution du royaume de Pologne et qui dès lors, ne se considérant comme lié à l'Autriche que temporairement et de fait, se désintéresse complétement de l'organisation du reste de la monarchie (ce parti dut à la résolution du 20 septembre 1868 que nous analyserons ci-après — le nom de *résolutionniste*) ; le parti *polonais*, dirigé par le comte Goluchowski, qui envoie quand même des députés au reichsrath et y soutient la politique générale du gouvernement ; les *unionistes* féodaux et cléricaux ; enfin le parti *Ruthène*, qui aspire à l'union avec la Russie. En somme Smolka et ses amis s'occupent seuls des intérêts généraux des Slaves : Sapieha, Goluchowski et leurs amis, indifférents au reste de l'empire, ne pensent qu'à faire la Gallicie la meilleure et la plus indépendante possible pour y vivre à l'aise en attendant sa rentrée dans la vieille Pologne rétablie : ils soutiennent contre les autres races de l'empire le ministère de Vienne dont ils attendent le plus d'autonomie. Aussi, sous l'influence de M. Goluchowski, la diète de Lemberg, où les Ruthènes avaient perdu une vingtaine de siéges, accepta les nouvelles institutions de l'empire et vota le 2 mars 1867, par 99 voix contre 34, qu'elle enverrait des députés au Reichsrath. En récompense, la Gallicie vit entrer un des siens, le comte Potocki, dans le cabinet Auersperg et on lui fit des concessions relativement à l'emploi de la langue polonaise dans les tribunaux (29 février 1868). L'empereur et l'impératrice se disposèrent même à faire un voyage en Gallicie. Mais dans le pays, on trouvait que la constitution nouvelle ne faisait pas la part assez large à l'autonomie gallicienne et que les dé putés polonais au Reichsrath avaient été de trop facile composition. Aussi, dès le 22 août, jour d'ouverture de la diète, M. Smolka porta ces plaintes et ces reproches à la tribune, et M. Zyblikiewiz proposa de faire examiner les lois fondamentales par une commission de la diète. Cette commission fit son rapport le 16 septembre et formula les vœux du pays dans une adresse qui est restée la Charte de la Gallicie, comme la fameuse déclaration est restée celle de la Bohême. L'adresse constatait que la constitution générale du 21 décembre 1867 ne répondait pas aux vœux et aux exigences politiques et matérielles du pays et elle posait les points suivants : 1° La diète du pays doit régler le mode d'élection et la durée de l'exercice du mandat des députés au Reichsrath, sans qu'on puisse jamais ordonner des élections directes dans le royaume de Gallicie. 2° Les députés Galliciens ne participeront aux délibérations du Reichsrath que lorsqu'il s'agira d'affaires communes à la Gallicie et aux autres parties de la monarchie représentées dans le Reichsrath. 3° On éliminera des matières qui entrent dans la compétence du Reichsrath, pour les comprendre dans celle de la diète, les affaires suivantes : affaires commerciales du pays; législation concernant les institutions de crédit, les matières sanitaires, les droits de cité et police des étrangers, le droit criminel et le droit civil, les mines, l'enseignement, la justice et l'administration, etc. 4° Pour couvrir les frais du gouvernement en Gallicie, le pouvoir central mettra à la disposition de la diète du pays une somme correspondante et cette somme sera soustraite au contrôle du Reichsrath. 5° Tous les biens de l'état seront incorporés dans le domaine du pays. 6° Les salines ne pourront être vendues ni hypothéquées sans le consentement de la diète. 7° La Gallicie aura sa cour de cassation. 8° Le pays sera administré par un gouvernement séparé et responsable devant la diète, sous la direction d'un chancelier aulique ou d'un ministre responsable de Gallicie.

C'était l'autonomie complète. Les Ruthènes protestèrent et quittèrent la salle. M. Goluchowski combattit l'adresse qui n'en fut pas moins votée le 24 septembre 1868. Du coup, l'empereur et l'impératrice renoncèrent à leur voyage en Gallicie et M. Goluchowski donna sa démission. La diète se sépara le 10 octobre. A la session du Reichsrath de 1869, les députés polonais refusèrent de voter l'organisation d'une haute cour de justice (*Reichs gericht*) chargée de juger les contestations entre les divers pays de la couronne et entre les diètes et le Reichsrath. Puis ils se disposèrent à aborder la question de la résolution du 24 septembre qui devait être soumise au Reichsrath. On leur opposa d'abord d'infinies raisons de procédure parlementaire, puis on renvoya la résolution à la commission de constitution qui, presque entièrement composée d'Allemands, en rejeta tous les points et ne déposa son rapport que le 9 mai 1869, quelques jours seulement avant la clôture de la session. Les Polonais protestèrent énergiquement et leur compatriote, le comte Potocky, ministre de l'agriculture, porta leurs plaintes à la tribune. La Gallicie toute entière, sauf le parti Ruthène, manifesta son mécontentement. Les journaux le *Kraj*, la *Gazeta Narodowa*, le *Dzieunik* reprochèrent aux députés leur mollesse et demandèrent qu'ils s'abstinssent, comme les Tchèques, de siéger au Reichsrath. Le 8 juillet eut lieu à Cracovie une grande manifestation nationale. Le gouvernement se crut obligé de donner quelque satisfaction aux Polonais en sanctionnant une loi de la diète sur l'usage de la langue polonaise dans les tribunaux et dans les administrations.

Croatie : Quand, le 2 novembre 1865, la question du rétablissement des rapports avec la Hongrie fut portée devant la diète d'Agram, celle-ci fit ses réserves, et le 18 décembre 1866, elle vota trois propositions ainsi rédigées : 1° l'autonomie du royaume tri-unitaire reste la base invariable dans le rapport du droit public; 2° le royaume tri-unitaire n'a ni droit, ni devoir, ni voie légale quelconque d'entrer dans la diète hongroise ; 3° le royaume tri-unitaire est, en vertu de son droit public, engagé à se mettre en rapport direct avec la couronne relativement à son autonomie. La diète fut dissoute le 4 janvier 1867. On la réunit à nouveau le 1ᵉʳ mai pour voter un arrangement avec la Hongrie déjà voté par la diète de Pesth : elle refusa et fut dissoute le 26 mai : l'empereur décida en même temps que la ville de Fiume enverrait ses députés à Pesth et non à Agram. De son côté, la Dalmatie déclarait qu'elle enverrait des députés à Vienne et non à Agram. Le 20 octobre 1867, l'empereur modifia provisoirement la loi électorale et la composition de la diète croate, et grâce à ces mesures, une nouvelle diète plus docile se réunit et vota, le 28 janvier 1868, une résolution tendant à conclure un arrangement avec la Hongrie, mais à condition que la Dalmatie et la frontière militaire revinssent à la Croatie. Des conférences eurent lieu à Pesth entre Magyars et Croates, et un compromis fut rédigé par

MM. Csengery et Zuvic. Ce compromis donnait à la Croatie et à la Slavonie une autonomie complète en ce qui concerne les affaires intérieures, la justice et l'instruction publique ; il énumérait les affaires communes et qui seraient traitées comme telles par le parlement hongrois ; il portait que la Croatie n'aurait pas de ministère spécial, et que le Ban, qui ne pourrait être un militaire, serait nommé par le roi, d'accord avec le ministère commun, que la Croatie aurait dans le cabinet de Pesth un ministre sans portefeuille, que le croate serait la langue officielle de la Croatie, et que la Croatie enverrait 31 députés au Reichstag de Pesth ; que les recettes de la Croatie, déduction faite de 2,200,000 florins pour les frais d'administration, seraient versées au trésor hongrois. La diète d'Agram vota le compromis le 15 septembre 1868. Le 19 novembre, un rescrit royal le sanctionna, et le 24 novembre, les 31 députés croates, élus par la diète d'Agram, faisaient au milieu des applaudissements, leur entrée dans le parlement hongrois. Fiume fut déclaré territoire particulier appartenant à la Hongrie.

Roumains : Les Roumains de la Transylvanie n'aspiraient qu'à se joindre à leurs frères de race réunis sous le sceptre de Charles de Hohenzollern. Bukarest est leur centre d'attraction et un foyer de propagande ardente pour leur annexion. Le 15 mai 1868, ils se rassemblèrent sur le Champ de la Liberté à Blasendorf, et renouvelèrent leur programme de la célèbre assemblée du 15 mai 1848. Ils demandèrent la mise en vigueur des articles de la diète d'Hermanstadt de 1863-64 qui les reconnaissaient comme nation régnicole, et leur garantissait leur langue et leur religion. Ils dénièrent à la diète de Pesth le droit de créer des lois pour la Transylvanie, et déclarèrent que les Transylvains qui siégeaient à cette diète n'étaient pas leurs représentants. Pesth répondit en votant en décembre un projet qui, à partir du 1er mai 1869, imposait à la Transylvanie entière les institutions hongroises et abolissait les distinctions entre Szeklers, Saxons, Magyars et Roumains.

Telles furent, à la suite du dualisme, les agitations, les prétentions et les événements dans les principales nationalités de l'Austro-Hongrie. Il y eut aussi des troubles sur divers autres points, tant par suite de résistance contre le dualisme que d'aversion pour les progrès du libéralisme et du laïcisme dans les institutions de la vieille Autriche. A Trieste, l'hostilité entre la population italienne de la ville et les paysans slaves du territoire se manifesta les 12, 13 et 14 juillet 1868 par de sanglantes collisions. Dans le Tyrol, pays ultra-catholique, centre du plus obstiné fanatisme, la diète résista aux lois confessionnelles, et on fut obligé de la dissoudre le 8 octobre 1868. En Carniole, les Slovènes, dans des meetings tenus à Laybach et autres lieux en janvier et février 1869, demandèrent la formation d'un royaume de Slovénie comprenant la Basse-Styrie, la Carinthie méridionale, la Carniole, Gœritz et Gradisca, l'Istrie et le territoire de Trieste. Le parti italien excita encore des troubles à Trieste en juillet 1869.

Mais la plus terrible de ces agitations locales eut lieu dans les derniers mois de 1869 chez les Bocchèses, ainsi qu'on appelle les habitants des Bouches-du-Cattaro, à l'extrémité la plus méridionale de la Dalmatie. La population des villes est italienne, celle des montagnes serbo-slave et très-sympathique aux Monténégrins. Quand, en 1868, on appliqua la loi sur la Landwehr dans le district de Cattaro, les montagnards se soulevèrent de toutes parts (8 septembre). Le général Wagner ne put venir à bout de cette insurrection : les hommes et les femmes se battaient avec une indomptable fureur. Le général d'Auersperg remplaça Wagner et commença par soumettre les districts cultivés et par faire pendre, comme aux beaux jours de 1848, les insurgés prisonniers. Mais il échoua dans les districts des montagnes, et une expédition qu'il dirigea pour le ravitaillement des forts de Dragali et de Cerkvice se termina par une retraite désastreuse. Ce ne fut que le 11 janvier 1871 que les derniers insurgés se rendirent au général baron de Rodich ; l'Europe fut étonnée de la difficulté avec laquelle l'Autriche vint à bout de ce petit pays.

Les Serbes de Hongrie ne résistèrent pas moins énergiquement au dualisme, et les Magyars les persécutèrent avec acharnement. La formation de l'*Omla dina-Serpska* (société de la jeunesse serbe) excita surtout les colères du ministère de Pesth : fondée en août 1866, par quelques étudiants de Novi-Sad, dans un but purement littéraire, elle devint rapidement politique et prit des proportions considérables, même dans la Serbie indépendante. Quand le prince de Serbie, Michel Obrenovic, fut assassiné en juin 1868, on essaya d'impliquer dans le complot Miletic, chef du parti national serbe et député à Pesth. Les Magyars, à cette époque, avaient le désir de s'annexer tôt ou tard les provinces slaves de la Turquie ; ils essayèrent même d'écarter le jeune Milan du trône de Serbie, et de faire donner la régence à la veuve séparée de Michel, la princesse Julie, fille du comte Hunyadi. En 1869, le comte Andrassy parla même publiquement des droits de la couronne de Saint Etienne sur la Bosnie, et la Porte protesta : les Magyars étaient donc moins dévoués alors à la thèse de l'intégrité de l'empire ottoman. En avril 1868, le parlement hongrois sépara l'église Serbe et l'église Roumaine, mais il vota en même temps une loi scolaire qui établissait 1° des écoles de l'État où l'enseignement doit être fait en langue magyare et être laïque ; 2° des écoles privées fondées par les confessions religieuses. Les confessions doivent donc à la fois payer, comme tous les contribuables, les écoles de l'Etat où l'on enseigne en magyar, et entretenir à leurs frais des écoles confessionnelles, si elles veulent qu'on enseigne dans leur langue. Au mois de février 1868, les Serbes et les Roumains, que ne divisaient plus les querelles religieuses, fraternisèrent dans un congrès à Temesvar et agirent de concert dans les élections au parlement de Pesth. Miletic lutta ardemment dans la session qui suivit pour faire reconnaître les droits de son peuple. Ce fut en vain : les Magyars ne voulaient pas que les Serbes eussent d'existence nationale en dehors de leur église dont l'expression était le congrès ecclésiastique. Ce congrès se réunit en juin à Karlovics, et Miletic et ses amis essayèrent de s'en servir pour en faire un instrument politique soustrait à l'influence des prêtres ignorants et à l'omnipotence du patriarche. Le patriarche, Masirevic, aidé de Stratimirovic, l'ancien général de 1848 qui s'était jeté dans le parti clérical, fit dissoudre le congrès plutôt que de pactiser avec « les révolutionnaires. » Ce prélat rétrograde mourut le 19 janvier 1870, et eut pour successeur Stogkovic qui réunit, en mai 1870, un nouveau congrès où l'influence cléricale reçut un échec mortel et où on vota des résolutions propres à reconstituer la nation serbe. On s'effraya à Pesth, et, sous prétexte d'un article inséré par Miletic dans son journal la *Zastava*, M. Andrassy fit arrêter le vaillant tribun et s'entendit pour le faire condamner par le tribunal de Pesth, en août 1870, à un an de prison.

Telle était, en 1870, la situation des diverses nationalités de l'empire. Le dualisme avait déjà suffisamment fait ses preuves qu'il n'était qu'une machine d'oppression allemande dans la Cisleithanie, et magyare dans la Transleithanie. Dans la Transleithanie, la loi sur les nationalités, votée par le Reichstag en 1868, n'est qu'un trompe-l'œil : la langue magyare est la langue de la diète, de l'administration et des tribunaux de l'État. Les tribunaux électifs des comitats et des villes libres, institués par cette loi, ont été remplacés, en 1871, par des tribunaux purement magyars, composés de juges amovibles choisis par Pesth. Tous les emplois civils sont donnés à des Magyars et à leurs créatures, les Magyarons. En Croatie, le Ban Rauch, un des auteurs du compromis, travaillait de façon à ne faire envoyer à Pesth que des députés dévoués aux Magyars : il trempa de plus dans une affaire de desséchement de marais (le Lonjsko Polje) qu'un journal, le *Zatocnik*, révéla avec pièces à l'appui, et qui compromit une foule de grands seigneurs magyars et croates, à la grande joie du parti national croate. En août 1869, une patente impériale réunit les confins croates à la Hongrie, malgré eux, car ils aimaient encore mieux subir leur triste régime que d'être livrés à l'administration de leurs ennemis. L'archevêché d'Agram, qui revenait de droit au célèbre Strossmayer, évêque de Diakovo, et qui rapporte 200,000 florins par an, fut livré par Andrassy à une créature des Magyars, l'abbé Mikalovic (4 mai 1870), chargé de jeter la discorde parmi les Croates.

Ce que les Magyars faisaient dans la Transleithanie, les Allemands le faisaient dans la Cisleithanie, et les colères et les plaintes des Tchèques, des Slovènes, des Roumains et même des Galliciens, se faisaient entendre hautement. Aussi, en janvier 1870, le comte Potocki, favorable aux idées fédéralistes, et quelques-uns de ses collègues, donnèrent leur démission. Le président du conseil, prince d'Auersperg, les suivit dans leur retraite. Alors on vit une confusion extrême sous les ministères Giskra et Hasner. Dès le 17 janvier, les députés tyroliens déposèrent leur mandat et furent imités en mars par ceux de la Gallicie, de la Carniole, de l'Istrie et de la Bukovine. François-Joseph, éperdu, appela à la tête du cabinet cisleithan le comte Potocky, avec l'espoir qu'il saurait concilier les revendications autonomistes des peuples avec les idées libérales et démocratiques dont les centralistes allemands se prétendaient les seuls représentants. M. Potocky avait élaboré avec son collaborateur, M. Rechbauer, un programme qui maintenait la constitution de décembre, mais qui transformait la chambre des seigneurs en chambre des états, composée des représentants des provinces élues par les diètes et dans leur sein, avec élections directes pour la chambre des députés, large décentralisation, maintien de la Bohême dans sa situation actuelle, loi progressive des nationalités, etc. Pour consulter le pays sur la possibilité de ce programme, M. Potocky fit appel en juillet aux électeurs, mais il fut battu et dut se retirer : c'était à désespérer.

Sur ces entrefaites éclata la guerre franco-allemande. Dès le 18 juillet l'Autriche proclama sa neutralité tout en offrant sa médiation avec celle de l'Italie. Le 20 juillet son chancelier adressait à l'ambassadeur d'Autriche-Hongrie à Paris, prince de Metternich, une dépêche où il disait nettement que l'entrée de l'Autriche en campagne amènerait de suite celle de la Russie, alliée de la Prusse, qui menace l'Autriche non-seulement en Gallicie, mais sur le Pruth et le Bas-Danube ; que les Allemands de l'empire voyaient dans la guerre, non pas un duel entre la Prusse et la France, mais le commencement d'une lutte nationale ; que les Hongrois refuseraient de donner leur sang et leur or pour reconquérir à l'Autriche sa position en Allemagne. Les défaites de la France ne firent qu'enfoncer l'Autriche, aux prises avec tant d'embarras intérieurs, plus avant dans cette neutralité sympathique et elle ne put donner à M. Thiers, — qui vint en octobre à Vienne — que de vains témoignages de condoléance. M. de Beust poursuivait en même temps la lutte religieuse. Il protesta contre le syllabus et à la nouvelle de la déclaration du dogme de l'infaillibilité qu'avait combattu au concile l'évêque Strossmayer il suspendit le concordat (30 juillet). L'Autriche subit la conséquence de son attitude pacifique et dut se résigner à laisser la Russie dénoncer le 23 novembre le traité de Paris de 1856. Dans la Transleithanie, pendant toute la guerre, Andrassy et les Magyars prodiguèrent les marques de sympathie les plus éclatantes aux succès des Allemands.

L'année 1871 s'ouvrit sous de sombres perspectives

pour l'empereur François Joseph. Le problème des nationalités se posait plus impérieux, plus menaçant, mais aussi plus insoluble que jamais. Potocki venait de tomber et il était impossible de recourir de nouveau à un ministère centraliste allemand à la Giskra. Les Hongrois avaient montré pendant la guerre qu'ils entendaient demeurer étrangers aux aspirations de l'autre moitié de l'empire et faire graviter uniquement autour de Pesth toute l'Autriche contemporaine. François-Joseph se résolut tout à coup à se jeter dans les bras des fédéralistes, en prenant les ministres en dehors du parlement. Le 4 février il mit à la tête du cabinet le comte Hohenwarth, dévoué aux idées fédéralistes, et il lui adjoignit deux ministres tchèques, MM. Jirecek et Habietinek. Le nouveau ministre déclara hautement qu'il entendait ramener la paix entre les peuples de la Cisleithanie par un système de concessions devenues indispensables, et qu'il allait entamer des négociations avec les Tchèques, les Polonais et les Latins en vue de compromis qui donnassent satisfaction aux nationalités. Ces négociations remplirent les mois de mai, de juin et de juillet. M. Grocholski, un des chefs du parti polonais modéré, fut nommé ministre de Gallicie sans portefeuille. M. Goluchowski reprit ses fonctions de gouverneur de la Gallicie. MM. Rieger, Clam-Martinitz et le Morave Prazak, furent appelés à Vienne pour stipuler en faveur des Tchèques.

On devine quelle fut la fureur du parti constitutionnel allemand. Quoi! c'était au moment où la race allemande conquérait tant de gloire, où l'empire allemand et la culture allemande allaient être sans rivales dans l'Europe, qu'on songeait à transiger avec ces « misérables nationalités slaves! » Les Allemands d'Autriche se tournèrent avec passion vers leurs frères de Berlin, en oubliant complétement les souvenirs de 1866. Ils manifestèrent avec énergie leurs sentiments aux fêtes de Brunn en Moravie où un de leurs chefs, M. de Kaiserfeld, s'écria : « Il faut que le gouvernement cesse de faire des avances au fédéralisme ou qu'il en appelle ouvertement à la violence, à la force brutale ! » M. de Hohenwarth répondit, dans une séance de la chambre des seigneurs du 4 juillet, qu'il n'était ni fédéraliste ni centraliste, mais qu'il voulait sauver l'Autriche et que le parti allemand « n'avait jamais subi de préjudice tant qu'il s'était montré juste et équitable envers les autres nations de l'empire, mais qu'il avait éprouvé de graves dommages chaque fois qu'il avait essayé de chercher l'hégémonie par d'autres moyens que par la supériorité de sa civilisation. »

Les choses en étaient là quand, le 11 août 1871, la Gazette de Vienne publia une lettre patente de l'empereur aux termes de laquelle la chambre des députés du Reichsrath était dissoute; une seconde lettre qui dissolvait les diètes de la haute et de la basse Autriche, de la Styrie, de la Carinthie, de la Silésie et du Tyrol; une troisième qui convoquait toutes les diètes pour le 14 septembre. C'était un coup d'état légal dans le sens fédéraliste. Le même jour l'empereur d'Autriche se rencontrait à Gastein avec le nouvel empereur d'Allemagne. Avant son départ, il avait vu M. Rieger, l'avait engagé à modérer les prétentions des Tchèques qui rendaient le compromis impossible et lui avait laissé entrevoir son entrée dans le ministère Hohenwart-Schaeffte, et les lettres patentes elles-mêmes prouvaient aux Slaves que leur souverain ne subirait pas dans l'entrevue de Gastein l'influence germanique : leur but était d'obtenir, par le concours d'un nouveau Reichsrath élu par de nouvelles diètes, le triomphe des doctrines fédéralistes.

Ces mesures causèrent aux Allemands une véritable stupeur, une joie immodérée aux Slaves. Les journaux constitutionnels germaniques attaquèrent le cabinet avec la dernière violence. Leur argument principal était que, sous ce mot de fédéralisme, le ministère cachait le désir de rendre à l'élément clérical et féodal sa prééminence, accusation malheureusement justifiée par les vieux Tchèques et par les Galliciens catholiques. On fut même obligé de faire saisir un des numéros du journal de Vienne le plus dévoué à M. de Bismarck et à l'Allemagne, la *Nouvelle Presse libre*. De leur côté les feuilles fédéralistes déclaraient que l'entrevue de Gastein n'avait d'autre objet que la propagande prussienne en Cisleithanie et l'ingérence de M. de Bismarck en faveur des néo-Prussiens autrichiens. Le *Tagblatt* parlait même d'une alliance de l'Autriche et de l'Allemagne contre la Russie slave et la France vaincue, et on donnait comme une des preuves la vivacité de M. de Bismarck dans la question des chemins de fer roumains construits par le fameux Stroussberg. C'est sous ces impressions diverses qu'on se prépara aux élections, d'après le système compliqué que nous avons exposé plus haut et qui donne tant d'avantages à la grande propriété.

Malgré tout, les élections donnèrent dans les diètes une majorité fédéraliste. Le 14 septembre la diète de Bohême s'ouvrit par la lecture d'un rescrit royal déclarant que le souverain était prêt à renouveler les droits du royaume de Bohême *par le serment du couronnement;* qu'on présenterait un projet de réforme de la loi électorale et qu'une nouvelle loi sur les nationalités serait élaborée : il ajoutait qu'il priait la diète de délibérer de façon à ne pas léser les droits des autres provinces et royaumes. Le prince Lobkowitz était nommé *Oberstlandmarschall* (maréchal suprême du pays) et le comte Chotek lieutenant du royaume. Mais les Allemands, obéissant à un mot d'ordre venu de Vienne, se retirèrent des diètes de Prague, de Moravie et de Carniole ; en Silésie, où ils étaient en majorité, ils imposèrent leur langue. La diète gallicienne se montra bien disposée, ainsi que la diète dalmate, malgré les protestations des Ruthènes dans l'une et des Italiens dans l'autre.

La joie des fédéralistes fut de courte durée. Il est prouvé maintenant que dans ces entrevus d'Ischl, de Gastein et de Saltzbourg entre Guillaume, François-Joseph, Bismarck et Andrassy, qui préoccupèrent tant l'opinion européenne en août-septembre 1871, Guillaume et Bismarck, appuyés du Magyar Andrassy, firent renoncer François-Joseph aux idées fédéralistes slaves et le décidèrent au maintien du dualisme de 1867, qui livrait les nationalités de l'Autriche au despotisme des Allemands et de leurs alliés les Magyars. La chute du ministère Hohenwart y fut décidée. Dès le 17 octobre le conseil des ministres cisleithans décidait que les articles fondamentaux proposés par la diète de Prague seraient simplement soumis au Reichsrath et le club déakiste de Pesth se prononça contre tout projet d'accord avec la Bohême. Les journaux tchèques, la *Politik*, le *Pokrok*, furent saisis. Rieger se rendit vainement à Vienne pour conjurer l'événement que tout le monde pressentait : à son retour, il fut l'objet d'une manifestation que la police réprima brutalement. Le 26 octobre, M. de Hohenwart et ses collègues donnèrent leur démission : la tentative fédéraliste avait définitivement échoué tant sous la pression de Berlin que sous celle des deux nations qui opprimaient l'empire. « La vieille Autriche triomphe ! » s'écria avec ivresse la *Nouvelle Presse libre*. Le couronnement de la crise fut, le 6 novembre, la démission de M. de Beust lui-même, dont la chute de M. de Hohenwart paraissait cependant avoir consolidé la position. Le 8 novembre la diète de Prague fut close, et le 14 novembre M. le comte Andrassy, l'ami et le séide de M. de Bismarck, succéda à M. de Beust. M. de Bismarck savait que le noble Magyar ne pousserait pas l'Autriche, comme M. de Beust, à reprendre sa position en Allemagne. Le 29 novembre un nouveau ministère cisleithan constitutionnel allemand fut constitué sous la présidence du prince d'Auersperg avec M. Lasser à l'intérieur, M. Stremayer à l'instruction publique et aux cultes, M. Glaser à la justice, M. Banhaus au commerce, M. Chumelky à l'agriculture, M. de Pretis-Cagnondo aux finances, M. Horst à la défense et MM. Unger et Ziemalkoswski sans portefeuilles.

M. Andrassy eut pour successeur à la présidence du ministère hongrois le comte de Lonyay, déakiste soumis. Le lendemain de la nomination de M. Andrassy, une lettre de l'empereur ordonnait que les élections pour le reichsrath se fissent directement les 14, 16 et 18 décembre 1871, ce qui était un véritable coup d'Etat. Les Tchèques répondirent en répandant à des milliers d'exemplaires le texte du rescrit royal du 14 septembre qui contenait de si belles promesses, en l'affichant sur les murs, en le donnant comme modèle d'écriture dans leurs écoles.

Ce qui avait fait jusqu'alors la faiblesse des nationalités slaves de l'empire, c'était l'isolement de leurs efforts, l'absence de concordance dans leur action. Elles suivaient chacune leur chemin et visaient leur but sans associer leur énergie. L'année 1872 vit des tentatives d'union non seulement entre les Tchèques, les Croates et les Serbes, mais encore entre les fédéralistes tchèques et la gauche du parlement hongrois lasse du joug des Déakistes. Cette union se fit sous le patronage de Kossuth, qui vivait à Turin et que l'exil avait dépouillé de ces haines slaves qui lui avaient été si fatales en 1848. Seuls, les Galliciens, cantonnés dans leur égoïsme national, bornant leurs vœux à être le plus aises qu'ils pourraient dans une Autriche prospère en attendant la reconstitution de la Pologne, se tenaient en dehors de ce mouvement ; ils se montraient trop souvent les plus fidèles soutiens du ministère de Vienne, ses plus dociles instruments, sans voir qu'ils n'auraient jamais l'autonomie absolue qu'ils rêvaient, attendu que cette autonomie alarmerait M. de Bismark pour ses provinces polonaises, et, si elle n'était pas octroyée à tous les Slaves d'Autriche, irriterait la Russie. Le gouvernement se montra vivement ému de ces symptômes d'union des Slaves et des opposants magyars. Il prononça la dissolution de la diète de Prague et fixa aux 18, 20 et 22 avril des élections en Bohême, avec la volonté de tout mettre en œuvre pour avoir une diète allemande. Sur 428 grands propriétaires, 202 seulement avaient voté pour le gouvernement aux dernières élections. Le ministère, aidé du gouverneur de la Bohême M. Koller, agit de toutes les façons sur ces propriétaires. On ne négligea rien : saisies de journaux, garnisaires comme à Kolbin, achat de propriétés bien au delà de leur valeur par des Allemands bondés de thalers, etc., etc. Contrairement à l'opinion trop répandue en Europe qui identifie le parti national tchèque avec le parti ultramontain, les grands ducs, ducs et princes de Toscane, de Modène, de Rohan, tous propriétaires en Bohême, prirent parti pour les centralistes. Les journaux fédéralistes de Vienne, le *Vaterland*, le vieux *Wanderer*, furent saisis coup sur coup. L'Empereur lui même, grand propriétaire en Bohême, délégua son droit de vote à un centraliste dévoué, le comte de Colloredo Mansfeld. De leur côté, les Tchèques agirent avec activité : ils multiplièrent les députations auprès des grands propriétaires, surtout des femmes (baronne Weidenheim, comtesses Aichelburg et Kleeborn, etc.). Les journaux publièrent les noms des propriétaires fédéralistes qui avaient résisté aux offres magnifiques d'achat de leurs propriétés faits par les agents des ministres Unger et Lasser, ces séides de l'Allemagne. Tout roulait en effet sur ces 408 propriétaires élisant à eux seuls 70 députés à la diète. Malgré tous les efforts officiels, il y eut une faible majorité fédéraliste, mais dès lors le gouvernement se prépara à réformer la loi électorale par l'introduction des élections directes. Les Galliciens, de leur côté, assistaient au Reichsrath à la discussion, dans le comité constitutionnel, d'un compromis qui ne les satisfaisait pas. Les fiançailles de la princesse Gisèle, fille aînée de l'Empereur, avec un prince bavarois (avril), semblaient donner une nouvelle force au parti allemand.

Mêmes difficultés dans la Transleithanie. La discorde y était partout : entre les Magyars eux mêmes chez lesquels le parti Déak et la gauche ne pouvaient s'accorder, entre les Magyars et leurs sujets les Serbes, les Croates et les Roumains. Le parti Déak avait proposé qu'il n'y eût des élections générales que tous les cinq ans au lieu de tous les trois ans. Il calculait que le pacte dualiste, l'*Augsleich*, devant être renouvelé en 1877, il serait alors maître du terrain, tandis que si la gauche triomphait aux élections générales de 1875, ce serait elle qui serait au pouvoir lors du renouvellement. On essaya d'un compromis entre les deux partis, mais il échoua. Le parti Déak ne se maintenait au pouvoir que par l'appoint des 31 députés croates magyarons, comme à Vienne le parti constitutionnel ne pouvait réussir au Reichsrath que grâce à l'appoint gallicien. Quand M. de Lonyay, le chef du cabinet hongrois, vit que le parti national croate l'avait emporté dans la diète croate élue en 1871, il se hâta de dissoudre cette diète dès sa première séance et d'indiquer de nouvelles élections, avec l'intention ou de séduire le parti national croate par des concessions, ou, s'il échouait, de faire voter à Pesth une réforme électorale privant du droit de vote plus de cent mille électeurs et étendant la durée du mandat de trois à cinq ans. La gauche manœuvra pour que ces deux projets ne vinssent pas en discussion, en faisant faire par chacun de ses membres un long discours sur chacun des 104 articles du projet, de façon à prolonger la discussion jusqu'au 19 avril, date obligatoire de la dernière séance du Reichstag. M. le comte Lonyay, chef du cabinet, était un manieur d'affaires enrichi avec une rapidité vertigineuse. Il arriva au ministère malgré Déak et n'eut jamais de considération dans le parlement. Il était agréable à la cour dont il avait liquidé les intérêts dans l'affaire Langrand-Dumonceau.

Serbes et Croates sentirent durement sa main. Il prononça la dissolution du congrès Serbe (juillet 1872), et nomma Grujic, évêque de Pakrak, métropolitain. Un nouveau congrès fut convoqué près duquel on envoya comme commissaire royal le général Molinary, qui, dès le 21 août, renvoya à son tour l'assemblée. De plus on arrêta, à leur retour, les Serbes qui s'étaient rendus aux fêtes de la majorité du prince Milan à Belgrade.

Pendant ce temps avaient eu les élections au parlement hongrois (juillet), qui donnèrent 245 Déakistes et 145 membres de la gauche. Miletic y protesta, au nom des Serbes, contre les procédés autocratiques du gouvernement hongrois. La diète croate, où, en dépit des mêmes procédés magyars, le parti national l'avait emporté sur les unionistes, envoya des députés à Vienne pour demander à reviser, d'accord avec les députés hongrois, l'article 1er du compromis de 1868, ce à quoi l'Empereur consentit.

Il faudrait pouvoir exposer ici par le menu ce que c'est que la domination des Magyars sur leurs sujets croates, serbes et roumains, pour bien comprendre quelle horreur et quelle haine inspire cette domination. Alors ils étaient maîtres des élections par le scrutin public. Malheur à ceux qui votaient contre le candidat magyar; ils s'exposaient à mille avanies et persécutions dont ils ne pouvaient obtenir justice ni auprès des juges, tous magyars, ni auprès des fonctionnaires tous magyars ou magyarons : ils étaient sous la canne du Pandour ou du Playache. Leurs impôts, exigés avec une rigueur impitoyable, allaient alimenter à Pesth le trésor soldant cette armée prête à les mitrailler, ces administrations et ces tribunaux ligués contre eux, ces écoles où l'on enseignait en magyar des idées magyares. On leur laissait seulement la faculté, après les avoir épuisés, de fonder des écoles nationales à leurs frais. Tous ces faits relevés, commentés par une presse nombreuse et active, une presse croate, une presse roumaine, une presse serbe, une presse slovaque, exaspéraient l'opinion. C'est la perspective de passer sous ce joug abhorré qui mit les armes à la main aux confinaires dans l'échauffourée de Rakovica si exploitée depuis par les magyars (8 à 11 novembre 1871), et qui rendit leurs plaintes si vives quand le 1er décembre 1872, ils furent rendus à l'autorité civile, c'est à-dire à l'autorité magyare (le reste des confins subit le même sort le 8 août 1873, date de la disparition définitive de cette institution). Même oppression des malheureux Roumains abandonnés par leurs archevêques Schaguna (du rite grec oriental, résidant à Sibico) et Vancea (du rite grec-catholique, résidant à Blasiu ou Blasendorf). Là aussi les Hongrois faisaient passer des Déakistes grâce aux moyens les plus inouïs de la corruption et de la violence.

Sur ces entrefaites eut lieu le 6 septembre 1872, à Berlin, la fameuse entrevue des trois Empereurs qui fut l'objet de si nombreux commentaires dans la presse européenne et où se resserra entre les trois cours l'alliance que trouble tant aujourd'hui la question d'Orient. La Hongrie n'en montra, dans les délégations, que plus de résistance à augmenter le budget de la guerre, tant elle craignait que l'Autriche ne se laissât tenter par des interventions dans les affaires européennes que la Transleithanie, uniquement occupée d'elle-même, n'admet pas. Le 18 novembre un scandale inouï se produisit au Reichstag : un membre de la gauche, Csernatonyi, dénonça avec tant d'énergie et aussi d'évidence les tripotages financiers de M. de Lonyay, que celui-ci dut donner sa démission. Il fut remplacé par M. Joseph Szlavy, fils d'un major autrichien, participant, comme M. Andrassy, de l'insurrection de 1848, qui lui valut cinq ans de prison. Mais le régime des peuples non magyars ne fut nullement changé par cet événement. Dans les premiers mois de 1873, la diète d'Agram, touchée des souffrances intérieures du pays, consentit à conclure avec les Hongrois un nouveau compromis qui ne donnait aux Croates que des satisfactions très-imparfaites, et qui eut pour résultat de priver pendant quelques années les Serbes et les Roumains du concours de la Croatie (le nouveau compromis fut voté le 5 septembre par 19 voix contre 10).

Le gouvernement cisleithan, désespérant de venir à bout des diètes qui élisaient les députés au Reichsrath, méditait, avons-nous dit, d'introduire le système des élections directes, comme en France, en Italie, en Allemagne. Il se prononça pour l'élection par scrutin uninominal, ou d'arrondissement. Les électeurs seraient ceux qui votaient déjà pour la formation des diètes, grands propriétaires, industriels, hauts imposés, habitants des communes, commerçants, etc. La durée du mandat serait de six ans. La nouvelle loi était calculée de façon à être favorable aux Allemands. Ainsi en Bohême, elle donnait 34 députés à 2,500,000 Slaves et 56 à 1,500,000 Allemands. En un mot, ce projet, chef-d'œuvre de M. Herbts, ne se basait ni sur le nombre de la population ni sur le chiffre des impôts. Il souleva la colère des Polonais, bien qu'on leur offrît en compensation des concessions d'autonomie. Quand le projet fut présenté le 15 février 1873, M. Grocholski déclara qu'il était une violation des droits des diètes et il quitta le Reichsrath avec ses amis. Le vote n'en eut pas moins lieu le 6 mars par 120 voix contre 2, les représentants polonais et tchèques étant absents; et le 3 avril l'empereur sanctionna cette loi qui donnait aux Allemands la pleine domination dans la Cisleithanie. Le 7 septembre, un rescrit impérial prononça la dissolution du Reichsrath et ordonna les élections directes immédiates, afin que le nouveau Reichsrath pût se réunir le 4 novembre 1873.

Cette année 1873 vit en mai l'ouverture de l'exposition universelle de Vienne qui, contrariée par le choléra et par la situation intérieure de l'empire, ne réussit que médiocrement : elle attira à Vienne le roi d'Italie (17 à 22 septembre). Il y avait été précédé le 1er juin par le

Czar et le 25 juin par l'impératrice d'Allemagne. Le mois même de l'ouverture de l'exposition éclata à Vienne cette grande crise financière (*Krach*) qui amena la chute de tant d'établissements financiers et d'entreprises industrielles et commerciales, la ruine de tant de spéculateurs et de tant de familles, le suicide de tant d'actionnaires, et qui affecta pour si longtemps le crédit de l'Autriche. L'Autriche est devenue la patrie favorite de l'agiotage et de la bancocratie internationale. La situation n'est pas meilleure en Transleithanie. Depuis 1867, la dette hongroise s'est accrue de 887 millions de francs (emprunts de 1867, 1870, deux de 1871, deux de 1873). De plus sa part de la dette consolidée et de la dette rurale de l'Autriche montait à près d'un millard de florins. Ces dépenses ont servi à entretenir l'armée nationale des Honveds, à construire des chemins de fer, à subventionner le théâtre de Pesth et ont été prises sur les malheureuses nations annexes, les *partes annexæ*. En 1874, M. Ghiczy, ministre des finances transleithanes, déclarait que le budget de 1873 se soldait par un déficit de 42 millions de florins et, tout en proposant des expédients, avouait que jusqu'en 1876, il faudrait agir avec une extrême économie, ce qui n'empêchait pas les délégations de voter le gros budget militaire destiné à maintenir les forces de l'Austro-Hongrie sur un pied de paix armée.

Les premiers mois de l'année 1874 furent employés à de graves discussions sur les projets de loi présentés par le gouvernement cisleithan et destinés à régler les rapports de l'Église et de l'État d'après les idées modernes et, on peut le dire, d'après les principes qui inspiraient en même temps à Berlin les fameuses lois ecclésiastiques. Ces projets furent présentés le 9 mars au Reichsrath : il s'agissait de régler le mode de nomination des fonctionnaires ecclésiastiques. Dès le 2 février, Pie IX avait adressé aux évêques autrichiens une encyclique où il condamnait les lois confessionnelles. Quelques archevêques, ceux de Vienne, de Breslau, de Saltzbourg entre autres, déclarèrent ouvertement qu'ils n'obéiraient pas aux nouvelles lois. Le prince Auersperg déclara énergiquement de son côté que le gouvernement saurait se faire obéir et répondit avec fermeté au Vatican. La loi, votée par la chambre à une majorité des trois quarts des voix, fut adoptée le 11 avril par la chambre des seigneurs sans modifications, à la grande gloire de cette chambre qui ne se montra pas cléricale avant tout, comme les chambres hautes et les sénats de tant d'autres pays. Notons que ces lois étaient très-moderées. On se soumit. Pie IX autorisa même spécialement l'évêque de Lintz à les accepter : il avait assez de la lutte religieuse en Prusse contre MM. de Bismarck et Falk. L'Empereur sanctionna les nouvelles lois le 8 mai. Le gouvernement, d'ailleurs, savait que les évêques, s'ils commençaient la campagne, seraient abandonnés de leur clergé, malgré les efforts du cardinal archevêque de Vienne, Rauscher. Le prêtre autrichien, sauf dans le Tyrol toujours voué à l'ultramontanisme, est plutôt l'homme du seigneur qui confère les bénéfices (en Bohême sur 2,000 bénéfices, 1,280 sont entre les mains des grands propriétaires) et de la nationalité que l'homme de l'Eglise.

Cette même année vit les jeunes Tchèques rompre résolument avec la politique d'abstention qui depuis 1867 avait si mal réussi aux vieux Tchèques. Sans rien céder sur les revendications autonomistes de la Bohême, sans renoncer à l'espoir d'obtenir pour le royaume de Persmyl un compromis ou *Augsleich* semblable à celui qu'a obtenu le royaume de Saint-Etienne, ils déclarèrent en septembre 1874 qu'ils siégeraient à la diète de Prague, qu'ils reconnaîtraient la constitution de décembre et qu'ils iraient au Reichsrath de Vienne, pour essayer d'y faire triompher leurs idées; ceci au grand scandale des féodaux les Thun, les Belcredi, les Clam-Martinitz, etc. Le même mois, à l'occasion des grandes manœuvres militaires de Brandeiss, François-Joseph fit à Prague un voyage où il fut reçu avec enthousiasme, mais où il refusa d'entendre aucune adresse autonomiste. Déjà les Tchèques de Moravie siégeaient au Reichsrath dans l'espoir d'amener uue réconciliation sur la base des institutions existantes. Ceci ne voulait pas dire une réconciliation avec ce parti Allemand qui, tout en se parant du titre de *Verfassungstreu* (les fidèles à la constitution), est uniquement tourné vers Berlin, aspire à se perdre dans l'unité allemande et ne considère l'Autriche que comme un pis aller et un abri provisoire.

Les Serbes reçurent aussi quelque satisfaction : leur congrès ecclésiastique se tint en juillet à Karlovics. Nous avons dit que les Serbes n'ont, comme instrument national, que ce congrès qui peut être considéré comme un large conseil de fabrique où figurent à la fois le clergé et les laïques, qui nomme les membres de la hiérarchie ecclésiastique et administre les fonds considérables des églises, des fondations et des écoles. Le congrès élut, pour patriarche, l'évêque Stajkovic, mais l'empereur ayant refusé de sanctionner ce choix, le congrès, où Miletic lui-même se résigna à la soumission, élut à la place l'évêque roumain Vacskovic, qui fut installé le 18 août.

La Hongrie perdit Déak en mars 1875, et plus d'un s'est demandé si l'auteur du dualisme n'emportait pas avec lui dans la tombe l'autonomie magyare. En dépit des apparences, les haines des nationalités ne sont pas apaisées contre les fils d'Arpad. La Hongrie parlementaire, avec son tumultueux parlement qui consomme tant de ministères (c'est aujourd'hui M. Tisza, chef du centre gauche, qui est au pouvoir), ses élections entachées de corruption et de violences qui vont quelquefois jusqu'au meurtre, et surtout sa mauvaise administration financière qui ruine les peuples transleithans, ne paraît pas avoir conquis les sympathies des nations du Danube. De son côté, l'extrême gauche n'a rien abdiqué de son espoir d'arriver à l'absolue indépendance du pays, et se prépare à agir dans ce sens lors des prochains débats de 1877 pour le renouvellement de l'*Augsleich*. Ces embarras intérieurs des Magyars ne diminuent rien de leur arrogance et de leurs procédés tyranniques vis-à-vis des Slaves et des Roumains, auxquels ils continuent à imposer, par tous les moyens possibles, leur langue et leurs hommes; et cependant on constate un phénomène singulier : la race magyare n'est pas prolifique comme son amie et alliée la race allemande : elle est en constante diminution numérique, tandis que les Roumains se multiplient prodigieusement, au point même d'absorber avec rapidité les Serbes hongrois. Il y a là, pour cette nation hongroise seule de sa race en Autriche, et isolée par sa langue, son orgueil et les haines qui l'entourent, un avenir menaçant. De plus la Hongrie, pays essentiellement agricole, est à la merci d'une mauvaise récolte, et ce grenier de l'Europe subit de terribles disettes qui amènent la ruine des grands et des petits propriétaires. L'aristocratie, dont quelques membres possèdent encore des propriétés d'une immense étendue renfermant plus de trente villages et où la féodalité semble s'être réfugiée, s'obère et vend une partie de ses terres qu'achètent le Juif ou l'Allemand. Les Juifs, par l'achat des propriétés, par la banque et par le cabaret, sont en train de ruiner les populations de la Gallicie et d'une partie de la Transleithanie, et sont en même temps les instruments de la germanisation.

L'année 1875 a été plus heureuse pour la Cisleithanie que pour la Transleithanie : on y a vu le budget se solder par des excédants, et le progrès économique et industriel prendre une certaine activité. Le 5 avril eut lieu à Venise la courtoise entrevue de François-Joseph et de Victor-Emmanuel. Mais cette année a vu naître aussi l'insurrection de la Bosnie et de l'Herzégovine, prélude de la question d'Orient où l'existence même de l'Autriche est engagée. Déjà à la fin de 1874, l'Autriche-Hongrie, en concluant avec la Roumanie et la Serbie des traités de commerce sans demander la ratification de la Porte suzeraine, avait pour ainsi dire écrit la préface de cette terrible question au profit de la Russie. On sait avec quelle sympathie passionnée les Slaves autrichiens envoyèrent argent et hommes aux insurgés des Balkans et avec quelle joie ils envisagèrent la possibilité de l'annexion de la Bosnie qui fortifierait tant leur élément. Les Hongrois, au contraire, redoutant ce qui faisait la joie des autres, affichèrent la plus ardente amitié pour les Turcs, et c'est là qu'on vit se révéler les inconvénients du dualisme. L'Autriche et la Hongrie ont des intérêts différents dans la question d'Orient, et nous allons voir sans doute l'*Augsleich* soumis à une redoutable épreuve. Nous finissons en effet cette histoire au seuil de la crise la plus redoutable qu'on puisse prévoir pour l'empire des Habsbourgs.

CONCLUSION

Au moment où nous terminons ce livre, le renouvellement du pacte austro-hongrois, de l'*augsleich*, est presque assuré en droit pour dix nouvelles années, car, en fait, des événements plus ou moins prévus peuvent le soumettre à de redoutables épreuves.

L'accord a failli échouer sur la question de la banque. Les Magyars ont toujours trouvé que l'*augsleich* avait eu le tort de ne pas réaliser trois des articles principaux de leur programme d'autonomie absolue : l'autonomie militaire par une armée exclusivement magyare commandée en magyar par des officiers magyars ; l'autonomie diplomatique par une représentation spéciale de la Hongrie auprès des gouvernements étrangers ; l'autonomie financière par la création d'une banque hongroise à Pesth. Comprenant que les deux premiers points étaient actuellement impossibles à obtenir, les Magyars ont concentré leurs efforts sur le troisième. Ils ont dû cependant y renoncer. Après de longues et difficiles négociations qui ont amené la démission du ministère Tisza, une transaction est intervenue, et on espère, malgré les apparences, qu'elle sera ratifiée par le parlement transleithan (*reichstag*) comme elle vient de l'être par le parlement cisleithan (*reichsrath*). Il n'y aura qu'une banque, la banque impériale d'Autriche-Hongrie siégeant à Vienne. Cette banque sera dirigée : 1° par un gouverneur que l'empereur nommera sur la double présentation du ministre des finances de Vienne et du ministre des finances de Pesth ; 2° par deux sous-gouverneurs nommés, l'un sur la présentation du ministre des finances cisleithanes, l'autre sur la présentation du ministre des finances transleithanes ; 3° par un conseil général de douze membres élus par l'assemblée générale des actionnaires qui sera tenue de choisir deux membres autrichiens, deux membres hongrois et qui pourra élire les huit autres à son gré. La majeure partie des actions de la banque étant entre des mains autrichiennes, il est certain que sur les douze membres du conseil, dix seront cisleithans ; si les Magyars veulent avoir la majorité, il faut qu'ils se mettent à acquérir des actions de la banque, ce qui est peu probable dans l'état de détresse financière de la Hongrie et avec les habitudes si fastueusement dépensières des magnats qui viennent à bout des plus énormes fortunes.

Le renouvellement du pacte austro-hongrois suffit il à assurer à l'Austro Hongrie, sous le régime étrange du dualisme, la sécurité de l'avenir? triomphera-t-il de conditions intérieures et de conditions extérieures également menaçantes? il serait téméraire de l'espérer.

Dans cette question d'Orient, dont on a pu dire qu'elle était en grande partie la question du mode d'autonomie des Slaves du Sud, l'Autriche en est réduite au rôle le plus indécis et le plus flottant, car quelque parti qu'elle prenne, elle se heurte aux plus formidables périls. Neutralité, alliance avec la Russie contre la Turquie, alliance avec la Turquie et l'Angleterre contre la Russie, chacune de ces résolutions est également grosse de dangers. Les Hongrois veulent le maintien de l'intégrité de la Turquie, ce que le comte Andrassy appelle le *statu quo* amélioré : la presse magyare retentit de violences et d'objurgations contre l'ambition panslaviste; Klapka met son épée au service des Turcs, et la jeunesse universitaire hongroise va offrir des sabres d'honneur aux généraux osmanlis. L'armée autrichienne, sous l'influence de l'archiduc Albert, est au contraire pour l'alliance russe et pour le partage de la Turquie entre la Russie, l'Autriche et la Grèce. C'est la solution slave. Elle est passionnément souhaitée à Agram, car ne dût-on annexer que la Bosnie avec son million de Slaves, il y aurait alors dans la Transleithanie, grâce à cette annexion, plus de Slaves que de Magyars, et l'hégémonie de ces derniers, déjà si contestée, recevrait un coup quasi-mortel. Mais les Allemands de l'Autriche, à leur tour, ne veulent pas plus de cette solution que les Hongrois. Ils n'en veulent pas, entre autres nombreuses raisons, au point de vue économique, car, souverains en Autriche par la banque, par l'industrie et par le commerce, ils comptent que l'annexion des misérables provinces turques, où tout est à créer, tout à faire, serait pour le budget si surchargé de l'Autriche, une source nouvelle de déficit et ils invoquent l'exemple de la Dalmatie qui coûte plus qu'elle ne rapporte.

Comment se tirer de ces difficultés? peut-être s'en tirera-t-on provisoirement, en retardant le plus longtemps possible la crise orientale. Il est même à remarquer que, dans la plupart des innombrables brochures et articles auxquels donne naissance en Autriche la crise extérieure, le seul moyen pratique qu'on se hasarde à recommander, c'est l'ajournement. Mais ajourner n'est pas résoudre. La situation de l'Austro-Hongrie est dominée par des fatalités, par une force des choses qui la condamne aussi sûrement que la Turquie à disparaître à un moment donné. Ce n'est qu'une affaire de temps. Nous croyons que cette démonstration ressort de toute l'histoire que nous venons d'écrire, en dépit du commode axiome des historiens et des hommes d'état conservateurs : « Ce qui existe a toujours une raison d'exister. »

L'Allemagne, à notre sens, ne tentera jamais une annexion violente des provinces germaniques de l'Autriche : elle attendra que le fruit parfaitement mûr lui tombe naturellement dans la main et, en attendant, elle empêchera qui que ce soit, la Russie comprise, d'y toucher. La germanisation de la vallée du Danube marche avec une rapidité qu'on ne soupçonne pas en Europe. Il y a longtemps que l'économiste Frédéric Litz affirmait que l'Allemagne devait s'emparer du cours du Danube et les Allemands accomplissent à bas bruit ce programme, lançant d'abord le Juif, avant-garde du Germain, puis les ouvriers, puis les colons si prolifiques, s'emparant du commerce, de l'industrie, de la banque, jusqu'au jour où ils peuvent s'écrier comme en Slesvig : Ce pays est allemand et fait partie de la grande patrie allemande ! L'envahissement commence par les villes. Les Allemands représentent déjà 48 % de la population à Buda-Pesth, 35 % à Kaschau, 47 % à Temesvar, 70 % à Hermanstadt, 35 % à Csernovitz. Ils se sont emparés de la navigation du Danube, toute entière aux mains de la célèbre compagnie K.K. *Donaudamsschiffor-thsgesellschaft*. Ils ont conquis économiquement la Roumanie, par les chemins de fer et par la convention commerciale qui a été si inexactement appréciée à l'étranger, et leur germanisation de ce pays est favorisée par le prince Charles de Hohenzollern. Dans cette lente, mais irrésistible prise de possession de la vallée du Danube, non-seulement ils ne sont pas gênés par les Magyars, mais les Slaves eux-mêmes, forcés de choisir entre la langue magyare et la langue allemande, préfèrent encore la langue allemande. Il n'est donc pas à prévoir que Berlin ait des pensées de conquête contre cette Autriche qui est sa plus commode base d'opération dans ses projets sur l'Orient européen. Nous sommes de ceux qui, en dépit de l'universalité de l'opinion contraire, croient beaucoup plus, le cas échéant, à une alliance austro-allemande contre la Russie qu'à une alliance russo-allemande imposant ses volontés et ses vues à la fragile monarchie de Habsbourg.

CONCLUSION

L'Autriche ne pourrait se sauver que par une confédération dans laquelle ses nationalités diverses, dotées chacune de la plus grande somme d'autonomie, travailleraient librement à leur développement industriel, commercial, politique et intellectuel, sous l'influence des idées démocratiques modernes et après avoir renvoyé dos à dos le curé et le pope, qui aux divisions nationales ajoutent si malencontreusement les divisions religieuses. Mais ni les Allemands, ni les Magyars ne veulent de cette confédération où ils pourraient cependant trouver leur place. Les Magyars sont aussi intraitables que jamais, sans s'apercevoir que, pressés entre deux races aussi prolifiques que la race slave et la race roumaine, ils sont destinés à disparaître. Ils n'en persécutent pas moins leurs sujets slaves et roumains.

On les a vus fermer en 1874 le lycée slovaque de Thur saint Marton, et dissoudre en 1875 la *matica slovenska* ou société littéraire slovaque de la même ville. Ils ont persécuté de toutes les façons l'*omladina* serbe et les journaux. Ils écrasent de leurs institutions et de leur éducation, les Roumains de la Transylvanie, et, comme nous le constatons plus haut, ces excès de l'hégémonie magyare profitent surtout au pangermanisme au sein duquel les Magyars disparaîtront tôt ou tard. Un de leurs plus sympathiques historiens français, M. Sayous, écrivait dernièrement : « Les maisons de second ordre (en Hongrie), confiantes depuis longtemps dans leurs domaines étendus, habituées depuis longtemps à une vie noble et fastueuse, se voient obligées d'emprunter, et, comme il n'y a plus qu'un petit nombre de majorats, elles finissent par vendre une partie de leurs terres. L'acquéreur est inévitablement le Juif ou l'Allemand du voisinage, dont la maison s'élève à côté du château endetté. »

L'avenir de la monarchie des Habsbourgs est donc, de quelque point qu'on l'envisage, absolument compromis. On a dit d'elle ce que Voltaire a dit de Dieu : « Si elle n'existait pas, il faudrait l'inventer. » Mais si ces formules ingénieuses ont encore cours en métaphysique, elles n'en ont plus en politique, car la politique est dominée par des réalités et par des nécessités inélucables.

FIN.

Coulommiers. — Typog. ALBERT PONSOT et P. BRODARD.

www.ingramcontent.com/pod-product-compliance
Lightning Source LLC
Chambersburg PA
CBHW070435170426
43201CB00010B/1104